중부지방 취락고고학 연구

● 지은이

송만영

全北 金堤 出生(1965)
崇實大學校 人文大學 史學科 學士(1988)
崇實大學校 史學科 大學院 碩士(1995)
崇實大學校 史學科 大學院 博士(2011)

주요 논저

火災住居址를 통해 본 中期 無文土器時代 社會의 性格(1996)
中西部地方 無文土器文化의 展開(1997)
中部地方 原三國 文化의 編年的 基礎(1999)
中部地方 原三國時代~漢城百濟時代 戰爭 樣相의 變化(2000)
中部地方 原三國 文化의 展開 過程과 韓濊 政治體의 動向(2003)
湖南地方 青銅器時代 研究 現況과 松菊里類型 形成의 諸 問題(2005)
중부지방 청동기시대 중기 편년의 재검토(2010)
六角形 住居址와 漢城期 百濟 聚落(2010)
中部地方 原三國時代 住居址와 聚落(2010)
中部地方 粘土帶土器 段階 聚落 構造와 性格(2011)
강원 영서, 영동지역 청동기시대 편년 병행 관계(2012)
경기 남부 마한계 주거지의 변천(2012)
欣岩里式 土器 發生의 再檢討(2013)
韓國 農耕文化의 形成(공저, 2002)
계층 사회와 지배자의 출현(공저, 2007)
한국 고고학 강의(공저, 2007)

中部地方 聚落考古學 研究
중부지방 취락고고학 연구

초판인쇄일	2013년 4월 4일
초판발행일	2013년 4월 8일
지 은 이	송만영
발 행 인	김선경
책 임 편 집	김윤희, 김소라
발 행 처	도서출판 서경문화사
	주소 : 서울 종로구 동숭동 199 - 15(105호)
	전화 : 743 - 8203, 8205 / 팩스 : 743 - 8210
	메일 : sk8203@chollian.net
인 쇄	바른글인쇄
제 책	반도제책사
등 록 번 호	제 1 - 1664호

ISBN 978-89-6062-106-0   93900

정가 25,000원

중부지방 취락고고학 연구

송만영 지음

서경문화사

며칠 전 필자는 직장 업무와 관련하여 수원의 여기산을 먼 발치에서 바라볼 수 있는 기회가 있었다. 중도식 주거지가 처음으로 조사된, 그래서 학사적으로 중요한 서둔동 유적이 위치한 곳이다. 1984년도 대학에 갓 입학하여 고고학을 전공하겠다고 결심하고 두 번째로 참여한 발굴조사가 서둔동유적이었으니, 그 때의 주거지 발굴조사 경험 덕분에 취락 연구가 현재의 전공 분야가 된 듯하다. 돌이켜 보건대, 학부 시절에 경험했던 몽촌토성, 석촌동고분군과 같은 굵직한 발굴조사는 필자의 전공 분야 선택에 큰 영향을 주지 못했는데, 고고학 지식이 별로 없었던 터라 학문적 내용보다는 고생했다는 기억만 가지고 있다.

군대를 제대한 이후에 필자는 바로 대학원에 진학하였고, 곧이어 하남 미사리유적 발굴조사에 참여하게 되었다. 학부 졸업 논문 주제가 공렬토기이다 보니 학교 박물관에서 배려하여 A지구의 청동기시대와 원삼국시대 취락을 담당하게 되었다. 당시에는 고고학을 전공해서 취업할 수 있는 일자리가 한정되었기 때문에 20대 후반이었던 필자는 대학원을 졸업하면 평범한 무역회사를 다니며, 취미로 고고학 공부를 할 것이라는 소박한 꿈을 가지고 있었다.

고고학 공부를 평생의 업으로 삼게 된 계기는 아마도 부여 송국리유적 54지구에 대한 재검토 논문이었을 것이다. 미사리 보고서 작업이 어느 정도 마무리 되어 가는 시점에 대학원 학생회에서 논문을 모집한다는 공고를 보았는데, 소정의 논문비에 유혹되어 투고하게 되었다. 때마침 1994년도 한국고고학전국대회의 주제가 '마을의 고고학'인지라 필자의 조잡한 논문이 발표문의 참고문헌에 소개되었다. 일반 직장을 염두에 두었던 필자로서는 도전 의식이 발동하였고 은사였던 故 林炳泰 선생님의 격려에 힘입어 생각을 바꾸게 되었다. 그 이후 학생회 투고 논문의 시공간적 범위를 넓혀 석사 학위를 취득하게 되었다.

대학원 박사과정에 들어가면서 공부의 시간 폭이 넓어져서 원삼국시대, 한성백제기까지 주거지, 취락을 공부하게 되었는데, 경기도박물관의 학예사 시절, 파주 주월리유적과 포천 자작리유적 발굴 경험이 큰 도움이 되었다. 특히 포천 자작리유적의 발굴조사 경험은 한성기 백제 취락의 위계를 재구성하는데 큰 영감을 주었다.

이 책은 박사 학위 논문을 기초로 하여 학위 취득 후 학술지에 제출한 몇 편의 논문을 보완하여 한 권의 책으로 엮은 것이다. 평소 계획성 있게 글을 쓰기보다는 관심가는 대로 공부를 해서 학위 논문에서 다루어야 할 몇 가지 주제들이 누락되어 단행본 출간이 늦어졌다. 그렇지만 여전히 불만족스러운 부분이 많다. 편년 부분에서 청동기시대 후기와 초기철기시대에 대한 필자의 입장이 명확하게 정리되지 않았고 원삼국시대 취락 편년에서는 새로운 자료들을 반영하지 못했다. 게다가 중부지방 청동기시대와 원삼국시대 취락 구조는 전혀 살펴보지 못했다. 앞으로 시간이 허용하는 대로 이 같은 주제로 글을 써 볼 예정이다.

여러 편의 논문을 한 권의 책으로 묶으면서 느낀 점은 중부지방 원삼국시대 이래의 마한계 주거지와 중도식 주거지 분포에서 관찰되는 지역성을 추적해 올라가면 청동기시대 초기까지 소급할 수 있다는 점이다. 또한 한성기 백제가 도읍한 현재의 강남구 일대가 당시 기층 문화의 중심 분포권이 아니었다는 점이다. 즉 마한계 주거지와 중도식 주거지의 분포권에서는 모두 주변부에 해당되는데, 이러한 열악한 위치에서 백제의 초기 국가 형성은 매우 흥미롭다.

이 책을 발간하기 까지 많은 분들의 도움이 있었다. 먼저 학부와 석사 과정의 지도교수 셨던 故 林炳泰 선생님의 學恩을 잊을 수 없다. 필자가 이 무렵 청동기시대를 전공한 것은 오로지 선생님의 영향이 컸다. 박사 과정의 지도교수이신 崔秉鉉 선생님은 학문과 삶에서 필자가 항상 닮고 싶은 롤모델이었다. 글의 전체적인 체제를 다듬어주시고 세밀한 부분까지 토론해 주심으로 비로써 이 책이 완성되었다고 해도 과언이 아니다. 또한 李淸圭, 權五榮, 權寧國, 黃敏湖 선생님께서는 서투른 필자의 글들을 꼼꼼하게 검토하시고 수정해 주셨는데, 특히 필자의 거침 없는 표현들을 바로잡아 주셨다. 그리고 필자의 학부 시절부터 지금에 이르기 까지 늘 관심과 애정을 보내주신 崔恩珠, 鄭桂玉, 金武重, 金正烈 선생님이 계셨기에 공부를 중단하지 않았다. 지면을 빌어 모든 분들에게 감사드린다. 또한 도면 만드는 방법을 가르쳐 주신 디자인 예담의 류미영님 덕분에 글뿐인 책에 도면을 더하여 지루한 책은 탈피하게 되었다. 이에 감사드린다.

끝으로 1년 전에 학위 논문 원고를 넘겨놓은 후, 보완할 논문을 차일피일 미루었음에도 불구하고 출판을 맡아주신 서경문화사의 김선경 사장님과 편집을 담당해 주신 김윤희, 김소라님에게도 감사드린다.

2013년 3월 23일

송 만 영

I.
머리말

1. 연구 배경

　최근에 이루어진 취락 연구는 두 가지 방향에서 진행되었다. 하나는 문헌에 나와 있는 三韓 小國의 형성 과정과 그 구조를 밝혀 보려는 노력의 일환으로 그 모태가 되었던 청동기시대부터의 취락 모습을 역추적하는 작업이었고(權五榮 1996a; 李熙濬 2000a), 다른 하나는 청동기시대 가운데 특히 中期를 단지 편년 체계상의 한 획기가 아니라 사회문화체계에 있어 큰 변혁기로 보고 그러한 변화 과정을 추적하는 작업이었다(安在晧 1996; 2000; 宋滿榮 1995; 李盛周 2000a; 김권구 2005). 전자는 취락의 변화 과정을 통시적인 관점에서 그리고 있지만, 초점이 삼한 소국에 맞추어져 있기 때문에 청동기시대 이래의 취락에 대한 구체적인 사례 검토가 미흡하거나, 부정확할 수 있다. 이와는 달리 후자는 취락을 설명하는 틀이 해당 시기에만 국한되어 사용될 수 있도록 고안되었다. 따라서 그 다음에 전개될 취락의 변화된 모습을 동일한 틀로 설명하기 어려워 결과적으로 과정이 아닌 완결된 상태로 묘사할 위험을 안고 있다.

　따라서 청동기시대부터 한성백제기까지 취락의 장기적인 변화 양상을 살펴봄으로써 정치체의 변화 양상을 파악하려는 본 연구에서는 통시적 관점이 무엇보다도 중요하다. 그럼에도 불구하고 통시적 관점의 연구는 여러 가지 측면에서 어려움이 있다. 먼저 자료상의 제약이 가장 큰 걸림돌이다. 이는 무덤을 대상으로 하든, 아니면 취락을 대상으로 하든 통시적으로 살펴볼 수 있는 자료에 편차가 있게 되면, 복원된 정치체의 모습이 다소 왜곡될 소지가 있다는 점이다. 가령 무덤 자료를 통해 중부지방 정치체의 변화 과정을 살펴볼 경우, 원삼국시대에 해당되는 무덤 자료가 많지 않아 이 부분이 공백으로 남을 가능성이 높다. 그래서 선택적으로 취락 자료를 활용하기도 하지만, 무덤 자료와 취락 자료를 통해서 파악한 정치체의 사회 복합도가 항상 일치하지 않은 경우도 있다. 예컨대 남한지역 초기철기시대의 자료가 이에 해당되는데, 무덤 자료로 보는 한 소국이 이미 형성되었다는 견해도 있지만, 취락 자료로 볼 때, 이에 잘 부합되지 않은 측면도 있다.

한편 취락의 통시적 연구에서는 정치체의 통합도 내지 복합도를 파악할 수 있는 일관된 기준이 필요하다. 가령 어느 지역의 정치체가 초기 국가 단계로 성장하는 과정에서 정치체의 통합 범위가 점차로 넓어지고 그 범위 안의 결집도가 높아졌을 것이라고 가정할 수 있다. 또한 내부적으로는 개인과 집단 모두 이전과는 다른 重層의 계층 구조가 형성되어 갔을 가능성이 높다. 이러할 경우 개인 또는 집단의 계층성을 파악하는 기준이 무엇보다도 중요한데, 그 기준은 청동기시대부터 한성백제기까지 일관성이 있어야 한다는 점이다. 취락 분포 정형의 관점에서 통시적으로 정치체의 변화 과정을 설명하는 연구도 있지만(이희준 2000a: 114), 각 시대별로 취락 위계를 판정하는데 있어 항상 일관성 있는 기준을 적용한 것은 아니었다. 이는 앞에서 지적하였지만 자료 자체가 가진 한계에 기인한 것으로 앞으로도 일관성 있는 기준의 적용이란 현실적으로 불가능에 가깝다고 할 수 있다. 그러나 이러한 문제 때문에 통시적인 관점의 연구가 무의미하거나 그 연구 결과를 신뢰하기 어렵다고는 할 수 없다.

고고학 자료를 이용한 통시적 관점의 취락 연구는 권오영(1996a), 이희준(2000a), 이청규(2001), 박순발(2002a)에 의해서 상당한 수준에 올라와 있어, 본 책의 지침서가 되고 있음은 부인할 수 없다. 그런데 이 연구들에서는 각 시대별 정치체의 사회 복합도가 점진적으로 증가하는 것으로 묘사하고 있지만 취락의 해체 현상이 신석기시대 만기부터 원삼국시대까지 각 시대의 과도기마다 반복적으로 나타나고 있는 바, 실제 정치체의 성장 과정에 관한 다른 밑그림을 그릴 필요가 있다. 다시 말하면, 초기 농경 사회의 정치체가 초기 국가로 성장하기까지 사회 복합도가 꾸준하게 증가하였겠지만, 미시적으로는 그 성장 과정에서 사회 복합도가 지체되거나 감소하는 양상도 확인되고 있어 그 원인을 규명하는 연구가 필요하다.

가령 한반도 남한지역에서 지역정치체가 성장하는 청동기시대 중기와 원삼국시대 후기는 취락의 성장 과정에서 대전환기이다. 장기 지속적인 대형 취락이 등장하는 이 두 시기는 고고학 자료만으로 볼 때, 큰 차이가 없다. 잉여 생산의 증대와 인구의 급속한 증가, 장기 지속적인 대형 취락의 등장, 교역을 포함한 광역적 네트워크의 형성, 집단 간의 갈등 심화, 그리고 사회 통합도의 증가는 정도에 차이가 있지만, 공통적으로 확인할 수 있는 현상들이다. 그럼에도 불구하고 청동기시대 중기 이후의 취락은 해체된 반면, 원삼국시대 후기 취락은 초기 국가의 출현과 연결되고 있다.

특히 대형 취락이 해체된 이후의 중부지방 초기철기시대 취락들은 청동기시대 중기와는 다르게 그 규모도 크지 않고 취락을 구성하는 정치체의 위상도 높지 않은 것으로 확인되는데, 무덤 양상에서도 크게 다르지 않다. 이러한 현상이 중부지방만의 특징인지는 좀 더 검토가 필요하겠지만, 취락 자료만으로 보는 한, 남한지역에서 공통적으로 확인되고 있다. 그래서 이러한 고고학적인 현상들의 원인을 규명하고 나아가서 초기 국가로의 성장 과정에서 어떤 의미를 갖고 있는지 검토가 필요하다.

2. 연구 목적과 방법

본 연구는 청동기시대 이래의 중부지방 취락들을 검토함으로써 3세기 중후반에 백제라는 초기 국가가 형성될 수 있었던 배경을 규명하는데 목적이 있다. 아울러 동일한 조건에서도 다른 정치체들이 초기 국가 단계로 발전할 수 없었던 원인을 규명하고자 한다. 여기에는 주로 청동기시대 중기의 정치체들과 원삼국시대 영서지역 정치체가 대상이 될 것이다.

이를 위하여 취락을 연구 대상으로 한다. 여기에서 취락은 특정 공동체가 수행했던 다양한 행위 공간으로 취락의 광의적 개념에 해당된다. 따라서 주거 유적뿐만 아니라, 경작지, 무덤군, 제의 공간 등이 모두 연구 대상이 되겠지만, 본 연구에서는 주로 주거 유적을 중심으로 살펴보았다. 또한 취락의 분석은 개별 가옥 또는 세대보다는 취락 내의 공간 배치와 취락들의 공간 분포에 초점을 맞추었다. 특히 취락의 분포 정형을 통해서 지역공동체를 추출하고 지역공동체의 규모와 성격을 통해서 중부지방 정치체의 형성 및 발전 과정을 살펴보려고 한다. 이와 같이 분석 수준을 거시적으로 설정하는 것은 복합 사회로의 진화 과정을 살펴하는데 유리하기 때문이다.

또한 본 연구에서는 청동기시대부터 한성백제기까지를 대상으로 취락의 장기적인 변화 과정을 관찰하였는데, 경우에 따라서는 신석기시대 취락에 대한 연구 성과도 참조하였다. 그리고 지역적 범위는 중부지방[1]에 국한하였지만, 경우에 따라서는 남부지방의 취락 연구 성과도 참고하였다. 동일 시대라 하더라도 지역에 따라 취락과 공동체의 전개 양상이 다르게 나타날 수 있기 때문에 상호 지역 비교를 통해서 중부지방 취락의 특징을 살펴보는

---

1) 중부지방의 사전적 개념은 황해도, 경기도, 강원도, 충청 남·북도를 의미하지만, 문화권의 분포를 중시하여 안성천과 남한강 수계를 연결하는 선을 중부지방의 남한계로 파악하였다. 다만 본 연구가 초기 국가인 한성기 백제까지의 취락의 변화상을 관찰하는 것이 목적이기 때문에 영동지역 취락 자료들은 필요한 경우에만 다루었다.

데에도 도움이 되기 때문이다.

본 연구는 먼저 제Ⅱ장에서 청동기시대~한성백제기의 편년안을 제시함으로써 취락의 시공적 변화를 읽을 것이다. 각 시대마다 고고학 자료의 성격이 상이하기 때문에 편년법은 다르게 구사하나, 기본적으로 취락을 편년 대상으로 하였다. 또한 시대에 따라 자료 수준이 다르기 때문에 편년 단위와 기준을 달리 설정하였다.

제Ⅲ장에서는 Ⅱ장의 편년안을 토대로 하여 취락 구조의 변화 과정을 살펴볼 것이다. 이를 위하여 우선 주거 유형과 취락 입지 변화를 살펴보고 아울러 각 시대별 취락 구조가 어떻게 변화하였는지를 살펴보고자 한다. 취락 연구를 위한 분석 단위는 취락의 종적 경관과 횡적 경관이다. 취락의 종적 경관은 규모에 따른 취락 단위별 각 구성 요소, 가령 주거구역, 저장 구역, 분묘구역, 상위 주거지군, 하위 주거지군 등의 배치를 의미하며, 횡적 경관은 위계가 서로 다른 취락간의 배치와 공동으로 이용하는 시설물, 지역을 의미한다(송만영 2001a: 90). 여기에서는 특히 장기 지속적인 대형 취락의 출현 과정에 주목하고자 한다.

제Ⅳ장에서는 각 시대별 취락의 계층화 양상에 대해서 살펴보려고 하는데, 이는 사회 복합도를 파악할 수 있는 척도이기 때문이다. 계층화는 일반적으로 개인과 취락을 단위로 하여 살펴볼 수 있지만, 개인은 취락 연구를 통해서 파악하는 데에는 한계가 있다. 따라서 여기에서는 주로 취락의 계층화에 대해서 살펴보았다. 취락은 규모에 따라 기능을 달리하는 다양한 하부 단위로 구성되는데, 특히 대형 취락은 혈연을 기반으로 하는 중소형 취락들이 결집된 형태이다. 따라서 취락 내 계층화를 살펴봄으로써 각 시대별 사회 복합도를 파악할 수 있을 것이다. 이와 아울러 취락의 분포 정형을 통해서 취락 간의 계층화 양상이 어떻게 변화하였는지를 검토하고자 한다.

또한 앞의 논의를 토대로 각 시대별 정치체의 성장 과정을 살펴보려고 한다. 우선 문헌에 기록되어 있는 邑落을 고고학적으로 규정할 때, 어느 수준의 정치체를 읍락으로 볼 수 있는지와 읍락의 출현 시점에 대해서 살펴보고자 한다. 읍락의 출현과 관련하여 필자가 주목하는 것은 대형 취락의 출현이다.

한편 청동기시대 중기의 대형 취락과 같은 거점 취락의 해체는 한반도에서뿐만 아니라 중국 동북지방 하가점 상층 문화기와 일본 야요이 후기 사회에서도 관찰되는, 일반적인 현상이다. 그런데 청동기시대 중기의 거점 취락 해체 원인에 대해서는 새로운 초기철기문화의 출현으로 보는 견해(송만영 2006: 13; 中村大介 2008: 78)와 포화된 인구압에 대한 대응 전략의 부재로 보는 견해(안승모 2006: 29-32)가 있었다. 따라서 Ⅱ장에서의 세분화된 청동기시대 편년안을 토대로 대형 취락의 해체 과정에 점토대토기문화의 유입이 원인이 되었는지 아니면 그 이전부터 진행되어 온 결과물인지를 판정하는 것이 무엇보다도 중요하다고 하겠다.

한편 청동기시대 중기의 대형 취락들이 해체된 것과는 달리 원삼국시대 후기의 대형 취락들은 해체되지 않고 삼국시대에 이르기까지 장기 지속을 하면서 초기 국가 사회로 통합되는 양상을 보여준다. 대형 취락의 장기 지속이 초기 국가 발생의 원인인지 아니면 결과물인지는 분명치 않지만, 장기 지속이 가능한 전략이 작동되었던 것만은 분명해 보인다.

마지막으로 제Ⅴ장에서는 중부지방에서 원삼국시대 후기 이래의 지역 정치체의 성장 과정에서 대해서 살펴보려고 한다. 중부지방의 마한 사회에 속한 수많은 지역정치체는 초기 국가로 발전할 수 있는 잠재력을 가지고 있었다. 특히 伯濟國과 경쟁 관계였던 경기 북부와 영서지역의 정치체는 취락만으로 볼 때, 한강 하류의 백제국과 대등한 세력을 유지하고 있었다. 그러나 백제국만이 초기 국가 단계로 성장할 수 있었는데, 이는 백제국이 기존의 교역을 포함한 광역적 네트워크를 재편할 수 있었기 때문이다. 따라서 초기 국가의 출현 이후 백제 중앙이 광역의 지역적 통합을 이루고 그 내부를 지방으로 편제하기 위하여 사회의 구성단위들을 조직적으로 계층화하기 위한, 다양한 전략에 대해서 살펴보고자 한다.

II.
청동기시대~한성백제기 취락의 편년

1. 청동기시대~초기철기시대

1) 편년 연구의 성과와 문제점

　　중부지방 청동기시대 편년 연구, 특히 분기 설정과 관련하여 현재 학계에서는 청동기시대를 조기-전기-후기로 편년하는 연구자가 증가 추세에 있다. 1990년대의 전기-중기-후기의 3분기설에 이어 2000년에 각목돌대문토기의 조기설(안재호 2000: 44-47)이 제기됨에 따라 조기-전기-중기-후기 등의 4분기설이 학계의 많은 지지를 얻어 왔다. 그러나 최근 중기로 편년되었던 송국리유형을 청동기시대의 마지막 단계인 후기로 파악하여 조기-전기-후기 등으로 편년하기에 이르렀는데(안재호 2006), 이러한 분기설의 변화는 한국 청동기시대 편년 연구의 궤적을 단적으로 보여준다는 점에서 학사적인 검토가 필요하다.

　　2007년의 한국청동기학회의 창립과 더불어 개최된 학술대회에서는 한국 청동기시대의 시기 구분 문제가 본격적으로 논의되었다. 이 학술대회에서는 몇 가지 쟁점들이 있었는데, 첫째는 기왕의 청동기시대 조기 설정을 인정하면서도 조기의 범위를 어디까지 볼 것인가의 문제, 둘째는 송국리유형의 형성과 관련된 전기와 중기의 구분 시점 문제, 셋째는 점토대토기의 출현 시점과 한국식동검 문화의 형성 시점의 불일치로 인하여 과연 점토대토기 단계부터를 초기철기시대로 구분할 수 있는가의 문제 등으로 요약된다.

먼저 첫 번째 쟁점과 관련하여 필자는 청동기시대 조기 제안이 시론적인 성격의 것이어서 상당한 정도의 연구 없이는 조기를 설정하는 것이 시기 상조라 생각하였다. 조기 설정론이 제안되었을 당시에는 주로 각목돌대문토기만을 염두에 두었으나, 그 이후의 연구에서는 이중구연거치문토기와 구순각목이 없는 이중구연토기를 조기에 포함시키기도 하는 등 연구자마다 어떤 문화적 요소를 조기에 포함시킬 것인지에 대한 의견도 다양해졌다. 그런데 각목돌대문토기 단순기가 존재하고 이것이 편년적으로 가락리유형보다 이르다고 보았던 견해(안재호 2000: 49; 이형원 2007c; 천선행 2007)와는 달리 필자를 포함하여 한 편의 연구자들은 미사리유형과 가락리유형 사이에 시차가 없다는 견해(송만영 2001a: 81; 김장석 2008a; 김현식 2008)를 발표하였다. 당시에 필자는 전기로 편년되었던 가락리유형이 미사리유형의 분포권과는 지역을 달리하여 분포하고 취락 구성에 있어 큰 차이가 없기 때문에 동일 시기인 전기 전반으로 파악하였지만, 하남 미사리유적의 사례와 같이 미사리유형의 상한은 가락리유형의 그것보다 이르다고 보았다.

김장석과 김현식은 서북지역에서 동 시기로 보았던 이중구연단사선문토기와 각목돌대문토기가 남한지역에서 시간 차이로 해석될 수 없음을 강조하였는데, 이러한 동일한 인식에도 불구하고 조기에 대한 개념 차이가 있다. 즉 김장석의 경우 각목돌대문토기와 이중구연단사선문토기, 그리고 공렬토기와의 시차를 인정하기 어렵기 때문에 전기와 구별되는 각목돌대문토기의 단독기인 조기 설정에 유보적인 입장이다. 그리고 김현식은 미사리유형과 가락리유형 모두를 조기로 설정하고 흔암리유형 부터를 전기로 파악하였다.

필자 역시 조기 설정에는 유보적인 입장이지만, 향후의 조사, 연구 진척에 따라 조기 설정도 가능하다고 본다. 다만 조기 개념을 신석기시대에서 청동기시대로의 과도기로 이해할 경우, 환저토기와 각목돌대문토기, 그리고 이중구연토기가 공반된 미사리유적만이 조기 개념에 적합하다. 그리고 그 외의 유적들, 즉 각목돌대문토기와 이중구연토기가 단독 또는 공반되어 출토된 유적들은 청동기시대에 이미 진입한 유적이기 때문에 조기와 구분하여 초기라는 시기명을 사용하고자 한다. 초기라는 시기명은 본래 이청규의 초기-전기-중기-후기 등의 4시기 구분안(이청규 1988)에서 가락동유형과 역삼동유형이 병존하는 단계로 파악된 것이지만, 여기에서는 가락동유형과 미사리유형의 병존을 의미하는 개념으로 사용하고자 한다. 따라서 조기라는 시기명은 미사리유적과 같이 신석기시대에서 청동기시대로의 과도기적 유물상을 보이는 유적으로 제한하고 앞으로도 이와 유사한 유적들이 조사될 것이라 예상되기 때문에 조기 설정은 가능하다고 본다.

두 번째 쟁점은 중기 상한과 관련된 문제이다. 학계에서는 송국리유형의 출현을 중기의 시작으로 보는 견해가 지배적이다. 그러나 송국리유형이 확산된 지역에서는 시차 차이가 있고, 송국리유형이 확산되지 않은 지역도 있기 때문에 동일하게 적용하는 데에는 어려움이 있다고 판단된다. 따라서 공렬토기문화의 경우 퇴화된 흔암리식 토기가 소멸된 단계부터를 중기의 시작으로 보았다(송만영 2001a: 80-82).

중부지방의 청동기시대를 연구하는 대부분의 연구자들도 역삼동유형 단계가 지속되는 가운데 무엇인가 중기로 구분할 만한 새로운 요소들이 출현했다고 파악하고 있다. 더욱이 중부지방에서는 송국리유형 또는 계보상 이에 선행했다고 하는 반송리유형(이형원 2006a)의 분포가 지역적으로 경기 남부에 집중되고 단일 취락 내에서 비율이 높지 않기 때문에 역삼동유형의 변화에 초점을 맞춘 연구들이 많았다. 가령 경기지역의 경우에는 김한식과 이진민이 역삼동유형을 역삼동유형 Ⅰ기와 Ⅱ기로 구분하였는데, 김한식(2006)이 석기 구성상의 변화를 기준으로 구분한 반면에 이진민

(2008)은 주거지 구성상의 변화를 기준으로 역삼동유형을 두 시기로 세분하고 이 가운데 역삼동 II기를 송국리유형과 동일 단계인 중기로 파악하였다.

영서지역의 경우에는 泉田里類型(金權中 2008)의 출현을 중기의 시작으로 보는 견해(김권중 2005)가 제시된 이래 홍주희(2008)도 동일한 기준에 따라 중기를 설정하였다. 여기에서 천전리유형을 중기로 파악한 근거는 주거지 구성상의 변화와 함께 이색점토구역을 갖춘 천전리식 주거지의 출현, 석기, 토기 등의 유물 변화에 주목한 것이지만, 이와 아울러 호서지역에서의 송국리유형의 절대연대를 염두에 둔 것이다. 그러나 천전리유형에 속하는 유구와 유물의 절대연대가 기원전 8~6세기인 것과는 다르게 최근 학계에서 송국리유형의 상한 연대를 기원전 10세기 후반까지 소급하는 경향과는 차이가 있다. 따라서 이를 의식해서 인지 천전리유형의 이전 단계인 과도기(김권중 2008: 66-67)를 '先천전리유형' 이라 하여 중기의 상한을 약간 이르게 편년하였다(김권중 2010). 정원철(2007)은 단사선문이나 구순각목문이 소멸된 순수공렬토기 단계부터를 중기로 설정함으로써 천전리유형보다는 조금 이르게 보았다. 그러나 그의 중기 설정이 송국리유형과의 비교에서 도출된 것이 아니기 때문에 이에 대한 검토가 필요하다.

마지막으로 영동지역의 경우에는 공렬토기가 소멸된 시점부터 점토대토기가 출현하는 시점까지를 중기로 파악하는 견해(박영구 2007)가 있었으나, 최근 논문(박영구 2008)에서는 역삼동유형의 공렬토기 단계를 중기로 보았다.

한편 주거지 편년을 통해서 중기를 설정한 김승옥(2006)은 송국리 문화권과 비송국리 문화권으로 구분하였는데, 특히 비송국리 문화권인 한강유역에서는 역삼동 계통의 (장)방ㆍ(중)소형 주거지 단계부터 중기로 설정하였다. 기준이 모호하여[2] 출토 유물만으로는 어느 유적을 중기로 보고 있는지는 분명치 않지만, 역삼동유형의 변화를 기준으로 삼았다는 측면에서 주목된다.

이와 같이 중부지방에서 청동기시대 중기를 설정할 때, 그 기준을 역삼 동유형의 변화에 초점을 맞춘 연구가 있는 반면, 송국리유형의 출현에 주 목한 연구가 있는데, 이는 연구자들의 송국리유형 형성관에 차이가 있기 때문이다. 다시 말하면 송국리유형을 금강 중하류 지역에서 발생한 지역 문화유형으로 파악한 연구자들은 역삼동유형의 계기적 변화를 추적하여 송국리유형에 대응되는 획기를 찾고자 하였다. 이와는 달리 송국리유형을 전기 청동기 문화의 연장선상에서 발생하였다고 보는 연구자들은 일부 예 외적인 지역이 있기는 하지만, 송국리유형의 발생 과정과 존재가 제일성 을 띠고 있다고 판단하였다.

한편 이러한 극명한 인식 차이로 말미암아 중기의 세부 편년에서도 차 이를 보이고 있다. 안재호(1992)가 이른바 '선송국리유형'을 설정한 이래 여러 연구자들이 휴암리유형과 반송리유형을 송국리유형보다 이른 단계 로 파악하여 시기 세분하였는데, 주거지의 평면 형태를 주요 기준으로 삼 고 있다. 가령 庄田愼矢(2007)는 후기를 방형 송국리식 주거지→말각형 송 국리식 주거지→원형 송국리식 주거지→대야리식 주거지 단계 등 4기로 세분하였으며, 나건주(2009)는 반송리식 주거지를 전기와 중기의 과도기 단계로 파악하고 중기를 휴암리식 주거지 단계와 송국리식 원형 주거지 단계로 세분하였다. 이형원(2009)은 반송리식과 휴암리식 주거지 단계가 선후 관계가 있지만, 이를 묶어 중기 전반으로, 그리고 송국리식 원형 주거 지 단계를 중기 후반으로 세분하였다.

이와는 달리 필자는 송국리유형을 지역 문화유형으로 이해하는 입장에 서 송국리유형 외곽 지역의 경우, 퇴화된 흔암리식 토기(전기 후반)→구순 각목공렬토기(중기 전반)→공렬토기, 무문양 심발형토기(중기 후반) 순으 로 변화된 것으로 파악하여 중기를 두 시기로 세분하였다(송만영 2001a:

---

2) 이진민도 주거지 규모의 소형화를 기준으로 역삼동 1기와 2기를 구분하였는데, 이에 대 해서는 김장석(2006: 45-46)의 비판이 있었다.

82-85). 그런데 구연부에 문양이 소멸된 심발형토기 단계를 어떻게 볼 것인가는 시각 차이가 있다. 가령 박성희(2002)가 춘천 하중도유적의 무문양 심발형토기 단계를 전환기적 성격으로 이해하였는데, 이를 점토대토기 단계와 동일 시기로 파악한 견해(정원철 2007: 36)도 있다. 더욱이 홍천 철정리 Ⅱ유적에서도 천전리식 주거지의 특징을 가지고 있으면서 유물은 무문양의 심발형토기와 함께 점토대토기가 공반되어 이 단계를 청동기시대 후기로 파악하기도 하였다(김권중 2008: 70-71). 홍주희(2009) 역시 무문양의 심발형토기 단계를 청동기시대 후기로 파악하고 있는 입장이다. 비록 이 단계에 속하는 취락들이 많이 조사되지는 않았지만, 경기 남부(화성 반송리, 안성 만정리 신기)와 강원 영서(춘천 하중도, 홍천 철정리 Ⅱ), 그리고 강원 영동(강릉 방동리 A)에서도 확인되고 있기 때문에 단계로 설정하는 데에는 문제가 없다. 다만 앞에서 언급한 것처럼 무문양의 심발형토기 단계를 중기의 마지막 단계로 볼 것인지, 아니면 후기의 점토대토기 단계와 병행기로 볼 것인지는 검토가 필요하다.

　마지막으로 경기 남부에서 송국리유형의 발생 과정에 대한 최근 연구에 대해서 살펴보고자 한다. 이 연구는 안재호가 소위 선송국리유형을 설정한 이래 김장석(2003)에 의해 이론적 틀이 마련되었고, 다시 김장석(2006)과 나건주(2005; 2009), 이형원(2006a; 2007a)에 의해 보다 구체적인 검토가 이루어졌다. 안재호(1992: 2)의 주장은 본래 송국리유형의 형성 계보를 역삼동유형에 두는 것이었으며, 따라서 역삼동유형을 전기, 소위 선송국리유형을 중기 전반, 그리고 송국리유형을 중기 후반으로 편년하였다. 이에 대한 필자의 반론은 역삼동유형과 송국리유형 사이에 연결고리였던 소위 선송국리유형은 과도기가 아니라 문화접변으로 파악되어야 한다는 것이었고, 따라서 남한지역 제일성에 근거한 당시의 편년 체계는 재고할 필요가 있다는 것이었다(송만영 1997). 그것은 송국리문화와 공렬토기문화가 지역을 달리하여 분포하고 있고 그 사이에 문화접변 양상을 보이는 지역이 관찰되기 때문에 어떠한 편년 기준을 제시하든 편년 대상 지역을 남한 전체로 확대하여 편년할 수 없음을 의미한다.

　가령 나건주(2009: 85)는 최근 연구에서 장방형 주거지→반송리식 주거지→휴암리식 주거지→송국리식 주거지 순으로 단계 설정을 하였다. 그러나 이렇게 편년할 경우, 분포상의 문제가 있다. 즉 시간축으로 설정된 각 형식의 주거지들이 지역적으로 편중되어 분포하고 있을 뿐만 아니라, 경기 남부와 금강 중하류 사이에서 동일한 순서대로 분포하게 되는데, 이와 같이 편년이 이루어질 경우, 지역에 따라 이른 단계의 유적들만이 분포하거나, 늦은 단계의 유적들만이 분포하는 불균형이 발생하게 된다. 이는 동일 시점에 여러 지점에 분포하고 있는 상이한 고고학 자료를 시간적으로 이해할 때, 자주 발생하는 문제점으로 지적되었으며(송만영 2001a: 76-79; 김승옥 2006: 25-26), 북한지역의 덕천 남양리유적의 성격에 대한 이해(김장석 2008a: 98-99)도 같은 맥락으로 생각된다. 따라서 남한 전체를 대상으로 청동기시대 중기의 편년틀을 구축하기 위해서는 각 지역에서 편년틀을 만들고 이를 교차 편년하는 방법이 현재로써는 가장 바람직한 방법이라 판단된다.

　소위 선송국리유형이 형성되었다고 거론된 지역은 서남지역과 동남단지역, 동남내륙지역(안재호 1992: 7-21), 또는 충청 서해안, 경남 서부, 전남 동부지역(김장석 2006: 74) 등으로 약간의 시차는 있지만, 여러 지역에서 거의 동시다발적으로 출현하였다고 보는 견해가 있는 반면, 아산만(나건주 2005: 21-22) 또는 경기 남부(이형원 2006a: 187-188)에서 소위 선송국리유형이 출현하였다고 보는 견해도 있다. 여기에서 우선적으로 검토할 것은 김장석의 견해이다.

　그의 송국리유형 형성 과정에 대한 초기 논문에서는 천안 지역에 초점을 맞추었으나(김장석 2003: 41-45), 그 이후의 보완적 성격의 논문에서는 이를 철회하고 서해안 지역에 주목하였다(김장석 2006: 53-67). 특히 보령 관창리유적에서 심발형토기와 호형토기 등 역삼동식토기가 출토된 휴암리식 방형 주거지와 외반구연옹 기종이 출토된 송국리식 원형 주거지를

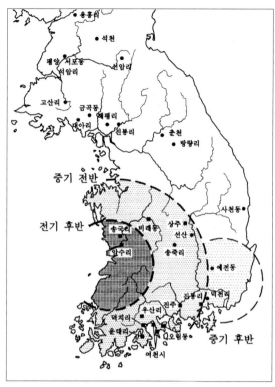

그림 1 時期別 松菊里文化의 擴散 範圍(宋滿榮 2001a)
(● 琵琶形銅劍, ■ 有溝莖式銅劍)

시간 차이로 보았는데, 이러한 선후관계에 대해서는 무리가 없다고 판단된다. 다만 선송국리로 표현하든 또는 문화접변으로 표현하든 출토된 토기로 본다면 보령 관창리유적의 방형 주거지는 비교적 늦은 시기의 유적이라는 점이다. 또한 한 가지 덧붙이자면, 안재호가 처음 선송국리유형을 제안하였을 때, 선송국리유형의 유물복합체로 보았던 E군, F군의 유적들도 늦은 시기의 유적들임을 지적하고 싶다.

한편 송국리유형의 공렬토기문화권으로의 확산(그림 1)이 구순각목문 공렬토기 단계부터 임을 언급하였는데, 이는 차령산맥 북쪽의 충청 지역 뿐만 아니라, 전라도 남단, 남강 유역 등 송국리유형 주변 지역에서 방형계의 송국리식 주거지에 구순각목공렬토기가 공통적으로 출토되기 때문이다(송만영 2001a: 79-80). 현재까지 방형계의 송국리식 주거지에서 흔암리식 토기가 출토된 사례는 없다. 따라서 역삼동유형의 편년안을 기준으로하였을 때, 공렬토기가 출토되지 않은 단계의 보령 관창리유적 사례로 소위 선송국리유형이 출현하였다고 하는 김장석의 주장은 받아들일 수 없다. 김장석의 주장대로 보령 관창리유적의 방형계 송국리식 주거지가 역삼동유형과 송국리유형을 연결하는 소위 선송국리유형이라고 한다면, 송국리유형의 상한은 역삼동유형의 공렬토기 단계보다 올라갈 수 없기 때문이다.

김장석의 논리와 같이 여러 연구자들은 유적에서 방형계의 송국리식 주거지와 원형계의 송국리식 주거지의 중복관계에 주목하였다. 역삼동유형 요소가 남아 있는 방형계의 송국리식 주거지가 외반구연옹이 출토된 원형계의 송국리식 주거지보다 이르다는 근거를 찾을 수 있다면, 송국리유형의 발생이 역삼동유형에서 소위 선송국리유형을 거쳐 재지적으로 이루어졌음을 증명할 수 있다고 믿었기 때문이다(김장석 2006: 70). 그러나 사실 두 유물·유구복합체의 시간적 선후관계와 송국리유형의 계보와는 별개의 문제이다. 왜냐하면 송국리유형의 확산이 일회성에 그친 것이 아니라 지속적인 양상을 보여준다고 생각되기 때문이다. 따라서 중기 전반의 토기 양상은 역삼동유형을 그대로 유지하면서 주거지가 중간적인 형태를 띠다가 점차적으로 송국리유형의 확산이 가속화되면서 송국리유형 주변 지역에서도 원형계의 송국리식 주거지가 출현하는 것으로 생각된다(송만영 2001a: 82-85).

그런데 중기 후반에 송국리유형의 재확산에 따라 송국리식 토기가 주거지에서 출토되지만, 여전히 공렬문이 탈락된 역삼동유형의 심발형토기가 송국리식 토기와 공반된다. 이와 관련하여 김장석(2006: 69)은 천안-아산 지역 고고학적 양상의 변화를 다음과 같이 정리하였다.

"전기무문토기시대 역삼동유형의 충청지역 최대밀집지였던 천안-아산지역에서는 역삼동식 세장방형 주거지가 점차 소멸화되는 과정 이후 송국리식 원형주거지가 나타나며, 토기는 〈단사선문의 소멸〉→〈공열의 감소 및 호의 소멸〉→〈직립구연 심발 위주의 기종구성에 외반구연옹의 가미〉의 순서로 변화한다. 이 지역에서의 송국리식 원형주거지의 등장과 심발형토기와 외반구연옹의 공존은 금강중하류에서 송국리유형이 등장한 이후의 양상으로서, 전고의 견해를 수정하여 선송국리 물질문화에서 제외한다."

이러한 정리를 염두에 둘 때, 김장석은 금강 중하류에서 완성된 송국리유형이 천안-아산지역으로 확산된 것으로 보고 있는데, 여기에서 우리가 주목해야 할 것은 역삼동유형 심발형토기의 존재이다. 이 기종의 토기는 김장석이 주장하듯이 송국리유형에 포함되어 있는 소형발과는 다른 기종의 토기이다(김장석 2006: 54-56). 따라서 천안-아산 지역의 송국리식 원형주거지에서 역삼동유형의 토기 기종이 출토되었다는 사실은 금강 중하류 지역에서 완성된 송국리유형이 원형을 그대로 유지하면서 확산되지 않았음을 의미한다. 다시 말하면 천안-아산 지역에서 지역을 달리하는 두 문화유형이 문화접변을 일으킨 결과로 해석된다. 또한 이와 같은 이해에 문제가 없다면, 휴암리식 주거지에 구순각목공렬토기가 출토되는 유적의 성격 또한 문화접변으로 파악하는 것이 순리적일 것이다.

최근 이형원(2006a: 187)이 설정한 소위 '반송리식 주거지'는 말각방형 또는 (타)원형의 평면 형태에 중심 2주공의 기둥 배치, 그리고 주거지 장축선상에서 약간 벗어난 지점에 위치한 타원형 수혈로 요약된다. 이 주거지의 성격과 관련하여 이형원은 "이 반송리식 주거지 역시 타원형 수혈의 위치가 주거지 정 중앙에 위치하지는 않지만, 중심 2주공의 존재로 보아, 주거 구조 원리상 구심구조로 볼 수 있으므로 넓은 의미에서는 송국리식 주거지에 포함하는 것으로 볼 수 있다"라고 하였으며, 보다 정확하게는 휴암리식 주거지에 선행하는 주거지 형식으로 보았다. 아무튼 이 연구의 본질은 지금까지 분명치 않았던 휴암리식 주거지의 계보를 추적하여 역삼동유형과 연결하는 것이었고, 아울러 반송리식 주거지의 분포 범위를 통해 송국리유형의 발생이 역삼동유형과 관련 있음을 입증하는 것이었다. 나건주(2009: 83-85)도 안성천 유역뿐만 아니라 곡교천 유역에서도 반송리식 주거지가 확인되고 있으며, 반송리식 주거지의 시간적 위치가 휴암리식 주거지에 선행하고 있다고 하였다.

그러나 이형원의 중기 세분은 반송리식 주거지의 형성 과정과는 무관하게 타원형 수혈의 출현과 위치 변화로 설명함으로써 논리의 신뢰성을 상실하였을 뿐만 아니라, 반송리식 주거지의 전개 과정이 출토 유물로는 전혀 검증되지 않았다는 사실도 지적되어야 할 것이다(송만영 2010a).

마지막 세 번째 쟁점은 안재호(2006: 8-9)의 최근 3분기설과 관련된다. 내용상으로는 송국리유형을 중기가 아닌 후기로 파악한 것이지만, 실제로는 점토대토기 단계부터를 초기철기시대로 파악한 것이 쟁점이 되었다. 필자는 당시 학술대회에서 토론을 맡아 원형점토대토기와 철기의 출현 시점이 상이하기 때문에 점토대토기 단계부터 초기철기시대로 파악하는 분기론에는 반대한다는 주장을 하였다(송만영 2007: 123). 그럼에도 불구하고 현재 많은 연구자들은 송국리유형을 후기로 보는 견해에 찬동하고 있으며, 논문과 보고서에서 송국리유형을 후기로 기술하는 경향이 늘어났다.

그러나 남한지역에서 원형점토대토기의 상한과 한국식동검문화의 출현과의 시간 차이가 100여년 가량으로 파악되고 있으며(박진일 2007: 115), 이 시기가 비파형동검 단계에 해당되기 때문에 점토대토기 출현 시점부터 초기철기시대로 이해해도 좋은지 검토가 필요하다. 최근 이형원(2010a)도 박진일의 점토대토기 편년관을 토대로 비파형동검단계-세형동검단계-초기철기단계로 편년하였는데, 결국 초기철기시대의 상한을 둘러싼 여러 편년관들이 학계에 공존하고 있기 때문에 송국리유형 후기설은 찬반을 떠나 재검토가 필요하다고 생각된다.

향후에 청동기시대 학계에서 새로운 견해들이 자주 나와 주기를 기대하는 입장이지만, 그러한 견해가 학계의 충분한 검토 없이 무분별하게 정설화 되어 가는 것은 오히려 한국 고고학 연구에 있어 방해 요소가 된다고 생각한다. 따라서 앞에서 살펴본 바와 같이 한국 청동기시대 편년과 관련하여 분기설에 대하여 검토한 결과, 조기-초기-전기-중기-후기의 5분기설이 한국 청동기시대의 변화를 가장 잘 설명할 수 있는 분기 틀이라 생각된다. 다만 학계에서 초기철기시대 개념에 대한 논쟁이 이제 막 시작된 것이어서 그 결과에 따라 분기 틀은 언제든지 조정될 수 있다고 판단된다.

2) 단계 설정

현재까지 중부지방에서 청동기시대와 초기철기시대 주거지가 조사된 유적은 200여 개소에 이른다. 이 가운데 청동기시대의 가장 이른 시기로 편년된 주거 유적들, 그리고 점토대토기가 출토되는 일부 주거 유적들은 규모가 작기 때문에 과연 취락이라 불러도 괜찮을지 문제가 있겠지만, 이 글의 목적이 편년을 목적으로 작성된 이상 주거지 1~2기로 구성된 주거 유적도 일단 분석 대상에 포함시켰다.

기존의 청동기시대 편년 연구에서는 편년시의 비교 단위를 유형으로 설정한 경우가 많은데, 이러할 경우에는 청동기시대 편년 작업을 저해하는 몇 가지 문제점이 발견된다. 먼저 연구자 간의 유형에 대한 개념 차이는 별개로 하더라도 지역과 전통을 달리 하는 유형 간의 비교는 매우 어렵다. 또한 무엇보다도 각 연구자들이 개념 정리한 유형의 성격이 동시성을 전제로 하고 있지만, 실제 사용 예는 각각의 유형이 상당한 시간 폭을 가진 것으로 파악된다. 가령 역삼동유형, 송국리유형만 하더라도 그 존속 기간이 400년 가량으로 이를 편년 단위로 할 때, 시기 세분이 거의 어렵게 된다. 따라서 유형보다는 가급적 유물·유구복합체를 편년 단위로 설정하고 비교적 지역적인 편차가 없는 토기 문양을 편년 기준으로 청동기시대 취락 편년을 시도하고자 한다. 다만 유형이 지역집단을 반영하는 개념이라고 한다면, 지역에 따라 청동기문화의 전개 과정에 차이가 있기 때문에 별도로 편년하는 작업이 필요하다. 따라서 청동기시대 편년 연구에서 유형의 설정은 아직 의미가 있다고 하겠다.

실제로 중부지방이라 하더라도 서울, 경기와 영서지역은 청동기문화의 전개 과정에 지역 차이가 있다. 이러한 지역 차이는 청동기시대 초기부터 점토대토기가 출현하는 단계 이전까지 지속적인 양상을 보이는데, 이 때문에 동일한 기준으로 중부지방 전체를 편년하는 데에는 어려움이 있다. 가령 서울, 경기지역에서는 이중구연토기 출토 유적이 밀집 분포된 반면, 영서지역의 경우에는 각목돌대문토기와 이중구연토기가 공반된 유적들이 많다. 또한 초기 단계에 이어 청동기시대 전~중기에도 이러한 지역성이 지속되는 양상을 보여준다. 게다가 지역 범위에 다소 변동이 있지만, 점토대토기 단계에 이어 원삼국~한성백제기까지 지역성이 확인된다.

또한 기존 연구에서는 주거지를 단위로 하여 편년을 시도한 연구가 많았는데, 이러할 경우에는 비교할 수 있는 대상이 많지 않아 편년 결과를 신뢰하기가 어렵다. 특히 주거지의 경우에는 특수 기능과 위계, 그리고 폐기 맥락에 따라 유물의 출토 양상이 다를 수 있기 때문에 가능하면 비교 단위를 많이 확보할 수 있는 취락을 대상으로 편년하고자 한다. 다만 취락은 주거지와는 달리 존속 기간이 길기 때문에 좀 더 세밀한 편년 틀을 얻기에는 문제점이 있다. 그러나 현재의 청동기시대 편년 연구에서 몇 십년 단위로 분기를 설정하기에는 아직 그 성과가 축적되어 있지 않기 때문에 취락의 비교적 긴 존속 기간에도 불구하고 취락을 편년 단위로 하는 데에는 큰 문제가 되지 않는다고 판단된다.

일반적으로 학계에서는 청동기시대 토기의 변화 과정이 무문토기 문양의 소멸 과정으로 설명하고 있는데, 이러한 시각이 적합하다고 판단된다. 다만 여러 복합된 문양들이 차츰 소멸되는 과정을 편년 방법에 이용할 경우에는 계기연대법이 현재의 자료 수준에서는 매우 현실적인 편년법이라 판단된다. 특히 청동기시대 전기 후반 이래로 취락은 장기지속적인 양상을 보이고 있기 때문에 이 점에 착안하여 단계 간의 상대 서열을 검증하는 수단으로 활용하고자 한다. 즉 장기지속적인 취락의 경우에는 지속 시간을 반영하는 여러 단계의 유물 조합으로 이루어질 것이고, 이는 시간적으로 가장 근접한 유물복합체의 조합을 의미한다. 따라서 이러한 조합이 반복적으로 관찰될 경우에는 각 단계의 시간 순서를 검증하는데 도움이 될 것으로 판단된다.

(1) 청동기시대 조기

먼저 필자의 청동기시대 조기는 신석기시대와 청동기시대의 과도기적인 성격을 갖는 시기로 현재로서는 중부지방에서 하남 미사리유적이 유일하다. 서울대가 조사한 A-1호 주거지와 고려대가 조사한 011호, 015호, 018호 주거지 등 4기의 주거지가 해당된다.[3] 주거지는 대부분 한 변의 길이가 6~9m에 이르는 방형 주거지이며, 석상위석식의 노지는 한 쪽 구석에 치우쳐 있거나, 중심 축선상에 배치되더라도 양 쪽 구석에 치우쳐 있다. 출토 토기는 직립 구연의 환저토기와 함께 각목돌대문토기가 출토되었으며, 호 기종의 토기 구연부 1점이 포함되었다. 석기는 무경식의 삼각형 석촉과 형태 미상의 석도, 그리고 타제 석부가 있다.

중부지방의 다른 초기 유적들과 비교하여 차이점이라고 한다면, 환저토기가 공반된다는 점이지만, 이외에도 적색마연토기와 석검의 부재(천선행 2007: 11-12), 그리고 석촉 가운데 무경식 석촉은 있지만, 일단경과 이단경의 유경식 석촉이 출현하지 않은 점도 특징이다. 그렇지만 조기에 해당되는 유적이 미사리유적뿐이어서 향후에 동일 시기의 유적들이 함께 비교 검토되어야 할 것이다. 또한 이러한 과도기 성격의 유적은 지역에 따라 신석기시대 말기의 토기 양상에 차이가 있기 때문에 반드시 미사리유적과 같은 유물상을 보이지 않을 가능성이 있다.

한편 이형원(2010b: 81)은 하남 미사리유적과 가평 대성리유적을 조기로, 기타 절상각목돌대문토기와 가락동식토기, 적색마연토기가 출토된 유

---

3) 고려대가 조사한 KC 017호 유구는 주거지로 소개되었지만, 규모가 작고 내부에서 노지가 확인되지 않은 점으로 미루어 주거지가 아닐 가능성이 높다.

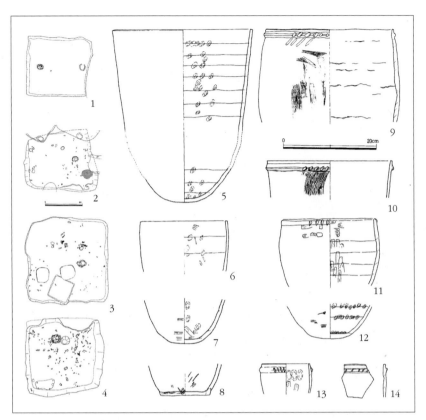

그림 2　하남 미사리유적 조기 주거지와 출토 토기
1 A-1호 주거지(서울대), 2 · 9 · 11 · 12 KC 011호 주거지(고려대), 3 · 5~8 · 13 · 14 KC 015
호 주거지(고려대), 4 · 18 KC 018호 주거지(고려대)

적들을 전기로 편년하였는데, 가평 대성리유적만을 검토할 때, 조기로 볼
수 있는 근거가 희박하다. 본래 이형원이 가평 대성리유적을 조기로 본 근
거는 뚜렷하게 명시하지는 않았지만, 석상위석식 노지가 설치된 미사리식
주거지인 점, 그리고 출토 유물 가운데 빗살무늬토기 전통을 가지고 있는
有孔土器(그림 3-1)와 이중구연토기(그림 3-5 · 6)가 출토되었다는 점인데,
몇 가지 측면에서 납득하기 어려운 점이 있다. 먼저 대성리 25호, 26호 주
거지에서 출토된 토기는 구연부의 제작 기법상 이중으로 처리하였지만,

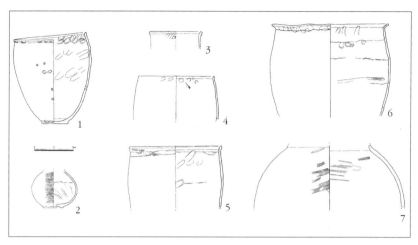

그림 3 가평 대성리유적 초기 주거지 출토 토기
1 · 2 · 4~7 청25호 주거지, 3 청26호 주거지

구연이 외반된 형태로 전형적인 二重口緣土器와는 차이가 있다. 이와 같은 토기는 가평 대성리유적 이외에도 춘천 천전리 121-16번지 10호 주거지와 춘천 현암리 182호, 185호, 325호 주거지에서도 출토되었는데, 공반된 토기에는 刻目突帶文土器와 함께 節狀刻目突帶文土器, 節狀突帶文土器, 二重口緣土器, 二重口緣短斜線文土器, 短斜線文土器 등이 포함되어 있다. 이와 같은 토기 공반 양상을 고려해 볼 때, 가평 대성리유적을 하남 미사리유적과 같은 단계로 보는 것은 적절치 못하다.

또한 이형원이 묘사한 有孔土器는 동체부의 깨진 면 양 옆에 한 조를 이루며 투공된 토기를 의미하는데, 孔列土器와는 달리 소성 이후에 투공된 점이 특징이다. 이러한 특징의 투공 흔적은 補修孔으로 빗살무늬토기에서 일반적으로 관찰되기 때문에 빗살무늬토기 전통이라고 표현한 점은 적절하다. 다만 이러한 전통의 지속 기간에 대해서는 명확히 규명된 바가 없기 때문에 早期로 한정하는 데에는 문제가 있다. 이와 같은 특징을 보이는 토기는 가평 연하리 1호 주거지에서도 출토되었는데, 이와 함께 刻目突帶文土器, 節狀刻目突帶文土器, 節狀突帶文土器, 二重口緣土器, 二重口緣

短斜線文土器, 二重口緣鋸齒文土器 등이 공반되어 미사리유적과 동일 단계로 보기 어렵다. 더욱이 전기 전반에 해당되는 정선 아우라지 7호 주거지에서도 공렬토기와 함께 구순각목토기가 출토되었는데, 구순각목토기에도 이러한 보수공의 흔적이 남아 있다. 아울러 대성리 25호 주거지의 탄소연대가 BP 2945±20로 측정된 점도 대성리유적의 연대를 이르게 볼 수 없는 근거가 된다. 따라서 가평 대성리 25호, 26호 주거지는 청동기시대 초기 유적 가운데에서도 비교적 늦은 시기로 편년된다.

위에서 살펴본 바와 같이 현재 자료로 볼 때, 하남 미사리유적은 중부지방에서 가장 이른 청동기시대 취락이며, 이와 동일 시기의 취락은 아직 조사되지 않은 것이 분명하다. 그렇지만 하남 미사리유적의 사례만으로 보았을 때, 신석기시대와 청동기시대 사이에 시간적 공백이 없었던 것은 분명하며, 앞으로 이와 유사한 유적들이 발견될 것이라 추정된다. 따라서 사례가 비록 많지 않지만, 신석기시대에서 청동기시대로의 과도기 양상을 보이는 유적들을 청동기시대 조기로 파악하고자 한다.

(2) 청동기시대 초기

청동기시대 초기는 渼沙里類型에 속하는 刻目突帶文土器, 節狀刻目突帶文土器와 加樂里類型의 二重口緣土器, 二重口緣短斜線文土器가 출토되는 단계이다. 이 토기들 이외에도 二重口緣이 퇴화되면서 구연이 외반된 토기가 영서지역에서 출토 예가 많으며, 鋸齒文, 口脣刻目文, 斜格子文 등의 문양이 단독 또는 복합 문양을 이룬다. 적색마연토기는 이 무렵에 출현하는데, 기종은 미사리유형에서 평저직구호와 대부완에 한정된다. 기타 孔列土器가 공반된 예는 春川 천전리 121-16번지 2호 주거지와 홍천 외삼포리 3호 주거지가 있으나, 그 사례가 많지 않고 후퇴적으로 파악한 견해가 있어(강원문화재연구소 2008b), 이 단계에는 아직 공렬문이 출현하지 않은 것으로 판단된다. 그렇지만 정선 아우라지와 영월 주천리유적과 같

표 1 _ 가락동유형과 미사리유형의 개념 비교

구분		가락동유형	미사리유형
지역		서울, 경기, 인천	영서지역
취락 입지		낮은 구릉 정상과 능선부	하천변의 충적지
주거지	장축 방향	능선과 평행	하천과 직교
	노지	위석식, 토광형, 무시설식	위석식(석상 · 점토상 · 토광)
	기둥	부정형의 기둥 구멍	2열 초석의 배치
	내부 시설	저장 구덩이	출입구, 저장 구덩이
토기상		(단사선문 · 거치문 · 퇴화) 이중구연토기, 구순각목토기, 적색마연토기	심발형 또는 옹형 기종의 각목돌대문토기, 절상돌대문토기, (단사선문 · 거치문) 이중구연토기, 외반구연토기, 대부소호, 장경호, 적색마연토기
석기상		(혈구)이단병식 석검, 반월형 석도, 무경식 석촉, 역자형의 이단경식석촉, 합인석부, 방추차	(혈구)이단병식 석검, (양인)장방형석도, 무투공석도, 동북형석도, 무경식 석촉, 역자형의 이단경식석촉, 방형의 편평편인석부, 공구형석기, 부리형석기, 원판형석기, 방추차, 어망추

이 초기에서 전기로의 과도기 유적에서는 공렬토기가 돌대문토기 또는 이 중구연토기와 공반될 가능성이 높다고 생각된다. 따라서 최근 여러 연구 자들이 공렬토기까지 청동기시대 초기의 요소로 파악하고 있지만, 필자는 공렬토기의 출현을 전기의 시작으로 본다.

청동기시대 초기에 속하는 유적들은 일반적으로 가락동유형과 미사리 유형으로 분류되는데 그 특징은 (표 1)과 같다. 가락동유형의 주거지는 장 단비가 크지 않아 대개 1:2 이하의 주거지가 많다. 또한 주거지 내부에 1~2개의 노지가 설치된 경우가 많은데, 이형원(2002: 40-44) 편년의 가락 동유형 Ⅰ기 주거지 양상과 유사하다. 노지는 강화 장정리 1, 2호 주거지, 학운리 1-1지점 1호 주거지를 제외하면 대부분 무시설식 또는 얕은 구덩이 의 노지가 설치되어 있어 위석식 노지가 설치된 호서지역 가락동유형 주 거지와는 차이가 있다.

출토 유물은 심발형 기종의 이중구연토기와 함께 구순각목문토기, 무 경식 석촉, 역자식의 이단경식 석촉, 유경식 석검, 유혈구이단병식 석검,

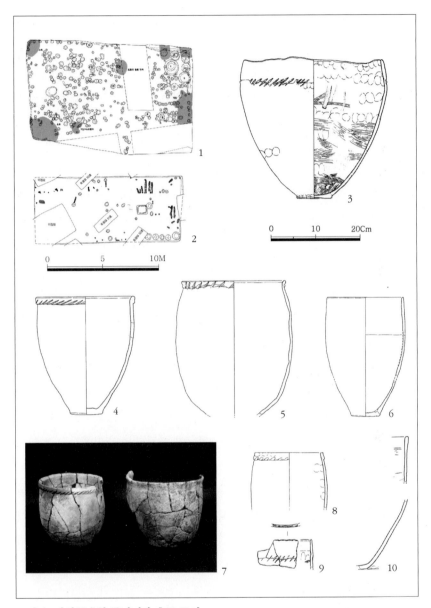

그림 4 가락동유형 주거지와 출토 토기

1 인천 동양동 주거지, 2 김포 학운리 1-1지점 1호 주거지, 3 안성 반제리 1호 주거지, 4 · 6 평택 소사동 다7호 주거지, 5 군포 부곡동 주거지, 7 김포 운양동 2-10지점 4호 주거지, 8 인천 장금도 a패총, 9 안성 반제리 5호 주거지, 10 연천 삼거리 6호 주거지

반월형석도, 합인석부, 석·토제방추차 등이 있다. 이중구연토기 가운데 이중구연이 퇴화된 형태의 토기가 김포 운양동 2-10지점 4호, 5호 주거지에서 출토되었는데, 이중구연부의 段 부분을 문질러서 마치 홑구연처럼 처리하였다. 비록 구연부가 짧게 외반되었지만, 가평 대성리 25호 주거지의 이중구연토기와 비교된다. 그런데 운양동의 홑구연화 된 이중구연토기는 직립 구연이기 때문에 형식학적 변화 방향에 차이가 있다고 생각된다. 이와 유사한 사례가 아직 많지 않지만, 연천 삼거리 6호 주거지에서 출토된 토기가 운양동에서 출토된, 퇴화된 이중구연토기로 판단된다. 구연부는 동체부보다 두텁게 처리되어 이중구연부를 홑구연처럼 처리했을 가능성이 높으며, 저부는 외측면이 축약되지 않은 말각평저이다. 게다가 태토에 활석이 많이 섞여 내, 외면이 반질반질하게 처리된 점 등 운양동 4호 주거지의 퇴화된 이중구연토기와 매우 닮아 있다. 이중구연단사선문토기와 함께 퇴화된 이중구연토기가 공반된 운양동 주거지는 대성리 주거지와 같이 초기의 가장 늦은 단계로 편년된다.

미사리유형의 주거지는 장단비가 1:2 이하로 장단비가 크지 않은 점에서 가락동유형의 주거지와 차이가 없으나, 비교적 규모가 크고 내부에 위석식 노지가 설치된 점, 그리고 기둥의 하중을 받치는 초석의 2열 배치 등에서 차이가 있다. 위석식 노지와 기둥의 2열 배치라는 측면에서는 호서지역 가락동유형과도 유사성이 있다. 노지는 석상위석식, 점토상위석식, 토광위석식 등으로 구분되며, 하남 미사리유적의 사례로 보았을 때, 석상위석식이 가장 먼저 등장하고 청동기시대 초기에 점토상위석식, 토광위석식이 차례로 등장하였을 가능성이 높다. 또한 하남 미사리유적의 조기 주거지와 비교하였을 때, 장단비가 증가하는 것으로 보이는데, 이러한 경향은 전기 주거지에서도 지속된다.

미사리유형의 주거지에서 출토된 토기는 옹 또는 심발 기종의 돌대문 토기의 출토율이 높지만, 이와 함께 이중구연토기가 공반되며, 평저장경호와 대부완 기종의 적색마연토기, 호형토기, 직구평저호, 대부토기 등이

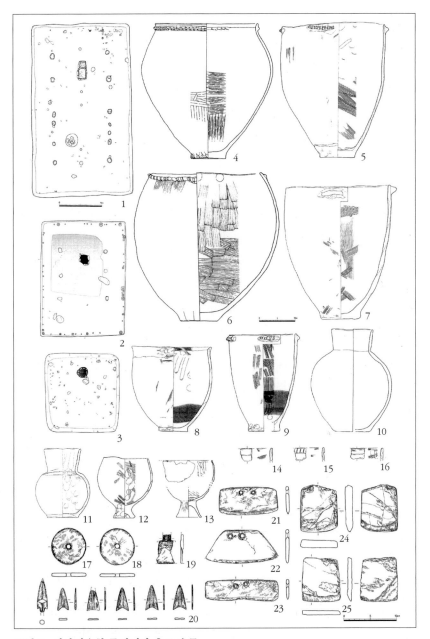

그림 5 미사리유형 주거지와 출토 유물

1 정선 아우라지 12호 주거지, 2 홍천 철정리 II유적 C5호 주거지, 3·19 홍천 외삼포리 5호
주거지, 4·13 홍천 하화계리 1호 주거지, 5 홍천 철정리 II유적 A12호 주거지, 6·10·
12·14~18·20~25 정선 아우라지 1호 주거지, 7 홍천 철정리 II유적 A21호 주거지, 8·9
홍천 철정리 II유적 A11호 주거지, 11 홍천 철정리 II유적 A1호 주거지

출토되었다. 돌대문토기에는 각목돌대문, 절상돌대문, 절상각목돌대문, 뉴상돌대문 등이 포함되는데, 돌대가 구연단 끝에 부착된 것과 절상된 돌대문토기가 늦은 시기로 편년된다. 이중구연토기는 유적에서 한 개체로 출토된 사례가 없기 때문에 전체적인 기종 및 기형을 알 수 없지만, 원주 동화리유적 사례로 보았을 때, 대부분 심발형이며, 이중구연에 단사선문, 거치문이 시문된 경우도 있다. 또한 가락동유형의 이중구연토기와 같이 퇴화된 형태의 이중구연토기가 초기 유적 가운데 늦은 시기로 편년되는데, 가평 대성리 청25호, 청26호 주거지, 홍천 철정리 II유적 A11호, C1호 주거지, 춘천 금산리 A-1호, B-6호 주거지, 천전리 121-16번지 7호 주거지, 현암리 1호 주거지, 정선 아우라지 8호, 11호 주거지 등 주로 영서지역에서 출토되었다. 서울, 경기지역 가락동유형의 퇴화된 이중구연토기가 직립된 구연이라고 한다면, 영서지역 미사리유형의 퇴화된 이중구연토기는 외반된 구연이다(그림 5-8).

석기는 홍천 외삼포리유적 5호 주거지에서 유혈구이단병식석검이 출토되었으며, 석도는 양인의 장방형석도와 동북형석도, 무투공석도가 확인된다. 석촉은 조기에 이어 무경촉이 출토되며, 이와 함께 역자형의 이단뾰족경촉이 출토되었다. 경부가 뾰족한 일단경촉도 보이지만, 수량은 많지 않다. 이외에 용도가 분명치 않은 공구형석기, 부리형석기, 원판형석기 등이 있다.

중부지방의 가락동유형 관련 취락은 서울, 경기, 인천 지역에 10개소 정도 조사되었는데, 대체로 한강 하류에 해당되는 강화, 김포 지역과 안성천 일대 등 두 곳에 집중된다. 이와는 달리 미사리유형 관련 취락은 대략 남한강와 임진강을 연결하는 라인을 중심으로 동쪽인 영서지역에 집중된다(그림 6). 물론 세부적으로 화천, 춘천, 가평을 아우르는 지역과 홍천, 횡성, 원주를 아우르는 지역, 그리고 정선, 영월, 평창, 제천을 아우르는 지역 등 3개 지역으로 세분이 가능하지만, 각 지역 미사리유형의 세부적인 유물·유구복합체 차이는 분명치 않다.

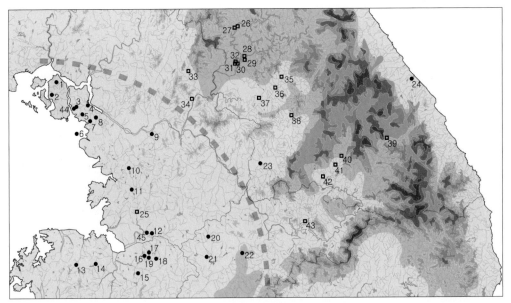

그림 6 중부지방 청동기시대 초기 유적 분포도(● : 가락동유형, □ : 미사리유형)

1 강화 장정리, 2 강화 오상리, 3 김포 양곡리 2-3지점, 4 김포 운양동 2-10지점, 5 인천 검단 2지구, 6 인천 운서동 III유적, 7 인천 장금도, 8 인천 동양동, 9 서울 가락동, 10 군포 부곡동, 11 화성 동화리, 12 안성 반제리, 13 서산 갈산리, 14 당진 석우리, 15 아산 풍기동, 16 천안 백석동 95-3, 17 천안 백석동 고재미골2, 18 천안 두정동, 19 천안 백석동 고재미골1, 20 진천 신월리, 21 진천 사양리, 22 음성 하당리, 23 원주 동화리, 24 강릉 교동, 25 화성 정문리, 26 화천 거례리, 27 화천 원천리, 28 춘천 천전리 121-6번지, 29 춘천 우두동, 30 춘천 하중도, 31 춘천 현암리, 32 춘천 금산리, 33 가평 연하리, 34 가평 대성리, 35 홍천 철정리II유적, 36 홍천 외삼포리, 37 홍천 하화계리, 38 횡성 화전리, 39 정선 아우라지, 40 평창 종부리, 41 평창 천동리, 42 영월 주천리, 43 제천 황석리, 44 김포 학운리, 45 평택 소사동

이러한 지역적 차이에도 불구하고 가락동유형 분포권 내에 화성 정문리유적과 같이 미사리유형 관련 주거지가 조사된 사례가 있고 미사리유형 분포권 내에서 원주 동화리유적과 같이 가락동유형 관련 주거지가 조사된 사례가 있다. 그렇지만 두 유적 모두 중심 분포권에서 벗어난 지점에 위치하며, 유적 입지도 전형적인 가락동유형, 미사리유형 취락의 입지와는 다르다. 이외에도 인천 동양동유적의 주거지에서 돌대문토기가 출토되었다는 보고가 있다. 이 토기는 구연 끝에 각이 진 이중구연이 접합된 것인데, 이와 유사한 돌대문토기가 출토된 사례가 없기 때문에 돌대문토기라고 단

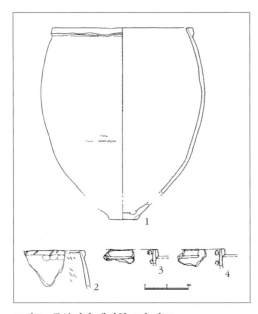

그림 7 중부지방 팽이형토기 비교
1 · 2 광주 장지동2호 주거지, 3 · 4 인천 동양동 2
호 주거지

언하기 어렵다. 오히려 광주 장지동 2호 주거지에서 팽이형토기로 소개된 토기의 구연부와 매우 닮아 있어 팽이형토기일 가능성이 매우 높다고 생각된다(그림 7). 따라서 중부지방 청동기시대 초기에는 임진강과 남한강을 연결하는 라인을 중심으로 서쪽의 가락동유형과 동쪽의 미사리유형이 분포하는 것으로 정리할 수 있겠다.

한편 가락리유형과 미사리유형의 분포는 중부지방에서 뿐만 아니라 남부지방에서도 동일한 양상을 보여준다. 가령 가락동유형은 금강 중상류 지역을 중심으로 주로 남한 서부 지역에 분포하는데, 한강 하류, 경기 남부와 아산만, 금강 중상류, 만경강, 영산강 등 크게 5개 권역에 집중 분포한다. 또한 미사리유형은 영서지역과 남강유역에 배타적인 분포권을 형성하고 있다. 이와 같이 두 유형의 분포권이 지역적으로 명확하게 구분될 경우에 유형 간의 차이를 시간 차이로 이해하는 것은 매우 위험하다. 이는 청천강 유역의 이중구연단사선문토기와 압록강 중상류의 각목돌대문토기 사이에 시간차를 둘 수 없다는 견해(김장석 2008a)와 일맥상통한다.

한강 하류와 경기 남부, 그리고 아산만 지역 가락동유형의 역연대는 탄소연대 측정치(표 2)가 많지 않아 분명치 않다. 가장 올라가는 연대는 운서동 III-5호 주거지의 측정치이지만, 다른 가락동유형 유적들의 측정치를

표 2 _ 중부지방 가락동유형 탄소연대 측정치

권역	주거지	측정치(BP)
한강 하류	운서동 Ⅲ-5호	3370±50
	동양동 1호	3050±70
	동양동 2호	2900±80
	동양동 3호	3030±40
경기 남부 · 아산만	반제리 5호	3020±80
	소사동 가2호	2850±60
	소사동 다7호	2930±50
	백석동 고재미골 Ⅰ-2호	2890±40
	정동 D-1호	3140±140
	정동 D-3호	2930±60
	기동 앞골 16호	3040±50
	재리 안강골 Ⅰ-3호	2980±80
	우리 · 소소리 Ⅰ-A-3호	2770±50

고려해 볼 때, 신뢰하기가 어렵다. 따라서 인천 동양동, 안성 반제리, 풍기동 앞골유적 등 측정치에서 중복이 많은 자료로만 본다면, 상한은 BP 3050 무렵이 안정적이다. 그런데 천안 두정동 D-1호 측정치를 염두에 둘 때, 이 연대보다 상향될 가능성은 매우 높다. 특히 미사리 유형의 유적에서도 상한이 BP 3100 무렵인 점이 고려되어야 할 것이다. 또한 금강 중상류 지역에서 가장 이른 단계로 추정되는 청원 학소리, 대율리 주거지에서도 이와 비슷한 측정치가 확인된 점으로 미루어 가락동유형의 상한은 BP 3100 무렵으로 파악된다.

하한은 당진 석우리 · 소소리 주거지의 측정치를 제외하면, 대체로 BP 2900년 전후로 파악되는데, 이 무렵이 가락동유형 A · B권역에 공렬토기 요소가 출현하는 시점이라 생각된다. 그런데 뒤에서 다시 살펴보겠지만, 이 연대는 영서지역에서 공렬토기가 출토되는 시점(BP 2940)보다 약간 늦다. 계보 관계가 아직 불분명하지만, 영서지역의 공렬토기 요소가 확산되었을 가능성이 높다고 판단된다.

미사리유형의 상한 연대는 대체로 BP 3200(안재호 2010: 21) 또는 BP 3100 무렵(이창희 2011: 280-281)으로 파악한 견해가 있다. 물론 소수의 측정치 자료를 이용한 것이지만, 미사리유형 형성과 깊은 관련이 있다고 파악된 요동 지역의 大嘴子 Ⅲ기, 双砣子 Ⅲ기, 馬城子 조기 유적에서도 측정치가 BP 3100 무렵에 집중되므로(이창희 2011: 279-280), 안정적인 상한 연대는 BP 3100 무렵이라 판단된다. 돌대문토기 출토 유적 가운데 홍천 철정리 II지점의 A-1호, C-1호, C-5호 측정치를 제외하면 대부분 BP 3100 보다 늦은 측정치이다. 하한 연대는 아우라지 1호, 주천리 17호, 대성리 25호 주거지의 측정치가 참고가 되는데, 미사리유형 다음 단계인 조동리유형 상한 연대를 고려할 때, BP 2940 무렵으로 판단된다.

⑶ 청동기시대 전기

중부지방 청동기시대 전기는 공렬토기가 출현하면서 흔암리식 토기가 새로이 등장하는 단계로 일반적으로 이 시기를 흔암리유형 단계로 이해하고 있다. 청동기시대 초기의 가락동유형과 미사리유형에 공렬토기라는 새로운 요소가 추가되지만, 지역에 따라 문화 전개 과정이 다르게 나타난다. 즉 가락동유형이 분포했던 서울, 경기 지역의 경우 가락동계 이중구연토기에 공렬토기 요소가 더해지면서 흔암리식 토기가 발생하지만, 미사리유형의 분포권인 영서지역에서는 미사리계 이중구연토기와 공렬토기가 융합된 결과 서울, 경기 지역과는 다른 흔암리식 토기가 출현한다. 따라서 두 지역의 전기 청동기 문화의 전개 과정에 차이가 있기 때문에 별개의 편년안 마련이 필요하다.

어떠한 유물·유구복합체를 흔암리유형으로 볼 것인가는 연구자마다 인식 차이가 있다. 크게 세 가지 정도로 나누어 볼 수 있는데, ① 동일 유적에서 이중구연(단사선문)토기가 출토된 주거지와 (구순각목)공렬토기가 출토된 주거지가 함께 조사된 경우, ② 주거지 내부에서 이중구연(단사선문)토기와 (구순각목)공렬토기가 공반된 경우, ③ 주거지 내부에서 흔암리식 토기가 출토된 경우 등이다. 물론 세 가지 모두를 흔암리유형으로 인식할 수도 있겠지만(김장석 2008a: 104), 대부분의 연구자는 ② 또는 ③의 경우가 충족되면 흔암리유형으로 분류하고 있다(이백규 1974). 물론 ③의 경우에만 한정하여 흔암리유형으로 규정하는 사례도 있다(박순발 1999: 83;

이형원 2009).

①의 경우에는 가락동유적과 같이 유적에서 두 유물·유구복합체의 동시성을 확인할 수 없을뿐더러 실제 동 시기일 가능성이 높지 않기 때문에 ①의 양상이 관찰되는 유적을 흔암리유형으로 보기 어렵다. ②의 경우는 흔암리식 토기가 발생하기 위한 전제 조건이다. 따라서 ②의 유물상이 반복적으로 관찰되는 지역이 흔암리유형 발생 지역일 가능성이 높다. 그런데 이러한 유물상을 보여주는 유적 사례가 남한 여러 지역에서 관찰되기 때문에 흔암리식 토기가 발생할 수 있었던 조건은 이미 여러 지역에서 관찰된 셈이다. 따라서 앞뒤 순서는 다르지만[4], 김장석(2001: 61)이 주장하는 바와 같이 흔암리식 토기가 한 지역에서 발생하여 주변 지역으로 확산된 것이 아니라 여러 지역에서 동시다발적으로 발생하였을 가능성이 더 높다.

흔암리식 토기 출토 유적은 금강 중상류 지역을 제외하고 남한 전역에 분포하고 있다. 그러나 큰 틀에서 보면, 전통적으로 가락동유형이 분포했던 지역과 미사리유형이 분포했던 지역에서의 유적 밀도 차이가 있으며, 가락동유형 분포 지역이라고 하더라도 경기 남부와 아산만 지역에만 유적이 밀집되어 있다. (표 3)은 지역별 흔암리식 토기의 출토율을 알아보기 위해서 흔암리식 토기가 출토된 유적과 주거지 비율을 정리한 것이다. 경기 남부와 아산만을 제외한 지역에서는 흔암리식 토기가 출토됨에도 불구하고 공통적으로 매우 적은 흔암리식 토기 출토율을 보여준다. 또한 흔암리식 토기 출토 유적보다는 주거지의 비율이 더 낮게 나타나는데, 이는 취락 내에서 흔암리식 토기가 출토된 주거지가 많지 않음을 의미한다. 더욱이 경기 남부와 아산만 지역의 주거지 내부에서는 여러 점의 흔암리식 토기가 출토된 반면, 이 지역들의 주거지에서는 1점만 출토된 경우가 대부분

---

4) 김장석(2001)은 필자의 견해와는 달리 공렬토기 사용 집단이 이중구연토기 사용 집단보다 남한지역에 먼저 정착하였다고 본다.

표 3 _ 지역별 흔암리식 토기 출토율 비교

구분	경기 남부, 아산만	호남지역	영서지역	남강 유역
유적 수	48(75%)	5(7.8%)	7(10.9%)	4(6.3%)
주거지 수	152(88.4%)	5(2.9%)	8(4.6%)	7(4.1%)

이기 때문에 주거지별 흔암리식 토기의 출토율은 더욱 더 낮다. 따라서 흔암리식 토기의 출토율을 기준으로 살펴보면 크게 경기 남부와 아산만 지역에서는 흔암리식 토기의 밀집도가 높지만, 금강 중하류 지역에서는 전혀 출토되지 않았으며, 호남지역은 영서지역과 남강 유역의 양상과 유사하다.

이와 같이 흔암리식 토기의 동시성에도 불구하고 분포 양상에서 차이를 보이는 것은 흔암리식 토기의 발생 과정에 차이가 있음을 의미한다. 특히 흔암리식 토기가 발생되기 이전에 남한지역은 성격이 다소 다른 두 유형이 지역을 달리하여 병존해 있었기 때문에 각 지역에서의 흔암리식 토기의 발생 과정은 다를 수밖에 없다. 흔암리식 토기 출토 유적에서 시간 변화에 따른 유물복합체의 차이를 간과한 부분도 있지만, 김장석(2001: 44-52)은 남한 전역에 분포하고 있는 흔암리식 토기 출토 유적 간에 유물복합체의 상사점이 많다고 주장한다. 이를 통해 흔암리유형은 토기제작상의 전통을 공유한 동일 집단의 파급에 의해 형성되었다고 보기 어렵다고 한다. 따라서 유형이라는 개념에 '동일한 제작사용집단'이 반영된 것이라고 본다면(박순발 1999; 김장석 2001), 남한지역의 모든 흔암리식 토기 출토 유적을 흔암리유형으로 인식하는 것은 문제가 될 소지가 있다.

다만, 이와 같은 관점에서 흔암리식 토기가 밀집 분포하고 있는 경기 남부와 아산만 지역은 유물 · 유구복합체에서 유적 간에 상사성이 깊고 그 변화 과정도 동일하기 때문에 흔암리유형의 시공간적 실체인 동일 주민집단의 분포를 반영한다고 할 수 있다. 특히 경기 남부와 아산만 지역에서 ②의 유물 조합상이 반복적으로 관찰되고 있는 것은 바로 이 지역에서 흔암리유형의 발생 과정을 보여주는 것을 의미하지 않을까 싶다. 이 지역은 혼암리유형이 발생하기 이전에는 전통적으로 가락동유형의 분포권으로 무시설식 또는 토광형 노지가 있는 (장)방형계 주거지와 이중구연(단사선문)토기가 특징이다. 따라서 경기 남부와 아산만 지역에서의 혼암리유형의 발생 과정은 이 지역의 가락동유형에 공렬토기라는 새로운 요소가 추가되는 과정이라 할 수 있다. 이와 같이 혼암리식 토기의 전국적인 분포에도 불구하고 혼암리유형의 분포권은 경기 남부와 아산만 지역에 한정되며, 이 외의 지역에서는 소위 '혼암리유형'이라는 명칭으로 혼암리식 토기 출토 유적군을 표현하는 것은 맞지 않다.

경기 남부와 아산만 지역에서 혼암리유형의 발생 과정을 추적하는 과정에서 검토해야 할 것은 공렬토기라는 새롭게 추가되는 요소의 계통이다. 기왕에 청동기시대 조기 설정과 관련하여 공렬토기의 출현 시기와 계통 문제가 쟁점이 되었고, 한편으로는 혼암리유형의 발생과도 밀접한 관련이 있기 때문에 이에 대해서 검토하기로 한다. 공렬토기의 상한과 관련된 논쟁(김장석 2001)이 촉발된 이래 남한 내 자생설(김장석 2008a; 배진성 2010; 김권중 2010)이 하나의 대안으로 제기되었다. 물론 연구자에 따라 관점이 약간씩 다르지만, 신석기시대의 빗살무늬토기에 시문된 공렬문에 주목하였다. 그 구체적인 사례로 예시된 것이 인천 용유도 을왕동유적에서 출토된 공렬빗살무늬토기이다.[5] 이 토기는 밖에서 안으로 반관통된 공렬문 아래로 사선문이 어지럽게 교차 시문되어, 겹치는 부분은 격자문과 같은 효과를 보여준다. 이러한 특징 때문에 수원 이목동, 율전동 등 경기 남부 지역의 유적에서 출토된 공렬사격자문토기의 계통을 공렬빗살무늬토기와 연결시키고 있다(김권중 2010: 59). 더욱이 공렬사격자문토기들이 경기 남부와 아산만 지역에서 출토되었고 공렬빗살무늬토기 역시 동일 지역에 분포하기 때문에 개연성은 있다고 생각된다. 그러나 양자 간에 시

---

5) 이러한 특징의 토기는 오이도 가운데살막 B패총, 삼목도 I 유적에서도 출토되었다.

차[6]가 클 뿐만 아니라 공렬의 투공 수법에도 차이가 있다. 따라서 양자 간의 시차를 메워주는 자료가 확인되지 않는 한, 공렬빗살무늬토기가 혼암리식 토기 발생에 한 축을 이룬다고 볼 수 없다.

위에서 논의한 바와 같이 신석기시대 만기로 편년되는 공렬빗살무늬토기의 존재에도 불구하고 공렬문의 요소가 청동기시대에 까지 잔존하여 혼암리식 토기에 반영되었다고 보기는 어렵다. 김장석(2001: 56-62)의 주장과 같이 경기도 일대에서 신석기시대 이래의 공렬토기가 청동기시대에도 존재해 있었고 이후에 가락동식 토기의 출현으로 혼암리식 토기가 출현했다고 가정해 보자. 그러할 경우 가락동식 토기와 혼암리식 토기의 발생 시차가 거의 없게 되는데, 이는 사실과 다르다. 적어도 경기 서부와 아산만 지역에서 가장 빠른 단계의 유적은 가락동식 토기와 관련된 유적으로 최소한 BP 3100~2900의 존속 기간이 관찰되며, 그 이후에 혼암리식 토기가 출현한다. 따라서 가락동유형 형성 이전에 재지 토기인 공렬토기가 존재하였다는 주장은 논리적으로 맞지 않다. 뒤에서 다시 논의하겠지만, 혼암리식 토기와 공렬토기의 출현 시기에 큰 차이가 없고 이보다 이른 단계에 가락동유형이 존재하였음을 고려해 볼 때, 혼암리식 토기의 한 축인 공렬토기는 외래 기원일 가능성이 높다.

한편 최초로 조사된 유적 명칭에 따라 소위 '혼암리유형'이라고 하고 있지만, 혼암리유적이 중심 분포권의 외곽에 위치하기 때문에 그 유물복합체는 혼암리유형의 정형을 보여주지 않을 가능성이 높다. 따라서 혼암리유형이라는 명칭이 유효한지 검토가 필요하다. 박순발(1999: 81-83)은 혼암리유적의 유물·유구복합체를 소위 '혼암리유형'의 기준으로 삼으면

---

6) 서해 중부지방의 신석기시대 마지막 단계 유적으로 파악되고 있지만(임상택 2010: 32-33), 을왕동 I 유적의 방사성탄소연대 측정치가 BP 3810±40, 4010±60, 4080±60 등(서울대학교박물관 2006: 180) 기원전 2300~2100 무렵에 해당되어 혼암리식 토기의 출현 시점과는 1,000년 이상의 시차가 있다.

서 흔암리유형 토기 부분유형의 핵심적 요소를 ① 무문토기 기술적유형과 적색마연토기 기술적유형의 공존, ② 무문토기 기술적유형에서의 공렬토기 요소와 이중구연토기 요소의 결합, ③ 적색마연토기 기술적유형에서의 원통형굽다리 달린 토기의 존재 등 세 가지로 요약하였다. 여기에서 문제가 되는 것은 ③의 요소이다. 흔암리유적에서 주로 출토된 원통형의 굽다리 적색마연토기는 김지현(2010: 22) 분류의 筒形臺附土器이다. 이 토기는 다른 대부토기와 비교할 때, 대각의 길이가 길고 대각 내부가 깊게 뚫려 있는 형태로 분포 범위가 제한되어 있다. 흔암리유적을 비롯하여 하남 미사리, 춘천 신매대교 부지, 원주 태장동, 충주 조동리유적 등 주로 영서지역에서 확인되고 있으며[7], 또한 영동지역의 고성 대대리, 강릉 방내리, 동해 지흥동유적의 주거지와 영남지역의 포항 대련리유적의 주거지에서 출토된 사례가 있다. 이러한 대부토기는 원저호 기종에 대각이 붙은 형태인데, 그 계보를 추적해 보면, 영서, 영동지역의 적색마연 대부발 기종과 연결된다. 즉 대부원저호의 출현 과정이 영서, 영동지역에서 확인되는 셈이다.

이와는 달리 적색마연토기는 아니지만, 화성 천천리, 방축리, 평택 소사동, 아산 용화동 가재골, 천안 신방동, 백석동유적 등 흔암리유형이 분포한 경기 남부와 아산만 지역에서는 臺附扁口甕과 扁口甕 기종의 臺附土器가 집중되어 또 다른 대부토기의 지역적 분포 양상을 관찰할 수 있다(김지현 2010: 22-28). 물론 다각적인 검토가 필요하겠지만, 이러한 대부토기의 지역적 분포와 출현 과정만으로 보았을 때, 흔암리유적은 앞에서 규정한 경기 남부와 아산만 지역의 흔암리유형과는 거리가 있고 오히려 영서지역의 전기 유물복합체와의 관련성이 짙게 나타난다. 게다가 영서지역 전기 유물복합체에서 흔암리식 토기의 출토 빈도는 매우 낮은데, 여주 흔암리유적에서도 흔암리식 토기의 출토 비율이 다른 유적에 비해 매우 낮은 것

----

7) 안성 만정리 신기 4지점 2호 주거지에서 1점이 출토된 사례가 있기는 하지만, 주 분포권은 영서지역이다.

(김장석 2001: 49)은 남한강변에 입지한 흔암리유적이 영서지역 유물복합체 분포권 내에 포함되어 있기 때문이라 판단된다.

또 한 가지 검토해야 할 것은 역삼동유형이라는 개념이다. 역삼동유형은 흔암리유형이 변화된 형태로 시간에 차이가 있을 뿐, 이들을 각각 다른 주민집단을 반영하는 고고학적 실체로 볼 수 없기 때문에(김장석 2001) 이형원의 제안에 따라 '역삼동 · 흔암리유형' 이라고 통칭해도 문제가 없다고 판단된다. 현재 학계에서는 '역삼동 · 흔암리유형' 이라는 명칭을 적극적으로 받아들이는 연구자(허의행 2007; 김지현 2009; 나건주 2010)도 있으나, 역삼동유형으로 통일해서 부르는 연구자(宮里 修 2005; 박성희 2006)도 있다. 기왕에 역삼동 · 흔암리유형이라는 명칭을 써야 한다면, 편년을 고려해서 '흔암리 · 역삼동유형' 이라고 하는 것이 좋다고 판단된다. 그렇지만 앞에서 지적한 바와 같이 흔암리유적이 경기 남부와 아산만 지역의 흔암리유형을 대표한다고 할 수 없기 때문에 경기 남부와 아산만 지역에서 전기의 흔암리식 토기 유물복합체와 중기의 (구순각목)공렬토기 유물복합체를 아우르는 명칭의 대안이 필요하다. 물론 학계에서 오랜 기간 사용해온 흔암리유형, 역삼동유형 대신에 다른 명칭을 사용함으로써 혼란을 야기할 수 있겠지만, 장기적으로는 두 유물 · 유구복합체가 확인되면서 경기 남부와 아산만 지역에 위치한 유적을 표지로 하는 유적명을 고려하는 것이 필요하다. 이에 중심 분포권 내에 위치하면서 두 유물 · 유구복합체가 확인된 천안 백석동유적의 학사적 가치를 고려하여 '白石洞類型' 을 제안하는 바이다.

한편 백석동유형의 동쪽 지역, 즉 청동기시대 초기에 전통적으로 미사리유형의 분포권이었던 영서지역의 경우에도 흔암리식 토기가 출토되지만, 출토 유적과 수량은 많지 않다. 이 지역의 전기 청동기 문화는 예전에 흔암리, 역삼동유형으로 이해하였지만, 최근 청동기시대 초기에서 전기로의 변화 과정은 문화적 단절로 이해하고 그 배경을 한강유역 역삼동유형의 확산에 따른 것으로 보고 있다(김권중 2008; 정원철 2010). 또한 전기

표 4 _ 청동기시대 전기 백석동유형과 조동리유형의 개념 비교

구분		백석동유형	조동리유형
지역		서울, 경기, 인천	영서지역
취락 입지		낮은 구릉 정상과 능선부	하천변의 충적지
주거지	장축 방향	능선과 평행	하천과 평행
	노지	토광형, 무시설식	토광위석식, 무시설식
	내부 시설	저장 구덩이	저장 구덩이, 작업공
주거지 변화상		- 단축 폭이 좁은 장방형 주거지, 토광형 노지 설치→장축 길이 감소 - 가족구성원 증가에 따라 가옥 증축	- 단축 폭이 넓고 장방형의 위석식 노지 설치→단축 폭 감소, 토광형 노지 설치 - 가족 구성원 증가에 따라 별도의 가옥 축조
토기 변화상		이중구연토기, 공렬토기 공반→ 흔암리식 토기→퇴화된 흔암리식 토기	이중구연토기, 돌대문토기, 공렬토기 공반→구순각목토기, 흔암리식 토기, 구순각목공렬토기→공렬토기

에서 중기로의 변화는 한강유역과는 다른 독자적인 청동기 문화의 발전으로 이해하였는데, 이는 천전리유형(김권중 2008)으로 요약된다.

그렇지만, 영서지역 청동기시대 전기의 유물·유구복합체의 양상은 백석동 전기의 유물·유구복합체의 양상과는 매우 차이가 있다. 이를 정리하면 (표 4)와 같은데, 이와 같은 영서지역 청동기시대 전기의 유물·유구복합체를 무洞里類型[8]이라 부르고자 한다.

조동리유형에 속한 유적은 주로 영서지역에 분포한다. 취락은 대부분 큰 하천과 이와 연결된 지류의 충적대지에 입지하고 있는 것이 특징이나, 예외적으로 원주 반곡동유적은 구릉에 입지하기도 한다. 주거지는 (장)방

---

8) 필자는 이전에 '고식 공렬토기 복합체'라는 용어를 사용하였는데, 이는 中村大介(2006: 51)이 역삼동식 토기보다 선행하는 하남 미사리 A3호 주거지 출토의 공렬토기를 지칭하는 '古式孔列文土器'에서 차용한 것이다. 그러나 필자는 미사리 A3호 주거지 출토 공렬토기를 역삼동유형으로 파악하기 때문에 혼란을 피하기 위해 '조동리유형'이라는 명칭을 사용하고자 한다. 조동리유적(충북대학교박물관 2001)이 비록 조동리유형 단계에서 늦은 시기로 편년되지만, 이 유형에 속하는 최초의 유적 사례인 점에서 학사적으로 의미가 있다.

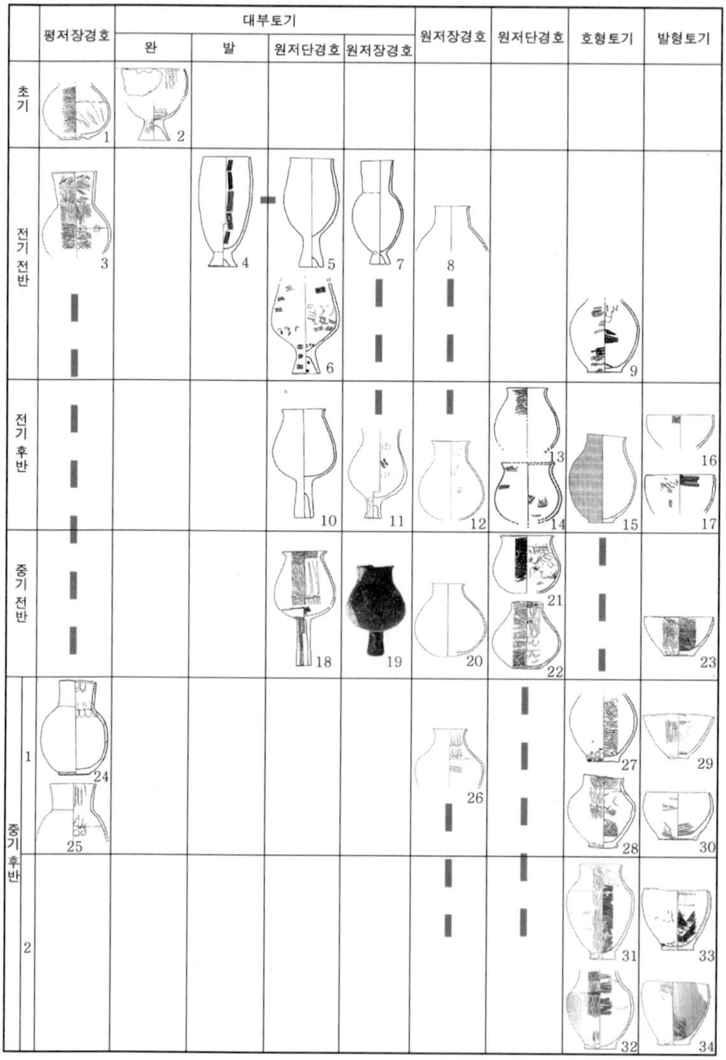

	평저장경호	대부토기				원저장경호	원저단경호	호형토기	발형토기
		완	발	원저단경호	원저장경호				
초기	1	2							
전기 전반	3	4	5	6	7	8		9	
전기 후반			10	11	12		13 / 14	15	16 / 17
중기 전반			18	19	20		21 / 22		23
중기 후반 1	24 / 25					26		27 / 28	29 / 30
중기 후반 2								31 / 32	33 / 34

그림 8 강원 영서, 영동지역 적색마연토기 편년표(축적 부동)

1 대성리 청25호, 2 하화계리 1호, 3 주천리 7호, 4 사천리 11호, 5 조양동 3호, 6 신매대교 21호, 7 교동 1호, 8 조양동 2호, 9 우두동 8호, 10 조동리 1호, 11 방내리 가축처리장 1호 석관묘, 12 방내리 가축처리장 5호, 13 현암리 49호, 14 가현동 6호, 15 거두리 18호, 16 신매리 주차장부지 9호, 17 우두동 23호, 18 미사리 10호, 19 영주 가흥동 1호, 20 조동리 3호, 21 신매리 54-4번지 8호, 22 철정리 II유적 C2호, 23 천전리 A29호, 24 우두동 26호, 25 현암리 14호, 26 현암리 37호, 27 용암리 II유적 4호, 28 천전리 A71호, 29 신매리 373-6번지 4호, 30 천전리 A17호, 31 철정리 II유적 A10호, 32 철정리 II유적 A17호, 33 철정리 II유적 A27호, 34 철정리 II유적 A46호

형 계통으로 일반적으로 단축 폭이 5m 가량이지만, 규모가 큰 주거지들은 7~8m에 이르는 경우도 있다. 주거지 내부 중앙 축선상에는 1~2개의 위석식 노지가 설치된 경우가 많다. 이러한 주거지의 특징은 미사리유형 주거지를 계승하면서 계기적인 변화를 보여주는데, 전체적인 흐름에서는 주거지의 단축 폭이 줄어들면서 상대적으로 세장화 되는 경향을 보여준다. 그러나 미사리유형 주거지의 장축이 하천 흐름 방향과 직교된 것과는 달리 조동리유형 주거지들은 평행하게 배치되는 경향이 많아 뚜렷하게 구분된다. 유물은 혼암리식 토기와 공렬토기, 대부소호, 적색마연토기, 장경호 등의 토기류와 유혈구이단병식석검, 삼각만입촉, 이단경촉, 동북형석도 등의 석기류가 특징이다. 이외에도 미사리유형 단계의 절상돌대문토기와 횡대구획문 계통의 토기, 이중구연토기가 공반되어 과도기적인 양상을 보여주기도 한다. 그래서 공렬토기를 미사리유형에 포함시키기도 하지만(김현식 2008: 10; 김병섭 2009: 9-12), 미사리유형보다 늦은 단계에 출현하는 것으로 보는 견해(김권중 2008; 홍주희 2009; 안재호 2011)가 더 많다. 따라서 조동리유형은 유적의 분포 범위와 입지, 주거 형식, 그리고 유물상에서 전 단계인 미사리유형의 양상을 계승했다고 판단된다.

한편 조동리유형 분포권에서만 집중적으로 관찰되는 토기 기종들이 존재하는데, 평저장경호, 대부발, 대부단경호, 그리고 대부장경호와 같은 적색마연토기 기종들이다(그림 8 참조). 또한 그물망 문양이 시문된 호형토기와 심발형토기는 지역적 색채가 강한 토기로 주로 조동리유형 분포권에서 출토된 특징이 있다. 이 토기는 동체부에 그물망 흔적이 남겨져 있어 농경문청동기에 표현된 것처럼 호형토기를 그물로 감싼 흔적으로 이해하였다(국립진주박물관 2002: 90). 그렇지만 그물의 흔적으로 보기에는 날실과 씨실의 간격이 일정치 않으며, 실이 토기 기면에 닿는 부위를 고려할 때, 그물 실의 두께가 지나치게 두텁다. 게다가 날실과 씨실이 만나는 부분은 중첩으로 인하여 날실과 씨실 가운데 한 쪽만이 기면에 반영될 가능성이 높은데, 실제로는 토기에 두 부분이 모두 관찰된다. 따라서 그물망

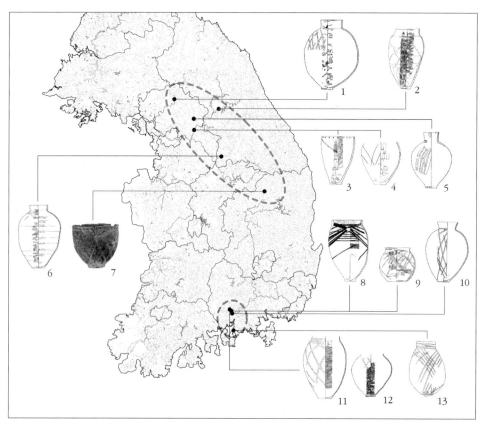

그림 9   그물망토기 분포도(축척 부동)

1 연천 삼거리 9호 주거지, 2 춘천 천전리 47호 주거지, 3 · 4 가평 대성리 청20호 주거지, 5 가평 연하리 1호
주거지, 6 원주 문막리 18호 주거지, 7 영주 가흥동 1호 주거지, 8 진주 대평리 옥방 1지구 70호 수혈, 9 진주
대평리 옥방 1지구 121호 수혈, 10 진주 상촌리 시굴주거지, 11 · 12 진주 대평리 어은 3지구 28호 주거지, 13
사천 늑도 가-95호 옹관

문양이 새겨진 호형토기를 그물망의 사용흔으로 보기 어렵기 때문에 제작
시의 인위적인 문양으로 보는 것이 타당하다.

　　그물망 문양의 토기가 출토된 유적은 연천, 가평, 춘천, 원주, 영주, 진
주, 사천 등으로 전통적으로 조동리유형과 동일한 분포 양상을 보여준다
(그림 9). 또한 그물망 문양의 토기는 청동기시대 전기 전반에서 중기 후

반까지 전 기간에 걸쳐 저장 용도의 壺 기종에 사용되었지만, 점토대토기 단계에는 甕 기종의 옹관으로 사용되었다. 문양은 동체부 상부에 남아 있는 경우도 있지만, 동체부 전면에 남은 경우가 많으며, 청동기시대 중기 이후의 호형토기에 그물망 문양과 횡선문이 함께 남아 있는 경우도 있다. 특히 횡선문은 호형토기의 목 부분에 시문된 경우가 많은데, 늑도유적의 옹관에도 목 부분에 여러 줄의 횡선문이 시문되었다.

따라서 앞에서 살펴본 바와 같이, 백석동유형과 조동리유형의 분포권은 대체로 임진강과 남한강을 연결하는 선을 중심으로 뚜렷하게 구분되는데(그림 10), 이는 공렬토기 요소의 출현해도 불구하고 가락동유형과 미사리유형의 분포권이 그대로 유지되었음을 의미한다.

전기 백석동유형에 대한 편년은 시간을 가장 잘 반영하는, 흔암리식 토기의 문양 요소가 기준이 된다. 문양은 크게 이중구연문, 단사선문, 사격자문, 'X'자문, 구순각목문, 공렬문으로 구분되지만, 선험적인 관찰을 통해서 살펴본 결과, 시간을 가장 잘 반영하는 요소는 이중구연문이다. 즉 가락동유형에서 백석동유형으로 변화하는 과정에서 가장 큰 변화는 이중구연문의 퇴화 및 소멸 과정이다(송만영 2001a: 82; 나건주 2010: 12). 여기에서 퇴화된 이중구연문이라고 하는 것은 점토를 덧붙인 것인 아니라 토기 성형 과정에서 발생한 점토 접합흔을 그대로 남겨, 외견상 이중구연의 흔적 기관처럼 보이도록 한 것이다. 또한 화성 내삼미동, 천안 운전리, 서산 기지리 취락과 같이 매우 적은 사례에 속하지만, 점토 접합흔을 남기는 대신 횡침선을 돌려 퇴화된 이중구연을 표현한 것도 퇴화된 이중구연문 요소로 파악된다.[9] 그런데 이중구연을 제작할 때에 약간 두터운 점토띠를 외경 접합하기 때문에 이 역시 점토 접합흔으로 관찰될 수 있다. 따라서 이중구연문과 퇴화 이중구연문을 판별하는 기준은 이중구연부와 동

---

9) 동남해안 지역의 청동기시대 유적에서도 이중구연문의 퇴화형으로 추정되는 횡침선문이 관찰된다(안재호 2011: 72).

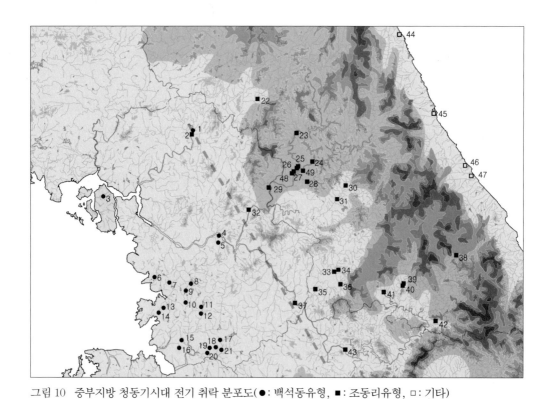

그림 10 중부지방 청동기시대 전기 취락 분포도(●: 백석동유형, ■: 조동리유형, □: 기타)

1 연천 강내리, 2 연천 삼거리, 3 강화 장정리, 4 하남 미사리, 5 하남 덕풍동, 6 시흥 능곡동, 7 군포 대야미동, 8 수원 이목동, 9 수원 율전동, 10 화성 천천리, 11 화성 동학산, 12 오산 내삼미동, 13 화성 남양리, 14 화성 쌍송리, 15 평택 토진리, 16 평택 현화리, 17 안성 반제리, 18 평택 용이동, 19 안성 만정리 신기, 20 평택 소사동, 21 안성 만정리2, 22 철원 와수리, 23 화천 용암리, 24 춘천 천전리, 25 춘천 신매대교, 26 춘천 신매리 주차장부지, 27 춘천 금산리, 28 춘천 거두리, 29 가평 달전리, 30 홍천 철정리II, 31 홍천 외삼포리, 32 가평 대성리, 33 원주 가현동, 34 원주 태장동, 35 원주 문막리, 36 원주 반곡동, 37 여주 흔암리, 38 정선 아우라지, 39 평창 천동리, 40 평창 마지리, 41 영월 주천리, 42 영월 와석리, 43 충주 조동리, 44 고성 사천리, 45 속초 조양동, 46 강릉 임호정리, 47 강릉 방내리, 48 춘천 현암리, 49 춘천 우두동

체부의 단면상의 두께 차이이며, 더불어 외견상 이중구연문 하단부가 직선상으로 관찰되는 것은 이중구연문, 불규칙적인 접합면을 보이는 것은 퇴화 이중구연문으로 판별된다. 따라서 이를 기준으로 단계를 설정하면, 크게 가락동계 이중구연토기 단계(I기)와 퇴화된 이중구연토기 단계(II기), 그리고 마지막으로 이중구연문이 소멸되고 단사선문, 사격자문, 'X' 자문 등이 (구순각목)공렬문과 결합된 단계(III기)로 세분된다. I기에는

표 5 _ 중부지방 전기 백석동유형 취락 편년표

유적	가락동유형	백석동유형		
		I기	II기	III기
평택 소사동유적	3	1	1	16
안성 반제리유적	2	1		
용인 봉명리유적		1		
연천 강내리유적		1		
평택 현화리유적		1		1
안성 만정리 신기유적		1		1
하남 미사리유적		1	7	
오산 내삼미동유적			3	2
안성 만정리II유적			2	3
평택 토진리유적				3
화성 동학산유적				2
시흥 능곡동유적				1
수원 이목동유적				1
수원 율전동유적				1
화성 남양동유적				1
화성 천천리유적				1

이중구연토기와 공렬토기가 공반되거나, 이중구연문과 공렬문이 결합된 혼암리식 토기가 모두 포함되는데, 이는 양자 간의 시기 차이가 획기할 정도로 크지 않다고 판단되었기 때문이다.

(표 5)는 중부지방의 백석동유형 관련 유적 가운데 정식보고서가 발간된 유적들의 편년표이다. 유적에 따라 존속 기간이 다르고 유적의 일부만이 조사된 경우에는 공백이 있다. 그렇지만, 큰 흐름에서는 가락동유형-백석동 I기(안성 반제리, 평택 소사동), 백석동 I기-백석동 II기(하남 미사리), 백석동 II기-백석동 III기(오산 내삼미동, 안성 만정리II) 등의 시간적 친연관계를 보여준다. 이 가운데 백석동 I기에서 II기로의 변화 사례가 1건에 불과해 다소 명확치 않은 부분이 있다. 그렇지만 아산만 지역의 서산 갈산리 무리치유적 사례를 보면, 구릉 정상부의 가락동유형 단계의 5호 주거지를 중심으로 백석동 I기 단계의 4호, 6호 주거지가 외곽에

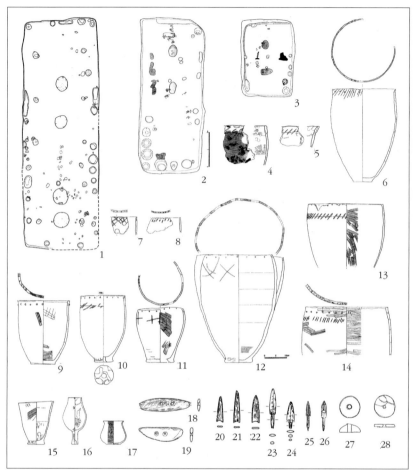

그림 11 청동기시대 전기 백석동유형 주거지와 출토 유물

1·4·5·18·19·20~24 연천 강내리 6호 주거지, 2·10·16·26 안성 만정리 신기 4지점 2호 주거지, 3·13·15 안성 만정리 신기 2지점 가구역 2호 주거지, 6~8·25·27·28 수원 이목동 1호 주거지, 9·14·17 하남 미사리 A9호 주거지(숭실대), 11 화성 동학산 44호 주거지, 12 평택 토진리 2호 주거지

위치하고 또 다시 그 외곽에 백석동 II기 단계의 2호, 3호 주거지가 위치한다. 이러한 분포상의 변화는 시차를 반영한다고 판단되는데, 결과적으로 가락동유형→백석동 I기→백석동 II기 순으로 취락이 형성되었을 것으로 생각된다.

한편, 경기 남부의 흔암리식 토기에서 보이는 사격자문이 'X' 자문으로
변화하였다는 견해(徐吉德 2008: 71)가 있다. 그런데 천안 백석동 고재미
골 II-31호 주거지와 같이 백석동 I 기 단계부터 사격자문이 출현하고 백
석동 II기 단계부터 'X' 자문이 출현하기 때문에 시차가 있긴 하지만, 문
양 계보가 동일하다고 보긴 어렵다. 서길덕이 사례를 든 유적들이 모두 백
석동 III기에 해당되기 때문이다. 따라서 이중구연부에 시문된 단사선문,
사격자문, 'X' 자문 모두가 별개의 문양 계보일 가능성이 높다.

　(표 6)은 단계별 전기 백석동유형 주거지의 탄소연대 측정치인데, 중부
지방의 탄소연대 측정치가 많지 않아 아산만 지역의 전기 백석동유형 관
련 유적의 탄소연대 측정치까지 포함시켰다. 백석동유형 상한 측정치의 문

표 6 _ 경기 남부, 아산만 지역 전기 백석동유형 탄소연대 측정치

단계	주거지(측정치 : BP)
I 기	현화리 4호(2910±130), 백석동 고재미골 IV-4호(2880±40), 장재리 안강골 I -1호(2740±50, 2850±50)
II기	소사동 가 18호(2840±50), 백석동 고재미골 II-3호(2890±40), 백석동 고재미골 III-21호(2910±40), 백석동 고재미골 IV-15호(2830±40), 운전리 B 4호(2720±70), 신방동 II 11호(2820±50), 풍기동 앞골 3호(2880±50), 풍기동 앞골 17호(2970±50), 명암리 1호(2900±40), 기지리 16호(2740±60), 기지리 27호(2710±50), 기지리 1호(2710±70), 관산리 KC 013호(2780±70), 주교리 KC 018호(2840±40), 주교리 KC 013호(2850±80), 석우리, 소소리 II-1-B-1호(2680±40), 석우리, 소소리 II-2-A-1호(2880±50), 송월리 II 1호(2990±50, 2860±50), 백석동 94-B 2호(2690±60), 백석동 95-II 2호(2840±60, 2780±50)
III기	이목동 1호(3160±80, 2960±69, 2890±90, 2760±50), 율전동 3호(3160±60, 2990±40), 현화리 2호(3110±130), 남양동 5지점 1호(2830±50, 2800±50, 2770±50), 내삼미동 14호(2765±20), 능곡동 5호(3050±50), 소사동 가 10호(2840±50), 소사동 가 7호(2930±60), 소사동 라 4호(2740±50), 용곡동 두터골 3호(2840±50), 기지리 4호(2690±70), 기지리 9호(2800±60), 기지리 19호(2710±50), 용화동 가재골 1-13호(2810±50), 백석동 고재미골 I -3호(2890±40), 대홍리 큰선장 11호(2850±50), 명암리 밖지므레 2-1지점 9호(2820±50), 관산리 KC 004호(2890±60), 주교리 KC 008호(2620±40), 신가리 II 5호(2980±60, 2760±50), 백석동 새천안번영로 2호(2790±80, 2860±80), 백석동 새천안번영로 3호(3460±110, 4460±140, 2830±80)

제점은 백석동 III기 유적 연대가 매우 높다는 점이며, 이 부분이 가락동식 토기, 역삼동식 토기, 그리고 혼암리식 토기 간에 상한 시차가 없다는 근거가 되기도 하였다(김장석 2001: 38-41; 2008a: 103). 그러나 몇몇 이른 연대 측정치만을 가지고 공렬토기의 출현 시점이 가락동계 이중구연토기의 그것과 같다고 보기에는 문제가 있다. 우선 백석동유형 III기와 같이 형식학적으로 늦은 시기로 편년되는 주거지의 연대 측정치가 빠르게 나온 점이 납득하기 어려워 신뢰성 문제가 제기된다. 또한 수원 이목동 1호, 백석동 새천안번영로 3호 주거지와 같이 상당히 빠른 연대 측정치가 확인되지만, 이 유구들에서 다수의 시료를 측정한 결과에 따르면 매우 넓은 측정치들이 함께 확인되었다. 이와 같은 경우에 고목효과 때문에 이른 측정치보다는 늦은 측정치를 신뢰한다(안재호 2011: 95). 그리고 이외에도 대부분의 측정치를 비교할 때, 몇몇 주거지의 비정상적으로 높은 측정치가 포함되었을 것이라 판단된다. 따라서 다수의 측정치가 보고된 주거지에서 늦은 측정치를 취하고 비정상적으로 높은, BP 2970보다 이른 4건의 측정치를 제외하면 BP 2930~2880에 집중되는데, 앞서 이 지역의 가락동유형 하한을 고려할 때, BP 2900 무렵을 백석동유형의 상한으로 파악하고자 한다.

하한은 주교리 KC 008호와 같이 예외적으로 낮은 측정치도 있지만, 대부분은 BP 2700 무렵이다. 따라서 이 시점을 백석동유형 혼암리식 토기의 하한으로 파악한다.

조동리유형에 대한 편년은 최근 김권중(2010; 2012), 정원철(2010;

표 7 _ 강원 영서, 영동지역 청동기시대 토기 편년 비교

시기 출전	조기		전기		중기		후기
	전반	후반	전반	후반	전반	후반	
김권중 (2010, 2012)	돌대문토기, 이중구연토기				공렬토기		무문양토기 점토대토기
	구순각목문토기, 공렬토기(각목)						
정원철 (2010, 2012)	돌대문, 이중구연, 공렬, 구순각목 병존		토기문양 혼합 가락동계 이중구연 구순외연각목토기		공렬토기		단순무문토기 점토대토기

2012)의 강원 영서, 영동지역의 무문토기 편년 연구 성과(표 7)가 참고가 된다. 세부적인 부분에서는 차이가 있지만, 큰 틀에서는 ① 조기~전기 전반, ② 전기 후반~중기 후반, ③ 후기 등 3단계의 큰 변화가 관찰된다. 조기와 전기 전반의 구분 근거는 다소 불분명하지만, 전기는 구순각목공렬토기와 구순각목토기가 출토되는 전반과 공렬토기가 출토되는 후반으로 구분이 가능하다. 또한 영동지역의 조양동, 방내리유적, 영서지역의 아우라지, 우두동, 주천리유적과 같이 흔암리식토기가 출토되는 단계의 유적은 혼합계로 파악하여 전기 전반으로 편년하고 있음이 주목된다. 따라서 돌대문토기, 이중구연토기→흔암리식토기(공렬문＋이중구연), 구순각목토기, 구순각목공렬토기→공렬토기→무문양토기 순으로 편년이 가능하다. 다만 이미 앞에서 언급한 바와 같이 필자는 청동기시대 조기 개념을 신석기시대에서 청동기시대로의 과도기로 파악하기 때문에 직립 구연의 환저토기와 돌대문토기가 출토된 하남 미사리유적의 유물, 유구복합체만을 조기로 파악하고 돌대문토기와 이중구연토기가 출토된 유적들을 청동기시대 초기로 이해하고자 한다. 또한 필자는 돌대문토기 또는 이중구연토기와 함께 공렬토기가 공반된 유적을 조동리유형의 가장 이른 단계의 유적으로 파악하고 있기 때문에 전기 전반은 돌대문토기, 이중구연토기, 공렬토기가 공반된 1기와 흔암리식 토기, 구순각목토기, 구순각목공렬토기가 공반된 2기로 세분할 수 있다고 판단된다.

돌대문토기 또는 이중구연토기와 공렬토기가 공반된 유적으로는 정선 아우라지 2호, 6호, 13호 주거지와 철원 와수리 4호 주거지, 춘천 금산리 A-1호 · 2호, B-4호 · 6호 주거지 등이 있다. 이 주거지들은 모두 위석식 노지가 설치되었으며, 초기의 미사리유형 주거지와 큰 차이를 보이지 않는다.

한편 영서지역에서는 출토되지 않았지만, 조동리유형 분포권에 해당되는 연천 삼거리, 하남 미사리, 진주 평거동유적의 채색토기도 조동리유형 초기 시점에 출현하는 토기이다. 먼저 삼거리유적의 채색토기는 비록 단

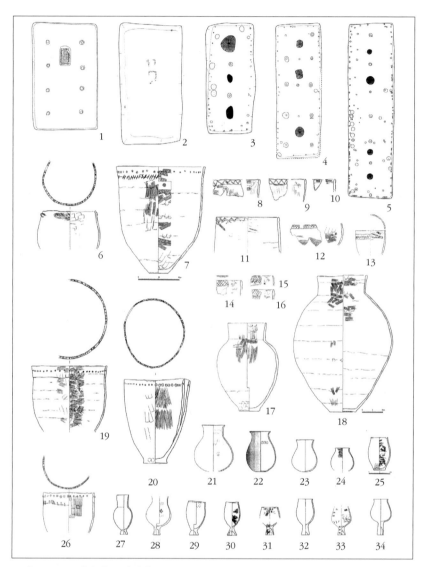

그림 12 조동리유형 주거지와 출토 토기

1 영월 주천리 7호 주거지, 2·26 정선 아우라지 10호 주거지, 3 홍천 철정리 Ⅱ유적 A22호 주거지, 4 홍천 철정리 Ⅱ유적 A54호 주거지, 5 화천 용암리 115호 주거지, 6 춘천 금산리 A-1호 주거지, 7·12·17 평창 천동리 220-1번지 1호 주거지, 8~10 춘천 금산리 A-2호 주거지, 11·14~16 철원 와수리 4호 주거지, 13·33 춘천 신매대교 부지 21호 주거지, 18·19 춘천 금산리 B-8호 주거지, 20 영월 주천리 8호 주거지, 21 강릉 방내리 가축처리장 부지 5호 주거지, 22 고성 대대리 5호 주거지, 23 정선 아우라지 1호 석곽묘, 24 춘천 현암리 49호 주거지, 25 춘천 우두동 1호 주거지, 27 강릉 교동 1호 주거지, 28 강릉 방내리 가축처리장 부지 1호 석관묘, 29 고성 사천리 11호 주거지, 30 춘천 우두동 30호 주거지, 31 춘천 우두동 34호 주거지, 32 속초 조양동 3호 주거지, 34 충주 조동리 1호 주거지

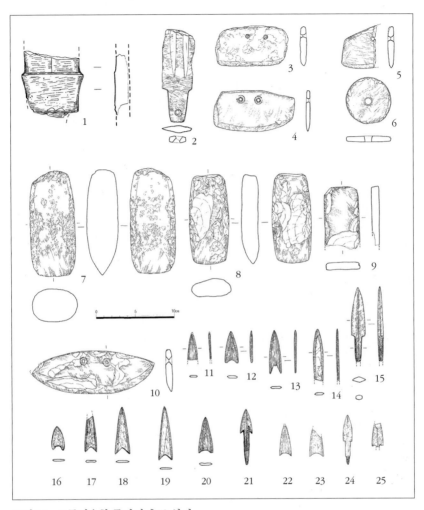

그림 13 조동리유형 주거지 출토 석기
  1·16~21 영월 주천리 7호 주거지, 2 철원 와수리 4호 주거지, 3~6·22~25 춘천 금산리 A-
  1호 주거지, 7~15 영월 천동리 220-1번지 1호 주거지

애면의 재퇴적층에서 채집되어 출토 맥락을 알 수 없지만, 壺 기종의 이중
구연토기인 점으로 미루어 9호 주거지 출토품이 분명하다. 채색토기(그림
14-2)는 두터운 이중구연 아래에 암갈색의 횡선대 5열이 남아 있는데, 이
와 유사한 토기가 하남 미사리 8호 주거지(숭실대학교박물관 1994: 142-

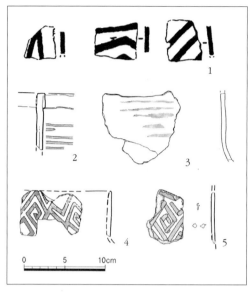

그림 14 한반도 출토 채색토기
1 신암리유적 2기층 , 2 연천 삼거리 재퇴적층, 3
하남 미사리 A8호 주거지(숭실대 조사), 4 진주
평거동 3-1지구 3호 주거지, 5 진주 평거동 3-1지
구 4호 주거지

143)에서도 출토되었다. 미사리 출토 채색토기(그림 14-3)는 이중구연단사선문토기와 공렬토기가 공반되어 공렬토기 출현 시점의 자료로 판단되는데, 토기는 호형토기의 경부에 푸른 색조의 횡선대가 5줄 배치된 것이다. 따라서 삼거리 9호 주거지의 탄소연대 측정치를 빌리자면, 미사리 8호 주거지의 연대는 BP 2930년 무렵으로 추정된다. 한편, 횡선대는 아니지만, 남강 유역에서도 호형토기 경부에 채색을 한 토기편들이 출토되었다. 진주 평거동 3-1지구의 3호와 4호 주거지에서 출토된 호형토기인데, 경부에 채색으로 雷文을 시문하였다(그림 14-4~5). 보고자는 이 토기의 계보를 압록강 하류의 신암리 2기 채문토기(그림 14-1)에서 구하고 있다(고민정 2011: 396). 이외에도 청천강 유역의 九龍江遺蹟 12호 주거지에서도 채색토기가 출토되어 남한지역의 채색토기는 이중구연토기와 마찬가지로 압록강~청천강 유역과 밀접한 관련이 있다고 할 수 있다. 이러한 토기들이 남한지역에 출현한 시점은 사례가 많지 않아 분명치 않지만, 평거동 3-1지구 4호 주거지의 탄소연대 측정치가 BP 2950±25, BP 2930±25 등으로 삼거리 9호 주거지와 비슷한 연대를 보여준다. 또한 평거동 3-1지구 3, 4호 주거지에서는 공렬토기가 출토되지 않았지만, 3, 4호 주거지의 출토품과 구연 형태가 유사한

이중구연토기와 공렬토기가 공반된 5호 주거지에서도 비슷한 탄소연대 측정치(BP 2945±25, 2935±25)를 보이고 있다. 이상의 논의에서 채색토기는 미사리유형과 조동리유형의 과도기적 시점에 출현한 것으로 판단되며, 삼거리 9호 주거지와 미사리 8호 주거지는 조동리유형 발생기의 유적으로 파악된다.

영서지역 조동리유형의 흔암리식 토기는 춘천 금산리 B-8호, 춘천 신매대교 21호, 평창 천동리 220번지 1호, 영월 주천리 7호, 8호, 영월 와석리 6호, 정선 아우라지 10호 등의 주거지와 충주 조동리 1호 도랑에서 출토되었다. 경기 남부와 아산만 지역의 흔암리식 토기 출토 유적들과 비교할 때, 유적 수가 많지 않을 뿐만 아니라 유적 내에서 흔암리식 토기가 출토된 주거지는 극소수이다. 또한 그 수량도 유구 당 1~2점뿐으로 모두 8점에 불과하다. 요컨대 영서지역 조동리유형 유적에서 흔암리식 토기의 출토 빈도는 매우 낮다. 이는 백석동유형의 흔암리식 토기와는 출현 배경에 차이가 있음을 의미한다. 또한 백석동유형의 흔암리식 토기는 청동기시대 전기 전~후반에 걸쳐 지속되지만, 조동리유형의 흔암리식 토기는 지속 기간이 전기 전반까지 국한된다.

영서지역 조동리유형의 흔암리식 토기는 퇴화이중구연단사선문토기에 공렬문 또는 구순각목공렬문이 부가된 것이 2점이며, 이중구연구순각목공렬토기 1점, 이중구연공렬토기 1점, 단사선문공렬토기 2점, 'X'자문공렬토기 1점이 전부이다. 이 가운데 형식학적으로 가장 빠른 단계의 흔암리식 토기는 주천리 7호 주거지에서 출토된 이중구연공렬토기이다. 이 토기는 이중구연부에 공렬문을 시문한 토기로 퇴화된 이중구연의 흔암리식 토기가 출토된 천동리 220번지 1호, 와석리 6호, 아우라지 10호 주거지보다는 이른 단계로 판단된다. 발생 시점은 주천리 7호 주거지의 탄소연대 측정치(BP 2940±40)가 참고가 되는데, 조동리유형 출현기의 양상을 반영한다.

전기 후반의 취락으로는 화천 용암리 1단계, 춘천 거두리, 신매대교 2단계, 신매리 주차장 부지, 천전리 1단계, 가평 대성리 1단계, 정선 아우라지 III단계, 원주 가현동, 평창 천동리, 고성 사천리 2단계, 강릉 방내리 2단계, 방내리 가축처리장 신축부지 취락 등이 포함된다. 또한 춘천 천전리 3~7호 주구묘, 홍천 철정리 II유적 석곽묘와 2호 주구묘, 외삼포리 석곽묘 등의 무덤이 전기 후반에 해당된다(송만영 2012). 이전 단계의 흔암리식 토기, 구순각목토기, 구순각목공렬토기 등이 소멸하고 공렬토기만 남는 단계이다. 또한 적색마연의 대부토기인 경우, 대각이 짧은 나팔형에서 긴 원통형으로 변화하면서 충주 조동리 1호 주거지 출토품과 같이 적색마연 토기 대부단경호의 기형이 완성된 형태로 등장한다.

주거지는 북한강 유역과 남한강 유역이 차이가 있는데, 북한강 유역의 경우 세장방형의 평면 형태에 토광형 노지가 설치된 주거지가 다수 확인되지만, 남한강 유역에서는 세장방형 주거지가 많지 않으며, 위석식 노지가 설치된 주거지들이 중기까지 지속되는 양상을 보여준다.

조동리유형의 출현 시기는 원주 가현동유적의 신뢰하기 어려운 측정치를 제외하면, 이른 연대가 대체로 BP 2940에 집중되어 있다. 또한 과도기적인 양상을 보여주는 진주 평거동 3-1지구 5호 주거지의 탄소연대는 BP

표 8 _ 영서지역 조동리유형 탄소연대 측정치

유적	주거지(측정치 : BP)
철정리 II	A-23호(2930±50), A-32호(2940±50), A-36호(2830±50), A-54호(2810±50, 2880±50)
외삼포리	1호(2940±60), 2호(2810±50), 4호(2820±50)
태장동	2호(2840±50), 3호(2850±50, 2970±60, 2940±50), 4호(2900±50, 2870±50, 2880±60, 2890±50), 5호(2890±50), 6호(3050±60, 2920±60, 2940±50)
가현동	4호(3400±50, 2830±40), 14호(3330±50, 2880±50)
조동리	1호(2700±165), 7호(2660±300), 9호(2715±75)
아우라지	(시굴)3호(2760±60), 2호(2880±50), 3호(2690±50), 7호(2790±50), 8호(2810±50), 13호(2900±50), 15호(2830±50), 16호(2870±50), 17호(2850±60)
주천리	1호(2840±40), 4호(2800±40), 5호(2880±40), 6호(2940±40), 7호(2940±40), 9호(2870±40), 12호(2780±40), 14호(2980±40), 15호(2840±40), 16호(2890±40), 17호(2930±40)

2935±25, 2945±25 등으로 측정되었다. 그러나 일부 측정치에는 이 연대보다 상회하는 것들이 있어 조금 더 소급될 여지도 있다.

하한은 지역마다 차이가 많을 것이라 생각되는데, 그 원인은 송국리유형이 확산된 지역과 그렇지 않은 지역에 따라 지역별 청동기 문화가 좀 더 다양하게 전개되고 이에 따라 지역 연구자들이 서로 다른 기준으로 획기를 결정하였기 때문이다. 일반적으로 송국리유형이 확산된 지역, 즉 남강유역에서는 공렬토기가 출토된 송국리계 주거지 단계를 대평리유형으로 규정하여 이 단계부터 하나의 획기로 삼고 있지만(고민정 2004: 83-92), 그렇지 않은 지역, 또는 확산되었다고 하더라도 그 영향력이 크지 않은 지역에서는 재지의 유물·유구복합체의 변화에 초점을 맞춘 연구들이 많다.

북한강, 남한강 등 영서지역에서는 조동리유형의 연장선 상에서 소위 천전리유형이 출현한다. 김권중(2008: 63-71)의 연구에 따르면, 필자의 조동리유형에 해당되는 단계를 II단계로, 그리고 천전리유형의 출현 시점을 IV단계로 파악하였다. III단계는 II단계와 IV단계의 요소가 혼재된, 과도기로 파악하였는데, 이 단계부터 무시설의 작업 공간에 작업공이 출현하지만, 이색점토구역은 IV단계부터 출현한다. 따라서 천전리유형의 출현 시점을 염두에 둔다면 기원전 8세기 무렵이 된다. 그러나 최근 III단계부터를 송국리유형과 동일 단계로 파악하기 때문에 이보다 이른 북한강 유역 전기의 절대연대를 BP 2700~2900 무렵으로 파악하였다(김권중 2010: 77). (표 8)에서 살펴보면, 대체로 BP 2700 정도의 측정치가 가장 안정적인 하한 연대인 것으로 추정되는데, 이 연대는 김권중(2010)의 II단계 하한 연대에 해당된다. 또한 여러 연구자들이 언급한 송국리유형의 개시 시점이기도 하다(이홍종 2006; 안재호 2010; 이창희 2011).

(4) 청동기시대 중기

한반도 남한지역에서 청동기시대 중기의 시작은 송국리유형의 출현과 관련된다. 그렇지만 중부지방의 경우 송국리유형의 확산 시점과 범위에 차이가 있기 때문에 이를 근거로 중부지방 취락 가운데 송국리유형 요소만이 확인되는 유적을 중기로 편년할 수 없으며, 더욱이 세부 편년은 문제가 있다. 앞으로 송국리유형의 출현 시점에 상응하는 중부지방 청동기시대 중기의 시작점을 찾는 노력이 필요하다.

앞에서도 살펴본 것처럼, 청동기시대 중기의 중부지방은 송국리유형의 확산에도 불구하고 전기의 청동기 문화가 지속되는 양상을 보인다. 특히 전기의 백석동유형 분포권과 조동리유형 분포권은 다소 변동이 있지만, 큰 틀에서는 변화가 없다. 전기의 백석동유형을 계승한 중기의 백석동유형의 가장 큰 특징은 흔암리식 토기가 소멸하고 호서지역의 송국리유형이 확산되면서 주로 경기 남부를 중심으로 송국리식 주거지가 출현한다는 점이다. 또한 조동리유형을 계승한 천전리유형의 경우에는 전기에 이어 공렬토기가 지속적으로 제작되고 천전리식 주거지가 출현한다(표 9 참조). 한 가지 덧붙이자면 기존의 역삼동·흔암리유형와 같이 동일한 관점에서 조동리유형과 천전리유형도 서로 다른 주민집단을 반영한다고 할 수 없다. 그래서 역삼동·흔암리유형을 백석동유형으로 재규정한 것과는 달리 조동리유형과 천전리유형을 별개의 유형으로 규정하는 것이 문제가 된다. 이 역시 앞으로 통일된 명칭이 제시되기를 기대한다.

중기 백석동유형과 천전리유형의 분포권은 이색점토구역이 특징인 천

표 9_ 청동기시대 중기 백석동유형과 천전리유형의 개념 비교

구분	백석동유형	천전리유형
분포	경기 남부 및 아산만 지역	영서지역
취락 입지	구릉	하천 충적지
주거지	- 단축 폭이 좁은 장방형 주거지, 토광형 노지 설치→장축 길이 감소→방형 주거지 출현 - 송국리식 주거지 확산	- 천전리식 주거지 출현 - 중앙주공과 함께 2×3주식, 2×4주식 내측주공 배치 증가 - 전문공방 주거지 출현
토기 변화상	- 구순각목공렬토기, 공렬토기→공렬토기→무문양 심발형토기	- 공렬토기→무문양 심발형토기

전리식 주거지의 분포 범위가 참고가 된다. 이 주거지는 최근 영서지역을 벗어나서 가평 대성리(경기문화재연구원 2009b), 남양주 장현리(중앙문화재연구원 2010a), 광주 역동(박천택 2010), 연천 합수리유적(한울문화재연구원 2010)에서 확인되었다. 이 유적들을 기준으로 할 때, 천전리유형의 西界는 연천-남양주-광주-여주를 연결하는 선까지 확장될 가능성이 높다 (그림 15). 물론 그 경계라고 하는 것이 항상 고정된 것은 아니어서 시기에 따라 약간의 변동은 있을 것이며, 그 경계에서 점이적인 양상이 두드러지게 관찰된다. 가령 하남 미사리유적에서 조기에 미사리유형 취락이 형성되고 전기 전반에 이를 계승한 조동리유형의 주거지(숭실대 조사 A8호 주거지)로 연결되지만, 전기 후반부터 백석동유형 취락으로의 변화가 관찰되는데, 백석동유형 주거지 내부에서 조동리유형의 특징적인 유물인 적색마연토기 대부단경호가 출토되고 있음은 그와 같은 상황을 반영한다.

전기 백석동유형에 이어 중기 백석동유형 취락의 편년은 심발형토기의 문양 요소가 기준이 된다. 특히 전기 백석동유형의 마지막 단계에서는 흔암리식 토기의 이중구연 수법이 탈락되고 단사선문, 사격자문, 'X' 자문만이 남는 형태로 나타나고 있는데, 이를 통해 백석동유형 청동기시대 중기 취락을 좀 더 세분하고자 한다. 먼저 취락에서 출토된 토기 가운데 시간성을 가장 잘 반영하는 기종이 심발형토기인데, 문양의 유무 및 조합 양상을 고려하면 구순각목공렬토기, 공렬토기, 구순각목토기, 무문양 심발형토기로 구분된다. 그런데 전기 백석동유형 III기의 유물복합체를 살펴보면, 이중구연문이 탈락되고 단사선문, 사격자문, 'X' 자문 등이 (구순각목)공렬문과 결합된 토기뿐만 아니라 구순각목공렬토기, 공렬토기, 구순각목토기, 무문양 심발형토기 등이 공반되었지만, 중기의 마지막 단계에서는 무문양의 심발형토기만이 출토되기 때문에 심발형토기의 큰 흐름은 문양의 소멸 과정으로 볼 수 있다. 따라서 여기에서는 단사선문, 사격자문, 'X' 자문 등이 (구순각목)공렬문과 결합된 토기와 더불어 구순각목공렬토기, 공렬토기, 구순각목토기, 무문양 심발형토기가 공반된 유물복합체(a)와 구

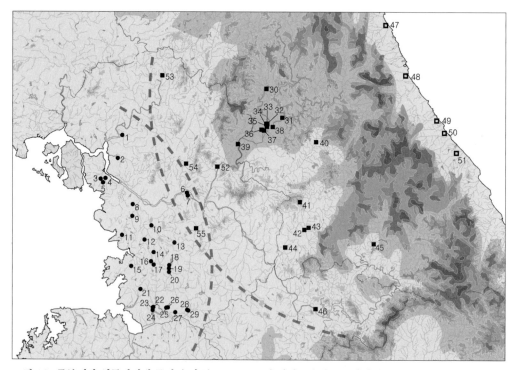

그림 15 중부지방 청동기시대 중기 유적 분포도(● : 중기 백석동유형, ■ : 천전리유형, □ : 기타)

1 파주 당동리, 2 파주 당하리, 3 김포 양곡리, 4 김포 운양동, 5 김포 장기동, 6 하남 미사리, 7 하남 덕풍동, 8 부천 고강동, 9 시흥 계수동 안골, 10 안양 관양동, 11 시흥 능곡동, 12 의왕 이동, 13 용인 죽전동 대덕골, 14 수원 서둔동, 15 화성 남양동, 16 화성 천천리, 17 화성 고금산, 18 화성 동학산, 19 화성 반송리, 20 오산 내삼미동, 21 화성 방축리, 22 평택 토진리, 23 평택 양교리 41-1번지, 24 평택 양교리, 25 평택 지제동, 26 평택 칠괴동, 27 평택 소사동, 28 안성 만정리 신기 3지점, 29 안성 만정리 II, 30 화천 용암리, 31 춘천 천전리, 32 춘천 신매리 373-6번지, 33 춘천 신매리 10번지, 34 춘천 신매리 신매대교, 35 춘천 신매리 54-4번지, 36 춘천 현암리, 37 춘천 하중도, 38 춘천 우두동, 39 가평 달전리, 40 홍천 철정리 II, 41 횡성 학담리, 42 원주 가현동, 43 원주 태장동, 44 원주 문막리, 45 평창 마지리, 46 충주 조동리, 47 고성 대대리, 48 양양 포월리, 49 양양 임호정리, 50 강릉 방내리 가축처리장 신축부지, 51 강릉 입암동, 52 가평 대성리, 53 연천 합수리, 54 남양주 장현리, 55 광주 역동

순각목공렬토기, 공렬토기, 구순각목토기, 무문양 심발형토기가 공반된 유물복합체(b), 공렬토기와 구순각목토기, 무문양 심발형토기가 공반된 유물복합체(c), 그리고 구순각목토기 내지 무문양 심발형토기가 공반된 유물복합체(d)로 구분하고자 한다.

한편 전기 후반 이래로 장기지속적인 취락이 형성되기 때문에 각각의 취락은 시간적으로 매우 가까운 유물복합체로 구성될 가능성이 높다. 따

표 10 _ 중부지방 청동기시대 취락과 유물복합체와의 관계

취락	a	b	c	d
始興 陵谷洞	■	■		
華城 東鶴山	■	■		
華城 南陽洞	■	■		
平澤 素沙洞	■	■	■	
烏山 內三美洞	■	■		
河南 渼沙里		■		
金浦 陽谷里		■		
金浦 雲陽洞		■		
金浦 場基洞		■		
華城 古琴山		■		
華城 泉川里		■		
平澤 梁橋里 41-1番地		■		
義旺 二洞		■		
平澤 防築里		■		
河南 德豊洞		■		
富川 古康洞		■		
龍仁 竹田洞 大德골		■		
水原 西屯洞		■	■	
坡州 堂洞里		■	■	
平澤 梁橋里		■	■	
安城 萬井里 II遺蹟		■	■	
安陽 冠陽洞		■	■	
平澤 芝制洞		■	■	
平澤 土津里(畿甸, 中央)			■	
始興 桂壽洞			■	
坡州 堂下里			■	
華城 盤松里			■	■
平澤 七槐洞				■
安城 萬井里 新基 3地點				■

라서 여기에서는 중부지방 취락에서의 유물복합체 간의 시간적 서열에 대해서 살펴보고자 한다. (표 10)은 각 유적별로 유물복합체가 확인된 주거지를 정리한 것이다. 먼저 a 유물복합체와 b 유물복합체의 주거지가 함께 조사된 유적에는 시흥 능곡동, 화성 동학산, 화성 남양동, 평택 소사동, 오산 내삼미동유적이 있다. 다음으로 파주 당동리와 평택 양교리, 안성 만정리 II유적, 안양 관양동, 평택 지제동유적에서는 b 유물복합체와 c 유물복합체 주거지가 함께 조사되었으며, 화성 반송리유적에서는 c 유물복합체와 d 유물복합체의 주거지가 함께 조사되었다. 따라서 a, b, c, d 유물복합체 사이에는 시기적 선후 관계가 있는 것으로 파악되는데, 앞에서 언급한 바와 같이 단사선문, 사격자문, 'X'자문 등이 남아 있는 흔암리식 토기가 공반된 a 유물복합체가 가장 이른 단계에 해당되기 때문에 a→b→c→d 유물복합체의

시간적 상대 서열이 인정된다. 따라서 문양의 소멸 시점을 기준으로 구분하면 백석동유형 IV기(청동기시대 중기 전엽: b 유물복합체), V기(청동기시대 중기 중엽: c 유물복합체), VI기(청동기시대 중기 후엽: d 유물복합체) 등으로 세분된다.

먼저 백석동유형 IV기는 단사선문, 사격자문, 'X'자문 등이 남아 있는 흔암리식 토기가 소멸된 이후 구순각목공렬토기, 공렬토기가 공반되는 시기이다. 세장방형과 장방형 주거지가 일반적으로 조영되며, 주거지 내에서 이단병식석검, 삼각만입촉 이단경식석촉 등의 석기류가 공반된다. 학계에서 역삼동유형의 표지가 되었던 역삼동유적이 바로 이 시기에 해당된다. 하남 미사리를 비롯하여 평택, 시흥, 화성, 오산, 김포, 의왕, 부천, 용인, 수원, 파주, 안성, 안양 등 백석동유형 분포권 전역에서 이 시기의 취락이 조사되었는데, 특히 청동기시대 전 기간 동안 중기 전반의 취락이 집중되어 있다. 이 시기의 또 하나 특징으로 금강 유역의 송국리유형이 경기 남부까지 확산되면서 송국리유형 주거지가 조영되기 시작한다. 현재의 자료로 볼 때, 가장 이른 유적은 화성 천천리유적으로 탄소연대 측정치와 출토된 유구석부를 고려해 볼 때, 중기 전반의 후엽에 해당되는 기원전 8세기 초 무렵이다. 연대는 비교적 많은 탄소연대 측정치가 확보되었는데, 대부분 기원전 10~8세기에 집중되어 있다.

백석동유형 V기는 구순각목공렬토기가 소멸되고 공렬토기, 구순각목토기, 무문양의 심발형토기가 공반되는 단계이다. 일단병식석검과 일체형석촉, 유구석부 등 비교적 늦은 단계의 석기류가 공반된다. 주거지는 세장방형과 장방형, 방형의 주거지가 혼재되어 있지만, 장방형 주거지의 비율이 높다. 또한 소형의 방형 주거지로만 구성된 취락이 인천 중산동유적에서 조사되었다. 백석동유형 분포권에서는 파주 당동리, 평택 양교리, 평택 소사동 등 중기 전반에 이어 장기 지속을 보여주는 취락들이 조사되었으며, 경기 남부에 확산된 송국리유형은 중부지방 전체로 재확산된 흔적이 없지만, 천전리유형 분포권인 가평 달전리 취락에서 이 단계의 주거지가

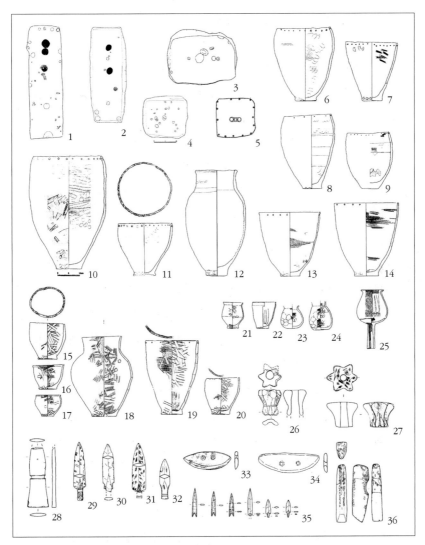

그림 16 청동기시대 중기 백석동유형 주거지와 출토 유물

1 · 21~24 화성 방축리 1-2호 주거지, 2 · 13 안양 관양동 3호 주거지, 3 화성 반송리 8호 주거지, 4 파주 당동리 4지점 1호 주거지, 5 의왕 이동 2-1호 주거지, 6~9 · 12 파주 당동리 4지점 41호 주거지, 10 용인 죽전동 대덕골 3호 주거지, 11 용인 죽전동 대덕골 4호 주거지, 14 안양 관양동 5호 주거지, 15~20 화성 천천리 6호 주거지, 25 하남 미사리 A10호 주거지 (숭실대), 26 · 28 · 35 화성 천천리 7호 주거지, 27 · 34 파주 당동리 4지점 26호 주거지, 29 안양 관양동 8호 주거지, 30 화성 반송리 9호 주거지, 31 파주 당동리 4지점 7호 주거지, 32 안양 관양동 4호 주거지, 33 용인 죽덕동 대덕골 1호주거지, 36 화성 천천리 2호 주거지

조사된 사례가 있다. 연대는 탄소연대 측정치를 토대로 기원전 8~7세기로 판단된다.

백석동유형 VI기는 무문양의 심발형토기가 중심을 이루며, 간혹 구순각목문토기가 출토되는 단계이다. 평택 토진리, 칠괴동, 화성 반송리, 안성 만정리 신기 3지점 등 이 시기의 취락들이 발견되었으나, 상대적으로 유적의 수가 많지 않다. 화성 반송리유적 사례에서 공렬토기가 소멸되는 과정이 관찰되며, 일단병식석검, 유구석부의 등의 석기류가 공반된다. 주거지는 방형의 소형 주거지가 일반적으로 축조되지만, 일부 송국리식 주거지도 확인된다. 아산만 지역에서 원형의 송국리식 주거지에 무문양 심발형토기, 송국리식 토기가 공반되는 유물·유구복합체를 소위 선송국리유형으로 파악한 견해가 있었으나, 최근 중기 후반으로 보는 견해가 많다. 또한 이 시기를 원형점토대토기와의 병행기로 파악하는 견해가 있으나, 출현 시기에 있어서는 반세기 정도 시차 차이가 있다. 이 시기에 해당되는 탄소연대 측정치는 많지 않으나, 평택 칠괴동유적의 탄소연대 측정치를 참고할 때, 기원전 7~6세기로 파악된다.

강원 영서, 영동지역의 경우에는 청동기시대 편년안과 관련하여 가장 중요한 쟁점 중에 하나는 청동기시대 중기를 어느 시점으로 볼 것인가와 그 유물, 유구복합체를 무엇으로 볼 것인가의 문제이다. 중기로 대표되는 유물, 유구복합체, 즉 송국리유형은 강원 영서, 영동지역으로의 확산이 명확하지 않으며, 설령 확산되었다고 하더라도 늦은 단계에 속하는 경우가 많았다.

따라서 이 지역 연구자들은 영서, 영동지역의 유물, 유구복합체의 변화과정을 토대로 편년틀을 세우면서 아울러 청동기시대 전기와 차별화된 유물, 유구복합체에 주목하였는데, 그 첫 번째의 결과물이 영서지역의 북한강유형이다(김권중 2005: 40-47). 북한강유형의 유물, 유구복합체는 천전리식 주거지와 지석묘, 유구석부, 일체형석촉으로 요약되는데, 북한강유형의 출현 시점은 기원전 8~7세기로 파악되었다. 그 이후 이러한 유물,

유구복합체의 분포 범위가 북한강유역뿐만 아니라 한강 수계에서도 확인되어 천전리유형으로 개칭되었다(김권중 2008: 68). 또한 그 동안 자료가 많이 축적되어 유구석부, 일체형석촉 이외에도 소형호형토기, 적색호형토기, 일단경식석촉, 일단병식석검, 유경식석검 등의 유물이 천전리유형의 유물, 유구복합체에 추가되었다.

영동지역의 경우에는 천전리유형의 유물, 유구복합체마저 뚜렷하지 않아 청동기시대 중기 유적들을 판별하는 별도의 기준들이 제시되었다. 가령 순수 공렬토기와 함께 무문토기 호가 공반 출토되는 단계를 중기로 파악한 견해(박영구 2009)가 있는가 하면, 이에 더하여 무경식과 이단경식의 석촉이 주류를 이루며 일단병식석검과 일단병식석촉이 등장한 시점을 중기로 파악하기도 한다(김권중 2010). 그렇지만 이러한 양상이 왜 중기에 해당되는지에 대한 충분한 설명이 없었다.

위와 같은 연구 성과는 강원 영서, 영동지역 편년안에서 처음으로 중기를 설정하였다는 측면에서 높이 평가할 수 있지만, 다음의 두 가지 이유에서 검토가 필요하다. 첫째는 최근의 송국리유형 출현 시점에 대한 학계의 연구 성과를 반영하지 않았다는 점이다. 즉 절대연대에 있어서 송국리유형의 출현 시점이 기원전 10세기 후반~9세기 무렵이라는 견해가 학계의 지지를 얻고 있지만, 강원 영서, 영동지역 편년안에는 반영되지 않았다. 그 결과 중기 전반에 속하는 유적들이 전기 후반으로 상향 편년되는 오류가 발생했다고 판단된다. 둘째는 송국리유형과의 병행 관계가 깊이 있게 논증되지 않았다는 점이다. 지역을 달리하는 두 유물, 유구복합체 간에 비교 대상이 매우 제한적이기 때문에 불가피하게 전기와는 다른 유물, 유구복합체의 출현에 주목할 수밖에 없었던 사정을 충분히 이해할 수 있다. 그렇지만 영서, 영동지역 청동기시대 편년안이 설득력을 갖기 위해서는 남한지역 청동기시대 편년안과의 비교 검토가 필수적이다.

한편 〈표 7〉에서 보는 바와 같이 전기 후반 이래로 공렬토기만 출토되는 기간이 중기 후반까지 지속되기 때문에 천전리유형의 세부 편년에 어

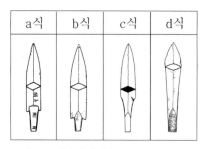

a식	b식	c식	d식

그림 17　일단납작경촉 형식 분류

려움이 있다. 따라서 다른 대안이 필요한데, 천전리유형 출토 유물 가운데 형식학적인 변화가 뚜렷하여 세부 편년이 가능한 유물을 통해 보완할 필요가 있다. 필자는 경부가 납작한 일단경촉의 경우, 송국리 유형의 무덤 유적에서도 공반되기 때문에 병행 관계를 파악하는데 있어 매우 유리할 뿐만 아니라 형식학적인 변화 과정이 뚜렷하고 출토 수량도 많아 영동, 영서지역의 중기 취락을 세부 편년하는데 큰 도움이 될 것이라 판단한다.

일단납작경촉은 삭마된 부분의 위치와 형태, 그리고 촉신부 하단과 경부와의 각도 차이가 시간을 반영하는 주요 속성이다. 이러한 기준에 따라 분류하면, '⌒' 형태의 삭마된 부분이 촉신 관부 위에 위치하며, 촉신부 하단과 경부와의 각도가 예각 또는 직각인 것을 a식, '∧' 형태의 삭마된 부분이 촉신 관부 위, 또는 아래에 위치하며, 촉신부 하단과 경부와의 각도가 예각인 것도 있지만, 주로 직각 내지 둔각인 것을 b식으로 분류한다. 또한 '∧' 형태의 삭마된 부분이 경부의 1/2 지점에 위치하며, 촉신부에서 경부로 완만한 곡선을 그리며 연결된 것을 c식으로 분류한다. 그리고 마지막으로 d식은 소위 일체형 석촉으로 '∩' 형태의 삭마된 부분이 경부의 1/3 지점에 위치하며, 촉신부에서 경부로는 거의 직선에 가깝게 연결된 것이다(그림 17).

일단납작경촉의 변화 과정은 남한강 상류 방향으로 올라가면서 조영된 제천 황석리 지석묘군에서 관찰된다. (그림 29)에서 보면, 2호(삼각만입촉＋a식)→4호(a식＋b식)→5호(b식)→7호(b식＋c식)→6호(c식＋d식) 순으로 조영된 것을 알 수 있는데, 결과적으로 a식→b식→c식→d식 순으로 변화 과정이 관찰된다.

한편 송국리형 묘제로 알려진 석관묘, 석개토광묘, 그리고 옹관묘가 분포한 논산 마전리유적 (고려대학교 매장문화재연구소 2004)에서 필자 분류의 a식과 b식의 일단납작경촉이 출토되어 주목된다. 마전리유적의 C지구는 주거지, 무

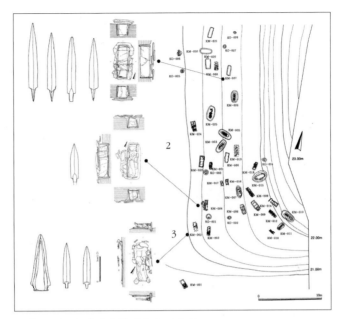

그림 18 논산 마전리 무덤과 출토 유물
1 KM-027호 석관묘, 2 KM-004호 석관묘, 3 KM-003호 석관묘

덤군, 수전 관계시설 등으로 구성되는데, 특히 무덤군에서는 석관묘 22기, 석개토광묘 9기, 옹관묘 8기가 조사되었다. 이러한 무덤들은 전형적인 송국리형 묘제로 파악되어 대체로 청동기시대 중기로 편년된다(김승옥 2001). 출토 유물은 필자 분류의 a식 석촉 2점이 KM-003호 석관묘에서 출토되었으며, b식 석촉은 KM-004호 석관묘와 KM-027호 석관묘에서 출토되었다. 또한 마전리유적 A지구(고려대학교 매장문화재연구소 2002)의 KC-002호 주거지에서는 c식 석촉 2점이 출토되었다. 이와 같이 호서지역

표 11 _ 천전리유형 시기 세분

구분 시기		심발형토기		일단납작경촉			
		공렬토기	무문양토기	a식	b식	c식	d식
중기 전반							
중기 후반	1기						
	2기						

송국리형 묘제와 주거지에서 일단납작경촉이 출토되고 있어 강원 영서, 영동지역과 병행 관계를 파악하는 데 있어 큰 도움이 될 것이라 판단되는데, 위의 출토 사례로 보았을 때, 일단납작경촉의 출현 시점을 중기로 파악하고자 한다.

따라서 천전리유형 관련 취락을 편년함에 있어 심발형토기와 일단납작

표 12 _ 강원 영서, 영동지역 취락별 일단납작경촉 출토

시기		취락	a식	b식	c식	d식
중기 전반		홍천 철정리II II단계	1			
		평창 마지리	4			
		강릉 방내리 가축처리장	1			
		춘천 신매대교 2단계	1	1		
		가평 달전리 II단계	1	1		
		충주 조동리	3	2		
		화천 용암리 1단계	1	1		
		원주 태장동	3	1		
		양양 포월리		1		
		양양 임호정리 C지구		1		
중기 후반	1기	원주 가현동	7	7	1	
		강릉 입암동	1	4	1	
		횡성 학담리			2	
		춘천 우두동 II단계	1			2
		화천 용암리 I 단계	5	1		3
		춘천 우두동 IV단계		1		4
		화천 용암리 2단계	5	11	3	5
		춘천 천전리 3단계		1	4	25
		화천 용암리 III단계	2	3	1	6
		춘천 신매리 373-6번지	1			3
		화천 용암리II	1	1		4
		화천 용암리 3단계	1	1		4
		춘천 신매리 54-4번지 2단계	3	4		4
		가평 달전리 III단계	4	5	2	10
		가평 대성리 3단계		3	5	
	2기	춘천 우두동 V단계		1	2	
		춘천 하중도			1	1
		홍천 철정리II III단계			4	3

경촉의 조합을 기준으로 하면 모두 3기로 세분되는데, 이 가운데 일단납작 경촉 c식과 d식의 출현 시점을 기준으로 중기 전반과 후반으로 구분하였다(표 11). 그렇지만 조동리유형 취락들이 대부분 반복 점유되거나 장기 지속되는 경우가 많아 여러 단계의 석촉들이 편년표에 반영될 소지가 있다. 가령 (표 12)를 참고할 때, 평창 마지리, 충주 조동리, 원주 가현동, 강릉 방내리 가축처리장 신축부지 유적 등은 청동기시대 전기에 속한 유적들이지만, 일부 주거지들은 중기까지 내려올 수 있음을 의미한다.

한편 무덤의 경우에는 제작 및 폐기 시점이 거의 동시성을 갖기 때문에 주거지보다는 비교적 짧은 시간 폭의 일단납작경촉이 공반된다. 무덤 성격이 분명하지 않은 양구 송우리 석관묘를 제외하고 대부분 지석묘에서

표 13 _ 강원 영서, 영동지역 무덤별 일단납작경촉 출토

시기	무덤	a식	b식	c식	d식
중기 전반	제천 황석리 2호 지석묘	1			
	춘천 천전리 A호 지석묘	1			
	제천 황석리 4호 지석묘	1	1		
	속초 조양동 지석묘		3		
	홍천 방량리(월운리) 지석묘		3		
	제천 황석리 5호 지석묘		6		
중기 후반	제천 황석리 7호 지석묘		1	4	
	중원 하천리 D지구 5호 석곽			4	3
	제천 황석리 6호 지석묘			2	10
	춘천 천전리 3호 주구묘				2
	춘천 천전리 2호 지석묘				2
	춘천 발산리 1호 지석묘				1
	춘천 발산리 2 · 3호 지석묘				7
	춘천 발산리 5호 지석묘				3
	춘천 발산리 6호 지석묘				1
	춘천 천전리 1호 지석묘				2
	인제 월학리 지석묘				12
	양구 송우리 석관묘				5
	춘천 중도 I 호 지석묘				3
	춘천 신매리 3호 지석묘				1

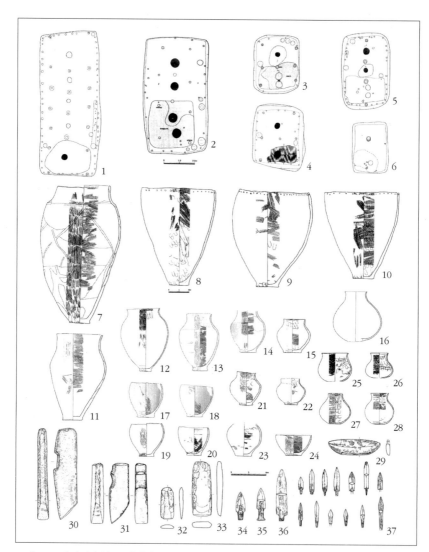

그림 19 천전리유형 주거지와 출토 유물

1 화천 용암리 73호 주거지, 2 · 30 화천 용암리 121호 주거지, 3 · 7 · 11 · 29 · 34 춘천 천전리 47호 주거지, 4 · 13 홍천 철정리 II유적 A10호 주거지, 5 춘천 천전리 17호 주거지, 8~10 · 12 · 15 · 22 · 32 · 33 · 37 춘천 신매리 54-4번지 3호 주거지, 14 홍천 철정리 II유적 A17호 주거지, 16 충주 조동리 3호 주거지, 17 · 18 홍천 철정리 II유적 A46호 주거지, 19 홍천 철정리 II유적 A16호 주거지, 20 홍천 철정리 II유적 A27호 주거지, 21 춘천 천전리 71호 주거지, 23 춘천 하중도 3호 주거지, 24 춘천 천전리 29호 주거지, 25 · 26 · 35 · 36 춘천 신매리 54-4번지 8호 주거지, 27 홍천 철정리 II유적 C2호 주거지, 28 홍천 철정리 II유적 C4호 주거지, 31 춘천 천전리 68호 주거지

일단납작경촉이 출토되는 점을 고려해 볼 때, 영서, 영동지역에서 지석묘의 출현은 천전리유형과 밀접한 관련을 가지고 있다. 즉 청동기시대 중기를 기점으로 영서, 영동지역에서는 석관묘, 석곽묘, 주구묘에서 지석묘로의 변화가 관찰되는데, 강원 영서, 영동지역에서 중기의 가장 중요한 지표는 지석묘의 축조라 할 수 있다.

(5) 청동기시대 후기와 초기철기시대

마지막으로 청동기시대 후기는 1990년대의 3분기설에 따르면 점토대토기 단계를 의미하지만, 점토대토기 단계의 어느 시점부터는 초기철기시대로 편년되기 때문에 초기철기시대의 획기에 대해서 검토하고자 한다.

한국고고학에서 초기철기시대는 대체로 기원전 300년 무렵에 세형동검 문화가 등장하고 이어 燕의 영향으로 주조철기가 보급되는 기원 전후 무렵 까지를 의미하지만(金元龍 1986), 그동안 새로운 자료의 발굴과 연구 성과가 축적되면서 초기철기시대의 개념 규정과 함께 상·하한 문제가 한국고고학계의 새로운 과제로 급부상되었다. 또한 이와 연동되어 청동기시대와 원삼국시대 편년의 재조정을 요구하고 있다. 특히 원형점토대토기의 출현 시점이 세형동검보다 상향된다는 연구 결과가 폭넓게 지지를 얻으면서 초기철기시대의 상한과 함께 청동기시대의 하한 및 분기 문제에도 다양한 견해가 제시되었다.

먼저 초기철기시대 상한의 지표는 〈표 14〉와 같이 연구자에 따라 크게 3가지 견해로 나누어진다. 첫째는 원형점토대토기 출현 시기부터를 초기철기시대로 파악하고 그 이전의 송국리유형을 청동기시대 후기로 보는 견해는 처음 鄭漢德(1999)이 점토대토기 단계를 철기시대로 파악한 이래 安在晧(2006), 이형원(2007c)에 의해 지지되었다. 이 견해는 점토대토기와 철기의 출현 시기를 동일하게 파악한 견해로 현재는 받아들이기 어렵지만, 원형점토대토기 출현기의 사회·경제적인 변화를 고려할 때, 여전히

표 14 _ 연구자 별 초기철기시대 상한 비교

	송국리유형	원형점토대토기	세형동검	철기
안재호(2006)	청동기시대 후기	삼한시대 전기		
이형원(2007c)	청동기시대 후기	초기철기시대		
박진일(2007)		청동기시대 후기	초기철기시대	
이청규(2007)	청동기시대		초기철기시대	
이창희(2010)	청동기시대 중기	청동기시대 후기		초기철기시대
이형원(2011)	청동기시대 중기	청동기시대 후기		초기철기시대

고려할 만한 견해이다.

둘째는 원형점토대토기와 세형동검의 출현 시기에 시차가 있음을 인정하는 전제에서 세형동검 단계부터를 초기철기시대로 파악하고 그 이전의 원형점토대토기 단계를 청동기시대 후기로 보는 견해이다. 이 견해는 기본적으로 김원용이 규정한 초기철기시대 개념[10]에 근거하고 있지만, 세형동검과 철기의 출현 시기에 시차가 있음을 전제하고 이 가운데 선행하는 세형동검의 출현을 획기로 파악하였다(朴辰一 2007: 이청규 2007).

셋째는 김원용의 초기철기시대 개념 가운데 후행하는 철기 출현을 획기로 파악한 견해(박순발 1993)로 최근 이창희(2010)와 이형원(2011)이 지지하였다. 일찍이 박순발은 청동기시대를 선동검기, 비파형동검기, 세형동검기로 구분하였고 이 가운데 세형동검기를 전기와 후기로 세분하여 철기가 공반되는 후기부터를 '초기 철기시대'로 파악하였다.[11] 이 견해에서는 박순발과는 달리 이창희, 이형원이 세형동검 출현의 획기를 인정하지 않고 철기가 출현하는 시점 이전까지를 청동기시대 후기로 파악하였다.

이와 같이 초기철기시대의 상한 문제는 매우 복잡한 양상을 띠고 있는

----

10) 본래 김원룡(1986: 102)의 견해는 철기의 출현을 강조한 것이었지만, 한반도에서 세형동검과 철기의 출현 시기를 동일하게 파악하였다.
11) 그러나 최근 박순발(2009: 424)의 편년표에서는 원형점토대토기 출현 시점부터 초기철기시대로 파악하고 이전의 북한강유형을 청동기시대 만기로 편년하였다.

데, 이는 무엇보다도 초기철기시대 개념에 점토대토기와 세형동검, 그리고 철기의 출현 시점이 동일하다는 전제가 있었기 때문이다. 그러나 이러한 요소들이 출현 시점에 시차가 있음이 밝혀지면서 초기철기시대의 상한뿐만 아니라 청동기시대의 하한 및 분기까지도 혼돈된 양상을 보여주고 있다.

청동기시대와 초기철기시대의 획기를 어떻게 볼 것인가는 앞으로 학계에서 많은 논의가 필요하기 때문에 필자의 판단은 유보하기로 한다. 다만 뒤에서 살펴보겠지만, 청동기시대와는 전혀 다른 생계경제, 그리고 취락과 취락을 연결하는 연결망의 변화가 관찰되는 시점을 중시하여 원형점토대토기 출현 시점부터 초기철기시대로 파악해도 좋을 것 같지만, 이 역시 간단한 문제는 아닌 듯하다. 따라서 필자가 초기철기시대의 상한을 확정하지 못하였기에 '점토대토기 단계'라는 다소 임의적인 시간대를 설정하여 청동기시대 후기와 초기철기시대의 취락을 살펴보고자 한다.

초기철기시대의 하한은 원삼국시대의 상한과 맞닿아 있는데, 영남지역에서는 완전히 합의된 사항은 아니지만, 일반적으로 재지에서 제작된 것이 분명한 와질토기의 출현 시점을 근거로 한다. 따라서 초기철기시대는 와질토기가 출현하기 전까지로 한정된다. 그러나 중부지방에서는 일반적으로 원삼국시대를 중도식무문토기의 출현 시점을 획기로 파악하여 왔기 때문에 그 기준에 매우 차이가 있다. 이러할 경우 중도식무문토기와 타날문토기가 한강 유역에서 동시에 출현했다는 견해(崔秉鉉 1998)에서는 큰 문제가 되지 않는다. 그러나 경질무문토기 단순기(박순발 1996)의 입장에서는 초기철기시대와 원삼국시대를 가르는 기준으로 중도식무문토기의 출현 시점이 과연 문화상의 큰 획기가 될 수 있을지, 그리고 그렇게 했을 때 남한지역의 원삼국시대 개시 기준으로 이중적인 잣대를 적용해도 되는지 검토의 여지가 있다.

본래 원삼국시대라는 개념은 낙랑군 설치로 인한 한문화의 파급, 삼한의 출현 등 역사적인 사건과 밀접한 관련이 있지만, 고고학적으로는 본격적인 철기 문화와 타날문토기 생산체제의 출현을 특징으로 하고 있다. 이미 알려져 있는 바와 같이 박순발은 원삼국시대를 "낙랑군으로 대표되는 중국 군현의 영향이 한반도 토착사회에 파급되면서 고구려·백제·신라가 국가로 발돋음하는 한반도 고대국가 형성기로" 개념 정리하였기 때문에 낙랑군 설치 이후에 한강 유역에 출현한 중도식무문토기의 출현 시점을 원삼국시대 시작의 한 획기로 파악한 것은 나름대로 적합하다.

그런데 최근 박순발(2009)은 영동지역에서의 중도식무문토기의 출현 시점을 기원전 2세기 후반까지 소급하는 편년안을 제시하였는데, 이렇게 편년할 경우 중부지방에서 원삼국시대 개시 시점을 파악하는데 근거가 되었던 기준이 문제가 된다. 이는 단지 원삼국시대의 개시 연대를 약간 상향 소급해서 해소될 문제는 아닌 듯하다. 그래서 박순발은 새로운 편년안에서도 여전히 경질무문토기 단순기를 원삼국시대 I 기로 파악하여 기원전 100년을 상한으로 하였는데, 그 기준은 분명치 않다. 필자가 추측컨대, 청동기시대의 재지적 전통이 남아 있는 외반구연의 호형토기와 박순발이 중도식무문토기로 인식했던 외반구연의 심발형토기의 공반 세트 단계를 초기철기시대의 마지막 단계로 파악하고 외반구연의 심발형토기 기종만이 출토되는 단계를 경질무문토기 단순기로 파악하여 각각을 구분하였던 것으로 보인다. 요컨대 박순발은 새로운 편년안에서 중도식무문토기의 출현 시점을 더 이상 원삼국시대의 획기로 파악하지 않았다.

박순발이 영동지역에서 중도식무문토기의 출현 시점을 2세기 후반으로, 그리고 한강 유역의 경우에는 이보다 늦은 기원전 100년 무렵으로 보았지만, 영서지역에서도 중도식무문토기가 낙랑군 설치 이전에 출현했을 개연성은 가평 대성리유적의 보고서에서도 확인된다. 즉 대성리유적 B지구의 몇몇 수혈에서 출토된 타날문단경호, 화분형토기, 청동제의 삼릉촉과 장방형 주조철부, 철제 소찰 등의 연대를 낙랑 설치 이전으로 파악하였는데(鄭仁盛 2009), 이 수혈들에서 중도식무문토기가 출토된 것으로 보고되었기 때문이다. 다만 출토 맥락이 보고서에 상세하게 기술되지 않아 공반 관계를 인정하지 않은 연구자도 있는 듯하다.

한편 박경신(2011)도 중도식무문토기의 출현 시점 상향설을 지지하는 입장이다. 즉 홍천 철정리 II유적 A-5호, 12호 주거지 출토 중도식무문토기의 계보를 단결-끄로우노브까 문화유형에서 구하고 유은식(2010)의 동해안지역권 II기 연대(기원전 3세기 중엽~기원전 2세기 중엽)를 경사편년하여 기원전 2세기 후반으로 편년하였다. 박순발의 견해와 차이가 있다면, 중도식무문토기의 계보 이외에도 중도식무문토기의 출현 시점부터를 원삼국시대로 파악하였다는 점이다.

물론 위의 두 견해가 중도식무문토기 형성 시점을 낙랑군 설치 이전으로 올려보는데 결정적인 근거를 제시했다고는 볼 수 없다. 가령 박순발이 송현리 D-7호, 방동리 A-10호 주거지의 외반구연 심발형토기를 중도식무문토기로 보았지만, 형태상으로 상당히 이질감이 있어 사실 여부는 검토되어야 할 것이다. 또한 박경신이 경사편년을 적용하여 얻은 연대는 유물복합체의 상한 연대를 의미하므로 정확한 연대라고 보기는 어렵다. 그리고 이른 단계의 주거지로 보았던 홍천 철정리 II유적의 A-15호 주거지에서 타날문토기가 출토되었다는 보고(강원문화재연구소 2007d)가 있기 때문에 이 역시 검토의 여지가 있다. 그럼에도 불구하고 중도식무문토기의 출현 시점을 굳이 낙랑군 설치 시점으로 묶어둘 필요가 없을 개연성이 높아진 것은 분명하다. 그렇다고 할 때, 기존 인식과 같이 중도식무문토기의 출현 시점을 중부지방 원삼국시대 시작의 획기로 볼 수 있는지 논의가 필요하다. 결론부터 말하면 처음 제안된 원삼국시대 개념을 따를 때, 중도식무문토기의 출현 시점을 원삼국시대 개시 연대로 볼 수 없다는 입장이므로 다른 대안이 필요하다.

영남지역과 동일하게 타날문토기 생산체제의 개시 연대를 기준으로 할 경우에 전국계 타날문토기와 같이 현지에서 생산되지 않은 이입토기는 배제될 가능성이 높다. 중부지방에서 제작된 초현기의 타날문토기가 무엇인지 아직까지 구체적인 논의가 이루어지지 않았지만, 중부지방의 타날문토기 생산체제가 영남지역보다는 늦게 형성되었다는 견해가 있다(정인성 2008: 25). 가평 대성리와 달전리유적 출토 타날문토기가 낙랑토기의 영향 하에 제작되었다고 보았기 때문이다. 그 구체적인 시점은 박순발이 기원 후 50년 무렵으로 보았는데, 이는 영남지역과 비교하였을 때, 적어도 1세 기 가량의 시차가 있다.

이와 같이 남한지역은 지역에 따라 타날문토기 뿐만 아니라 철기 생산 체제의 개시 시점, 그리고 그 전개 과정에서 차이가 있다. 이와 같은 지역 간 차이는 아마도 위만조선 형성 이후에 요동반도에서 일본 오키나와에 이르는 국제교역망이 거점 단위로 운영된 이래(정인성 2010: 29) 각 지역 에서 신기술인 철기와 토기 생산체제의 수용에 차이가 있었기 때문일 것 이다(김장석 2009: 55). 따라서 생산체제의 지역적 편차로 인해 원삼국시 대 개시 시점을 정하는 것이 무척이나 까다롭다. 그래서 그 대안으로 위만 조선의 성립과 연동되는 전국계 철기 및 토기의 확산(정인성 2011: 21)이 지역 차이를 해소하는데 한 기준이 될 수 있을 것이다. 그 시점은 대체로 기 원전 2세기 중후반으로 그 계보가 명사리식토기이든, 아니면 단결-끄로우 노브가 문화유형이든 중도식무문토기의 발생까지 포괄할 수 있다. 그럼에 도 불구하고 이 대안[12]은 학계에서 다각도의 논의와 합의가 필요하다.

한편 중부지방에서 새롭게 나타나는 고고학적 현상에 주목할 필요가 있는데, 그것은 바로 취락의 입지 변화와 새로운 주거유형의 출현이다. 즉 점토대토기 단계의 취락이 고지를 중심으로 구릉에 입지하고 있는 것과는 달리 원삼국시대에는 대부분의 취락들이 충적지와 해안사구에 입지하고 있다. 이는 생계경제에 변화가 있음을 의미한다. 또한 돌출된 출입 시설이

---

12) 中村大介(2009: 138)는 한반도 동남부 지역에 철제무기를 포함한 위만조선의 문물이 수 용되었다고 보면서 기원전 2세기 후반에서 1세기 초두까지를 원삼국시대 조기로 편년 하였으며, 宮本一夫(2010: 16) 역시 원삼국시대의 시작에 위만조선이 포함되어 있다고 하였다.

있는 중도식 주거지가 출현하게 되는데, 이는 점토대토기 단계의 주거지와 비교하였을 때, 규모와 구조 등에서 현격한 차이가 있다. 이와 같은 차이는 서로 다른 가족제도를 반영하였을 가능성이 높다고 판단된다.

따라서 이러한 사회경제적 변화는 원삼국시대를 획기하는 데 있어 매우 중요한 의미를 가지고 있다고 판단되는데, 그 시점이 주목된다. 이와 관련하여 검토할 유적이 가평 대성리와 인천 운북동유적이다. 두 유적은 출토 유물에서 유사할 뿐만 아니라, 주거지 내부에 부뚜막 시설이 있어 동일 시기로 평가되었는데(서현주 2010: 143), 그 시기는 정인성의 견해에 따라 기원전 2세기 무렵으로 판단된다. 유적 입지는 운북동유적이 영종도 해안 구릉에 위치하는데, 삼각형점토대토기가 출토된 늑도, 군곡리 패총유적과 같이 海村일 가능성이 높다. 특히 중부지방에서는 삼각형점토대토기가 출토되는 유적들이 주로 서해 도서 지역과 이와 연해 있는 내륙에 분포하고 있는데,[13) 동한계선이 대체로 파주 당동리-고양 대화리-서울 가락동-광주 역동-이천 이치리를 연결하는 선이다(그림 20).

이와 같이 삼각형점토대토기의 분포를 고려해 볼 때, 삼각형점토대토기 단계에 서해안을 따라 국제교역망이 형성되고 이의 영향으로 멀지 않은 내륙 지역까지 삼각형점토대토기가 확산된 것으로 생각된다.[14) 이러한 교역망이 형성된 시점은 삼각형점토대토기 단계이지만, 한사군이 설치된

----

13) 최근에 서울, 경기지역에서 삼각형점토대토기가 출토되는 유적이 증가하고 있다. 인천 운북동유적을 비롯하여 파주 당동리, 시흥 오이도, 고양 대화리 가와지, 서울 가락동, 화성 반송리 행장골, 수원 고색동, 오산 탑동, 광주 역동, 이천 이치리, 안성 만정리유적 등이 삼각형점토대토기 출토 유적으로 알려져 있다(이형원 2011: 78).

14) 중부지방에서의 원형점토대토기와 삼각형점토대토기의 분포 양상을 고려해 볼 때, 양자의 차이를 시간적인 차이로만 이해하여 유적을 편년하는 데에는 문제가 있다. 즉 삼각형점토대토기가 분포하지 않은 영서, 영동지역에서 원형점토대토기 출토 유적이 반드시 삼각형점토대토기 출토 유적보다 이르다고 볼 수 없기 때문이다. 대부분의 취락 편년 연구에서는 이와 같은 지역 차이가 고려되지 않은 경우가 많은데, 이러할 경우 영서, 영동지역을 문화적 공백으로 남겨두는 편년 오류(朴榮九 2010: 83)가 발생한다.

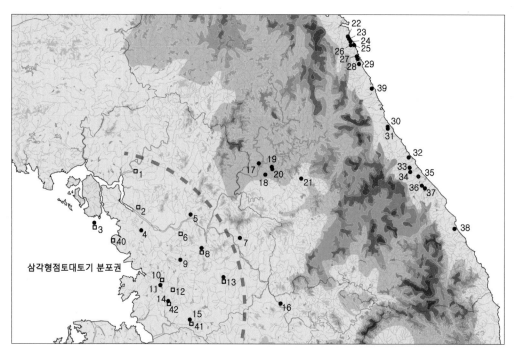

그림 20 중부지방 점토대토기 유적 분포도(● : 점토대토기 출토 취락, □ : 삼각형점토대토기 출토지)

1 파주 당동리, 2 고양 대화리 가와지, 3 인천 운북동, 4 부천 여월동, 5 남양주 수석리, 6 서울 가락동, 7 양평 삼성리, 8 광주 역동, 9 용인 죽전 대덕골, 10 수원 고색동, 11 화성 동화리, 12 화성 반송리 행장골, 13 이천 이치리, 14 오산 가장동, 15 안성 반제리, 16 원주 법천리, 17 춘천 현암리, 18 춘천 칠전동, 19 춘천 거두리 북지구, 20 춘천 거두리 남동지구, 21 홍천 철정리Ⅱ, 22 고성 송현리 B지구, 23 고성 송현리 C지구, 24 고성 제진리 A지구 25 고성 제진리 D지구, 26 고성 송현리 D지구, 27 고성 철통리, 28 고성 초도리, 29 고성 화포리, 30 양양 북평리, 31 양양 범부리, 32 양양 지리, 33 강릉 송림리 A지구, 34 강릉 송림리, 35 강릉 방동리 A, B C, 36 강릉 유천동, 37 강릉 입암동, 38 동해 지흥동, 39 고성 삼포리, 40 시흥 오이도, 41 안성 만정리, 42 오산 탑동

이후 원삼국시대까지 지속된 것으로 보인다. 따라서 중부 서해 연안 지역의 취락 입지는 원형점토대토기의 취락 입지와는 구별되는 것이고, 그 계기와 역사적 맥락도 전혀 다르다고 할 수 있다.

가평 대성리유적에서는 비록 삼각형점토대토기가 출토되지 않았지만, 운북동유적과 동일 단계로 파악된다. 유적은 북한강변의 충적지에 위치하고 있기 때문에 입지상의 변화가 관찰되지만, 원주 법천리, 양평 삼성리, 춘천 현암리, 거두리유적에서도 원형점토대토기 단계의 주거 유적이 조사되었기 때문에 이 단계에 수계 중심의 연결망이 복원되었는지는 분명치 않다. 또한 대성리 유적에서 조사된 주거지(그림 21)는 중도식 주거지가 아닐뿐더러 보고서에 부뚜막이라고 표현된 시설이 벽부 노지일 가능성이 높기 때문에 중

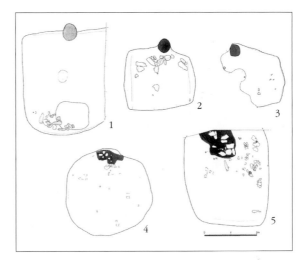

그림 21　대성 가평리유적 초기철기시대 주거지
1 원35호 주거지, 2 원39호 주거지, 3 원41호 주거지, 4 원
40호 주거지, 5 원37호 주거지

도식 주거지와 계통 차이가 있다. 따라서 지금까지 살펴본 바와 같이 취락의 입지 변화와 새로운 주거 문화의 출현이라는 두 가지 측면에서 볼 때, 대성리와 운북동유적은 초기철기시대 마지막 단계의 유적으로 생각된다.

　　그런데 초기철기시대와 원삼국시대의 획기와 관련하여 한 번쯤 검토되어야 할 것은 삼각형점토대토기의 출현이다. 앞에서도 살펴보았지만 중부지방 서해 연안을 따라 분포된 삼각형점토대토기의 출토 맥락은 새로운 연결망을 의미하기 때문이다. 그러나 이 단계의 연결망은 물자와 정보가 이동하는 교류망으로 거점 또는 선 단위로 형성되기 때문에 원형점토대토기 단계의 연결망을 전면적으로 재편할 수 없었던 것으로 생각된다. 또한 뒤에 등장할 전국계 이입토기의 연결망도 그러할 개연성이 높다.

　　다음으로 점토대토기 단계의 세부 편년에 대해서 살펴보고자 한다. 다만 현재의 자료 수준에서 편년 세분이 어렵기 때문에 다른 연구자들의 편년 연구 성과를 검토하는 것으로 대신한다.

　　기존의 점토대토기 단계 편년 연구는 출토 유물을 기준으로 크게 3, 4

단계로 획기를 구분한 연구가 많았는데, 편년 연구자들은 청동기시대의 송국리유형 이래로 새로운 물질문화의 출현을 염두에 두고 분기를 설정하였다. 가령 토기와 금속기가 출현 시점에 차이가 있음을 인정하고 이에 따라 분기를 나누는 방식으로 편년하였다. 그래서 연구자마다 차이가 있지만, 대체로 원형점토대토기→세형동검→철기→삼각형점토대토기 순서에 따른 발생 시점을 분기 기준으로 삼았다.

그런데 이와 같은 분기 설정이 가능하다고 하더라도 실제로 유적을 편년하는 데에는 몇 가지 문제점이 있다. 첫째는 지역적 편차이다. (표 15)와 같이 강원 영동지역의 경우 박순발의 견해를 제외하면, 모두 삼각형점토대토기 단계의 취락이 공백 상태로 남게 된다. 아마도 동일한 분기 기준이라고 한다면, 영서지역도 마찬가지의 결과를 얻게 될 것으로 판단된다. 앞으로 강원 영서, 영동지역에서 삼각형점토대토기의 출토 가능성을 배제할 수 없지만, 그 가능성은 매우 희박하기 때문에 영서, 영동지역에서 원형점토대토기의 하한을 낮추어 보는 것도 가능할 것으로 보인다.

또 한 가지는 기존의 점토대토기 단계의 편년의 문제점은 편년 단위를 단일 유구로 한정함으로써 비교 대상이 충분치 않다는 점에 있다. 이는 무덤이든 생활유적이든 관계없이 출토 유물의 수량과 종류가 많지 않기 때

표 15 _ 강원 영동지역 점토대토기 단계 취락 편년 비교

		朴辰一(2007)	中村大介(2009)	朴淳發(2009)	李亨源(2011)
원형점토대토기	비파형동검	송현리 B	송현리 B, D 방동리 C		초도리 송현리 D 입암리
	세형동검	송현리 C, D 방동리 C 지리 송림리	입암리	방동리 C 송현리 B	송현리 B 송림리
삼각형점토대토기				방동리 C 송현리 C, D 방동리 A 송현리 D	

문에 일관되게 편년 단위간의 비교할 수 있는 자료를 충분하게 확보할 수 없다는 어려움이 있다는 것이다. 따라서 편년 단위를 취락으로 확장할 필요가 있는데, 이러할 경우에 단일 유구에 비해 취락의 지속 기간이 길기 때문에 결과적으로 유구에 비해 단위 간의 세밀한 편년을 얻기 어렵다는 문제점이 발생하게 된다. 그러나 다행히도 점토대토기 단계의 취락들은 일반적으로 지속 기간이 짧은 단기성 취락이 대부분이기 때문에 그 지속 기간은 단일 유구에 비해 길기는 하지만, 편년 자체에 문제가 될 정도의 수준은 아니라고 생각된다. 다만 안성 반제리유적의 점토대토기 단계 취락과 같이 주거지 간의 중복 관계가 다수 확인될 경우에는 장기 지속적인 양상인지 아니면 재점유에 의한 취락인지 검토할 필요가 있다. 아무튼 연구자들의 기존 편년 연구를 보면 비교할 수 있는 편년 대상이 충분치 않아 (표 5)와 같이 취락의 선후관계조차도 일치하지 않는 결과가 나올 수밖에 없는 문제가 발생한다. 그래서 취락 편년의 신뢰도를 더욱 높이기 위해서는 주거군, 또는 취락 단위로 편년이 이루어져야 한다고 판단된다.

대부분의 연구자들이 출토 유물로 편년한 것과는 달리 주거지의 노지 분석을 통해서 취락을 편년한 연구(庄田愼矢 2009)가 주목된다. 이 연구에서는 주거지 내부 노지의 위치 변화와 벽부 노지의 출현을 토대로 3단계로 구분하고 있다. 즉 주거지의 중복관계와 출토 유물을 근거로 노지가 주거지의 장축 선상에서 한 쪽에 치우친 형태에서 중앙에 위치한 형태로 변화하고 다시 마지막 단계에서는 부뚜막과 유사한 구조의 벽부노지가 있는 주거지 단계로 변화한다는 것이다. 따라서 이 연구의 편년에 따르면 벽부노지가 설치된 수석리, 교성리, 반제리 新 단계 취락이 같은 시기로 편년되어, 다른 연구자의 편년과는 다르게 수석리와 교성리 취락의 연대를 상대적으로 늦게 보았다. 시론적 성격의 편년 연구이기 때문에 앞으로 다른 유적까지 적용할 수 있을지 검토가 필요하다.

한편 벽부 노지와 관련하여 주목되는 유적이 가평 대성리유적이다. 기원전 2세기 무렵으로 편년되는 주거지들은 중도식 주거지와는 구조가 다른 형태이며, 규모에서는 점토대토기 단계의 주거지와 유사하다. 대성리 35호, 37호~42호 주거지 등 7기의 주거지가 조사 구역의 남쪽 2개 지점에서 노출되었는데, 주거지의 평면 형태는 원형에 가까운 말각 방형도 있지만, 대부분은 방형에 속한다. 대다수의 주거지 벽면에 노지가 설치된 형태인데, 초기철기시대 주거지의 벽부 노지일 가능성이 높다. 따라서 가평 대성리유적의 가장 이른 소형 취락은 초기철기시대에서 원삼국시대로 전환되는 과도기 양상을 보여주는 유적으로 평가된다.

    지금까지 청동기시대~초기철기시대의 편년안에 대해서 살펴보았지만, 여전히 학계에서 쟁점이 되고 있는 몇 가지 사안에 대해서는 앞으로 연구, 검토가 필요하다. 이 가운데 초기철기시대의 획기가 매우 중요한데, 이 시대를 어떻게 개념화 하느냐에 따라서 청동기시대와 원삼국시대의 획기도 연동되기 때문이다. 사실 우리가 현재 초기철기시대라고 하는 시대의 전반부, 특히 철기 출현 이전까지를 청동기시대의 연장으로 보는 견해가 있으며, 후반부의 전국계 문물이 이입되는 시기부터를 원삼국시대로 보아야 한다는 견해도 있다. 만약 두 가지 견해를 모두 받아들인다면 초기철기시대라는 개념 자체가 무의미하게 된다. 따라서 획기를 설정할 경우에 초기철기시대의 개념 정립이 무엇보다도 중요하다. 현재의 초기철기시대를 둘러싼 시대구분론의 문제는 고고자료가 많지 않았던 1980년대 후반에 개념이 정립되었기 때문인데, 그 이후에 관련 자료들이 많이 축적되어 다시 한번 개념을 재정리할 필요가 있다. 이러할 경우 특정 유물의 출현도 중요하겠지만, 사회경제적 측면과 함께 문헌사적인 측면도 고려되어야 할 것이다. 뒤에서 다시 살펴보겠지만, 점토대토기가 등장하는 시점에 형성된 사회경제적 연결망을 고려한다면, 점토대토기 단계부터 초기철기시대로 파악되어야 하고 그와 연동되어 지금까지 청동기시대 중기로 인식되었던 송국리유형은 후기로 고쳐 부르는 것이 타당할 지도 모르겠다. 그럼에도 여전히 초기철기시대의 개념이 다양한 각도에서 검토될 필요가 있기 때문에 청동기시대 분기론에 대한 필자 견해는 유보하고 싶다.

2. 원삼국시대~한성백제기

토기의 기술유형을 토대로 작성된 원삼국시대와 한성백제기의 편년안은 최근 새로운 자료가 증가되면서 새로운 국면을 맞이하였다(박순발 2009). 먼저 원삼국시대 I 기로 편년되었던 경질무문토기 단순기는 기원전 2세기 무렵으로 편년되는 가평 대성리유적의 전국계 타날문토기의 출현으로 폐기될 가능성이 높아졌다. 이는 기원전 2세기부터 심발형토기와 장란형토기가 출현하는 3세기 초반 이전까지를 한 시기로 묶어 두어야 함을 의미한다. 또한 한강 유역에서 백제토기가 출현하는 3세기 중후엽을 중도식무문토기의 하한으로 파악하고 이를 근거로 유적을 편년하는 기존의 편년안도 하한의 하향 조정으로 근거를 상실하였다. 여기에 더하여 풍납토성의 발굴 결과가 공개되면서 한성 I 기의 백제토기 출현 양상에도 변화가 생겼다. 이와 같이 토기 기술 유형의 변화를 토대로 한 편년안이 현재까지 학계에서 편년의 모본이 되고 있지만, 새로운 자료가 발굴되면서 많은 부분에서 수정이 불가피해졌다. 따라서 여기에서는 주거 유형을 토대로 원삼국시대~한성백제기 취락을 편년하되, 가급적 현재의 토기 편년 연구 성과를 참고하려고 한다.

한편 박순발의 원삼국토기~한성기 백제토기 편년 연구 이래로 토기 편년은 원삼국시대 또는 한성백제기 단일 시대에 국한하지 않고 두 시대를 연장선상에서 편년하는 경향(김무중 1994; 이재현 1995)이 많아졌다. 원삼국시대의 토기 문화가 한성백제의 기층문화라는 공통된 인식(朴淳發 1996)이 폭넓게 공유되면서 이러한 연구 경향은 많은 연구자(申鍾國 2002; 한지선 2003; 김성남 2004)들에게도 영향을 주었다. 따라서 여기에서는 원삼국시대에서 한성백제기까지 취락 편년을 시도하고자 한다. 다만 한성백제기는 기존에 토기를 기준으로 한성 I 기와 II 기로 세분되었으나, 본 연구에서는 별도로 세분하지 않았다. 이는 한성백제기의 취락 편년을

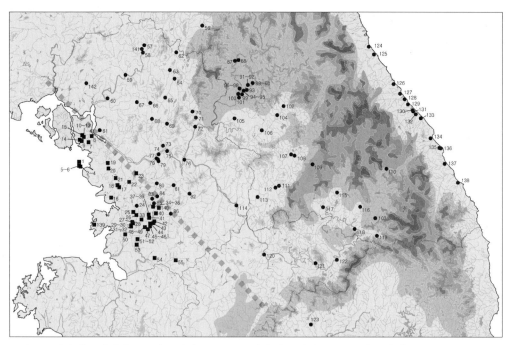

그림 22 마한계 주거지와 중도식 주거지 분포도(■ : 마한계 주거지, ● : 중도식 주거지)

1 인천 운북동 5지구, 2 인천 중산동 3-7지역, 3 인천 중산동 8-3지역, 4 인천 중산동 4구역 23지점, 5 인천 운남동 A지구, 6 인천 운남동 B지구, 7 인천 불로동 4구역, 8 김포 운양동 2-9지점, 9 김포 학운리, 10 김포 양곡리 2-4 가구역, 11 김포 양곡리 2-4 나구역, 12 김포 마산리 3지점 나구역, 13 김포 마산리 3지점 다구역, 14 김포 구래리 2-1지점 b구역, 15 김포 양곡리 2지구, 16 안산 신길동, 17 시흥 조남동, 18 시흥 목감동, 19 부천 여월동, 20 부천 범박동, 21 광명 소하동, 22 안양 관양동, 23 서울 우면동, 24 수원 서둔동, 25 화성 천천리, 26 화성 고금산, 27 화성 왕림리, 28 화성 왕림리 노리재골II, 29 화성 당하리 1, 30 화성 당하리 2, 31 화성 마하리 23번지, 32 화성 마하리 33번지, 33 화성 화산동, 34 용인 영덕리 14지점, 35 용인 영덕리 15지점, 36 용인 신갈동 3지점, 37 용인 서천동 1지역 2구역, 38 용인 서천동 1지역 3구역, 39 용인 서천동 2지역 1구역, 40 용인 공세리, 41 화성 석우리 먹실, 42 화성 청계리, 43 화성 감배산, 44 오삼 외삼미동, 45 오산 내삼미동(세교 2지구), 46 오산 내삼미동, 47 오산 가수동, 48 오산 가장동 7지점, 49 오산 가장동 5-4지점, 50 화성 발안리, 51 화성 요리 270-4번지, 52 화성 요리 270-7번지, 53 화성 소근산성, 54 평택 세교동 모산골, 55 안성 도기동, 56 철원 와수리, 57 연천 합수리, 58 연천 강내리, 59 파주 주월리, 60 파주 당동리, 61 파주 동패리, 62 포천 사정리, 63 포천 영송리, 64 포천 금주리, 65 포천 자작리, 66 양주 옥정리, 67 양주 광석리, 68 의정부 민락동, 69 남양주 장현리, 70 가평 항사리, 71 가평 대현리, 72 가평 대성리, 73 남양주 지금동, 74 서울 암사동, 75 하남 미사리, 76 양평 양수리 상석정, 77 서울 풍납토성, 78 서울 몽촌토성, 79 서울 방이동, 80 성남 상평동, 81 광주 장지동, 82 광주 곤지암리, 83 용인 수지, 84 용인 죽전동, 85 용인 마북동, 86 용인 고림동, 87 화천 원천리, 88 화천 거례리, 89 춘천 천전리, 90 춘천 천전리 121-16번지, 91 춘천 율문리 335-4번지, 92 춘천 율문리 75-2번지, 93 춘천 장학리, 94 춘천 우두동 직업훈련원 부지, 95 춘천 우두동 롯데인벤스 부지, 707-1, 35번지, 96 춘천 신매대교, 97 춘천 신매리 47-1번지, 98 춘천 신매리 54-4번지, 99 춘천 근화동, 100 춘천 중도, 101 춘천 삼천동, 102 홍천 철정리II, 103 정선 예미리, 104 홍천 외삼포리, 105 춘천 군자리, 106 홍천 하화계리, 107 횡성 중금리, 108 횡성 화전리, 109 횡성 둔내, 110 정선 아우라지, 111 원주 태장동, 112 원주 가현동, 113 원주 동화리, 114 여주 연양리, 115 평창 천동리, 116 영월 문산리, 117 영월 주천리, 118 영월 팔괴리, 119 영월 외룡리, 120 충주 탑평리, 121 제천 하천리 F지구, 122 단양 수양개, 123 문경 신기동, 124 양양 용호리, 125 양양 가평리, 126 양양 지경리, 127 강릉 교항리, 128 강릉 동덕리, 129 강릉 방동리, 130 강릉 강문동, 131 강릉 초당동, 132 강릉 병산동, 133 강릉 안인리, 134 강릉 금진리, 135 동해 망상동 176-5번지, 136 동해 망상동 36-2번지, 137 동해 송정동, 138 삼척 하맹방리, 139 화성 장외리, 140 기흥 구갈리, 141 연천 삼곶리, 142 개성 봉동읍

표 16 _ 중도식 주거지와 마한계 주거지의 비교

구분		마한계 주거지	중도식 주거지
분포 지역		경기 남서부, 인천	경기 남동부 · 북부, 영서, 영동
입지		낮은 구릉 및 하천변 충적지	하천변 충적지, 해안 사구
구조	평면 형태	방형, 장방형	'凸' 자형, '呂' 자형
	장축 방향	능선과 평행	방위와 상관 관계 있음, 남동-북서
	노지	수혈식	중도식(점토띠, 부석, 바람막이 돌)
	외줄 구들	기반토식 구들	'ㅣ' 자형, 'ㄱ' 자형
	기둥	사주식	2주열식
	출입 시설	확인되지 않음	돌출된 출입부 시설

주거 유형만으로 세분하기 어려운 문제가 있기 때문이다.

중부지방의 원삼국시대~한성백제기 주거지는 크게 중도식 주거지와 마한계 주거지로 구분된다. 각 주거지의 특징은 뒤에서 다시 상세하게 설명하겠지만, 기본적인 차이는 (표 16)과 같다. 이러한 주거지들의 공간적인 분포(그림 22)는 매우 배타적이기 때문에 종족을 반영하는 것으로 알려져 있다. 따라서 여기에서는 중도식 주거지와 마한계 주거지를 구분하여 편년하고자 한다.

1) 중도식 주거지

(1) 기존 연구의 문제점

중부지방에서 원삼국시대 주거지가 처음으로 조사된 유적은 1979년부터 발굴조사가 이루어진 수원 서둔동유적(숭실대학교박물관 2010)이다. 이 유적에서는 원삼국시대 주거지 6기가 조사되었으며, 특히 5호 주거지에서는 외줄 구들이 확인되어 북한의 세죽리, 대평리유적의 구들과 비교되기도 하였다. 그러나 정식 보고서가 발간되지 않아 이 유적에 대한 학계의 관심은 그 이후에 조사된 춘천 중도유적(국립중앙박물관 1980)으로 옮

겨갔다.

1980년대 초반에 조사된 중도유적에서는 주거지 2기만이 조사되었지만, 많은 양의 유물이 출토되어 중도식노지, 중도식토기, 중도유형문화(박순발 1996) 등 이 유적을 표지로 하는 고고학 용어가 생겨났다. 또한 이 유적의 조사를 계기로 중부지방 원삼국 문화의 계보와 편년 문제가 연구 쟁점화 되었으며, 현재까지도 다양한 의견이 개진되고 있다.

1980년대 중반 이래로 중원 하천리, 횡성 둔내, 단양 수양개유적이 조사되면서 중부지방 원삼국토기의 계보와 편년 문제를 다룬 몇 편의 논문이 발표되었는데(安德任 1985; 朴淳發 1989; 李弘鐘 1991; 李相吉 1991), 특히 박순발의 원삼국토기 편년안은 자료 증가와 더불어 여러 차례에 걸쳐 수정 보완되었지만, 현재까지도 원삼국시대 편년의 모본이 되고 있다.

기존에 조사된 유적에 더하여 1990년대 초반에 하남 미사리, 강릉 안인리유적이 조사되면서 연구를 위한 자료적 여건이 마련되었다. 대체로 1993년부터 1996년까지 중부지방 원삼국 문화를 주제로 한 연구 논문들이 집중되었는데, 李弘鐘(1993; 1994), 金武重(1994), 崔鍾澤(1994), 吳世筵(1995), 池賢柄(1995), 이재현(1995), 沈載淵(1996) 등의 논문이 이 당시에 발표되었다. 이 시기 연구의 중요한 주제는 여전히 편년이었다. 다만 이전과 비교할 때, 두드러진 차이는 유물, 특히 토기 편년에 국한하지 않고 주거 유형을 함께 고려한 연구(최종택 1994; 지현병 1995)들이 발표되기 시작하였는데, 이는 주거지 자료가 다수 축적되었기 때문이다.

주거지 연구와 관련하여 당시의 쟁점은 '呂'자형, '凸'자형 등 출입 시설의 차이이었는데, 이를 시기, 위계, 그리고 지역 등의 차이로 보는 다양한 견해가 제시되었다. 그러나 현재의 축적된 자료로 보는 한, 어느 한 가지 요소만으로 '呂'자형과 '凸'자형 주거지의 출입 시설의 차이를 설명하기가 어렵다.

원삼국토기, 특히 중도식무문토기의 계보와 관련된 쟁점은 크게 두 가지로 요약된다. 먼저 시원지 논쟁인데, 앞에서 설명한 것처럼 중도유적 발굴 조사를 계기로 한반도 동북 지방이 그 시원지로 처음 제시되었다. 그 이후에 송국리토기 영향설(이홍종 1991: 60-64), 명사리식토기 영향설(박순발 1996; 崔秉鉉 1998)과 더불어 연해주 지역 발굴조사 결과를 토대로 동북 지방(劉銀植 2003; 盧爀眞 2004; 수보티나 아나스타샤 2005)이 그 시원지로 다시 부각되고 있는 실정이다. 그러나 최근 영동지역에서 외반구연토기와 점토대토기가 공반되는 유적들이 다수 조사되면서 자체발생설이 주장되기도 하였다.

중도식무문토기의 계보와 관련된 또 하나의 쟁점은 명사리식토기의 한강 유역 등장 배경과 관련되는데, 이른바 중도식무문토기 단순기[15] 논쟁이 그것이다. 이에 대한 구체적인 비판(최병현 1998: 117-118)도 있었지만, 중부지방에서 중도식무문토기와 타날문토기의 출현 시점을 실물 고고학 자료를 통해 입증하기에는 아직 어려움이 있다. 왜냐하면 중도식무문토기 단순기로 지적된 주거지들의 출토 맥락에 문제가 많기 때문이다(송만영 1999). 따라서 이와 관련된 부분은 뒤에서 다시 상세히 거론하기로 한다.

한편 한성기 백제토기 연구에서는 대부분이 백제토기의 형성에 초점이 맞추어져 있기 때문에 3~4세기 대의 유적 편년에 혼선이 있는 것도 사실이다. 그 원인은 두 가지로 요약할 수 있는데, 먼저 중도식무문토기의 하한과 관련된다. 즉 한강 하류의 백제 중앙 지역과 남부에서는 중도식무문토기가 가장 먼저 소멸하지만, 경기 북부와 영서지역에서는 지속 기간이 매우 길고 하한이 일정하지 않기 때문이다. 또한 중앙 양식의 백제토기가 지방에 등장하는 시점도 낙차가 있어 중앙 양식의 백제토기를 기준으로 편년할 경우에도 유적 연대를 실제보다 이르게 볼 수 있는 위험성도 있다.

----

15) 이러한 견해는 미사리유적의 발굴조사와 함께 발굴담당자에 의해 그 가능성이 이미 거론된 바 있는데(고려대학교박물관 1994: 347-349), 여기에서는 '중도단순기'로 명칭되었다.

따라서 중도식무문토기 또는 중앙 양식의 백제토기의 존재 여부로 원삼국시대와 한성백제기를 구분하는 편년관은 앞으로 개선되어야 할 필요가 있다.

1997년과 1998년에 보고서가 각각 발간된 횡성 둔내유적과 여주 연양리유적은 중부지방 원삼국시대 주거 유형의 변화 과정을 살펴보는 데 있어 매우 중요한 유적이다. 이를테면 원삼국시대 후기에 해당되는 육각형 주거지의 존재가 처음 알려지게 된 것인데, 그 당시까지만 해도 서울 몽촌토성과 하남 미사리유적에서 한성백제기에 해당되는 육각형 주거지들이 조사되었기 때문이다. 이에 필자는 원삼국시대 전기의 장방형 주거지에서 후기의 육각형 주거지로의 변화 과정을 상정하고 이를 토대로 원삼국시대 취락을 편년하였다(송만영 1999). 또한 한 걸음 더 나아가서 원삼국시대 육각형 주거지를 정치적 맥락으로 이해하여 그 분포 범위를 伯濟國이 중심이 되어 중부지방에서 내부적 통합을 이루는 과정으로 이해하였다(송만영 2000).

한편 1997년은 서울 풍납토성의 발굴조사가 시작된 해이기도 하다. 당시에 조사된 대부분의 주거지는 한성백제기에 해당되었지만, 그 외곽에서 조사된 3중 환호는 출토 유물로 볼 때, 원삼국시대 후기로 편년될 가능성이 높기 때문에 매우 주목되었다. 특히 환호와 토성의 진행 방향이 유사하여 伯濟國에서 百濟로의 변화 과정을 읽을 수 있는 자료로 인식되었다. 이러한 풍납토성 발굴조사 결과를 토대로 2001년부터 일련의 연구(신희권 2001; 최성애 2002; 신종국 2002)들이 발표되었는데, 백제의 형성 시기를 2세기 후반 또는 말까지 소급함으로써 학계의 논쟁이 되었다.

2000년대에 들어와서 가장 두드러진 연구 주제는 낙랑이었다. 2001년 국립중앙박물관의 낙랑 특별전과 함께 정인성(2004a; 2004b)의 낙랑토기에 대한 일련의 연구로 말미암아 기존에 중부지방 원삼국토기 가운데 타날문토기로 인식되었던 토기에 대한 재검토가 이루어졌다(김무중 2004a). 또한 낙랑토기 이외에도 鐵莖銅鏃, 瑪瑙玉, 水晶製 曲玉 또는 切子玉, 金箔琉璃玉 등의 裝身具, 銅環, 銀製指桓, 五銖錢, 기와, 送風管 등의 낙랑 유물이 중부지방 원삼국시대 취락에서 출토된 사실이 확인되었다. 특히 화성 기안리 제철 유적에서는 다량의 낙랑계토기와 낙랑의 기와 제작 기술이 반영된 송풍관이 출토되어 제철 또는 철기 제작 기술을 가지고 있는 낙랑의 전문기술자 집단이 이주해 남긴 유적으로 보았다(김무중 2004b).

한편 중부지방 원삼국시대 타날문토기 계보와 관련하여 전국계인지 아니면 한식계인지의 논쟁이 있었으나, 현재는 전국계 타날문토기가 낙랑 설치 이후에 중부지방 이남으로 파급된 것으로 보는 견해(李盛周 1991)가 지배적이다. 또한 최근에는 가평 대성리유적에서 출토된 타날문토기 중 일부는 화분형토기와 청동제의 삼릉촉, 장방형 주조철부, 철제 소찰 등이 공반되었는데, 공반 유물이 대부분 낙랑 설치 이전인 기원전 2세기 무렵으로 파악한 견해(鄭仁盛 2009)가 있어 중부지방 원삼국시대 토기 문화의 계보와 연대 문제에 있어서 앞으로 파장이 예상된다.

2000년대 후반 원삼국시대 주거지에 대한 연구는 화성 발안리, 가평 대성리, 남양주 장현리유적이 조사되면서 침체된 주거지 연구에 활력소가 되었다. 발굴담당자에 의해 주거지 구조를 분석한 연구 논문들이 잇달아 발표되었는데(정상석 2006; 홍지윤 외 2008; 김일규 2009), 향후에 중부지방 원삼국시대 주거지를 조사할 경우에 훌륭한 지침서가 되리라 판단된다. 또한 이 무렵에 돌출된 출입 시설이 있는 주거지에 대한 건축학적인 연구(이승연·이상해 2007)도 발표되었는데, 고고학과 건축학의 협업적인 연구가 절실하다.

한편 같은 시기에 원삼국~삼국시대의 취사 용기와 취사 방법에 대한 일련의 공동 연구 성과들이 食文化探究會를 중심으로 발표되었다(食文化探究會 2006; 2008; 2009). 이 연구는 토기의 사용흔 분석과 취사 실험을 통해 당시의 식생활 복원을 목적으로 하고 있는데, 기존의 편년 위주의 연구 경향에서 탈피하여 다각적인 연구가 가능해 졌다는 측면에서 우리 학계의 역량을 보여주는 사례라 하겠다.

⑵ 주거 유형의 세분

　　기존의 중부지방 원삼국시대 주거지에 관한 연구에 의하면, 주거지 분류 시, 두 가지 속성이 적용되었던 것으로 이해된다. 하나는 주거지의 평면 형태에 의한 분류로 방형, 말각방형, 장방형, 말각장방형, 원형, 타원형 등이 그것이다. 또 하나는 돌출된 출입 시설의 有無 및 평면 형태에 의한 분류로서 순수(장)방형, '凸' 자형, '呂' 자형 등으로 주거 유형을 분류하고 있다.

　　그러나 주거지의 평면 형태에 있어 말각(장)방형 주거지와 (장)방형 주거지 사이에는 유의성이 없는 것으로 지적되었으며(오세연 1995: 266), 필자 역시 분류의 필요성을 느끼지 못하고 있다. 또한 하남 미사리 및 기타 유적에서 조사된 주거지 가운데 원형 주거지로 보고된 예가 있는데[16], 여러 가지 정황으로 미루어 보아 주거지로 판단하기 어렵다. 이 외에 고려대에서 조사한 미사리 KC 019호, KC 026호, KC 035호 등과 같은 타원형 주거지를 원삼국시대 주거지로 파악하는 견해가 있는데(오세연 1995: 265), 여기에서 출토된 유물이 백제토기의 주 기종인 장란형토기와 심발형토기임을 감안할 때, 타원형 주거지 역시 원삼국시대 주거지의 평면 형태로 볼 수 없다(최종택 1994: 112). 따라서 현재까지 발굴 조사된 내용으로 볼 때, 중부지방 원삼국시대 주거지의 평면 형태는 방형과 장방형만이 존재한다고 할 수 있다.

　　돌출된 출입 시설은 원삼국시대에 이어 한성백제기에도 계속적으로 나타나고 있어 양자의 주거지를 계승관계로 보는 근거로 제시되고 있다(오세연 1995: 259; 이재현 1995: 67). 그런데 일반적으로 돌출된 출입 시설은 높게 설치되기 때문에 후대에 주거지 어깨면이 삭평될 경우, '呂' 자형 주

---

16) 하남 미사리 한－7호, 한－12호, 한－15호 주거지, 여주 연양리 1호, 7호, 중원 하천리 D지구 2호 주거지가 그 예이다.

거지와 '凸' 자형 주거지가 혼동될 수 있으며(이재현 1995: 67), 이와 같은 관점에서 볼 때, 순수(장)방형 주거지로 분류되고 있는 것 가운데 수혈 깊이가 얕은 주거지 역시 돌출된 출입 시설이 있었을 가능성은 배제하기 어렵다. 따라서 돌출된 출입 시설의 유무 및 형태에 따른 분류 역시 위와 같은 상황이 고려되어야 할 것이다.

결국 기존의 연구 성과를 종합하면, 중부지방 원삼국시대의 주거지는 순수(장)방형, '凸' 자형, '呂' 자형 주거지로 유형 분류된다. 그리고 이 주거 유형들의 相異함은 시기적인 차이, 지역적인 차이, 신분의 차이를 반영하는 것으로 이해되고 있다. 먼저 시기적인 차이는 순수(장)방형 주거지가 '凸' 자형 주거지와 '呂' 자형 주거지보다 선행하며, '凸' 자형 주거지와 '呂' 자형 주거지는 공존한다는 부분에 있어서는 의견의 일치를 보고 있다. 그러면서도 '呂' 자형 주거지를 동해안·내륙유형, '凸' 자형 주거지를 한강 유역형으로 분류하여 지역적인 차이를 반영하는 것으로 이해하고 있는(이홍종 1994: 204) 반면, '呂' 자형 주거지를 '凸' 자형 주거지와 동일 시기에 공존하는, 특수한 신분집단(최종택 1994: 116) 내지 지배집단(오세연 1995: 293)의 주거지로 파악하기도 한다.

한편 영동지역 원삼국시대의 주거지를 시기 구분한 논문(지현병 1995)에서는 전기의 장방형 주거지(강릉 강문동유적)에서 중기 전반의 '呂' 자형 주거지(안인리 Ⅰ기층), 중기 후반의 '凸' 자형 주거지(안인리 Ⅱ기층)로 발전하고 후기에는 발전된 형식의 터널형 온돌구조를 갖춘 '凸' 자형 주거지(양양 가평리유적)로 전개된다고 하고 있다.

그런데, 위와 같이 돌출된 출입 시설을 기준으로 이루어진 주거지 분류 체계가 과연 중부지방 원삼국시대 주거 문화의 전개과정을 설명하는데 있어 적절한가에 대해서는 부정적으로 생각된다. 후술하겠지만, 돌출된 출입 시설의 유무 및 형태는 시간차를 반영하는 속성으로 판단되지 않으며, 오히려 주거지의 상부 구조와 밀접한 관련이 있는 주거지의 평면 형태만이 시간의 경과에 따라 변화하는 양상을 보여주기 때문이다. 따라서 중부지방 원삼국시대 문화를 체계적으로 이해하기 위해서는 주거지의 평면 형태에 의한 재분류 작업이 필수적이라 생각되며, 이를 토대로 원삼국시대 주거 문화를 재구성할 필요가 있다고 본다.

최근 조사 보고된 중부지방 원삼국시대 주거지와 백제 주거지를 면밀히 검토해 본 결과, 원삼국시대의 토기 문화가 한성백제의 토기 문화와 직접적인 연결선상에 있는 것(박순발 1992)과 마찬가지로 주거지 역시 같은 관점에서 이해해야 한다는 결론을 얻게 되었다. 즉, 서울 몽촌토성, 풍납토성, 하남 미사리, 용인 수지, 파주 주월리유적 등에서 관찰되는 평면 육각형에 돌출된 출입 시설이 있는 주거지를 원삼국시대의 주거지가 점진적으로 발전된 형태로 보고 있다. 따라서 본고에서는 중부지방 원삼국시대 주거 문화의 전개 과정을 이해하는데 있어 위와 같은 관점에서 좀 더 구체적으로 살펴보고자 한다.

이를 위해 먼저 주거지의 여러 기본 요소 가운데 가장 시간을 잘 반영한다고 생각되는 평면 형태를 중심으로 주거 유형을 분류하고자 한다. 여기에서는 특히, 여러 주거 유형이 조사된 하남 미사리유적의 주거지들을 주로 예시할 것이다. 그리고 주거 유형의 선후관계를 설정하기 위해 원삼국시대 취락을 검토해 보고자 한다. 동일 시기의 취락을 구성하는 주거 유형은 대부분 형태적으로 유사한 주거 유형으로 구성되며, 이러한 주거 유형들의 순서배열은 결국 주거 유형의 전개 과정을 설정하는데 참고가 될 것이다. 마지막으로 순서 배열된 주거 유형과 최근에 이루어진 원삼국시대 토기에 대한 연구 성과를 종합하여 중부지방 원삼국시대 문화의 전개 과정을 살펴보려고 한다.

여기에서 중점적으로 다루고자 하는 원삼국시대~한성백제기 자료는 주로 중도식무문토기와 함께 백제토기가 출토되는 취락들이다. 유적으로는 경기 북부 한탄강 지류의 영송리유적을 비롯하여 한강 하류에서는 하남 미사리, 수원 서둔동유적이 조사되었다. 남한강 유역에서는 여주 연양리, 중원 하천리, 단양 수양개, 강원도 횡성 둔내, 중금리, 화전리유적 등이 있으며, 북한강 유역에서는 춘천 중도, 신매리, 가평 이곡리, 마장리유적이 조사되었다. 강원 영동지역에서는 양양 가평리, 지경리, 강릉 동덕리, 강문동, 교항리, 병산동, 강릉 안인리에서 주거 유적이 조사되었다. 또한 한성기의 백제 주거지로 보고된 서울 몽촌토성, 풍납토성, 하남 미사리, 용인 수지, 이천 효양산, 파주 주월리, 의정부 민락동유적 등도 검토 대상이다. 이외에도 최근까지 많은 유적들이 조사되어 발굴 보고서가 발간되었지만, 여기에서는 기왕에 조사된 자료만을 가지고 살펴보고자 한다.

중부지방 원삼국시대~한성백제기 주거 건축의 발전과정을 이해하기 위해서는 ① 가옥의 평면 형태와 기둥의 배치 형태 ② 돌출된 출입 시설 ③ 노지, 외줄 구들과 같은 취사, 난방시설 등 세 가지 요소가 중요하게 다루어져야 한다. 그러나 여기에서는 가옥의 평면 형태 및 기둥의 배치 형태가 가옥의 상부 구조와 밀접한 관련이 있다고 판단되기 때문에 이를 중심으로 주거지를 분류하고자 한다. 다만, 발굴보고서를 보면, 기둥의 배치 형태가 불분명한 주거지들이 많은데, 이는 발굴 과정에서 확인되지 못한 경우가 많고 바닥면에 바로 기둥을 세우는 경우도 있을 수 있어, 필요할 때 참고만 하기로 한다.

중부지방에서 발견되는 원삼국시대 주거지는 앞에서 이미 언급한 바와 같이, 평면 형태가 방형 내지 장방형이다. 그러나 자세히 살펴보면, 출입구 반대편 벽면이 직선적으로 처리된 주거지가 있는 반면, 다소 곡선적으로 처리되거나, 아예 둔각을 이루면서 꺾인 형태를 보이는 주거지도 다수 보이고 있다. 가령 고려대에서 조사한 미사리 KC 88-1호, KC 008호, KC 009호, KC 010호, KC 014호, KC 020호, KC 021호 주거지들은 출입구 반대편의 벽면이 직선적으로 처리된 반면, 한양대-숭실대 조사 구역의 한-1호, 한-13호, 숭-A7호 주거지는 곡선적으로 처리되어 있다. 한편, 미사리 B지역에서 확인되는 한성기 백제 주거지는 돌출된 출입 시설 반대쪽 벽면이 둔각으로 꺾인 형태가 보이고 있다. 서울대 B-2호 주거지가 그러한 모습을 잘 보여주고 있는데, 이러한 주거지들은 모두가 예외 없이 육각형의 평면 형태를 보여주는 주거지이다. 위와 같이 돌출된 출입 시설 반대쪽 단벽이 둔각으로 꺾인 형태는 최근 횡성 둔내 나지구와 여주 연양리의 원삼국시대 주거지에서도 보이고 있다. 둔내 나지구 및 여주 연양리유적이 원삼국시대의 늦은 시기로 편년되고 있음을 감안할 때, 원삼국시대와 한성백제기의 주거 건축을 연결하는 중요한 유적으로 평가된다. 결론부터 말하면, 돌출된 출입 시설 반대쪽 벽면의 평면 형태가 시기에 따라 직선적인 것에서 곡선적인 것으로 그리고 다시 둔각상 꺾인 형태로 변화하면서 원삼국시대 (장)방형 주거지에서 한성백제기의 육각형 주거지로 발전하였다고 판단된다.

출입구 반대쪽 벽면 형태가 변화되는 원인에 대해서는 분명치 않다. 둔내유적의 발굴보고자는 북서쪽 단벽이 '∩' 형 내지 '∧' 형으로 처리된 것을 주거 면적을 좀 더 넓게 쓰려는 목적으로 추정하면서 나-4호, 나-5호 주거지의 돌출된 북서쪽 벽면에 완형토기들이 집중적으로 출토되고 있는 점에 주목하여 저장 공간으로 파악하였다(강릉대학교박물관 1997a). 그런데 돌출된 북서쪽 벽면에 인접해서 노지가 설치되어 있는 점이 주목된다. 대개의 경우 노지는 출입구와 북서쪽 단벽의 돌출된 부분과 일직선상에 위치하고 있는 것이 일반적인데, 노지를 중심으로 생활 공간이 분할되었던 점을 감안할 때, 노지 위치는 매우 중요한 요인으로 작용했던 것만은 분명하다. 청동기시대의 노지 역시 주거지의 장축 중앙선상에 위치하고 있지만, 정확한 위치에 있어서는 규칙성이 보이지 않는다. 그러나 원삼국시대 노지는 대체로 주거지 중앙선상에서 돌출된 출입 시설 반대쪽 2/3 지점에 위치하는 공통점이 있다. 기원후 2~3세기경 寒期로의 기후 변화에 적응하기 위해 중도식 노지를 채택하게 되었는지(오세연 1995: 290-293) 불분명하지만, 적어도 청동기시대에 비해 노지의 규모가 커진 것만은 분명하며,[17] 돌출된 출입 시설 반대쪽에 노지가 위치함으로서 출입구가 열렸을 경우의 실내 온도의 하강을 최소화하려 했던 것도 노지의 위치 선정에 고려되었던 것으로 보인다.[18] 그러나 노지의 위치가 2/3 지점에서 북서쪽 단벽 쪽으로 더 이동되지 않았던 이유는 失火를 염두에 둔 것이라 생각되는데, 중도식 노지 북서쪽에 세워놓은 큰 판석이 방화 장치의 역할을 한 것 (林潤美 1990)도 같은 맥락이었을 것이다. 그리고 이러한 관점에서 보면, 결국 주거지 북서쪽 단벽이 밖으로 돌출되는 것은 실화를 방지하면서도 주거지 북벽과 노지 사이의 공간을 효율적으로 사용하기 위함이 아닌가 생각된다. 다소 장황하게 설명되었지만, 이유야 어찌되었든 출입 시설 반대쪽 벽면이 밖으로 돌출된다는 것은 결과적으로 주거 건축에 있어 상부 구조의 변화를 의미하는 것이 분명하다고 하겠다. 그리고 그러한 변화는 원삼국시대 전 기간에 걸쳐 점진적으로 진행되었던 것으로 보인다.

한편, 돌출된 출입 시설 쪽 벽면의 평면 형태도 똑같은 변화가 있었던 것으로 생각된다. 이른 시기로 편년되는 원삼국시대 주거지 가운데 돌출된 출입 시설이 없는 주거지들은 예외 없이 남동쪽 단벽, 즉 출입이 이루어졌을 것으로 생각되는 벽면이 직선적으로 처리되어 있으며, 돌출된 출입 시설이 있는 주거지조차 출입 시설을 연하는 벽면은 대개 직선적으로 처리되는 양상을 보여준다. 그 일례로 미사리 KC 009호 주거지는 길이, 너비 모두 7.2m 규모의 방형 주거지로 남쪽에 돌출된 출입 시설을 갖춘 '凸'자형 주거지이다. 이 주거지는 출입 시설을 연하는 벽면이 직선적으로 처리되었을 뿐만 아니라, 출입 시설 반대쪽 북벽도 역시 직선적으로 처리되어 있어 원삼국시대 이른 시기의 주거 형태라 생각된다.[19] 그러나 그 다음 단

----

17) 중도식 노지의 평면 형태는 타원형으로 규모가 큰 것은 춘천 중도 1호 주거지 노지와 같이 길이 1.7m, 너비 1.14m 가량 되는 것이 있으며, 작아도 길이가 1m를 상위하고 있다. 이는 청동기시대와 비교할 때, 노지의 역할이 더 커진 것으로 이해할 수 있는데, 이러한 점에서 삼한사회에 접어들면서 주거지 내 노지의 기능이 조명과 난방 외에 개별 취사로 확대되었다는 주장은 설득력이 있어 보인다(權五榮 1996a: 69-74).

18) 중부지방 원삼국시대 주거지의 출입 시설은 거의 대부분 남동쪽을 향해 설치되어 있는 공통점이 있다. 이는 겨울철에 시베리아의 찬 북서풍을 막기 위한 조치로 판단되는데, 중국 서요하 지역의 신석기시대 조기 내지 전기로 편년되는 주거지에서도 돌출된 출입 시설은 북서쪽을 피해 설치되어 있다(金英熙 1998).

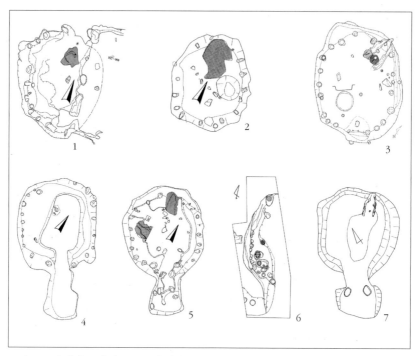

그림 23   타원형 주거지로 분류된 육각형 주거지(축척 부동)

1 하남 미사리 KC 019호(고려대), 2 하남 미사리 KC 038호(고려대), 3 하남 미사리 B1호
(숭실대), 4 하남 미사리 KC 033호(고려대), 5 하남 미사리 KC 040호(고려대), 6 이천 효양
산, 7 파주 주월리 97-4호

계의 주거지에서는 돌출된 출입 시설에 연한 벽면이 곡선적으로 처리되거
나 둔각상 꺾인 형태로 변화한다. 미사리 KC 008호, KC 010호, KC 014호
주거지 등이 그러한 특징을 잘 반영하고 있다. 이와 같이 돌출된 출입 시설
에 연한 벽면이 곡선적이거나 둔각상 꺾인 형태로 처리되는 양상은 출입
시설이 설치되면서 바로 나타나는 것으로 생각된다. 즉 출입 시설 반대쪽
벽면이 곡선화하는 것보다 상대적으로 먼저 진행되었던 것으로 보인다.

지금까지 돌출된 출입 시설 쪽 벽면과 반대쪽 벽면의 평면 형태를 나누
어서 그 시간적 변천 과정을 살펴보았지만, 사실 이 양자 모두 가옥의 전체
적인 평면 형태의 일부를 구성하는 것이기 때문에 구분 자체가 무의미할

지 모른다. 그러나 앞에서 언급한 바와 같이, 벽면의 형태 변화에 있어 약간씩은 양자 간에 시간차가 있기 때문에 주거지 간의 세부적인 상대서열을 위해서는 구분할 필요가 있다.

한편 발굴 당시에는 서울대가 조사한 미사리 B-2호 주거지만이 육각형 주거지로 분류되었지만, 타원형 주거지로 분류된 고려대의 KC 033호, KC 038호, KC 040호 주거지와 숭실대의 B1호 주거지도 육각형 주거지임이 확인되었다(최종택 1994; 송만영 1999: 43). 이러한 시행착오는 주거지의 평면 형태를 결정할 때, 상부 굴광선의 평면 형태에 근거했던 관행 때문에 발생하였는데, 벽체와 벽체를 연결하는 기둥 구멍의 배치가 주거지의 평면 형태를 결정한다고 생각된다.[20] 미사리유적 이외에도 육각형 주거지가 타원형 주거지로 잘못 보고된 사례는 이천 효양산주거지와 용인 구갈리 10호 주거지, 파주 주월리 97-4호 주거지에서도 확인되는데, 앞으로 백제마을에서 조사된 타원형 주거지에 대해서는 육각형 주거지일 가능성이 없는지 검토가 필요하다(그림 23). 따라서 백제 주거지 가운데 돌출된 출입

----

19) 그러나 발굴보고서(고려대학교박물관 1994)에 의하면, KC 009호 주거지는 백제토기가 출토되는 타원형의 KC 019호 주거지를 파괴하고 축조된 것으로 보고되었으며, 출토 유물 또한 다수의 중도식무문토기의 구연부편과 함께 백제토기인 장란형토기가 공반되고 있어 오히려 백제 초기(이홍종 분류 瓦質 II기)로 편년되고 있다. 그러면서 보고자는 「…이러한 주거형태에 나타나는 토기가 주로 중도식토기인 점으로 볼 때, 다른 방형계의 중도식 주거형 보다 늦은 시기에 형성된 것으로 볼 수 있을 것이다.(중략) …019호가 전형적인 와질토기계인 원형임에도 불구하고 009에 의해서 파괴되어 있다.」고 언급하면서 와질계의 유입과 동시에 중도계에 영향을 미치면서 상호간 일정 기간 공존했던 것으로 파악하고 있다. 그러나 적어도 KC 009호 주거지와 KC 019호 주거지에서 출토된 소위 와질토기라 하는 것들은 모두가 전형적인 백제토기의 실생활용기인 장란형토기가 분명하기 때문에 유입기의 와질토기라 할 수 없다. 보고서에는 사진으로 이러한 두 주거지의 중복 관계를 평면 또는 단면상으로 제시하고 있지 않으며, 도면으로도 층위도가 제시되지 않아 선후관계가 의심스럽다. 따라서 출입구가 달린 KC 009호 방형 주거지를 KC 019호 타원형 주거지가 파괴한 것으로 판단되며, KC 009호 주거지에서 출토된 백제토기편들은 KC 019호 주거지 출토품이라 생각된다.

20) 이외에도 하남 미사리 A지구의 고려대 KC 019호 백제 주거지도 기둥 구멍의 배치로 보았을 때, 돌출된 출입 시설이 없는 육각형 주거지로 판단된다.

시설이 설치되고 평면 형태가 타원형 내지 육각형인 주거지는 그 계보가 백제 초기의 타원형 주거지(李弘鍾 분류 Ⅰa형 주거지)에 있는 것(이홍종 1994: 213)이 아니며, 더욱이 백제 주거지의 하나로 돌출된 출입 시설이 달린 타원형 주거지의 설정(이재현 분류 ⅠD형 주거지)도 아직까지는 시기상조인 듯하다.

다음으로 원삼국시대 주거지의 돌출된 출입 시설은 지금까지 '呂' 자형 내지 '凸' 자형으로 구분해 왔었다. 물론 주거지의 잔존 상태에 따라 '凸' 자형 출입 시설 가운데에는 '呂' 자형일 가능성이 있으며, 돌출된 출입 시설이 없는 것으로 보고된 주거지 중에도 돌출된 출입 시설이 있었을 가능성이 있다. 그러나 여기에서 이와 같은 문제를 염두에 두면서 출입 시설을 분류하는 것은 어렵기 때문에 발굴보고서에서 묘사된 출입 시설의 평면 형태만을 정리하는 수준에서 분류하고자 한다.

원삼국시대와 한성백제기 주거지의 돌출된 출입 시설은 평면 형태 및 규모에 따라 분류할 수 있다. 이 가운데 기존에 '凸' 자형 내지 '呂' 자형 주거지라고 하는 주거지의 돌출된 출입 시설은 원삼국시대에 일반적인 형태로서 지역에 따라 선후관계는 다소 있지만, 원삼국시대 전반에 걸쳐 공존했던 것으로 생각된다. 그리고 돌출된 출입 시설의 규모에 있어 다소 차이를 보이고 있는데 이는 주거지의 규모와 관련 있는 것으로 생각되지 않기 때문에 주거지를 분류하는데 있어 기준으로 삼기 어렵다. 백제 주거지의 돌출된 출입 시설은 원삼국시대에 비해 다양한 형태가 관찰되고 있지만, 기본적인 형태는 원삼국시대의 '呂' 자형 내지 '凸' 자형 출입 시설에서 크게 벗어나지 않는다. 백제 주거지 출입 시설은 네 가지 유형으로 분류할 수 있다. 하나는 서울대가 조사한 미사리 B-2호 주거지와 같이 돌출된 출입구가 약간 길면서 마름모꼴의 형태를 하고 있는 것이다. 이러한 형태는 대개 주거지와 연결되는 부분이 좁고 밖의 출입부는 넓은 것이 특징이며, 비교적 규모가 큰 육각형 주거지에 설치되어 있다. 고려대 조사의 미사리 KC 033호, KC 040호 주거지의 출입 시설이 여기에 포함되며, 경기도박물관에서 조사한 파주 주월리 96-7호 주거지도 같은 형태이다.

둘째는 숭실대 조사의 미사리 B1, B2, B5호 주거지와 같이 돌출된 출입 시설이 짧은 형태이다. 출입 시설의 상부 구조가 따로 있었는지 분명치 않으며, 대체로 규모가 작은 육각형(숭실대 B1호) 내지 말각 방형(숭실대 B2호, B5호) 주거지에 설치되어 있다.

셋째는 둘째 유형과 형태는 같으나 출입 시설이 좀 더 큰 것으로 원삼국시대의 '凸'자형 주거지의 출입 시설과 같은 형태이다. 몽촌토성 88-3호, 88-4호의 육각형 주거지가 여기에 해당된다. 돌출된 출입 시설에는 기둥구멍이 확인되고 있어 출입 시설에 별도로 상부 구조가 있었던 점이 둘째 유형과 큰 차이점이다.

넷째는 '呂'자형 주거지의 돌출된 출입 시설과 같은 형태이다. 몽촌토성 88-2호 주거지와 파주 주월리 97-4호 주거지에서 이와 같은 형태의 출입 시설이 확인되었다.

지금까지 원삼국시대 주거지를 분류하는데 있어 적용 가능한 제 속성에 대해서 살펴보았다. 앞에서 언급한 바와 같이, 이 속성들 중에 돌출된 출입 시설 쪽 단벽과 반대쪽의 단벽은 주거지의 전체적인 평면 형태를 결정하며, 또한 이러한 평면 형태들의 변화, 즉 (장)방형에서 육각형의 변화가 시간을 잘 반영하는 것으로 판단된다. 따라서 이 속성들의 조합을 중심으로 주거 유형을 분류하도록 하겠다. 먼저 주거지 출입 시설 반대쪽의 벽면이 직선적인 것(Ⅰ), 곡선적인 것(Ⅱ), 둔각상으로 꺾이는 것(Ⅲ)과 출입 시설에 연한 벽면이 직선적인 것(a), 곡선적인 것(b), 둔각상으로 꺾이는 것(c)으로 구분되는데, 여기에서 조합되는 주거 유형은 모두 9가지이다(Ⅰa, Ⅰb, Ⅰc, Ⅱa, Ⅱb, Ⅱc, Ⅲa, Ⅲb, Ⅲc). 그리고 여기에 돌출된 출입 시설의 유무 및 평면 형태에 따라 돌출된 출입 시설이 없는 것(①), '凸'자형(②), '呂'자형(③) 등을 고려하면, 모두 27가지의 세부 형이 조합되는데, 실제 유적에서 조사된 주거 유형은 현재까지 17가지만이 확인되고 있다. 〈표 17〉은 중부지방 원삼국시대 주거지를 속성별로 정리한 것이고[21] 이

표 17 _ 중부지방 원삼국시대 주거지 명세표(유물량 : ◎(많음), ○(보통), ◦(적음))

번호	지역	주거지	주거 유형	규모(m) 길이	규모(m) 너비	노지	화재 여부	화재 유형	유물 량
1	한강	미사리 한-1호	IIb③	10	7.3	부석식 외줄구들	○	전탄형	◎
2		미사리 한-6호	IIb①	8	6	부석식	×		◦
3		미사리 한-13호	IIb②	13.4	8.2	부석식 (2개)	×		○
4		미사리 숭-A7호	IIb②	5.5	4.5	?	○	전탄형	?
5		미사리 KC 88-1호	Ib①	5.2	4.95	부석→ 외줄구들	×		◎
6		미사리 KC 008호	Ic②	6.9	6.8		×		○
7		미사리 KC 009호	Ia②	7.2	7.2				◦
8		미사리 KC 010호	Ib②	6.3	5.5	부석→ 외줄구들	×		○
9		미사리 KC 014호	Ib②	9.4	7.8	부석식	×		○
10		미사리 KC 020호	Ia①	4.2	4.1	?	×		○
11	남한강	둔내 가-1호	IIb	14	11	?	○	전탄형	◎
12		둔내 가-2호	IIb	?	5	부석식	○	전탄형	◎
13		둔내 가-3호	IIIb	8	5	부석식	○	전탄형	○
14		둔내 나-1호	II	?	7	부석식	○	전탄형	◦
15		둔내 나-2호	IIb③	10.6	6.4	부석식 아궁이	○	전탄형	◦
16		둔내 나-3호	III	?	5.8	부석식	×		◦
17		둔내 나-4호	III	?	6.5	점토띠	○	외탄형(?)	◎
18		둔내 나-5호	III	?	?	부석식	×		◎
19		중금리 1호	IIb	9.7	6.8	위석식	×		◎
20		중금리 2호	IIb③	7.5	6.9	위석식	○	외탄형	◎
21		중금리 4호	Ib①	4.2	3.5	부석식	○	소탄형	○
22		화전리I-철1호	Ib②	11.3	7.4	부석식	×		○
23		화전리I-철2호	Ic②	7.9	7.2	?	○	외탄형	◎
24		화전리I-철3호	Ic②	6.8	6.45	무시설	○	전탄형	◦
25		화전리I-철4호	?	?	?	?	×		◦
26		화전리I-철4-1호	?	?	?	?	?	?	○
27		화전리I-철5호	IIb②	13.4	8	무시설	?	?	○
28		화전리II-철1호	Ia①	6.6	6.5	?	○	?	○
29		화전리II-철2호	Ib②	5.7	5.3	?	○	?	○
30		화전리II-철3호	Ib②	9	7.9	?	×		○

31		화전리Ⅱ-철4호	Ⅰb②	7.8	7.4	무시설	×		○
32		화전리Ⅱ-철5호	Ⅰa②	7.8	6	무시설	×		◦
33		연양리 2호	Ⅰb①	5.7	4	부석식	○	?	◎
34		연양리 6호	Ⅲa②	9.6	7.6	부석식	○	전탄형	◎
35		연양리 10호	Ⅲa①	8.1	5.6	부석식	○	외탄형	◦
36	남한강	연양리 11호	Ⅰ (?)	?	?	부석식 외줄구들	×		◦
37		연양리 12호	Ⅲc②	6.6	6.6	외줄구들	×		◦
38		하천리 D-1호	Ⅱc②	6	4	부석식	○	외탄형	?
39		하천리 D-3호	Ⅰb②	7.6	4	부석식	×		?
40		하천리 F-1호	Ⅰa③	10.5	8.3	부석식	○	전탄형	◎
41		하천리 F-2호	Ⅱb②	5.7	5.7	부석식	×		○
42		수양개 1호	Ⅱ	?	6.1	부석식	○	전탄형	◎
43		수양개 4호	Ⅰb	?	?	부석식	○	전탄형	?
44		수양개 8호	Ⅱa③	7.4	7.8	무시설	○	전탄형	◎
45		수양개 11호	Ⅱa②	9.6	8.1	?	○	?	◎
46		수양개 22호	Ⅰc②	9.3	7.2	부석식	○	전탄형	?
47		중도 1호	Ⅱb②	5	5.4(?)	부석식	○	내탄형	◎
48	북한강	중도 2호	Ⅱ	?	6	부석식	○	내탄형	◎
49		신매리 7호	Ⅰb③(?)	18.5	5.5	?	○	?	?
50		신매리 20호	Ⅰb②	4.3	4.3	?	○	전탄형	?
51		동덕리	Ⅰc③	9.6	7		×		◎
52		강문동	Ⅰa①(?)	10.7	6.2	위석식	○	전탄형	◎
53		안인리 1호	Ⅰb③	5.1	4.8	점토띠	○	전탄형	◎
54		안인리 2호	Ⅰc③	3.5	3.2	무시설	○	외탄형	◎
55		안인리 6호	Ⅱa②	5.4	4.1	아궁이	×		◎
56		안인리 6-1호	Ⅱa②	확인	요망	?	×		?
57		안인리 13호	Ⅰb②	5.4	5	아궁이	○	?	○
58	영동	안인리 14호	Ⅰb③	14	7.8	?	×		◎
59		안인리 17호	Ⅱb②	8	5.6	아궁이	×		◎
60		안인리 21호	Ⅰb③(?)	9.6	7.6	점토띠	○	외탄형	◎
61		안인리 24호	Ⅰb②	8	7	부석식	○	내탄형	◎
62		안인리 26호	?	7.7	5.3	아궁이	×		◎
63		안인리 27호	Ⅱb②	6.6	5.4	부석식	○	전탄형	◎
64		안인리 28호	Ⅱb③	15.2	7.6	?	○	외탄형	◎
65		가평리 1호	Ⅰa②(?)	7.5	7.1	?	×		◎
66		가평리 2호	Ⅰb②(?)	4.6	4.3	?	○	외탄형	◦
67		가평리 3호	Ⅱb③	6.2	5.5	?	○	전탄형	◎

68		교항리 A-1호	c②	?	4.4	점토띠	○	전탄형	◎
69		교항리 A-4호	II	?	4.9	?	×		○
70		교항리 A-5호	I	?	6.9	무시설	×		○
71		교항리 A-6호	?	?	6.8	?	×		○
72		교항리 A-7호	b②	?	?	?	○	외탄형	○
73		교항리 A-8호	I b②	9	6.6	점토띠	○	전탄형	◎
74		교항리 A-9호	I c②	7.9	5	?	×		◎
75		교항리 A-10호	?	?	?	?	○	소탄형	○
76		교항리 A-11호	I b②	6.2	4.5	점토바닥	×		○
77		교항리 A-12호	?	?	?	?	○	외탄형	○
78		교항리 A-13호	②	?	?	?	×		○
79		교항리 A-14호	?	?	?	?	○	소탄형	○
80		교항리 A-15호	b②	?	5.6	무시설	×		○
81		교항리 A-17호	b②	?	7.8	?	○	전탄형	◎
82		교항리 A-18호	I b②	6.7	4.7	?	○	전탄형	○
83		교항리 A-19호	I b②	4.6	4	?	○	내탄형	○
84		교항리 A-20호	I c②	7.8	4.8	?	○	외탄형	◎
85	영동	교항리 A-21호	I c②	?	?	?	×		○
86		교항리 A-22호	I b②	6.9	6	무시설	○	소탄형	○
87		교항리 A-23호	?	?	?	?	×		○
88		교항리 A-24호	I c②	6	5.3	점토띠	○	외탄형	◎
89		교항리 A-26호	I c②	5.4	4.2	무시설	×		○
90		교항리 A-27호	I c②	6.8	4.2	?	○	전탄형	◎
91		교항리 A-28호	I	?	6.2	?	○	소탄형	○
92		교항리 A-34호	I b②	10	6.5	?	×		○
93		교항리 A-35호	I c②	7.2	5.7	구덩이	×		○
94		지경리 1호	?	28.2	8	?	○	?	◎
95		지경리 2호	IIa②	7.2	6.1	부석식	?		○
96		지경리 3호	I c②	6.2	3.8	부석식	?		○
97		지경리 4호	IIb②	4.8	3.9	?	?		○
98		지경리 5호	IIb②	5.7	4.2	?	?		○
99		지경리 6호	IIb②	4.5	3.5	무시설	?		○
100		지경리 7호	IIb②	5.6	4.2	?	?		○
101		영송리 1호	?	?	?	외줄구들	○	전탄형	○
102		영송리 2호	b②	?	?	?	○	전탄형	○
103	경기북부	영송리 3호	IIb②	5.8	4.2	부석식	×		○
104		영송리 4호	I	?	4.8	?	×		○
105		영송리 5호	IIb②	8	6	?	×		○

표 18 _ 중부지방 원삼국시대 취락별 주거 유형 분포

	Ia			Ib			Ic			IIa			IIb			IIc			IIIa			IIIb			IIIc		
	①	②	③	①	②	③	①	②	③	①	②	③	①	②	③	①	②	③	①	②	③	①	②	③	①	②	③
미사리	1	1		1	2			1					1	2	1												
둔내														1													
중금리				1										1													
화전리	1	1			4			2						1													
연양리				1															1	1						1	
하천리			1		1									1													
수양개								1			1	1															
중도															1												
신매리					1	1																					
동덕리									1																		
안인리					2	3		1			2			2	1		1										
가평리		1			1									1													
교항리					6			7																			
지경리									1		1			4													
영송리															2												
합계	2	3	1	3	17	4	0	12	2	0	4	1	1	13	5	0	1	0	1	1	0	0	0	0	0	1	0

가운데 평면 형태를 정확히 알 수 있는 72기의 주거지를 대상으로 각 유형별 주거지 분포는 〈표 18〉과 같다.

한편, 그 동안 보고서에서 순수(장)방형으로 보고된 주거지는 Ⅰa①형 3기, Ⅰb①형 2기, Ⅱb①형 1기, Ⅲa①형 1기 등 모두 7기가 확인되어, 전체 주거지 가운데 약 9.7%에 불과하다. 그러나 이 가운데 Ⅱb①형과 Ⅲa①형의 주거지는 출토 유물로 보았을 때, 늦은 단계의 주거지로 보이기 때문에 실제로 이른 시기로 추정되는 순수(장)방형의 주거지는 전체 주거지 가운데 6.9%에 불과하다.[22] 따라서 지금까지 돌출된 출입 시설이 없는 순

----

21) 〈표 17〉의 화재유형의 개념과 유물량의 기준은 필자의 글(宋滿榮 1996) 참조.

22) 후술하겠지만, Ⅰb①형으로 분류된 여주 연양리 2호 주거지는 철기생산과 관련된 특수한 주거지이며, 출토 유물로 보았을 때, 늦은 시기로 편년되기 때문에 순수(장)방형의 주거지 비율은 5.5%로 더욱 더 낮아진다.

수(장)방형 주거지를 전기, 그리고 출입 시설이 있는 '凸' 자형 내지 '呂' 자형 주거지를 중기 또는 후기로 편년하고 있는 기존의 연구(이홍종 1994; 지현병 1995)는 선후관계에 있어 타당성은 있지만, 순수(장)방형 주거지 단계를 편년의 획기로 삼기가 어려운 문제가 있다. 따라서 돌출된 출입 시설이 있는 주거지가 원삼국시대 전체 주거지의 95% 이상을 차지하고 있는 점을 감안할 때, 주거지의 평면 형태에 의한 분류가 중부지방 원삼국시대 주거 문화의 큰 흐름을 파악하는데 있어 적절한 것으로 판단된다. 위에서 분류된 주거 유형은 시간적 선후관계가 있는 것으로 판단되는데, Ⅰa형의 순수(장)방형 주거지에서 Ⅲc형의 주거지로 변화하면서 한성백제기의 육각형 주거지로 발전하였다고 생각한다. 이는 다음 장에서 중부지방 원삼국시대의 취락을 검토하면서 본격적으로 다루겠지만, 여기에 적용되는 기본적인 가설은 동 시기의 단일 유적에서는 시간상 가장 가까운 친연관계를 갖고 있는 주거 유형들이 공존한다는 점이다. 물론 유적에 따라서는 동 시기라 하더라도 반복적인 점유가 일어남으로써 보다 복잡하게 주거 유형이 공존하는 경우가 있을 수 있다. 이러한 부분은 몇 가지 기준[23]에 의해서 구분하는 작업이 반드시 선행되어야 할 것이다.

(3) 주거 유형의 상대서열

이번 절에서는 단일 유적에서 공존하고 있는 주거 유형의 순서배열을 통해서 주거 유형의 선후관계를 살펴보도록 하겠다. (표 19)는 각 주거 유형간의 공존관계를 정리한 것이다. 먼저 Ⅰa형의 주거지는 Ⅰb형(8기)의 주거지와 공존율이 제일 높으며, Ⅰc형(3기)과 Ⅱb형(3기) 주거지와 공존

---

23) 동일 유적에서 시간상 서로 다른 주거지를 구분하는 방법으로 주거지의 지역적 분포, 중복관계, 화재 여부, 주거지의 출입 방향, 출토 유물 양상 등이 종합적으로 검토되어야 할 것이다.

표 19 _ 중부지방 원삼국시대 주거 유형간 공존관계표

Ⅰa(6)	Ⅰb	Ⅰc	Ⅱb	Ⅱa	Ⅱc	Ⅲa	Ⅲb	Ⅲc
	8	3	3	0	0	0	0	0

Ⅰb(25)	Ⅰc	Ⅱb	Ⅰa	Ⅱa	Ⅲa	Ⅱc	Ⅲc	Ⅲb
	12	7	5	4	2	1	1	0

Ⅰc(14)	Ⅰb	Ⅱb	Ⅰa	Ⅱa	Ⅱc	Ⅲa	Ⅲb	Ⅲc
	17	6	4	3	0	0	0	0

Ⅱa(5)	Ⅱb	Ⅰb	Ⅰc	Ⅰa	Ⅱc	Ⅲa	Ⅲb	Ⅲc
	6	3	2	0	0	0	0	0

Ⅱb(22)	Ⅰb	Ⅰa	Ⅰc	Ⅱa	Ⅲb	Ⅱc	Ⅲa	Ⅲc
	11	4	4	3	1	0	0	0

Ⅱc(1)	Ⅰb	Ⅰa	Ⅰc	Ⅱa	Ⅱb	Ⅲa	Ⅲb	Ⅲc
	1	0	0	0	0	0	0	0

Ⅲa(2)	Ⅲc	Ⅰb	Ⅰa	Ⅰc	Ⅱa	Ⅱb	Ⅱc	Ⅲb
	1	1	0	0	0	0	0	0

Ⅲb(1)	Ⅱb	Ⅰa	Ⅰb	Ⅰc	Ⅱa	Ⅱc	Ⅲa	Ⅲc
	3	0	0	0	0	0	0	0

Ⅲc	Ⅲa	Ⅰb	Ⅰa	Ⅰc	Ⅱa	Ⅱb	Ⅱc	Ⅲb
	2	1	0	0	0	0	0	0

한다. 나머지 주거 유형과는 공존관계가 없다. Ⅰb형 주거지는 Ⅰc형(12기) 주거지와 공존율이 가장 높고, Ⅱb형(7기), Ⅰa형(5기), Ⅱa형(4기) 順으로 공존한다. Ⅲa형, Ⅲc형과도 공존하고 있으나 제철작업과 관련된 예외적인 형태의 연양리 2호 주거지와의 공존관계이기 때문에 무시해도 좋을 듯싶다. Ⅰc형 주거지는 Ⅰb형(17기) 주거지와 공존하는 경우가 많고, Ⅱb형(6기), Ⅰa형(4기), Ⅱa형(3기)과도 공존한다. 단일 취락에서 Ⅲ유형의 주거지와 함께 발견되는 경우는 없다. Ⅱa형 주거지는 Ⅱb형(6기) 주거지와 공존율이 가장 높으며, Ⅰb형(3기), Ⅰc형(2기) 주거지와도 공존한다. 마찬가지로 Ⅲ유형의 주거지와 공존관계가 없다. Ⅱb형 주거지는 Ⅰb형(11기) 주거지와 공존하는 경우가 많으며, Ⅰa형(4기), Ⅰc형(4기), Ⅱa형(3기), Ⅲb형(1기)과 공존한다. 특히 Ⅰb형 주거지와 공존하는 경우가 많은 것은 지금까지 조사된 주거지들이 대부분 Ⅰb형과 Ⅱb형이기 때문인

것으로 이해된다. IIb형의 주거지와 IIIb형의 주거지가 공존하는 것이 주목된다. IIc형의 주거지는 하천리 D지구에서 조사되었는데 Ib형과 공존한다. IIIa형의 주거지는 Ib형(1기), IIIc형(1기)의 주거지와 공존하며, IIIb형 주거지는 IIb형(3기)과의 공존관계만 확인되고 있다. 마지막으로 IIIc형 주거지는 IIIa형(2기) 주거지와 공존하고 있다. 대체로 III유형의 주거지들의 조사 예가 적기 때문에 II유형과 III유형간의 공존 관계가 다소 불명확하지만, III유형이 I유형보다 II유형과의 공존율이 높은 것은 분명하다. 따라서 위의 주거 유형간의 공존관계를 종합하면 Ia형-Ib형-Ic형 간의 상대 서열관계와 더불어 IIa형-IIb형-III유형 간의 상대 서열관계가 있는 것으로 파악된다. Ic형과 IIa형과의 관계는 다소 불명확하지만, 안인리유적에서의 공존관계로 볼 때, 거의 같은 시기이거나 IIa형의 주거 유형이 약간 늦은 것이 아닌가 생각된다.

그런데, Ia형 주거지 가운데 출토 유물상 이른 시기로 추정되는 순수 (장)방형 주거지가 포함되어 있고 III유형의 주거지에서는 백제 주거지에서나 출토되는 난형호, 심발형토기가 출토되는 점으로 미루어 각 주거 유형의 출현 시기는 Ia형→Ib형→Ic형·IIa형→IIb형→III유형인 것으로 판단된다.[24)]

따라서 위의 내용을 정리하면, 원삼국시대에 등장하는 최초의 주거지는 돌출된 출입 시설이 없는 순수(장)방형 주거지이거나, 여기에 돌출된 출입 시설이 있는 주거지로 출입 시설 쪽 단벽과 반대쪽 단벽이 직선적으로 처리된 특징을 보이는 형태이다. 그리고 그 다음 단계에서는 돌출된 출입 시설 쪽 단벽이 둥글게 처리되거나 둔각으로 꺾인 형태로 발전하게 되는데, II유형의 주거지 가운데에는 아직까지 이와 같이 돌출된 출입 시설

---

24) IIc형은 Ib유형과 공존하고 있으나, 자료가 불충분하기 때문에 공존관계는 분명치 않다. 형태상으로 가까운 IIb형 내지 III유형과 공존할 가능성이 높다.

쪽 단벽이 둔각으로 꺾인 형태(c형)가 별로 보이지 않은 점으로 미루어 c형의 존속 기간은 b형에 비해 짧았던 것이 아닌가 생각된다.[25] 다음으로 돌출된 출입 시설 반대쪽 단벽도 둥글게 처리되는 주거지로 발전하게 되는데, 분명치는 않지만 주거지의 상부 구조는 이전과 크게 다르지 않을 것으로 추정된다. 마지막 단계에서는 돌출된 출입 시설 반대쪽 단벽이 둔각상으로 꺾이면서 전체적으로는 육각형의 주거지로 발전하게 된다. 그러나 여전히 이 시기의 주거지는 완전한 형태의 육각형이 아니고 남북 길이가 동서 너비보다 비교적 큰 형태이다.

그런데 여기에서 세 가지 짚고 넘어가야 할 것이 있다. 첫째는 위의 주거 유형간의 순서배열의 목적이 주거지 자체를 편년하기 위함이 아니라 주거 유형의 발생 순서를 찾는데 있다는 점이다. 실제로 본고에서의 편년 대상은 주거 유형의 집합체로 표현된 취락들로서 이들의 편년을 통해 원삼국시대 주거 문화를 재구성하는데 편년의 목적이 있는 것이다. 둘째로 주거 유형의 순서는 발생 시기에 있어 유의할 뿐이지 각 주거 유형의 존속 기간은 파악할 수 없다는 점이다. 즉 각 주거 유형들이 발생된 시기에 있어 선후관계를 파악할 수 있으나, 존속 기간 내지 소멸 시점은 파악이 불가능하다. 셋째로 각 주거 유형들은 단절적인 형태가 아니어서 형태별 유사도가 높은 주거 유형들이 동시에 공존할 수 있다는 점이다. 이는 분석의 대상이 되는 고고학 자료의 변화상이 복잡하고 중첩적인 측면에서 그러하다(李熙濬 1983).

(표 20)은 위와 같은 주거 유형의 순서배열을 토대로 중부지방 원삼국시대 취락을 상대서열화 한 것이다. 주거 유형의 유무를 통해서 취락간의 선후관계를 파악할 수 있지만, 각 취락마다 존속 기간이 다르기 때문에 각

----

25) b형과 c형의 구분이란 관찰자의 주관에 맡길 정도의 애매한 것이어서 실제 편년상의 의미가 있는 것인지 분명치 않은 부분도 있다.

표 20 _ 중부지방 원삼국시대 취락의 상대서열

유적 \ 주거 유형	Ⅰa	Ⅰb	Ⅰc	Ⅱa	Ⅱb	Ⅱc	Ⅲa	Ⅲb	Ⅲc
미사리(고려대 지역)	2	3	1						
신매리		2							
교항리		6	7						
동덕리			1						
수양개		1	1	2					
화전리	2	4	2		1				
안인리(Ⅶ층)		3	1		1				
가평리	1	1			1				
하천리 F지구	1				1				
하천리 D지구		1				1			
안인리(Ⅴ층)		2		2	2				
중금리		1			2				
지경리			1	1	4				
영송리					2				
미사리(한양-숭실대 지역)					4				
중도					1				
둔내					3			1	
연양리		1					2		1

취락은 시기적으로 서로 중복되기도 한다. 그런데 표에서 보면, 단일 유적 내에서 여러 주거 유형이 공존하고 있으며, 시간적으로 친연 관계를 가지고 있는 주거 유형들이 한 유적 내에서 불연속 분포를 보이는 문제점이 있다. 그러나 이는 존속 기간이 긴 취락의 일부분만을 조사하였을 경우에 발생하는 문제로써 무엇보다도 취락 전체에 대한 전면 조사를 통해 극복할 수 있다.

다음으로 위와 같은 취락의 상대서열을 토대로 돌출된 출입 시설의 양상에 대해서 살펴보면, Ⅰa형의 주거지 단계부터 '凸'자형과 '呂'자형 주거지는 공존하고 있으며, 이러한 양상은 원삼국시대 늦은 시기까지 지속되고 있다.[26] 또한 출입구가 없는 순수(장)방형 주거지 역시 이른 시기부터 있었던 것만은 분명하다. 그러나 Ⅱ유형과 Ⅲ유형 단계에서도 계속 보이기 때문에 돌출된 출입 시설이 없다고 해서 이른 시기로 편년해서는 안

표 21 _ 지역별 돌출된 출입 시설 양상

	순수(장)방형	'凸' 자형	'呂' 자형	합계
경기 북부		3(100%)		3(100%)
한강 유역	3(30%)	6(60%)	1(10%)	10(100%)
남한강 유역	4(17.5%)	15(65%)	4(17.5%)	23(100%)
북한강 유역		2(100%)		2(100%)
영동지역		44(72%)	17(28%)	61(100%)
총계	7(7%)	70(71%)	22(22%)	99(100%)

될 것이다.

한편, 돌출된 출입 시설이 지역에 따라 어떠한 양상을 보이고 있는지 살펴보기 위하여 (표 21)를 작성하였다. (표 21)에 따르면[27], '凸' 자형의 출입 시설이 전체 주거지 가운데 71%를 차지하여 가장 일반적인 출입 시설로 생각된다. 그러나 '呂' 자형의 출입 시설은 한강 유역의 미사리 한-1호 주거지를 제외하면 주로 영동지역에 집중되어 있으며, 남한강 유역에서도 일부 조사되고 있어 지역적인 양상으로 생각된다.

그런데 출입 형태에 있어서의 이러한 영동지역의 지역성은 노지 형태[28]에서도 확인되고 있다. 현재까지 조사된 자료로 볼 때, 한강 유역에서는

---

26) Ⅲ유형의 주거지에서는 '凸' 자형 주거지만이 보이고 있는데, 한성백제기 주거지인 몽촌토성 88-2호 주거지와 이와 병행기의 주거지인 파주 주월리 97-4호 주거지에서와 같이 '呂' 자형의 출입 시설이 보이고 있기 때문에 원삼국시대 늦은 시기까지 '呂' 자형의 출입 시설은 계속 사용되었을 것으로 보인다.

27) 안인리유적에 대한 간략한 보고문에는 도면이 제시되어 있지 않지만, 돌출된 출입 시설의 형태를 파악할 수 있는 주거지는 여기에 포함시켰다.

28) 중부지방 원삼국시대 주거지에서 확인되는 노지는 주거지 바닥면에 어떠한 시설물 없이 불을 피우는 무시설식과 바닥을 약간 파고 그 안에 불을 피우는 구덩이식, 불을 피우는 부분 주변에 돌을 돌리는 위석식 등 청동기시대 이래의 노지가 있으며, 이 시기에 새로 등장하는 노지의 형태로는 바닥에 점토띠를 두르고 그 안에 불을 피우는 점토띠식과 점토띠 내에 강자갈을 깔고 그 위에 점토를 얇게 덮은 부석식, 판석형 받침돌을 'ㄷ' 자형으로 세우고 그 위에 판석형 뚜껑돌을 덮은 아궁이식이 있다. 이 가운데 점토띠식과 부석식은 중도식 노지이다.

미사리 KC 88-1호 주거지(Ⅰb①형), KC 010호 주거지(Ⅰb②형)와 같이 비교적 이른 시기부터 부석식 노지와 더불어 'Ⅰ'자형 외줄 구들이 사용되었던 것으로 보인다. 그리고 여주 연양리와 같은 Ⅲ유형의 늦은 주거지 단계에서도 이러한 양상은 지속되고 있어 대체로 한강 유역을 중심으로 북한강, 남한강 유역, 경기 북부에서는 부석식 노지와 'Ⅰ'자형 외줄 구들이 일반적인 노지 형태로 생각된다. 그러나 영동지역에서는 한강 유역과는 다른 노지 형태가 채용되고 있다. 즉 영동지역에서는 청동기시대 이래의 위석식, 무시설식, 구덩이식 노지와 함께 점토띠식, 아궁이식 노지[29]가 주로 사용되었는데, 시기에 따른 노지 형태의 변화 과정은 〈표 22〉와 같다. 여기에서 주목되는 점은 주로 Ⅱ유형의 주거지만이 조사된 지경리유적 단계부터 부석식 노지가 발견되고 있다는 점인데, 이는 이 단계부터 한강 유역의 부석식 노지가 파급된 것으로 생각된다.

요컨대, 돌출된 출입 시설의 평면 형태 및 노지의 형태 등을 기준으로 할 때, 중부지방의 원삼국시대 문화는 크게 한강 유역권과 영동지역권으로 구분된다. 그리고 남한강 유역의 주거 유적에서는 '呂'자형 주거지와 아궁이식 노지가 보이고 있지만, 이와 함께 부석식 노지도 조사되고 있어, 남한강 유역은 한강 유역권과 영동지역권 문화의 영향권 안에 있는 문화적 점이지대인 것으로 파악된다. 따라서 경기 북부, 한강 유역, 북한강 유역을 포괄하는 한강 유역권의 주거 문화는 노지의 형태에 있어 영동지역과의 차별성을 갖는데, 비교적 이른 시기에 부석식 노지를 포함한 일련의 주거 문화를 남한강 유역과 공유하고 있으며, 영동지역으로의 파급은 Ⅱ

---

29) 영동지역과 인접한 남한강 유역 상류에서도 아궁이식 노지가 발견되는데 대표적으로 횡성 둔내 나−2호 주거지가 있다. 여기에서 조사된 노지는 부석식 노지가 일차적으로 사용되고 그 후에 아궁이식 노지가 채용되는 등의 변화상을 보여주는 것으로 보고되었다. 이 외에 단양 수양개 주거지에서도 부석식 노지와 아궁이식 노지가 함께 채용되고 있으며, 하천리 F지구에서는 주거지 내에서 부석식 노지가 조사되었지만, 주거지 밖에서 아궁이식 노지가 발견된 바 있다.

표 22 _ 영동지역 시기별 노지의 변천

	강문동	교항리	안인리 VII층	안인리 V층	지경리
위석식					
무시설식					
구덩이식					
점토띠식					
아궁이식					
부석식					

유형의 주거 단계에서 이루어진 것으로 보인다. 이와는 달리 영동지역권
의 주거 문화는 점토띠식, 아궁이식 노지로 대표되는데, 남한강 유역으로
의 파급은 한강 유역권의 주거 문화 파급보다 비교적 늦은 시기에 이루어
진 것으로 보인다.

(4) 단계 설정

다음은 위와 같은 논의를 토대로 중부지방 원삼국시대 문화의 전개과
정을 살펴보려고 한다. 앞에서 살펴본 바와 같이 1990년대 이후에 원삼국
시대의 대규모 취락이 조사됨으로써 원삼국시대 주거 문화의 전개 과정을
체계적으로 정리할 수 있는 자료가 축적되었다. 그리고 이러한 자료 축적
에 힘입어 기존의 편년관이 수정, 세분되기도 하였는데, 그 골자는 중도식
무문토기의 단순기 설정으로 요약된다. 그러나 최근에 증가된 자료에도
불구하고 여전히 원삼국시대 초기 단계부터 중도식무문토기와 타날문토
기가 공존하는 것으로 파악하는 견해가 있다. 최병현(1998)에 의하면, 한
강 유역에 있어 중도식무문토기의 등장은 타날문토기의 존재를 전제로 하
고 있으며, 그 등장 시기는 서북한지방에 낙랑군이 설치될 무렵으로 파악
하고 있다. 그리고 타날문토기의 계통에 있어서는 한-낙랑계가 아닌 세죽
리-연화보유형문화임을 분명히 하고 있다.

그런데 낙랑군 설치 이전에 이미 서북지방의 움무덤에서 타날문토기의

일종인 배부른단지가 출토되고 있음을 감안할 때, 명사리식토기와 漢代 鐵
鏃만이 중부지방에 파급되었다고 보기는 힘들다. 더욱이 앞에서 언급한 바
와 같이 가평 대성리유적에서 출토된 타날문토기를 기원전 2세기 무렵으
로 파악한 견해를 감안하면, 기존에는 전국계 타날문토기 생산 체제가 한
사군 설치를 계기로 남한지역에 들어왔다고 보았지만, 현재는 타날문토기
생산 체제의 출현 상한을 굳이 한사군 설치에 맞출 필요가 없게 된 셈이다.

또한 박순발에 의해 단순기의 유적으로 파악되고 있는 주거지 가운데
영송리 3·4호 주거지와 하천리 2호 주거지는 주거 유형상 이른 단계의 것
이 아니며, 중도식무문토기만 출토된 주거지의 분석에서도 중도식무문토
기의 형식이 이른 단계가 아니라는 지적(유은식 2010: 57-58)도 있다.

한편, 시기에 따른 원삼국시대 토기 양상에 대해서는 기본적으로 중도
식무문토기가 감소하면서 타날문토기는 증가한다는 견해(박순발 1989:
37-38)에 원론적인 측면에서 동의한다. 그러나 실제 적용을 통해서 각 유
적들 간의 선후관계를 파악하는 데 있어서는 신중을 기할 필요가 있다. 가
령 분묘 출토품은 도굴되지 않은 이상, 분묘가 만들어질 당시의 고고학적
맥락을 그대로 유지하고 있는 것으로 판단할 수 있지만, 주거지 출토품은
폐기시의 맥락만을 간직할 뿐이어서 주거지 사용시의 토기 양상은 알 수
없는 형편이다. 따라서 박순발의 원삼국시대 유적의 상대서열이 정당성을
인정받기 위해서는 무엇보다도 각 주거지에서 출토된 유물들이 주거 점유
시의 고고학적 맥락을 그대로 유지하고 있는지 검증 작업이 반드시 이루
어져야 할 것이다.[30]

----

30) 일반적으로 화재주거지가 아닌 이상은 주민 移住 時에 일부 유물들을 가지고 이동할 가
능성이 높다. 이 때 원삼국시대 토기의 생산과 유통체계로 볼 때, 재산적 가치가 큰 것
으로 여겨지는 타날문토기가 당연히 포함될 것이라는 상황은 쉽게 짐작할 수 있다. 이
러한 점에서 단순기의 주거 유적으로 예시된(박순발 1998: 58) 하천리 2호, 영송리 3·4
호, 미사리 KC 3·8·10·20·22·88−1호 주거지의 폐기 원인이 화재에 의한 것이 아
니고 모두 자연 이주에 의한 것임은 주목해야 할 것이다.

한편 백제토기의 출현을 중도식무문토기의 하한으로 본 기존의 편년관을 중시하여 원삼국시대 후기를 전반과 후반으로 구분하였다(송만영 1999: 62-65). 그러나 최근 많은 자료가 축적되면서 중도식무문토기의 하한이 이보다 더 내려가며, 지역적으로 편차가 있어 영동지역에서는 5세기까지 지속된다는 견해(이성주 2010)도 있다. 이는 백제토기가 발생하였다고 하는 한강 유역의 주변 유적들에서도 중도식무문토기가 계속 사용되는 예들이 확인되고 있어 중도식무문토기의 출토만으로 원삼국시대와 한성백제기를 구분하는 근거는 없어진 셈이다. 따라서 기존에 필자가 중도식무문토기의 존재를 기준으로 원삼국시대 후기를 전반과 후반으로 구분하는 편년안은 폐기되어야 하고, 나아가서 중도식무문토기가 출토되는 유적 가운데 원삼국시대로 편년한 일부 유적들도 경우에 따라서는 한성백제기까지 내려갈 가능성이 있음을 먼저 밝혀둔다.

마지막으로 필자의 주거 유형을 토대로 한 편년안에 대한 비판도 있었는데, 현재의 자료로 볼 때, 편년관의 기본적인 골격에 대해서는 수정할 필요가 없다고 생각된다. 다만 주거 유형의 지속 기간이 지역 또는 유적마다 차이가 있고 이에 더하여 주거 유형의 복고적 경향이 있기 때문에(송만영 2009: 443) 주거 유형만으로 중도식 주거지를 편년할 수 있다고는 생각하지 않는다. 오히려 중도식 주거지의 변이를 줄일 수 있는 편년 방법은 중도식 주거지와 같은 개별 유구보다는 편년 단위를 취락으로 확장하고[31] 아울러 공반 유물을 함께 고려하는 것이 가장 적합한 방법이라 생각된다.

원삼국시대 전기는 I유형의 주거 단계이다. 이 단계의 주거지는 출입구 반대쪽 단벽이 직선적으로 처리되지만, 출입구 쪽 단벽은 시기에 따라 직선적인 것에서 곡선 또는 둔각상 꺾인 형태로 변화하는 양상을 보여준다. 이 단계의 유적으로는 하남 미사리 고려대 조사 구역을 비롯하여 가평

---

31) 취락을 편년 단위로 하더라도 동시성에 대한 검토는 편년의 전제 조건이다.

대성리, 철원 와수리, 춘천 신매리, 강릉 교항리, 동덕리, 강문동, 횡성 화전리유적 등이 여기에 속한다. 그리고 강릉 안인리 Ⅶ층 주거 유적은 전기 후반에서 중기 전반에 걸친 유적으로 생각된다.

먼저 영동지역권의 강문동 주거지는 구조상, 영동지역의 청동기시대 주거지와 유사할 뿐만 아니라, 출토 유물 또한 중도식무문토기들로만 구성되어 있어 영동지역에서 가장 이른 시기의 원삼국시대 주거지로 평가되고 있다(강릉대학교박물관 1997b). 유물은 직립구연호 3점, 외반구연호 9점, 유경식 외반구연호 1점 등 상당량이 출토되었는데 주거지가 화재에 의해서 폐기되었던 점을 감안하면, 주거지 내 출토 유물은 사용시의 고고학적 맥락을 그대로 유지했던 것으로 보인다. 그러나 격자문이 타날된 토기편들이 지표에서 채집되고 있기 때문에 이 단계에서도 역시 타날문토기는 사용되었을 것으로 추정된다.

동덕리 주거지는 자연 이주에 의해 폐기되어 전반적인 토기 양상을 파악할 수 없다. 그러나, 여기에서 출토된 중도식무문토기는 전체적으로 내경하는 구연부 끝이 살짝 직립하는 특징을 보이고 있어, 청동기시대 무문토기의 전통을 계승한 것으로 파악되고 있으며(강릉대학교박물관 1997b: 50), 강문동 주거지, 안인리 Ⅶ층의 1호, 2호 주거지, 교항리 주거지와 같은 이른 시기의 주거 유적에서 주로 출토되고 있어 시기를 파악하는데 어려움이 없다. 타날문토기는 소량의 동체부편만이 출토되어 분명치는 않지만, 모두가 격자문이 타날된 회백색 내지 회색의 연질토기로 안인리 Ⅶ층의 주거지 출토품과 동일한 것으로 파악되고 있다.

54%의 높은 주거 화재율을 보이고 있는 교항리 취락에서는 중도식무문토기의 출토량이 압도적으로 많으며, 그 중에서도 동덕리 주거지에서 출토된 것과 같은 심발형토기의 기종이 많은 것으로 알려져 있다. 타날문토기는 소량의 동체부편들만이 출토되었는데, 격자문 이외에도 승문이 타날되어 있는 점이 강문동, 동덕리 주거지 출토품과 차이가 있다. 기타 26호 주거지의 U자형 삽날을 포함하여 철기류 2점만이 출토되어 철기의 낮

은 출토 양상을 보여준다. 교항리 주거지의 연대에 대해서는 강문동 주거지보다는 다소 늦고 안인리 VII층의 주거지보다는 빠른 것으로 보면서 15호, 17호 주거지와 같은 일부 주거지들은 가평리 '凸' 자형 주거지와 동일 시기로 파악하고 있다(강릉대학교박물관 1998).

안인리 VII층의 높은 화재율을 보이고 있는 주거지에서는 중도식무문토기가 압도적으로 많이 출토되었고, 타날문토기는 1호, 2호, 21호 주거지에서 소량이 출토되었을 뿐이다. 타날문토기의 문양은 격자문뿐으로 강문동, 동덕리 출토 타날문토기와 동일하다.

이상과 같이, 영동지역의 연구자에 의해 편년된 유적간의 순서배열이 강문동→동덕리→교항리→안인리 VII층임을 알 수 있는데, 이는 필자의 주거 유형에 의한 순서배열과 일치하고 있다. 이 유적들에서 출토된 유물의 특징으로는 중도식무문토기에 비해 타날문토기의 출토율이 낮고, 중도식무문토기 기종 중에는 청동기시대의 심발형토기와 같은 재래적인 토기의 영향이 보이는 토기들이 출토되는 공통점이 있다. 또한 타날문토기의 문양은 격자문만이 타날되거나 격자문이 압도적인 양상을 보이며, 철기의 출토율이 무척 낮은 특징을 보이고 있다.

다음 한강 유역권의 미사리 고려대 조사 구역의 주거지들은 모두 자연 이주에 의해 폐기되었기 때문에 출토 유물에 의한 시기 추정은 다소 제한적이라 할 수 있다. 그러나 이 주거지들에서 출토된 철기류는 같은 시기의 영동지역보다는 상대적으로 많은 양이 출토되었을 뿐 아니라, 토기에 있어서도 영동지역과는 다른 양상을 보여주고 있다. 즉, 중도식무문토기의 기종에 있어 외반구연호의 출토율이 높으며, 상당히 발전된 구연부의 형태를 보이고 있다. 또한 타날문토기의 문양이 격자문 외에 승문의 비율이 높은 것도 차이점으로 볼 수 있다. 이러한 차이가 지역차인지 아니면 시기차인지 분명치는 않지만, 적어도 미사리 한양대-숭실대 조사 구역과 중도 유적에서 조사된 II유형의 주거지보다는 이른 시기인 것으로 판단된다. 한편 중복관계는 없지만, 고려대 조사 구역 내에서도 철기 및 타날문토기의 출토율을 기준으로 Ⅰa형 주거지 단계와 Ⅰb형, Ⅰc형 주거지 단계가 서로 구분될 가능성이 있다. 즉 중도식무문토기의 출토율이 압도적으로 높고 철기가 출토되지 않는 Ⅰa형 주거지(KC 009호, KC 020호)가 타날문토기의 출토율이 증가하거나 철기류가 상당수 출토되는 Ⅰb형, Ⅰc형 주거지(KC 88-1호, KC 008호, KC 010호, KC 014호)보다 이른 시기에 만들어진 것으로 생각된다.

남한강 유역의 화전리유적은 출토 유물에 대한 보고가 소략하여 출토 유물만으로 시기를 파악하기에는 어려움이 있다. 그러나 Ⅰ-철1호 주거지 출토의 무경식 철촉이 대략의 시기를 파악하는데 참고가 된다. 여기에서 출토된 철촉은 길이 3cm, 너비 1.5cm로 크기가 매우 작은 형식이다. 이와 비슷한 철촉은 미사리 고려대 조사 구역의 KC 014호 주거지에서 출토되었는데, 이것 역시 길이가 4.4cm, 너비 1.8cm로 작다. KC 014호 주거지의 주거 유형이 화전리 Ⅰ-철1호 주거지와 같은 Ⅰb②형임을 감안할 때, 동시기의 주거지일 가능성이 높다. 한편 무경식 철촉은 Ⅱb유형인 미사리 한-1호 주거지와 둔내 가-1호 주거지에서도 출토되었는데, 모두 Ⅰb유형의 주거지 출토 철촉보다 2배 가량 크다.[32)]

기타 철원 와수리유적은 한탄강의 지류에 위치한 유적으로 21호, 26호 주거지가 전기 단계의 주거지이다. 주거 유형은 Ⅰb형으로 이른 주거 유형에 속하며, 유물은 대부분 중도식무문토기이다. 21호 주거지를 파괴하고 만든 수혈 유구에서 승석문이 시문된 타날문토기가 출토되었지만, 주거지와의 시차는 알 수 없다. 또한 21호 주거지에서 출토된 필자 분류(송만영 2003)의 Ⅰa 시루편, 그리고 길이가 짧은 철촉 등으로 고려해 볼 때, 주거 유형과 출토 유물과의 차이는 없다. 보고자는 기원전 2세기 후반을

---

32) 둔내 가-1호 주거지 출토 철촉은 길이 6cm, 너비 2.4cm이며, 미사리 한-1호 주거지 철촉은 길이 8.4cm, 너비 2.3cm이다.

상한으로, 기원후 1세기 중반으로 편년하였다. 춘천 신매리 주거지 2기는 화재주거지로 이 가운데 20호 주거지에서 중도식무문토기만이 출토되었으나, 북쪽 저장공에서 타날문토기와 같은 소성의 무문양토기 1점이 출토되어 비교적 이른 시기의 유물 출토 양상을 보여준다. 이외에 춘천 천천리 121-16번지 3호, 6호 주거지, 춘천 신매리 54-4번지 1호, 4호 주거지도 전기 단계로 파악된다(유은식 2010: 50).

이상으로 중부지방 원삼국시대 전기의 주거 양상과 출토 유물에 대해서 살펴보았는데, 간단히 정리하면 다음과 같다. 원삼국시대 전기는 주거 유형과 출토 유물을 기준으로 전반과 후반으로 구분된다. 전반은 Ⅰa유형의 중도식 주거지 단계로 강문동 주거지와 미사리 KC 020호, KC 009호 주거지 등이 해당된다. 여기에서 출토된 토기는 대부분이 중도식무문토기이며, 철기의 출토율은 낮다. 후반은 미사리 고려대 조사 구역에서 조사된 Ⅰb, Ⅰc형의 주거지를 포함하여 철원 와수리, 춘천 신매리, 횡성 화전리, 강릉 동덕리, 교항리 주거지와 강릉 안인리 Ⅶ층의 일부 주거지들이 해당된다. 이전 시기에 비해 타날문토기가 증가하며, 철촉, 철도자, 낚시바늘, U자형 삽날과 같은 철기가 본격적으로 출토되기 시작한다.

전기 단계의 타날문토기 출토율은 매우 낮은데, 강문동, 동덕리, 교항리유적의 타날문토기 출토율[33]은 11~14% 가량이다. 연대는 강문동 하층인 흑회색니토층에서 출토된 목재에 대한 측정 결과, 2160±50B.P.(BC 360~BC 50), 2210±50B.P.(BC 390~BC 140) 등 비교적 이른 시기로 나와

----

33) 타날문토기 출토율은 보고서 내용을 토대로 하였는데, 발굴기관의 보고 유물 선정 기준이 일정치 않아 문제가 있을 수 있다. 가령 기형을 알 수 없어도 타날문토기 동체부편은 보고하는 것이 관례이지만, 중도식무문토기 동체부편은 보고하지 않기 때문이다. 따라서 보고서 내용의 타날문토기 출토율은 실제보다 조금 높게 나올 가능성이 있다. 다만 여기에서는 동일 기관에서 발굴한 유적의 경우 유물 선정 기준이 동일하다는 전제에서 타날문토기의 상대적인 출토율에 주목하고자 한다. 또한 재점유에 의해 유적의 존속 기간이 길지 않은 경우에는 유구뿐만 아니라 문화층, 지표채집된 유물까지 포함하여 타날문토기 출토율을 집계하였다.

영동지역 원삼국시대의 시작을 기원전 3세기 후반까지 소급한 견해(지현병 2001: 256)가 있다. 하지만 가평 대성리유적을 참고하면, 상한은 기원전 2세기 무렵으로 생각된다. 하한은 신매리(鄭然雨 2000: 91), 병산동 및 안인리 21호 주거지의 방사성 탄소연대 측정치[34]를 고려해 볼 때, AD 1세기 후반~말 무렵인 것으로 보인다. I c③형으로 분류되고 있는 안인리 2호 주거지 출토 낙랑토기가 AD 1세기 후반~2세기 초로 편년되고 있는 것(이성주 1991: 269)도 참고가 된다.

다음으로 원삼국시대 중기는 II유형의 주거지가 축조되는 시기이다. 이 시기의 주거지는 I 유형의 주거지에서 발전하여 출입구 반대쪽 단벽이 곡선 또는 둔각으로 처리되는 평면 형태를 보여주는 주거지이다. 이 시기의 유적으로는 하남 미사리 한양대-숭실대 조사 구역을 비롯하여 포천 영송리유적, 강릉 안인리 V층, 지경리유적, 하천리 F지구, 가평 대성리 등이 여기에 속한다. 그리고 횡성 둔내와 춘천 중도유적은 주거 유형이나 출토 유물을 고려해 볼 때, 중기 후반부터 형성된 유적으로 생각된다.

먼저 영동지역의 경우에는 안인리 VII층에서 II유형의 주거지가 새로 출현하나, II유형의 주거지가 본격적으로 등장하는 단계의 유적은 안인리 V층의 주거지 단계이다. 출토 유물에서 VII층의 주거지와는 큰 차이가 없으나, 중도식무문토기의 태토, 표면처리 수법, 소성도에 있어서는 차이가 있는 것으로 보고되었다(白弘基 1991). 그러나 여전히 중도식무문토기의 출토율이 높은 양상은 전기에 이어 지속된 것으로 보인다.

영송리유적은 1호, 2호 주거지만이 화재주거지이고 나머지는 자연이

----

34) 연대 차가 큰 횡성 화전리 II -철4호 주거지(1,755±65B.P.)를 제외하면, 신매리 7호 주거지: 1910±50B.P.(보정연대 AD 120), 2040±40B.P.(보정연대 BC 55), 신매리 20호 주거지: 1940±50B.P.(보정연대 AD 45), 병산동 3호 주거지: 2050±50B.P.(BC 180~AD 90), 병산동 10호 주거지: 2200±60B.P.(BC 380~BC 70), 병산동 33호 주거지: 2060±50B.P.(BC 180~AD 60), 안인리 21호 주거지: 2080±50B.P.(BC 130~AD 90) 등 균일한 수치를 보이고 있다.

주에 의한 폐기로 생각되기 때문에 주거지 출토품만 가지고 시기를 파악하는 데에는 어려움이 있다. 그런데, 영송리 주거지들은 공통적으로 남쪽에 돌출된 출입 시설이 갖추어져 있고, 모두가 근거리에 분포하고 있어 동일 시기의 취락으로 구성되었던 것으로 보인다. 그렇다고 할 때, 영송리유적의 시기를 파악하는데 있어 A지구에 매납된 원저단경호에 주목할 필요가 있다. 이 원저단경호는 경부의 곡선적 외반과 구연단의 처리 수법으로 볼 때, 안인리 V층의 27호 주거지(IIb②형)의 출토품보다 발달된 것으로 생각되는데, 이로 볼 때, 안인리 V층보다 약간 늦은 시기인 것으로 판단된다.

화전리유적에서는 모두 11기의 주거지와 함께 소형유구 5기가 조사되었는데, 주거지들은 대부분 I유형이고, I-철5호 주거지만이 IIb②형이다. 그러나 I유형의 주거지 가운데에도 I-철2호, II-철3호 주거지는 돌출된 출입 시설 반대쪽 벽면이 약간 둥글게 처리된 느낌이 들어 전기 후반에서 중기 전반에 걸친 유적으로 파악된다.

미사리 한양대-숭실대 조사 구역에서 확인된 취락의 전체 화재율은 70% 가량으로 주거지 출토 유물은 사용시의 고고학적 맥락을 반영하는 것으로 생각된다. 주거지의 형태는 모두가 IIb형으로 주거 유형만으로 보았을 때, 영송리 주거지보다 조금 늦고 중도 주거지와 동일 시기로 보인다. 출토 유물의 특징으로는 대형 타날문토기가 등장하게 되는데, 미사리 한-1호 주거지 출토의 타날문회색연질대호는 기고가 47cm 가량이다. 숭실대가 조사한 21호 소형유구 출토의 타날문토기편은 구연과 동체부 일부만이 남았지만, 기벽 두께가 1.3cm에 이를 정도로 대형이다. 특히 어깨 상면에는 박자흔이 돌려져 있는데 이러한 타날문토기는 중도 2호 주거지의 내부퇴적층에서 출토된 바 있다. 그런데, 중도 주거지에서는 미사리에서 보이지 않은 심발형토기, 난형호와 같은 새로운 기종들이 출토되기 때문에 시기적인 차이가 있는 것으로 생각되는데, 기존의 편년안에 의하면, 미사리 한-1호, 한-13호 주거지를 중도 주거지보다 이른 시기로 보고 있으며(이재현 1995: 47-54), 중도 1호 주거지가 IIb형이면서도 육각형으로 다소 발전된 형태를 보이기 때문에 중도 주거지가 보다 늦게 편년될 것으로 판단된다.

중도 주거지에서는 중도식무문토기와 함께 심발형토기와 난형호 등 백제토기의 조형으로 생각되는 타날문토기가 출토되었다. 이 토기들은 대부분 석립이 소량 섞인 "고운 점토질 태토"로 만들었으며, 황갈색 및 회갈색의 색조를 띠는 특징을 보여준다. 이러한 특징을 보여주는 토기는 둔내 가-1호, 가-2호, 나-3호, 나-4호 주거지에서 출토되었으며, 하천리 주거지(국립중앙박물관 1993: 106)에서도 출토된 바 있다.

한편, 둔내 주거지의 연대에 대해서 보고자는 같은 아궁이식 노지가 발견됨을 근거로 안인리 V층 주거지와 동일 시기로 파악하고 있으며, 특별히 근거를 제시하고 있지는 않지만, 중도유적도 같은 시기로 파악하고 있다(강릉대학교박물관 1997a: 103-105). 그러나 둔내 주거지에서 출토된 심발형토기, 난형호와 같은 타날문토기는 안인리 V층 주거지 출토의 타날문토기와 차이가 있으며, 노지 또한 같은 형태라도 영동지역에서 파급된 시차를 고려한다면, 안인리 V층 주거지보다 늦은 시기의 유적일 것으로 생각된다. 둔내 주거지와 중도 주거지의 상대연대에 있어서는 일반적으로 둔내 주거지를 토기 양상(박순발 1989: 45-46)이나 철기 양상(이재현 1995: 49-50)에서 보다 이른 시기로 보고 있다. 특히 철촉에 주목하여 둔내 주거지를 중도 1호 주거지보다 이른 시기로 파악하기도 하지만, 철촉만으로 연대를 비정하는 것은 많은 한계가 있는 것이며(이재현 1995: 53), 둔내 주거지에서도 중도 주거지 출토품과 유사한 심발형토기와 난형호가 출토되고 있기 때문에 동일 시기로 보아도 무리가 없는 것으로 보인다. 특히 두 유적의 주거 유형이 IIb형인 점을 감안하면, 시기를 달리 보아야 할 이유가 전혀 없다.

이상의 논의를 통해서 원삼국시대 중기 주거 유적은 주거 유형과 출토 유물을 기준으로 시기 세분이 가능한데, 정리하면 다음과 같다. 원삼국시대 중기 전반에는 안인리 Ⅶ층과 횡성 화전리유적의 일부 주거지와 안인리 Ⅴ층 주거지와 같이 Ⅰ유형의 주거지도 있지만; Ⅱ유형의 주거지가 처음 출현하는 단계의 유적들이 포함된다. 안인리유적에서는 점토띠식 노지 이외에도 새로이 아궁이식 노지가 조사되었다. 아궁이식 노지는 'ㄷ'자 모양으로 할석을 세우고 그 위에 뚜껑돌을 덮은 형태인데, 원삼국시대 중기 전반에 영동지역에서 처음 출현하여 중기 중반 이후로는 남한강 상류지역의 영서지역으로 파급된다. 횡성 둔내 나-2호 주거지를 비롯하여 단양 수양개 유적, 중원 하천리 F지구 등에서 아궁이식 노지가 조사되었다.

중기 중반의 유적으로는 횡성 중금리, 중원 하천리 F지구가 있으며, 상세한 보고는 없지만, 양양 지경리유적도 동일 시기로 판단된다. 또한 안인리 Ⅴ층 주거지 가운데 일부는 중기 중반에 포함되어 있다. 동일 시기의 한강 유역에는 하남 미사리 한양대-숭실대 조사구역의 원삼국시대 취락이 조성되었다. 조사가 전면적으로 이루어지지 않았지만, 주거지 4기와 더불어 소형유구, 굴립주건물지, 대형저장혈, 야외노지 등 다양한 유구들이 조사되었다. 이 취락은 한양대 1호 주거지에서 출토된 방제경의 존재로 보았을 때, 읍락의 중심촌이었을 것으로 추정되고 있다(권오영 1996b). 주거지들은 예외 없이 Ⅱb형인데, 이 가운데 방제경이 출토된 한양대 1호 주거지만이 돌출된 출입 시설의의 형태가 '呂'자형이다. 유적 조사 예가 충분하지는 않지만, 이 단계에 남한강 유역을 통하여 영동지역과의 문화 접촉이 있었던 것으로 보인다. 지경리유적에서 조사된 부석식 노지 역시 남한강을 통하여 영동지역으로 파급된 것으로 보인다.

중기 후반의 유적에는 춘천 중도와 횡성 둔내유적이 있다. 이 유적들은 Ⅱ유형과 Ⅲ유형의 주거지가 함께 조사되거나, Ⅱ유형과 Ⅲ유형의 과도기적 단계의 평면 형태를 보여주는 유적들이다. 중도에서는 2기의 주거지가 조사되었는데, 이 가운데 1호 주거지는 Ⅱb②형이나 출입부 반대쪽 벽면의 정점을 기준으로 벽선이 둔각상으로 펼쳐져 있어 Ⅲ유형에 가장 가까운 평면 형태로 보인다. 둔내유적에서는 두 차례에 걸쳐 모두 8기의 주거지가 조사되었다. II유형이 5기, III유형이 3기가 조사되었는데, 두 유형 사이에는 분포 지역, 화재 양상 등에서 차이가 있다. 기존에는 중기 후반의 유적으로 파악하였으나, III유형의 주거지 즉 육각형 주거지의 존재로 보았을 때, 중기 후반에서 후기 전반에 걸쳐 조성된 취락으로 수정될 필요가 있다.

중기 유적의 타날문토기 출토율은 화전리 및 가평리유적(국립문화재연구소 조사)의 경우 12~13%로 이전 시기에 비해 타날문토기 출토율에 있어 큰 변동이 없으나, 중금리, 둔내, 하천리 F지구에서는 20~22% 가량으로 증가된 수치를 보여준다. 특히 중도 1, 2호 주거지에서의 타날문토기 출토율은 35% 가량으로 매우 증가된 양상이다.

이러한 중기 유적들에서 얻어진 방사성 탄소연대측정값은 양양 가평리 1호 주거지가 1080±50B.P.(AD 880~1030), 2호 주거지는 2130±50B.P.(BC 360~30)이며, 양양 지경리 C-1호 주거지는 1540±50B.P.(AD 430~620) 등으로 편차가 심해 절대연대 설정에 큰 도움이 되지 못한다. 또한 하남 미사리 한양대 1호 주거지의 방사성 탄소연대측정값도 1730±50B.P.(AD 210~430)으로 신뢰하기 어렵다. 앞에서 언급했듯이 방사성 탄소연대측정값을 기준으로 전기 유적의 하한을 AD 1세기 후반~말 무렵으로 비정한 것이 크게 무리가 없다면 II유형 주거 유형의 출현은 이와 동 시기이거나 이보다 약간 이르게 볼 수 있을 것이다. 하한은 III유형 주거 유형의 출현과 밀접한 관련이 있기 때문에 육각형 주거지가 처음 등장한 횡성 둔내유적의 연대를 참고로 하면 2세기 후반~말 무렵으로 파악된다.

다음으로 원삼국시대 후기는 III유형의 주거지가 발생한 단계로 앞서 언급한 둔내유적을 비롯하여 여주 연양리, 양양 가평리유적(강릉대학교박물관 조사)이 포함되며 주거 유형은 알 수 없지만, 가평 이곡리, 마장리유적도 출토 유물로 볼 때, 원삼국시대 후기 유적이다. 한강 및 임진강 유역에서는 이천 효양산, 포천 성동리, 파주 주월리, 풍납토성 내 취락 유적 등이 동 시기의 유적이다. 기왕에 중도식무문토기의 소멸 시점을 기준으로 전반과 후반으로 세분하였으나, 이를 철회한다.

먼저 횡성 둔내유적의 가-3호, 나-3호, 나-4호, 나-5호 주거지들은 모두가 육각형 주거지로 분류되는데 내부에는 부석식 노지가 설치된 경우가 대부분이다. 여주 연양리 주거지는 III유형의 주거 형태가 중심을 이루고 있어 다른 주거 유적과 구별된다. 화재에 의한 폐기는 2호, 6호, 10호 주거지에서만 확인되고 11호, 12호 주거지는 화재를 입은 흔적이 없다. 특히 12호 주거지는 발달된 'ㅣ'자형 외줄 구들의 형태나 주거 유형에서 늦은 시기로 편년됨에도 불구하고 주거지 내부에서 소량의 중도식무문토기만이 출토되고 있어 자연이주에 의한 폐기로 파악할 수 있다. 그러나 화재 여부와 관계없이 6호, 10호, 11호 주거지에서는 심발형토기 내지 난형호가 출토되고 있기 때문에 동일 시기에 형성된 취락일 가능성이 높다.

이러한 기종의 토기들은 이미 둔내와 중도유적에서 출토된 바 있으며, 한성백제 전 기간 동안 사용되기 때문에 원삼국토기와 백제토기를 연결하는 중요한 고고학 자료이다. 앞에서 설명한 바와 같이 원삼국시대 중기 후반에 처음으로 출현하는 심발형토기와 난형호는 석립이 소량 섞인 "고운 점토질 태토"로 만들었으며, 황갈색 및 회갈색의 색조를 띠는 특징을 보여준다. 그런데, 백제 주거지에서 출토되는 심발형 및 장란형토기는 대개 적 갈색 내지 흑갈색을 띠는 연질토기로 주로 'ㅣ'자형 외줄 구들 주변에서 시루와 함께 출토되는데, 원삼국시대 토기와는 달리 작은 사립이 많이 섞인 "사질성 점토"로 만들었다. 이는 煮沸用器에 적합한 형태로 태토가 변화된 것을 의미하는데, 원삼국시대에는 중도식무문토기가 주로 煮沸用器의 역할을 한 것과 대조적이다. 이와 같이 심발형토기와 장란형토기가 중도식무문토기를 대신하여 자비용기로 등장하기 시작하는 단계는 여주 연양리 단계부터인 것으로 생각된다. 연양리 2호 주거지에서 출토된 심발형토기는 작은 석립과 운모가 다량 혼입된 사질성 점토로 만들었으며, 동체부에는 승문을 타날한 후, 횡선을 돌렸다. 원삼국시대의 심발형토기가 주로 동체부에 격자 타날되어 있는 점과 대조적인데 이러한 특징은 주로 백제의 심발형토기에서 보이는 것들이다. 이 외에도 연양리 6호 주거지 출토의 난형호, 심발형토기, 10호, 11호 주거지 출토 심발형토기 등은 태토에 있어 백제토기화한 것들이다. 따라서 자비용기로서의 백제토기는 원삼국시대 후기 무렵에 출현하는 것으로 보인다.

그리고 심발형토기와 난형호가 태토를 달리하면서 자비용기가 되는 계기는 'ㅣ'자형 외줄 구들의 발달로 중도식 노지를 대체하는 상황과 밀접한 관련이 있는 것으로 생각된다. 'ㅣ'자형 외줄 구들은 원삼국시대 이른 시기에도 존재하고 있었지만, 중도식 노지에 비해 많이 사용되지는 않았다. 이러한 초기의 'ㅣ'자형 외줄 구들들은 대개 파괴되어 원형을 파악할 수 있는 것들이 많지 않은데, 이는 초기의 'ㅣ'자형 외줄 구들이 구조적으로 결함이 있는 것을 반영하는 것이 아닌가 생각된다. 즉 초기의 'ㅣ'자형 외줄 구들들이 구조적으로 잘 무너지고, 그래서 자주 보수해야 하는 번거로움 때문에 주로 중도식 노지가 사용되었던 것으로 생각된다. 반면에 연양리유적의 11호와 12호 주거지에서의 'ㅣ'자형 외줄 구들은 거의 완벽에 가까울 정도로 잘 남아 있다. 특히 12호 주거지의 'ㅣ'자형 외줄 구들은 점토만으로 만든 것인데, 굴뚝부와 煙道의 천장 구조가 원형에 가깝게 잘 남아 있으며, 솥걸이부와 支脚 역시 완벽에 가까운 상태이다. 따라서 'ㅣ'자형 외줄 구들이 구조적으로 개선되면서 중도식 노지의 역할을 대신하게 되는데, 이 시기부터 'ㅣ'자형 외줄 구들에 적합한 자비용기의 개량이 이루어진 것으로 생각된다.

다음은 출토 유물을 통해 연양리유적의 연대를 파악하기로 한다. 보고자는 연양리유적의 연대를 'ㅣ'자형 외줄 구들의 형식이나 발달된 외반구연호, 그리고 경질토기의 증가 등을 근거로 3세기 중반에서 4세기 초에 두고 있다(국립중앙박물관 1998: 197). 그러나 한성양식의 백제토기가 출현하는 시기를 고려할 때, 약간은 상향 조정해야 한다고 생각된다. 앞에서 언급한 바와 같이 연양리 주거지에서 출토된 난형호는 원삼국시대 중기 후반부터 출현하기 시작하여 기형과 태토의 변화를 통해 백제토기로 등장하기 때문에 이의 기형 변화를 추적하다 보면, 결국 연양리 주거지의 연대를 찾을 수 있을 것으로 본다. 먼저 초기 형태의 난형호는 중도 1호, 둔내 가-1호와 나-4호 주거지 출토품을 꼽을 수 있다. 여기에서 출토된 타날문 토기는 아직은 난형호라고 부를 정도는 아니지만, 연양리 6호 주거지 출토 품과 기형상으로 가장 가까운 형태이다. 비교적 고운 점토질의 태토로 만든 연질 소성의 토기이며, 말각평저에 배부르지 않은 동체부, 그리고 경미하게 외반된 구연부가 특징이다. 동체부 전면에 승문이 타날되고 저부에는 승문이 교차 타날되거나 굵은 격자문이 타날된다. 그런데, 연양리 단계에 이르면 목부분이 좁아들어 상대적으로 배가 부풀고 저부는 둥근 바닥으로 바뀌는 기형상의 변화가 관찰된다. 그리고 구연부는 전 단계보다도 외반율이 더욱 더 커진다. 동체부 전면에는 승문을 교차 타날한 후, 횡선을 돌렸으며, 저부에는 격자문이 타날되어 있는데 전 단계와는 달리 석립이 많이 섞인 사질성 점토로 만든 것이 특징이다.

이와 같은 형태의 토기는 화성 마하리 Ⅰ기로 설정된 목관묘, 목곽묘 단계에서 심발형토기와 공반되고 있다. 마하리 Ⅱ기의 목관묘, 석곽묘 단계부터 난형호, 심발형토기와 함께 장란형토기가 출현하는 것으로 보아 장란형토기가 부장되기 이전 단계의 유적이라 판단되는데, 그 시기는 3세기 후반에서 4세기 전반으로 비정되고 있다(호암미술관 1998). 따라서 난형호와 심발형토기가 공반되는 연양리 6호 주거지의 연대는 마하리 Ⅰ기의 연대를 참고할 수 있다. 그러나 연양리 주거지에서는 출토된 난형호는 마하리의 출토품에 비해 다소 구형에 가깝고 구연부가 완만하게 외반되는 것에 비해, 마하리 목곽묘에서 출토된 난형호의 구연부는 축약을 이루면서 급격하게 외반되는 변화를 볼 수 있다. 최근 중도 1호 주거지의 연대를 3세기 전반까지 하향조정하는 경향을 감안하면(충남대학교박물관 1996: 97), 연양리의 연대는 3세기 전반에서 중반으로 좁혀질 수 있을 것으로 생각된다.

4세기 중엽부터 5세기에 걸친 주거 유적으로 보고된 이천 효양산 주거지는 기둥의 배치 양상으로 보았을 때, 돌출된 출입 시설이 있는 III유형의 주거지일 가능성이 높다. 주거지 내의 소량의 유물만으로는 시기 파악이 어려우나, 주변의 유물퇴적층에서 출토된 유물들이 참고가 된다. 효양산유적에서 출토된 토기는 심발형토기 기종이 주류이나, 기타 장란형토기, 고배, 삼족기, 직구광견호, 직구단경호, 광구장경호 등의 백제토기는 출토되지 않았다. 그런데 효양산유적에서 출토된 원형 多孔에 둥근 바닥을 가지고 있는 시루는 주로 원삼국시대 주거지에서 출토되고 평저의 동이형 시루는 몽촌토성과 같은 백제 초기의 유적에서 출토되는 것으로 보아 화성 마하리 I기보다는 다소 이른 것이 아닌가 생각된다. 특히 마하리 I기의 목곽묘에서 난형호와 함께 다량으로 공반된 연질평저소호는 중도 2호 주거지에서 출토되긴 하지만, 어깨가 둥글게 처리되면서 전체적으로 기고가 커진 것은 용인 수지 II-1호 주거지와 석촌동 3호분 동쪽 고분군의 대형토광묘에서 출토되기 때문에 효양산유적은 한성양식의 백제토기가 출현하기 직전 단계의 유적으로 생각된다.

각 유적에서의 타날문토기 출토율을 살펴보면, 여주 연양리 41%, 양양 가평리 43%, 가평 이곡리 46% 등으로 대체로 40% 내외이며 가평 마장리 유적만이 68%로 높은 수치를 보여줄 뿐이다(박순발 1989: 37). 이와 관련하여 화성 당하리 유적과 천안 장산리유적, 강화도 교동 대룡리 패총에서는 타날문토기의 출토율이 압도적으로 높아 85~91%에 이르는데, 타날문토기의 출토율이 2세기 말 내지 3세기 초를 시점으로 짧은 시간 내에 급속하게 증가한 것을 볼 수 있다. 부연하면, 대략 기원전 2세기 무렵부터 기원후 1세기까지 200~300년 기간 동안 타날문토기 출토율이 10%대에 못 미치던 것이 기원후 2세기대의 100년 기간 동안 20~30%대의 꾸준한 성장률을 보이다가 2세기 말, 3세기 초를 기점으로 약 50년 기간 동안 40~90%대에 이르는, 비약적으로 높은 출토율을 보여준다. 이는 결국 원삼국시대 후기 단계부터 토기 생산체제에 있어 중대한 변화가 있었음을 의미하는데, 專業化된 生産體制의 성립(이성주 1991: 280-286) 가능성을 추측케 한다.

특히 이 시기부터는 사질성 점토로 성형한 적갈색 연질의 타날문토기와 연질의 무문양토기 생산체제가 성립되면서 중도식무문토기를 대체해 나가는 것으로 보이는데, 이러한 상황은 풍납토성에서도 관찰된다. 풍납토성 최하층인 1층과 그 상부 2층의 토기 문화상에는 단절성이 관찰된다고 한다. 부연하면 1층에서는 중도식무문토기의 출토율이 74.4% 가량이었지만, 2층에서는 4.7%로 중도식무문토기가 급격히 감소하면서 연질의 타날

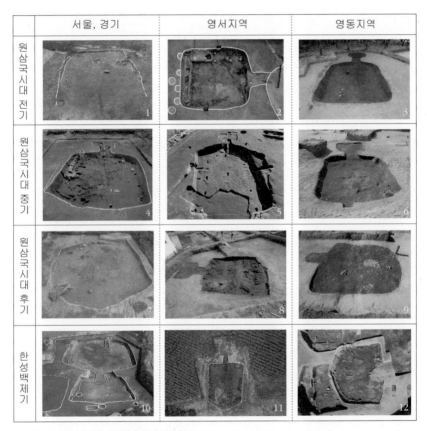

그림 24 중도식 주거지 지역별 변천도
1 개성 봉동읍 주거지, 2 춘천 율문리 1호 주거지, 3 강릉 동덕리 1호 주거지, 4 하남 미사리 A-1호 주거지(한양대), 5 가평 대성리 원14호 주거지, 6 강릉 안인리 19호 주거지, 7 여주 연양리 12호 주거지(국립중앙박물관), 8 횡성 둔내 2호 주거지, 9 양양 지경리 2호 주거지, 10 포천 자작리 2호 주거지, 11 정선 예미리 10호 주거지, 12 동해 망상동 2호 주거지

문토기와 무문양토기가 크게 증가한 것으로 나타나는데, 이는 시간적 공백이 있어서가 아니라 토기 문화의 급격한 변화를 반영하는 것으로 이해하고 있다(국립문화재연구소 2001; 523). 연대는 중기의 하한 연대를 참고하여 기원후 2세기 말이 상한이며, 하한은 백제토기가 출현하는 기원후 3세기 중후반을 하한으로 한다.

마지막으로 한성백제기는 백제 국가의 형성으로부터 풍납토성이 고구려에 의해 함락되는 시기까지의 매우 폭 넓은 단계로 3세기 중후반부터 475년까지이다. 기존 연구에서는 한성기 백제토기를 4세기 중반을 기점으로 한성 Ⅰ기와 Ⅱ기로 구분하고 있으나, 백제토기가 지방에 등장하는 시점에 낙차가 있어 편년 대안이 필요하다. 주거 유형에서의 변화는 원삼국시대에 이어 육각형 주거지가 한성백제기 전 기간에 걸쳐 조영되지만, 타원형 주거지와 장방형 주거지가 새로 출현하며, 마한계의 사주식 주거지가 원삼국시대 이래로 경기 서해 지역에 주로 분포한다. 그러나 원삼국시대 후기의 육각형 주거지들이 일반 구성원이 일반적으로 사용하고 있는 것과는 달리 한성백제기에는 위계와 관련되어 높은 신분층에 의해서만 사용된다. 또한 화성 발안리, 하남 미사리, 용인 고림동, 남양주 장현리유적과 같이 이 시기의 대형 취락 가운데 원삼국시대 이래로 장기 지속적으로 조성된 취락들이 있는 반면에, 대부분의 취락들은 이 시기에 조성되는 경우가 많다.

2) 마한계 주거지

중부지방 전체가 중도유형문화로 인식되었던 1990년대 이래로 점차 조사가 증가하면서 경기 남부에 중도유형문화와는 매우 이질적인 고고학 자료가 축적되어 갔다. 그것은 다름 아닌 사주식 주거지와 분구묘, 주구토광묘와 같은 무덤 자료이다. 본래 사주식 주거지와 분구묘, 주구토광묘 등의 자료는 호서, 호남지역에 광범위하게 분포하기 때문에 마한과 관련된 것으로 인식되어 상당히 많은 연구가 진척되었다.

경기 남부에서 동일한 자료에 주목하여 그 분포 범위와 종족과의 관련성을 언급한 것은 권오영(2009)의 연구가 시초이다. 그렇지만 이 주제와 관련된 논의는 사실 백제 중심의 관점에서 살펴본 것이었기 때문에 백제의 지방 지배에 초점이 모아졌다. 그럼에도 불구하고 이 연구의 학문적 성과를 토대로 여러 연구자들이 관련 연구를 발전시키는 계기가 되었다(車胤煥 2011; 박신명 2012). 다만 이 연구들에서 다루고 있는 주제가 매우 광범위하기 때문에 특정 자료의 시공간적 범위와 같은 기초적인 연구 주제들이 우선 해결되어야 할 것이라 판단된다.

이에 여기에서는 경기 남부 마한계 주거지의 변천 과정에 대해서 살펴보려고 한다. 이를 위해 먼저 마한계 주거지의 범주에 대해서 살펴보고자 한다. 즉 사주식 주거지를 일반적으로 마한계 주거지라고 이해하고 있지만, 이를 제외한 대다수 비사주식 방형 주거지의 소속 문제는 경기 남부 마한 지역의 주거 문화를 이해하는데 있어 선결 과제이기 때문이다. 또한 이러한 작업을 통해 마한계 주거지의 공간적 범위가 결정될 것이라 판단된다. 또한 마한계 주거지에서만 관찰되는 요소 가운데 시간성을 반영하는 취사, 난방 시설의 변화 과정을 통해서 경기 남부 마한계 주거지의 변천 과정에 대해서 살펴보려고 한다.

이 글에서 다루고자 하는 마한계 주거지의 공간적 범위는 한강 이남의 경기 남부에 한정하고자 한다. 물론 경기 북부에서도 고양, 파주 등 서쪽 지역에서도 마한계 주거지와 관련된 자료가 일부 확인되기는 하지만, 자료가 아직 충분치 않다. 또한 시간적 범위는 호서, 호남지역에 대한 연구와 동일하게 삼각형점토대토기 단계부터 한성백제기까지 이다. 그렇지만 일부 지역에서는 신라의 경기 남부 진출 이후에도 마한계 주거지가 잔존해 있기 때문에 이 시기까지 검토하기로 한다.

(1) 경기 남부 마한계 주거지와 공간적 범위

현재까지 알려진 경기 남부 지역의 마한, 백제 취락은 69개소에 이르며, 여기에서 조사된 주거지는 660기에 이른다.[35] 주거지의 평면 형태는 (장)방형, (타)원형, 오·육각형 이외에 중도식 주거지 전통을 가지고 있는 '몸'·'凸'자형 주거지 등이 확인된다. 이 가운데 (장)방형계 주거지가 가장 많은 비율을 차지하는데, 여기에는 말각방형 내지 말각장방형의 평면 형태를 띤 주거지들도 많이 포함되어 있다. 그렇지만 양자 사이에 큰 차이가 보이지 않기 때문에 같은 계통으로 파악된다. 평면 형태가 원형 또는 타원형인 주거지는 경기 남부에도 존재하지만, 그 비율이 높지 않다. 따라서 중도식 주거지와 육각형 주거지, 그리고 형태를 알 수 없는 주거지를 제외하면, 경기 남부의 마한계 주거지는 (장)방형 주거지와 (타)원형 주거지로 구분되며, 이 가운데 (장)방형 주거지의 비율은 97% 가량이다(표 23).

최근 화성-부천-김포를 연하는 선이 육각형 주거지와 사주식 주거지의 경계라는 주장이 제시되었지만(권오영 2009), 이를 소급 적용하여 원삼국시대부터 마한의 주거 문화와 중도식 주거 문화의 경계가 될 수 있는지는 검토가 필요하다. 왜냐하면 육각형 주거지가 중도식 주거지에 계보를 둔 것은 분명하지만, 경기 남부에서 중도식 주거지의 분포 맥락과 육각형 주거지의 분포 맥락이 다르기 때문이다. 따라서 경기 남부에서 중도식 주거

표 23 _ 경기 남부 평면 형태별 주거지

평면 형태	(장)방형		(타)원형	육각형	중도식	미상
	비사주식	사주식				
기수	24기(불명)		15기	45기	25기	46기
	428기	77기				

---

35) 한강변에 입지한 하남 미사리, 망월동 구월, 서울 암사동, 풍납토성, 몽촌토성, 방이동유적의 주거지는 집계에서 제외하였는데, 이 유적들까지 포함하면, 750여기를 상회한다.

지의 분포 양상을 먼저 살펴볼 필요가 있다.

현재까지 경기 남부에서 원삼국시대의 중도식 주거지가 출토된 유적은 성남 삼평동, 광주 장지동, 용인 고림동, 수원 서둔동, 화성 발안리 등이 있다. 이외에도 최근 평택 세교동유적에서도 32기의 주거지가 조사되었는데, 이 가운데 '凸' 자형 주거지가 다수 포함된 것으로 알려져 있다. 다만 유적의 중심 연대는 한성기에 해당되기 때문에 조사된 주거지 가운데 원삼국시대에 해당되는 중도식 주거지가 포함되어 있는지는 앞으로 검토가 필요하다. 위와 같이 중도식 주거지 분포 범위를 고려할 때, 중도식 주거지의 남한계선은 안성천 유역, 그리고 서한계선은 화성-수원을 연하는 범위일 가능성이 높다. 그러나 화성 당하리, 화성 고금산, 화성 청계리유적과 같이 안성천 유역의 북쪽과 화성-수원 라인의 동쪽 지역에서 원삼국시대의 비 중도식 주거지로 구성된 취락이 함께 공존해 있기 때문에 명확하게 그 경계를 구분하는 것은 어렵다. 다만 한강 본류로 유입되는 탄천과 경안천 유역에서는 원삼국시대까지 소급할 수 있는 마한계 주거지가 발견되지 않은 점, 또한 후술하겠지만, 이 지역의 삼국시대 주거지들 중에 마한계 주거지가 확인되지 않은 점(박신명 2012: 103)을 고려해 볼 때, 탄천과 경안천 지역이 중도식 주거지의 분포권 안에 포함되고 그 서쪽과 남쪽 지역은 마한계 주거지와 혼재한다고 할 수 있다.

그런데 문제는 어떤 특정의 주거지를 마한계 주거지로 볼 것인가 논의가 필요하다. 기왕에 사주식 주거지를 마한계 주거지로 보는 견해(金承玉 2004b)와 그 연장선상에서 경기 남부의 사주식 주거지를 마한계 주거지로 인식하는 연구자가 많다. 물론 사주식 주거지는 방형의 평면 형태에 네 벽면 모서리에 기둥구멍이 있는 형태를 지칭하지만, 연구자에 따라 벽구 시설과 점토 부뚜막을 중요한 특징으로 파악하기도 한다(金承玉 2004b; 鄭一 2006). 그렇지만 모든 조건을 만족하는 사주식 주거지는 많지 않기 때문에 네 벽면 모서리에 기둥구멍이 있는 방형 주거지를 사주식 주거지로 볼 수 있으며, 나아가서 이를 마한계 주거지로 파악해도 좋을 듯싶다.

또 하나는 사주식 주거지와 함께 조사된 비사주식의 방형 주거지를 마한계 주거지로 볼 수 있는가의 문제이다. (표 24)에서 보는 바와 같이 취락에서 사주식 주거지의 비율이 높은 경우도 있지만, 그렇지 않은 경우도 있다. 그렇지만 호서, 호남지역에서도 사주식 주거지와 비사주식 방형 주거지가 함께 조사되는 경우가 많기 때문에 이 역시 마한계 주거지로 인정해도 좋을 듯싶다. 하지만 여전히 해결해야 할 과제가 있다. 오산 내삼미동 유적과 같이 취락이 비사주식 방형 주거지만으로 구성될 경우에 이러한 주거지들이 마한계 주거지 범주에 속하는지 판단이 필요하다. 왜냐하면 한성기에 중도식 주거문화권의 백제 권역에서도 방형 주거지가 출현하여, 최하위 단위의 취락은 방형 주거지로 구성되기 때문이다(송만영 2010b: 105-106). 물론 주거지에서 한성중앙양식의 백제토기가 출토되면 백제주거지로 단정하는 것이 학계의 관행이었지만, 가옥 형태까지도 한성중앙양식을 그대로 수용했는지의 여부는 검토 대상이다. 이 부분이 한성기 중도식 주거문화권의 방형 주거지와 마한계의 비사주식 방형 주거지를 구분해야 하는 이유이다. 덧붙이자면 마한계 주거지란 마한의 주거 전통을 가진 주거지라는 의미이지 마한 주거지만을 의미하는 것은 아니다. 따라서 이러한 주거지에 백제토기가 출토되는 경우에는 마한계 백제 주거지로 표현하는 것이 보다 정확할 것이다.

결론부터 말하면 한성기 중도식 주거문화권의 방형 주거지와 마한계의 비사주식 방형 주거지를 구분하는 가장 중요한 지표는 취사, 난방 시설이라 판단된다. 최근의 조사 연구에 따르면 한강 유역에서 중도식 주거지와 한성기 백제 주거지의 취사, 난방 시설은 'ㄱ'자형 외줄 구들 → 'ㅣ'자형 외줄 구들 순으로 발생한 것으로 알려져 있는데(홍지윤 외, 2008), 특히 'ㅣ'자형 외줄 구들이 발생한 이후 'ㄱ'자형 외줄 구들이 급격하게 소멸한다. 물론 연구자에 따라 'ㅣ'자형 외줄 구들의 발생을 원삼국 후기(李丙勳 2011) 또는 한성 1기(박중국 2011)로 달리 보기도 하지만, 한성기 백제 주거지는 대부분 'ㅣ'자형 외줄 구들만이 사용되었다고 본다. 이와는 달

표 24 _ 경기 남부 원삼국~한성기 백제 주거지의 평면 형태(※ 출(출입 시설), 사(사주식))

번호	하천 (본류)	유적명	(장)방형 비사주식	(장)방형 사주식	(타)원형	육각형	중도식	미상	출전
1	서해도서	인천 운북동 5지구	1						한강문화재연구원 2012b
2		인천 중산동 3-7지역	1						중앙문화재연구원 2011
3		인천 중산동 8-3지역	7						중앙문화재연구원 2011
4		인천 중산동 4구역 23지점		1					한강문화재연구원 2012a
5		인천 운남동 A지구	2						한국고고환경연구소 2011
6		인천 운남동 B지구	3	1					한국고고환경연구소 2011
7	나진포천(한강)	인천 불로동 4구역	3						한국문화재보호재단 2007
8	봉성포천(한강)	김포 운양동 2-9지점	3						한강문화재연구원 2009
9	검단천(서해)	김포 학운리	1						한국문화재보호재단 2009
10		김포 양곡리 2-4 가구역	9(출1)	3					고려문화재연구원 2009d
11		김포 양곡리 2-4 나구역	14						고려문화재연구원 2009d
12		김포 마산리 3지점 나구역	4						고려문화재연구원 2012a
13		김포 마산리 3지점 다구역	2						고려문화재연구원 2012a
14		김포 구래리 2-1지점 b구역	1						고려문화재연구원 2009e
15		김포 양곡리 2지구	3					2	경기문화재연구원 2009c
16	서해	안산 신길동	1(출)		1	1		1	고려문화재연구원 2009g
17	보통천(서해)	시흥 조남동	4						중앙문화재연구원 2012
18		시흥 목감동	1	1(?)					중앙문화재연구원 2012
19	굴포천(한강)	부천 여월동				1			고려문화재연구원 2009f
20		부천 범박동	4		1				한울문화재연구원 2011
21	안양천(한강)	광명 소하동	4			1		1	한국고고환경연구소 2008
22		안양 관양동	4		1	2		4	고려문화재연구원 2012b
23	탄천(한강)	서울 우면동	3		1	1(?)		4	한얼문화유산연구원 2010b
24		성남 삼평동 21지점	16						고려문화재연구원 2009h
25		성남 삼평동 21-1지점	9						고려문화재연구원 2009h
26		성남 삼평동 21-2지점	1(?)				2		고려문화재연구원 2009h
27		성남 삼평동 23지점	1			1(?)			고려문화재연구원 2009h
28		용인 수지	4		1	1			한신대박물관 1998
29		용인 죽전동				2			토지박물관 2006
30		용인 보정리 소실	7						기전문화재연구원 2005b
31		용인 마북동	43			2			경기문화재연구원 2009d
32		용인 마북동 442번지	1						한국문화유산원 2008
33	경안천(한강)	광주 장지동	2			6	5	2	경기문화재연구원 2010a
34		용인 고림동	11			18	1	2	한신대박물관 2009c

35	서해	화성 장외리	2	4						겨레문화유산연구원 2012
36	발안천(서해)	화성 왕림리	9							숭실대박물관 2004
37		화성 왕림리 노리재골II		1(?)			1(사)		1	한신대박물관 2011
38		화성 당하리 I		1(출)						서울대박물관 2000
39		화성 당하리 II	1							한신대박물관 2004b
40		화성 마하리 23번지		1						이미선 2009
41		화성 마하리 33번지		2						서울대박물관 2005
42		화성 마하리	1		1					서울대박물관 2004
43		화성 발안리	22(출6)	4(출2)		1	4(사1)	14	9	기전문화재연구원 2007a
44	황구지천(안성천)	수원 서둔동	3					3		숭실대박물관 2010
45		화성 천천리	1							한신대박물관 2006
46		화성 고금산	1	2						서울대박물관 2002
47		화성 화산동	1							경기문화재연구원 2010b
51		화성 요리 270-4번지	10						4	한국문화유산연구원 2010
52		화성 요리 270-7번지	3	14(출1)					3	중부고고학연구소 2011
53		화성 소근산성	6							경기도박물관 2012
48	오산천(안성천)	용인 서천동 1지역 2구역	4		1				1	경기문화재연구원 2011a
49		용인 서천동 1지역 3구역	11							경기문화재연구원 2011a
50		용인 서천동 2지역 1구역	1							경기문화재연구원 2011a
54		용인 영덕리 14지점	1		1					경기문화재연구원 2010b
55		용인 영덕리 15지점	1							경기문화재연구원 2010b
56		용인 신갈동 3지점	4							한국문화재보호재단 2010
57		용인 기흥 구갈리	10				1		1	기전문화재연구원 2003a
58		용인 공세리	1	4						중앙문화재연구원 2005
59		화성 석우리 먹실	12	4	3					기전문화재연구원 2007b
60		화성 청계리	62	31	소수					강아리 2012
61		화성 감배산	37		3					경기대박물관 2006
62		오산 가수동	3							기전문화재연구원 2007c
63		오산 가장동 7지점	4							서경문화재연구원 2010a
64		오산 가장동 5-4지점	4							서경문화재연구원 2010b
65		오산 내삼미동(세교 2지구)	28(출1)						1	경기문화재연구원 2011b
66		오산 내삼미동	2	1						고려문화재연구원 2010
67		오산 외삼미동	6	1					10	한백문화재연구원 2011
68	안성천	평택 세교동 모산골	28(출3)	1		3				가경고고학연구소 2012
69		안성 도기동	3							중앙문화재연구원 2008b

리 호서, 호남지역의 마한계 주거지에서는 삼국시대 이후에도 부뚜막과 구들이 함께 사용된다는 점에서 차이가 있다. 더욱이 경기 남부와 가까운 호서지역의 경우에는 부뚜막형 취사, 난방 시설이 구들형 취사, 난방 시설보다 출현 시기가 빠르며, 한성기 후반에서 웅진기, 사비기로 가면서 점차적으로 구들형 취사, 난방 시설의 비율이 높아져 가는 경향을 보인다고 한다(李建壹 2011: 107-112). 또한 영남지역의 방형 주거지에서도 삼국시대 이후에 부뚜막 시설은 점차 소멸하지만, 구들은 영남 전역에 확산된다는 연구 결과(金羅英 2007)가 있다. 물론 연구자마다 용어 사용에 차이가 있어 'ㅣ'자형 외줄 구들을 부뚜막으로 명칭하는 경우가 많지만, 이에 대해서는 필자가 부뚜막 명칭의 부당성에 대해서 검토한 바 있기 때문에(송만영 2010c: 210) 재론하지 않겠다. 다만 호서, 호남지역과 영남지역에서의 부뚜막이란 'ㅣ'자형 외줄 구들을 의미하는 것이고, 구들은 'ㄱ'자형 외줄 구들로 이해되고 있기 때문에 이 지역들에서 취사, 난방 시설의 변화는 'ㅣ'자형 외줄 구들 → 'ㄱ'자형 외줄 구들로 파악하고 있는 점에서 중도식 주거문화권의 변화와는 차이가 있다.

이상에서 취사, 난방 시설의 큰 흐름은 중도식 주거문화권의 경우 'ㄱ'자형 외줄 구들 → 'ㅣ'자형 외줄 구들 순이지만, 호서, 호남지역의 마한계 주거지와 영남지역의 방형 주거지는 'ㅣ'자형 외줄 구들 → 'ㄱ'자형 외줄 구들 순으로 그 전개 과정이 달랐다고 할 수 있다. 따라서 사주식 주거지와 주구토광묘, 주구묘의 분포를 고려하여 경기 남부가 마한의 공간적 범위이었다고 한다면, 이 지역 주거지의 취사, 난방 시설은 당연히 호서지역 마한계 주거지의 그것과 유사하였을 것이고 이 부분이 한성기 중도식 주거문화권의 방형 주거지와 구분되는 근거이다.

이와 같은 관점에서 주목되는 것은 경기 서남부에 분포하는 주거지의 구들 시설이다. 주거지 후벽에 마련된 '짧은 ㄱ자형 구들'(이병훈 분류의 AIV식, AⅤ식)인데, 이러한 특징의 구들이 한성 2기에 출현하여 유행한 지역적 양식으로 파악되고 있다(李丙勳 2011: 111-113). 흥미로운 점은 이러한 구들들이 호서지역의 사주식 주거지 또는 비사주식 방형 주거지에서도 조사되었다는 점이다. 이와 같은 근거로 경기 남부의 사주식 주거지 이외에도 비사주식 방형 주거지이지만, '짧은 ㄱ자형 구들'이 설치된 주거지를 마한계 주거지로 파악하고자 한다.

한편 한성기 이후 경기 남부에서도 'ㄱ'자형 외줄 구들의 사용 비율이 늘어나기는 하지만, 여전히 'ㅣ'자형 외줄 구들이 사용되었다. 'ㅣ'자형 외줄 구들은 대부분 점토를 사용하여 양 축부를 만들었지만, 주거지 축조 시에 외줄 구들의 양 축부가 될 부분만을 굴토하지 않고 기반토를 축부로 사용한 경우가 있다. 부천 범박동유적 4지역 1호, 3호 주거지가 대표적인 예인데, '짧은 ㄱ자형 구들'인 AIV식 구들에서도 양 축부를 기반토를 이용해 만든 경우가 대부분이어서 이 역시 마한계 주거지의 한 특징으로 파악된다. 호서지역의 당진 성산리유적(충청문화재연구원 2011)에서 구들의 양 축부를 기반토로 만든 사례가 있다.

마지막으로 경기 남부에서 가장 이른 시기에 출현하는 노지는 청동기시대 노지와 같은 형태로 땅을 얕게 파거나 주거지 상면에 특별한 시설 없이 불을 지피는 방식이기 때문에 무시설식 노지라 부른다. 이러한 노지는 호서, 호남지역의 마한계 주거지뿐만 아니라 영남지역의 변·진한계 주거지에서 넓게 채용되는데, 점토띠와 부석, 바람막이 돌이 특징인 중도식 노지(송만영 2010c: 209)와는 구조적으로 큰 차이를 보인다. 노지의 출현 시기는 이르지만, 유적에 따라 한성기까지 사용되는 사례가 있기 때문에 방형계 주거지에서의 중도식 노지가 아닌 무시설식 노지의 사용 예가 마한계 주거지를 판별하는 기준이 될 것으로 판단된다.

지금까지 살펴본 바와 같이 무시설식 노지와 기반토를 이용한 'ㅣ'자형 외줄 구들, 그리고 '짧은 ㄱ자형 구들' 등이 경기 남부 마한계 주거지를 판별하는 기준이며, 이러한 주거지의 분포를 통해 마한계 방형 주거지의 분포 범위를 확인할 수 있을 것이다. (그림 22)는 경기 남부 지역에서 마한계 주거지의 분포 범위를 표시한 것으로 수원 서둔동, 화성 발안리유적을 제외하면, 대체로 중도식 주거지 분포 범위와 중복되지 않는다. 하천 유역 별로는 한강으로 유입되는 탄천, 경안천 유역에서는 중도식 주거지만이 분포하며, 그 남쪽의 안성천으로 유입되는 황구지천, 오산천 유역에서는 주로 마한계 주거지들이 분포한다. 또한 한강 유역으로 유입되는 하천이라 하더라도 서쪽에 위치한 봉성포천, 나진포천, 굴포천과 안양천, 그리고 서해로 유입되는 보통천, 발안천 유역이 마한계 주거지의 분포 범위이다. 따라서 위와 같은 마한계 주거지의 분포 범위를 토대로 다음 장에서는 경기 남부 마한계 주거지의 변천 과정을 살펴보고자 한다.

(2) 취사, 난방 시설의 형식 분류

일반적으로 원삼국~삼국시대 주거 형식을 분류할 때, 고려되어야 할 요소는 주거지의 평면 형태와 기둥 배치, 그리고 취사, 난방 시설이다. 이 가운데 주거지의 변화 과정을 가장 잘 반영하는 것이 취사, 난방 시설이다. 원삼국~삼국시대의 취사, 난방 시설은 크게 노지(A), 'ㅣ'자형 외줄 구들(B), 'ㄱ'자형 외줄 구들(C) 등으로 분류된다. 이 가운데, 'ㅣ'자형 외줄 구들과 'ㄱ'자형 외줄 구들은 평면 형태에 차이가 있을 뿐, 취사, 난방의 기능을 모두 가지고 있기 때문에 별도로 'ㅣ'자형 외줄 구들을 부뚜막이라고 부르지 않는다. 예컨대 (그림 25-3)과 같이 기존에 부뚜막이라고 표현한 취사, 난방 시설은 양 축부의 길이가 길기 때문에 구들로 분류될 것인데, 비록 양 축부가 짧더라도 부뚜막이라는 표현하는 것은 적절하지 않다.

노지(그림 25-1)는 평면 형태가 타원형에 가까운 것이 많으며, 규모는 장축 길이가 1m를 넘는 경우가 거의 없다. 대개 주거지 중앙의 후벽에 가깝게 설치된 경우가 많지만, 후벽에 잇대어 설치된 경우도 있다. 바닥 상면에 불을 지핀 평지식, 땅을 얕게 판 수혈식 등으로 구분되지만, 시간을 반영하는지는 분명하지 않다.

'ㅣ'자형 외줄 구들은 불을 지피는 연소부와 연기를 배출하는 배연부

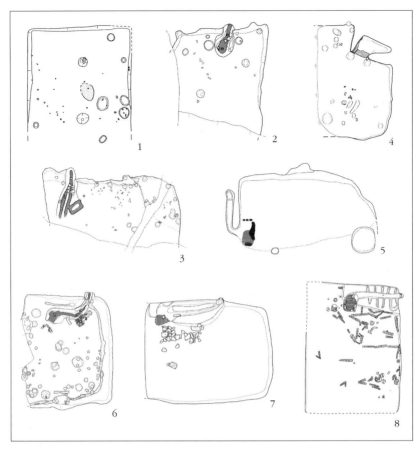

그림 25　마한계 주거지 취사, 난방 시설 형식
　　　　1 A식(인천 운북동 5지점 2호 주거지), 2 B1식(화성 석우리 먹실 8호 주거지), 3 B2a식(화
　　　　성 석우리 먹실 9호 주거지), 4 B2b식(안양 관양동 4-4지점 5호 주거지), 5 B2c식(부천 범
　　　　박동 2호 주거지), 6 C1a식(화성 석우리 먹실 7호 주거지), 7 C1b식(오산 내삼미동 세교 2
　　　　지구 삼11호 주거지), 8 C2식(오산 내삼미동 세교 2지구 삼16호 주거지)

로 구성되는데, 구들 축부의 재료에 따라 점토를 사용하여 만든 점토식
(B1)(그림 25-2))과 기반토를 이용하여 만든 기반토식(B2)으로 구분된다.
기반토식 'ㅣ'자형 외줄 구들은 아궁이를 만들기 위해 축부를 이루는 양
기반토 끝에 할석으로 봇돌을 만들고 할석과 기반토 사이를 점토로 메워
보강하였는데, 이러한 양상은 기반토를 사용하여 만든 C2식 구들에서도

동일하게 관찰된다. 기반토식 'ㅣ'자형 외줄 구들은 위치와 형태에 따라 B2a식과 B2b식, B2c식으로 세분된다. B2a식(그림 25-3)은 연소부와 배연부가 'ㅣ'자형으로 연결된다는 점에서 B1식과 같으며, 후벽의 중앙부 또는 후벽의 양 모서리에 설치되는데, 양 축부는 평행하다.

이와는 달리 B2b식(그림 25-4))은 주거지의 모서리에 설치되며, 양 축부가 직교되게 설치되어 'ㄱ'자형의 평면 형태를 보인다. 따라서 전체적인 모습은 뒤에서 설명할 C2식 구들과 매우 유사하기 때문에 향후 자료가 늘어나면 'ㄱ'자형 외줄 구들로 분류될 수도 있다. 다만 안양 관양동 4-4 지점 5호 주거지와 서울 우면동 2호 주거지에서 관찰되는 것처럼, 배연부가 매우 짧기 때문에 'ㅣ'자형 외줄 구들로 분류하였다. 사례가 2건에 불과해 세부 형식으로 삼기가 어렵지만, C2식 구들의 발생 과정을 보여주는 자료이다.

마지막으로 B2c식(그림 25-5)은 양 측벽 중앙에 연소부가 있고 주거지 외곽으로 측벽과 평행한, 긴 배연부를 설치한 것이다. 형식학적으로 B2a식, B2b식 구들과는 매우 다른 형태이지만, 외곽으로 돌출된 배연부와 주거지 내면 사이의 기반토를 한 쪽 축부로 사용하였기 때문에 'ㅣ'자형 외줄 구들로 분류하였다. 간혹 후술할 C2식 구들의 경우, 구들 높이까지 삭평되면, 주거지 어깨면은 평면에서 확인되지 않고 구들골만 확인되어 B2c식 구들의 배연부로 오인될 가능성도 있다. 따라서 (장)방형의 평면에서 외곽으로 돌출된 배연부가 확인될 경우에만 B2c식 구들로 인정한다.

'ㄱ'자형 외줄 구들은 평면 형태에 따라 구분된다. 먼저 C1식 구들(이병훈 분류의 AⅤ식)은 연소부, 고래, 배연부가 서로 직교하면서 연결되는데, 긴 고래만이 후벽과 평행하며, 짧은 연소부와 배연부는 후벽과 직교한다. 따라서 구들의 정확한 평면 형태는 'ㄷ'자형이다. C1식 구들 가운데 고래가 후벽에서 일정한 거리로 이격된 C1a식 구들[36](그림 25-6)과 후벽에 붙은 C1b식 구들(그림 25-7)로 세분된다. C1식 구들은 대부분 축부와 고래를 점토를 사용하여 만든다.

C2식 구들(이병훈 분류의 AIV식 구들: 그림 25-8)은 후벽에 직교한 연소부와 평행한 고래·배연부가 연결되는 구들로 전체적인 구들의 형태는 'ㄷ'자형을 띤다. 또한 축부와 고래둑을 만들 때 기반토를 그대로 이용한다. C2식 구들의 제작 공정은 3단계로 파악된다. 첫 번째 단계에서는 주거지 내부를 굴토하는 과정에서 후측벽 모서리에 주거지 어깨면보다 한 단 낮은 장방형의 단상을 남겨놓은 후, 두 번째 단계에서는 구들의 축부와 고래둑만을 남겨놓고 연소부와 구들골, 배연부를 굴토한다. 세 번째 단계에서는 아궁이 봇돌과 이맛돌, 지각, 구들장 설치 및 점토 마감으로 완성된다. 주거지 어깨면과 구들 상면의 높이 차가 있지만, 주거지 폐기 후에 단상까지 삭평될 경우, 주거지 평면 형태가 다소 부정형의 형태를 띤다. 또한 고래를 2개 설치한 경우도 많은데, 이를 염두에 두고 고래가 1개인 것과 2개인 것으로 구분하지만(이병훈 2011: 38-40), 현재의 자료 수준에서는 시차를 반영한다고 생각되지 않기에 구분하지 않는다.

(3) 취사, 난방 시설의 상대서열

앞에서 분류한 취사, 난방 시설의 변화 과정을 살펴보기 위해 노지, 'ㅣ'자형 외줄 구들, 'ㄱ'자형 외줄 구들 세부 형식의 발생 상대 서열을 파악할 필요가 있다. 따라서 이번 절에서는 취락별 취사, 난방 시설 세부 형식의 공존 관계를 살펴보고자 한다. 대개 취락은 여러 시간대에 걸쳐 조성된 주거지가 누적된 형태로 조사되기 때문에 동시성을 확보할 필요가 있다. 다행스러운 것은 경기 남부의 취락 가운데 구릉에 조성된 취락은 대부분 단기간에 걸쳐 조성된 경향이 높기 때문에 그다지 단계를 구분할 필요

---

36) C1a식 구들은 호서지역의 서천 봉선리, 부여 정동리, 부여 능산리 동나성 내외부 백제 유적 주거지에서 확인되었다.

가 없다. 다만 한 가지 유념해야 할 것은 이 지역에서 발견되는 구들 시설 대부분이 점토로 만들어졌고, 단기간에 걸쳐 사용될 경우 고래, 또는 축부가 주거지 폐기 이후 훼손될 가능성이 높기 때문에 조사 과정에서 이를 인지하지 못한 경우가 있다는 점이다. 이러한 경우 아궁이 부분에서 소토 흔적이 선명하게 남아 있기 때문에 노지로 보고되는 경우가 있지만, 보고서의 도면, 사진 자료만으로 이를 판별하기에는 어려움이 있다. 가급적 보고서에 기록된 조사자의 견해를 따르기는 하지만, 노지 가운데 일부는 구들 시설이었을 가능성이 있음을 밝혀둔다.

(표 25)는 경기 남부 마한계 단위 취락별 주거지의 취사, 난방 시설의 세부 형식의 공존 관계를 정리한 것이다. 취사, 난방 시설의 발생 순서를 찾기 위해 작성된 것이기 때문에 실제 표에서 정리한 상하의 유적 관계는 시간이 반영된 것은 아니다. 아무튼 큰 틀에서 보면 노지와 'ㅣ'자형 외줄 구들 세부 형식과의 친연 관계는 A식-B1식-B2식 등이나 발생 순서로만 본다면 A식→B1식→B2식 순서로 노지와 'ㅣ'자형 외줄 구들이 발생했을 가능성이 높다고 하겠다. B2a식, B2b, B2c식 구들 사이의 관계는 분명하지 않지만, B2a식 구들이 축부를 기반토로 사용하였지만, 기본적인 형태는 B1식 구들의 형태를 그대로 유지하였기 때문에 B2b, B2c식 구들보다 출현 시점은 다소 이를 개연성이 높다. 그렇지만, 일정 기간 공존했을 가능성이 높으며, 소멸 시점은 현재 자료만으로 순서를 가름하기가 어렵다.

'ㄱ'자형 외줄 구들 시설이 있는 주거지는 용인 서천동 1지역 2구역 사례를 제외하면 노지 시설이 있는 주거지와 공존한 경우가 없기 때문에 'ㄱ'자형 외줄 구들의 발생 시점은 'ㅣ'자형 외줄 구들의 발생 시점보다는 늦다고 할 수 있다. 'ㄱ'자형 외줄 구들 세부 형식은 C1식→C2식→C3식 순으로 발생한 것으로 판단되지만, 자료가 많지 않아 분명치 않다. 큰 흐름에서 'ㅣ'자형 외줄 구들과 같이 축조 재료의 변화가 보이는데, C1식(점토)에서 C2식(기반토) 구들의 변화를 보여준다.

한편 화성 석우리 먹실유적에서는 다양한 취사, 난방 시설이 설치된 주

표 25 _ 경기 남부 취락별 취사, 난방 시설

유적명	노지(A)	'丨' 자형 구들(B)				'ㄱ' 자형 구들(C)		
		B1	B2a	B2b	B2c	C1a	C1b	C2
인천 운북동 5지구	1							
인천 중산동 4-23지역	1							
인천 운남동 A지구	1							
인천 불로동 4구역	2							
김포 운양동 2-9지점	2							
김포 양곡리 2지구	5							
화성 청계리	46							
화성 감배산	11							
오산 내삼미동	1							
안성 도기동	1							
용인 영덕리 14지점	1							
용인 영덕리 15지점	1							
용인 신갈동 3지점	3							
김포 마산리 3지점 다구역	1	1						
안산 신길동	1	2						
용인 기흥 구갈리	2	3						
용인 공세리	2	1						
김포 마산리 3지점 나구역		1						
시흥 조남동		1						
시흥 목감동		1						
화성 당하리 I		1						
화성 당하리 II		1						
화성 마하리 23번지		1						
화성 마하리		1						
화성 고금산		1						
화성 화산동		1						
용인 서천동 1지역 3구역	1	7	1					
화성 왕림리		4						1(?)
서울 우면동	3	1	2	1				
안양 관양동		5		1				
용인 서천동 1지역 2구역	3		1			1(?)		
광명 소하동		3			1			1
부천 범박동			2		1			
인천 운남동 B지구						1		

화성 요리 270-7번지				4		
오산 외삼미동			1			1
화성 소근산성					1	1
오산 내삼미동(세교 2지구)					1	18
화성 석우리 먹실	7	1		2	2	

거지들이 확인되었는데, 이러한 주거지들이 중복된 상태로 조사되었기 때문에 구들의 세부 형식 간의 발생 순서를 살펴보는데 도움이 될 것이라 판단된다. 먼저 C1a식 구들이 설치된 7호 주거지를 C1b식 구들이 설치된 4호 주거지가 파괴하고 축조되었다. 또한 B1식 구들이 설치된 8호 주거지를 B2a식 구들이 설치된 9호 주거지가 파괴하고 축조되었으며, 8호 주거지의 남동쪽 모서리를 파괴하고 축조된 2호 주거지에서는 취사, 난방 시설이 B1식 구들에서 C1b식 구들로 개축된 흔적이 확인되었다. 개축 흔적은 4호 주거지에서도 확인되었는데, 동일하게 B1식 구들에서 C1b식 구들로 개축되었다. 따라서 B1식→B2a식, B1식→C1b식, C1a식→C1b식 구들 순으로 정리할 수 있을 것이다.

한편 앞에서 언급한 바와 같이 구들의 세부 형식과 축조 재료와의 상관관계는 매우 높다. 즉 B1식과 C1식 구들은 점토로 축조하였으나, B2식과 C2식 구들은 기반토로 축조하였다. 그런데 C1b식 구들이지만, 기반토를 사용한 사례가 오산 내삼미동 삼11호 주거지에서 확인된다. 이 주거지는 C2식 구들이 설치된 주거지와 함께 조사되었는데, C2식 구들이 설치된 주거지 가운데 삼1호, 삼2호 주거지에서는 신라토기들이 출토되었기 때문에 전반적으로 C1b식 구들의 발생 시점이 C2식 구들의 발생 시점보다 이를 개연성이 있다. 또한 기반토를 이용한 C1b식 구들은 점토를 사용하여 만든 C1b식 구들보다 이를 개연성이 있다. 이와는 다르게 점토와 기반토를 혼용해서 만든 C2식 구들이 화성 석우리 먹실유적 13호 주거지에서 확인되어 주목된다. 이 구들은 ‘ㄱ’자형의 두 줄 구들로 고래둑과 오른쪽 축부 가운데 고래둑과 평행한 부분은 기반토를 그대로 이용하였지만, 왼쪽 축부와 오른쪽 축부 가운데 왼쪽 축부와 평행한 부분은 점토를 사용하여 만들었다. 따라서 13호 주거지의 C2식 구들은 가장 이른 단계의 C2식 구들로 파악된다.

B2b식 구들은 주거지 모서리에 설치된 점, 직교하는 두 개의 축부를 가지고 있는 점, 그리고 기반토를 이용한다는 점에서 C2식 구들과 유사하다. 이러한 측면에서 발생순서가 C2식 구들과 동일 시기일 가능성이 있다. 그러나 사례가 많지 않은 이유 때문 인지 B2b식 구들과 C2식 구들이 함께 조사된 경우가 없다. 공존 관계로만 본다면, B2b식 구들의 영향을 받아 C2식 구들이 만들어졌을 것으로 추측된다. 또한 B2c식 구들은 사례가 많지 않기 때문에 다른 구들 형식과의 발생 상대 순서를 알 수 없다. 다만 부천 범박동유적에서 B2a식 구들이 시설된 주거지와 함께 조사되었으며, 광명 소하동과 오산 외삼미동유적에서는 C2식 구들이 설치된 주거지와 함께 조사되었다. 발생 시점은 알 수 없지만, B2a식 구들 단계부터 C2식 구들 단계까지 사용될 가능성이 높다.

이상에서 살펴본 바와 같이 취사, 난방 시설의 발생 순서는 A식→B1식→B2a식→B2b식→C2식, B1식→C1b식→B2b식→C2식, C1a식→C1b식 순 등으로 정리된다. 이외에 자료 부족으로 B1식 구들과 C1a식 구들의 발생 선후 관계는 알 수 없는데, 출토유물에서 B1식 구들이 이른 것으로 파악되었다. 이는 뒤에서 다시 설명하고자 한다.

⑷ 단계 설정

이상의 취사, 난방 시설의 형식별 발생 순서를 기준으로 하면, 경기 남부 마한계 주거지의 변천 과정은 크게 5단계로 구분되는데, 구체적인 연대 비정은 원삼국~한성기 백제토기에 관한 연구 성과를 참조하고자 한다. 먼저 1단계는 취사, 난방 시설로 노지만이 사용되는 시기이다. (표 25)의 단위 취락 가운데 노지만 확인되는 유적들이 많지만, 노지 시설의 존속 기간이 길 뿐만 아니라 노지로 파악했던 시설이 실제로 점토로 만들어진 구들일 가능성도 있기 때문에 실제 이 단계에 속하는 유적은 많지 않을 것이라 판단된다. 그렇지만 운북동 2호 주거지가 이 단계에 속하는 분명한 예이다. 장방형의 평면 형태에 중앙에 무시설식 노지가 설치된 주거지에서는 완형의 삼각형점토대토기와 분형토기, 철경동촉, 환두도자와 함께 세 꾸러미의 오수전이 출토되었다. 출토 유물의 성격에 대해서 다소 논란이 있지만 운북동 출토 유물을 기원전 1세기 전반으로 보는 견해(鄭仁盛 2012)를 참고하고자 한다.

2단계는 B1식 구들, 즉 점토로 만든 'ㅣ'자형 외줄 구들이 출현하여 노지와 공존하는 단계이다. B1식 구들의 이른 예는 화성 고금산유적 원삼국시대 2호 주거지인데, 金武重(2004) 편년의 원삼국 Ⅲ기(200~250년) 또는 김성남(2004) 편년의 원삼국 Ⅲ-2기(230~270년)로 편년된다. 중도식무문토기 심발을 제외한 대형 기종의 중도식무문토기가 소멸하고 타날문토기에서는 유경식 심발과 무경식 장란형토기, 원저 시루가 새로 출현하는 단계이다. 그런데 최근 이보다 이른 유물상을 보이는 시흥 목감동 1호 주거지에서 B1식 구들이 조사되었다. 평면 형태가 방형인 주거지 동벽 중앙부에서 아궁이 시설이 노출되었는데, 아궁이 외곽으로 점토를 둥글게 두르고 아궁이 중앙에서 지각으로 사용된 토기 저부가 노출되었다. 주거지 내부에서는 완형의 중도식무문토기 5점이 출토되었는데, 1점의 중도식무문토기 심발과 4점의 외반구연옹으로 구성된다. 타날문토기는 출토되지 않았다. 중도식무문토기 심발의 기형으로 보았을 때 김성남 편년의 원삼국 Ⅱ-2기(150~190년)에 속할 가능성이 높다. 따라서 이 연대가 1단계의 하한이자 2단계의 상한으로 파악되며, 하한은 3단계 C1a식 구들의 출현 시점을 고려할 때, 3세기 후반일 가능성이 높다. 이 단계에 속하는 대표적인 유적으로는 화성 청계리, 감배산, 인천 운남동 A지구, 화성 당하리 1유적 등이 있다.

3단계는 C1식 구들의 출현을 특징으로 한다. 세부적으로는 C1a식 구들 출현 단계와 C1b식 구들 출현 단계로 세분할 수 있으나, 현재의 자료로는 세분하기가 어렵다. 이 단계까지 노지가 취사, 난방 시설로 사용되기는 하나, 1, 2단계에 비해 그 수가 급격하게 줄어들고 대신에 B1식 구들 사용이 증가된다. C1a식 구들이 조사된 유적은 인천 운남동 B지구 KC-001호 주거지, 화성 요리 270-7번지 2호, 6호, 8호, 10호 주거지, 화성 석우리 먹실 6호, 7호 주거지 등이 있다. 이 가운데 운남동 KC-001호 주거지는 평면 말각방형의 주거지로 북벽 중앙에 C1a식 구들이 설치되어 있다.[37] 주거지에서 출토된 유물에는 소량의 중도식무문토기가 포함되지만, 경부가 뚜렷한 유경식 심발형토기와 장란형토기, 타날문 시루, 대옹, 유경호, 이형토기 등이 있다. 이 가운데 타날문 시루는 기형상 용인 구갈리유적의 옹관으로 사용된 시루와 유사한데, 박경신(2007: 540-562) 시루 편년의 Ⅱc기 (260~300년)에 해당된다. 주거지의 연대는 한성양식 토기의 출현과 관련된 것으로 보아 3세기 후엽으로 파악한 서현주(2010: 142)의 편년안이 참고된다. 길성리토성 내부에서 조사된 화성 요리 270-7번지 유적의 사주식 주거지들도 잔존 상태는 양호하지 않지만, 방형의 사주식 주거지에서 C1a식 구들 흔적이 관찰된다. 주거지에서는 소량의 중도식무문토기와 함께 심발형토기, 장란형토기, 시루, 동이형토기, 단경호, 대옹 등이 출토되었는데, 보고자에 따르면 대체로 4세기 전반으로 추정되었다(이후석 · 이혁희 2012). 석우리 먹실유적의 C1a식 구들 주거지는 이보다 다소 늦은 것으로 파악된다. 6호, 7호 주거지에서는 중도식무문토기가 출토되지 않았으며, 직구단경호 기종의 흑색마연토기와 유개고배, 직구호, 직구광견호, 꼭지 달린 뚜껑 등의 한성양식 백제토기 기종이 추가되는데, 보고자는 4세기 중반에서 후반 사이로 편년하고 있다(기전문화재연구원 2007b: 565).

----

37) 보고서에는 C1a식 구들에 대한 설명이 없었지만, 현장 책임자였던 서현주선생님의 전언에 따르면, 주거지 북벽 중앙에 소토화된 흙이 볼록하게 남아 있었다고 하는 점으로 미루어 C1a식 구들이었을 가능성이 높다.

C1b식 구들은 화성 석우리 먹실유적 2호, 4호 주거지, 화성 소근산성 2호 주거지, 오산 내삼미동(세교 2지구) 삼11호 주거지에서 확인되었다. 먼저 먹실유적의 2호, 4호 주거지에서는 직구단경호 기종의 흑색마연토기, 장란형토기, 고배 대각편, 뚜껑, 대옹 등이 출토되었는데, 동일 유적의 6호, 7호 주거지 출토 유물과 큰 시간 차이가 보이지 않은 점, C1a식 구들이 설치된 7호 주거지보다 늦게 조성된 점을 참고할 때 4세기 후반 무렵으로 추정된다. 소근산성 2호 주거지는 후벽의 좌측편에 배연부가 있어 우측편에 배연부가 있는 다른 C1식 구들과는 차이가 있다. 출토 유물은 유개고배, 직구광견호, 시루 외에 다양한 크기의 호 등이 있지만, 대부분 파편 상태로 출토되어 편년적 위치를 알 수 없다. 다만 기반토를 이용하여 고래둑을 만든 내삼미동 삼11호 주거지와 함께 4~5단계에 속할 가능성이 있다.

4단계는 B2식 구들의 출현이 특징으로 형식학적 변화와 중복관계를 고려할 때, B2a식→B2b식 순의 발생순서가 확인된다. 이 단계부터 주목되는 변화는 취사, 난방 시설을 점토가 아닌 기반토를 이용하였다는 점이다. 이러한 예는 당진 성산리유적(충청문화재연구원 2011)에서도 보이는데, 형태는 다소 차이가 있지만, 구들 축부와 고래둑을 기반토를 이용하여 만들었다. 또한 경기 북부의 파주 동패리유적(국방문화재연구원 2010a)과 다율리유적(국방문화재연구원 2010b)에서도 기반토를 이용하여 축부를 만든 'ㅣ'자형 외줄 구들이 조사되었다. 기반토를 사용한 구들이 경기 남부에 집중된 점으로 미루어 경기 남부에서 발생하여 주변 지역으로 파급되었을 가능성이 있다.

B2a식 구들은 부천 범박동유적 1호 주거지만이 주거지 모서리에 시설될 뿐, 나머지는 모두 벽면 중앙부에 시설되었다. B2b식 구들이 주거지 모서리에 시설된 점을 감안할 때, B2a식 구들이 벽면 중앙에서 모서리 방향으로 이동했을 가능성이 있지만, 분명하지 않다. B2a식 구들의 가장 빠른 예는 화석 석우리 먹실유적의 9호 주거지이다. 다른 구들과는 달리 양 축부 사이에 고래둑을 두어 마치 'ㅣ'자형의 두 줄 구들처럼 만들었다. 구들

축부와 고래둑은 기반토를 모체로 점토를 덧붙여 만들었는데[38], 이러한 점은 서울 우면동 1호, 4호 주거지에서 관찰된다. 즉 이 단계의 구들은 점토를 쌓는 방식이 아니라 기반토를 깎는 방식으로 제작하였을 터인데, 그 과정에서 훼손된 부분을 보완하거나 석재 봇돌과의 연결부에는 점토로 보완했을 가능성이 높은 것이다. 9호 주거지는 중복관계에서 점토 구들(B1식)이 설치된 8호 주거지와 점토 구들(C1b식)이 설치된 2호 주거지를 파괴하고 설치되었지만, 유물상에서는 큰 차이를 보이지 않는다. 보고자는 9호 주거지의 연대를 2호, 6호, 7호보다 늦게 보기 때문에 4세기 후반 이전으로 소급하기 어렵고 또한 주거지 형성층(하층)보다 늦게 조성된 상층의 연대가 4세기 후반~5세기 전반인 점을 감안할 때(기전문화재연구원 2007b: 566), 4세기 후반이 B2a식 구들의 가장 안정적인 발생 시점이자 4단계의 상한이 된다.

B2c식 구들은 양 측벽 중앙에 아궁이가 있고 주거지 외곽으로 측벽과 평행한 긴 배연부를 설치한 것이다. 부천 범박동 4지역 2호 주거지, 광명 소하동 KC-003호 주거지, 오산 외삼미동 3호 주거지 이외에 평택 세교동 1지점 4호 주거지에서도 동일한 형식의 구들이 조사되었다. 이 구들은 B2a식 구들과 함께 조사되기도 하지만, 5단계의 C2식 구들과도 함께 조사되는 사례가 있어 4~5단계에 유행했던 것으로 보인다.

5단계는 C2식 구들의 발생이 특징으로 노지는 확인되지 않으며, 점토 구들(B1식)도 극히 일부 유적에서만 관찰된다. C2식 구들은 후측벽 모서리에서 설치된 점, 그리고 각 벽면에서 직교된 기반토 축부 등으로 볼 때, B2b식 구들과 유사하다. 다만 차이가 있다면 B2b식 구들에는 고래 길이가 매우 짧다는 점이다. 따라서 C2식 구들은 B2b식 구들의 영향을 받아 발생했을 가능성이 높다.

---

38) 발굴보고서에는 점토를 이용하여 부뚜막 축부를 만들었다고 기록되어 있으나, 현장책임자인 박경신선생님의 전언에 따르면 기반토에 점토를 보강하여 만들었다고 한다.

이 단계에는 C1b식의 구들이 함께 조사되기도 하지만, 구들 진행 방향이 다르거나(소근산성 2호 주거지), 점토 대신 기반토를 사용하여(오산 내삼미동 삼11호 주거지), C1b식 구들의 본래 특성이 크게 변형되었다. C2식 구들이 집중적으로 조사된 유적은 오산 내삼미동(세교 2지구)유적이다. 이 유적에서는 모두 18기의 주거지에서 C2식 구들이 확인되었는데, 이 가운데 두 줄 고래가 설치된 주거지는 5기이다. 또한 일부 고래에 가지고래를 엇갈리게 배치하여 구들 전체에 고른 열을 전달할 수 있도록 하였다. 출토 유물은 장란형토기, 심발형토기, 시루, 대형의 호 또는 옹 기종과 함께 고배의 출토율이 높다. 기타 병, 광구장경호, 파수부발, 대부배, 광구소호 등의 기종이 포함된다. 보고자는 장란형토기가 단경호처럼 동체부가 둥글고, 경부가 좁아지는 장동호로 변화하는 점, 자비용기에서 보이는 구연부의 제작방법 등을 한성기 백제토기의 늦은 요소로 파악하여 5세기 중·후반이후로 편년하였다(진수정 2011: 511-512).

이외에도 C2식 구들이 조사된 유적은 광명 소하동 KC-006호, 화성 소근산성 3호, 오산 외삼미동 4호, 오산 가장동 5-4지점 2호 주거지 등이 있다. 이 가운데 유물이 출토되지 않은 외삼미동 4호, 보고서가 간행되지 않은 가장동 5-4지점 2호 주거지의 편년적 위치는 알 수 없다. 소하동 KC-006호에서는 후벽과 직교된 축부가 없지만, 단축과 직교된 기반토가 구들의 축부와 고래둑 역할을 하기 때문에 C2식 구들로 분류된다. 주거지 내부에서 장란형토기, 심발형토기 등의 자비용기만이 출토되었지만, 함께 조사된 다른 주거지들의 출토 유물과 탄소연대 측정치를 근거로 4세기 후반에서 5세기 초·중반 경으로 편년되었다(이수진 2008: 56-57). 소근산성 3호 주거지에서는 심발형토기, 유경호, 고배, 뚜껑, 개배, 직구광견호, 대옹 등이 출토되었지만, 구체적인 연대 제시는 없다. 현재의 백제토기 편년 연구, 특히 한성 II기의 세부 편년이 정치하지 않아 C2식 구들의 발생 시점을 파악하는 데에는 어려움이 있다. 따라서 잠정적으로 5세기 중엽으로 이해하고자 한다.

한편 오산 내삼미동 삼1호, 삼2호 주거지에서 C2식 구들이 조사되었지만, 고배, 완, 단경호, 소옹, 동이 등의 신라토기가 출토되었다. 또한 오산 가수동유적의 신라 주거지 가운데 VI-8호, VI-9호 주거지 내부에 C2식 구들이, 그리고 II-6호, VI-4호 주거지 내부에는 B2c식 구들이 시설되었다. 따라서 C2식 구들과 B2c식 구들이 시설된 마한계 주거지가 신라 진출 이후에도 지속적으로 조영되었을 가능성이 높다고 할 수 있는데, 구체적으로 7세기 후반 무렵으로 추정된다.[39] 다만 현재 자료로는 이러한 마한계 신라 주거지가 오산천 일부에서만 관찰되기 때문에 경기 남부 전체로 확대 적용할 수 없다고 생각된다. 따라서 5단계는 백제토기가 출토되는 5-1단계와 신라토기가 출토되는 5-2단계로 세분하고자 한다. 이상의 내용을 정리하면 (그림 26)과 같다.

---

39) VI-4호 주거지에서 출토된 종장점열문이 시문된 인화문토기 뚜껑의 연대를 참고하였다(이후석 2007: 285).

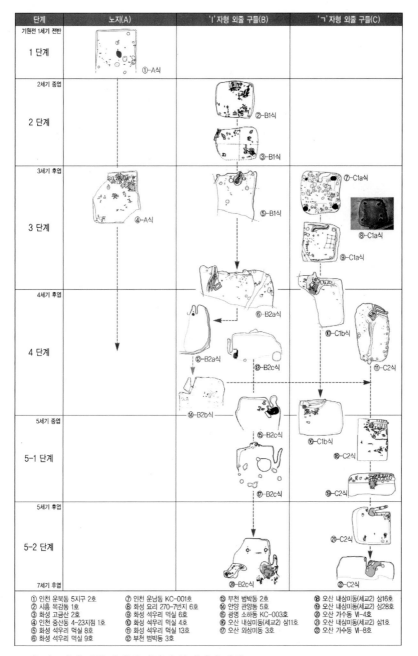

단계	노지(A)	'I'자형 외줄 구들(B)	'ㄱ'자형 외줄 구들(C)
기원전 1세기 전반 1 단계	①-A식		
2세기 중엽 2 단계		②-B1식 ③-B1식	
3세기 후엽 3 단계	④-A식	⑤-B1식	⑦-C1a식 ⑧-C1a식 ⑨-C1a식
4세기 후엽 4 단계		⑥-B2a식 ⑫-B2a식　⑬-B2c식	⑩-C1b식 ⑪-C2식
5세기 중엽 5-1 단계		⑭-B2b식　⑮-B2c식 ⑰-B2c식	⑯-C1b식 ⑱-C2식 ⑲-C2식
5세기 후엽 5-2 단계 7세기 후엽		⑳-B2c식	㉑-C2식 ㉒-C2식

① 인천 운북동 5지구 2호　⑦ 인천 운남동 KC-001호　⑬ 부천 범박동 2호　⑱ 오산 내삼미동(세교2) 삼16호
② 시흥 목감동 1호　⑧ 화성 요리 270-7번지 6호　⑭ 안양 관양동 5호　⑲ 오산 내삼미동(세교2) 삼28호
③ 화성 고금산 2호　⑨ 화성 석우리 먹실 6호　⑮ 광명 소하동 KC-003호　⑳ 오산 가수동 Ⅵ-4호
④ 인천 중산동 4-23지점 1호　⑩ 화성 석우리 먹실 4호　⑯ 오산 내삼미동(세교2) 삼11호　㉑ 오산 내삼미동(세교2) 삼1호
⑤ 화성 석우리 먹실 8호　⑪ 화성 석우리 먹실 13호　⑰ 오산 외삼미동 3호　㉒ 오산 가수동 Ⅵ-8호
⑥ 화성 석우리 먹실 9호　⑫ 부천 범박동 3호

그림 26　경기 남부 단계별 마한계 주거지의 변천

Ⅲ.
주거 유형과 취락의 구조

1. 주거 유형

1) 주거 유형의 변화

　주거 유형은 사람들이 가옥에 거주하는 방식을 의미하기도 하지만, 여기에서는 가옥의 평면 형태에서부터 기둥의 배치 방법, 난방 시설 등을 한정하는 의미로 사용하고자 한다. 물론 이와 같은 주거 유형은 지역차와 함께 시간차를 반영하는 경우가 많지만, 초기 국가가 형성되는 무렵에는 집단성과 더불어 계층성을 반영하기도 한다. 또한 주거지에 남겨진 증축 사례를 통해 출산에 따른 인구압을 극복하는 방식이 어떠하였는지를 살펴볼 수 있기도 한다. 따라서 여기에서는 청동기시대부터 원삼국시대까지 주거 유형의 특징과 변화 과정에 대해서 살펴보고자 한다.

(1) 청동기시대~초기철기시대

　먼저 남한지역에서 조사된 청동기시대 주거 유형의 분류는 초기의 평면 형태에 의한 분류에서 벗어나 다양한 기준이 제시되었으나, 일반적으로 (장)방형계 주거지와 송국리식 주거지로 크게 분류하고 있다. 최근에는 송국리식 주거지 조사가 급증하면서 타원형 구덩이와 주공 배치를 기준으로 좀 더 자세한 분류안이 제시되었는데, 이를 토대로 '휴암리형', '검단리형'(안재호 1992: 28), '대구형'(유병록 2000) 등의 주거형이 설정되기도 하였다. 또한 (장)방형계 주거지 역시 대형주거지의 성격에 따라 '본촌리식', '관산리식'으로 분류되거나(안재호 1996: 54-59), 주거지의 장단비, 노지의 형태 및 위치, 주공 배치에 따라 '미사리식', '둔산식', '관산리식', '흔암리식', '송국리식'(안재호 1996; 2000: 48), '둔산-용암유형'(한국문화재보호재단 2000a)으로 분류되었다.

여기에서는 위의 주거 유형 분류안을 토대로 남한지역 청동기시대 주거 유형을 분류하되 문화 계통을 중시하여 크게 미사리식, 둔산식, 흔암리식, 송국리식으로 대별하고자 한다. 먼저 미사리식 주거지는 방형 내지 장방형의 평면 형태로 노지가 중앙축선의 중앙에서 약간 단벽 쪽에 위치한다. 노지는 石床圍石式으로 둔산식 주거지가 土壙圍石式인 것과 차이가 있다. 노지의 평면 형태도 토광위석식이 (장)방형인 것에 비해 주로 (타)원형을 이룬다. 기둥은 벽가에 돌아가면서 설치된다.

둔산식 주거지는 기둥 배치에 따라 둔산 1柱列式과 둔산 2柱列式으로 세분된다. 둔산 1柱列式은 주거지 장축선의 중앙을 따라 1열의 기둥이 배치된 것으로 장단비 2:1 이상의 세장방형이 많다. 토광위석식 노지만이 설치되며, 초반을 기둥 받침으로 사용하기도 하지만, 주공을 사용한 예가 많다. 출입구는 노지 반대편 단벽에 위치하며 출입구 우측에 주로 저장공이 설치되는데, 후술할 둔산 2柱列式과 동일한 양상을 보인다. 둔산 2柱列式은 장축선을 따라 2열의 기둥이 배치된 것으로 장단비 2 : 1 이하의 장방형이 많다. 주로 토광위석식 노지만이 설치되지만, 노지가 설치되지 않은 주거지도 있다. 기둥 받침은 초반이 많고 주공 바닥에 초반을 설치한 예가 있다.

흔암리식 주거지 역시 기둥 배치에 따라 두 가지 유형으로 세분된다. 흔암리 1柱列式은 기둥 배치가 둔산 1柱列式과 동일하며, 세장방형과 장방형의 평면 형태가 많다. 토광식 노지가 주로 사용되지만, 일부 위석식 노지가 사용되기도 한다. 기둥 받침은 대부분 주공이다. 혼암리 2柱列式은 둔산 2柱列式과 기둥 배치 방식이 동일하지만, 토광식 노지만이 중앙 축선상에 설치된다. 장방형 내지 방형의 평면 형태가 많으며 기둥 받침은 대부분 주공이다.[40] 울산식 주거지는 혼암리 2柱列式에서 발전하여 보다 정형화된 지역적 주거 유형이다.

송국리식 주거지는 주거지 내부에 타원형 구덩이와 함께 주공이 배치된 것을 지칭하지만, 타원형 구덩이가 퇴화하여 주공과 같은 크기의 원형을 띠거나, 타원형 구덩이 자체가 소멸된 "대구형" 송국리식 주거지도 포함된다. 평면형태상 크게 (장)방형계와 (타)원형계로 세분되는데, 대체로 (장)방형계에서 (타)원형계로의 변화 과정이 관찰된다.

다음으로 시기별 주거 유형의 변천 과정을 살펴보면 청동기시대 전기 전반에는 미사리식 주거지와 둔산 1주열식, 둔산 2주열식 주거지가 축조되는데, 출현 시기는 미사리식 주거지 → 둔산 1주열식 주거지 → 둔산 2주열식 주거지 순인 것으로 알려져 있다.

중부지방에서는 미사리식과 둔산식이 공존하긴 하지만, 서부 내륙 지역에서는 무시설식 노지 또는 토광형 노지가 사용되는 지역적 특징이 관찰되고 있으며, 영서지역에서는 석상위석식 노지와 위석식 노지가 혼재된 양상을 보인다. 특히 홍천 외삼포리, 철정리 II지점 유적의 주거지는 위석식 노지에 2주열의 초반이 있는 둔산 2柱列式이지만 각목돌대문토기가 출토되고 있어 상당히 복잡한 양상을 보여주고 있다. 전반적으로 노지는 석상위석식에서 위석식으로 변화되어 갔을 가능성이 높지만, 상당 기간 공존되었을 가능성도 있다. 그러나 이러한 지역적 차이에도 불구하고 두 주거 유형 모두 평면 형태가 방형 내지 장방형으로 가평 연하리 1호 주거지

---

40) 혼암리유형 단계의 주거지에서 혼암리 12호 주거지와 같은 3柱列式의 기둥 배치가 관찰되지만, 그 유례가 많지 않기 때문에 여기에서는 논외로 한다.

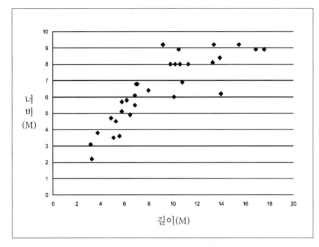

그림 27 중부지방 청동기시대 초기 주거지 장단비

를 제외하면 장단비가 모두 2:1 이하인 점이 공통적인 특징이다(그림 27). 또한 규모가 대형에 속하는 주거지조차도 노지 1기만을 사용한 예가 많고 주거지 내부 공간을 분할한 흔적이 거의 없는 점으로 미루어 여러 세대의 구성원이 공동생활했던 것으로 파악된다. 다만 각 세대 간의 관계가 혈연을 기반하고 있는지는 알 수 없다. 한편 두 주거 유형의 주거지에서는 증·개축 흔적이 거의 발견되지 않은 점도 특징이라 할 수 있는데, 출산에 따른 인구압이 반영되지 않을 정도로 단기적인 점유를 한 것인지, 아니면 분가를 한 것인지는 분명치 않다.

전기 중·후반에는 호서지역의 경우 앞 시기에 이어 둔산 1주열식 및 둔산 2주열식 주거지가 계속 축조되며 중부지방에서는 흔암리식 주거지가 출현한다. 흔암리식 주거지의 계보에 대해서는 둔산식 주거지의 영향으로 파악한 바 있으나(송만영 2001a: 86), 중부지방의 서부 내륙 지역에서 그러한 증거는 확인되지 않았다. 이 시기의 주거지는 단축의 폭이 좁아져 구조적으로 길이 방향의 증·개축이 가능해진 것이 특징인데, 이 무렵부터 세장방형 주거지가 출현하기 시작한다. 특히 중부지방의 서부 내륙 지역에서는 용인 봉명리 주거지와 같이 주거지 단축의 폭이 급격하게 줄어들고 대신 장축이 늘어난 대형 주거지가 출현하며, 주거지 중앙 장축선상에 여러 기의 노지가 설치되어 혈연 관계에 있는 여러 세대들이 공동 생활했던 것으로 추정되고 있다. 그러나 이와는 달리 영서지역에서는 둔산식 주거지가 계속해서 조영되는데, 주거지 단축 폭이 줄어들긴 하지만, 5m 내외이며, 길이가 다소 늘어난 형태의 주거지가 대부분이다. 이와 같이 혼암리식 주거지와 둔산식 주거지의 단축 폭의 차이는 호서지역에서도 동일하게 관찰되고 있다(이형원 2009: 90-92). 노지는 전 시기에 이어 서부 내륙 지역에서는 무시설식 또는 토광형 노지가 사용되지만, 영서지역에서는 위석식 노지가 주로 사용되며, 세장방형의 주거지에서는 위석식 노지가 3기까지 설치되기도 한다.

이 시기의 혼암리식 주거지와 둔산식 주거지의 증축 사례는 이형원 (2007b: 20-21)의 연구가 참고된다. 이 연구에 따르면 혼암리식 주거지는 길이 방향으로 증·개축을 하였으나, 둔산식 주거지의 경우에는 단축 방향으로 증·개축을 하고 있음이 확인되었다. 둔산식 주거지가 구조상의 어려움에 불구하고 단축 방향으로 증·개축을 한 이유는 구릉에 입지하여 지형적인 제한 때문이라는 해석도 있지만, 동일한 입지 조건에서도 길이 방향으로 증·개축한 혼암리식 주거지를 고려해 볼 때, 호서지역 둔산식 주거지만의 특징적인 요소라 판단된다.

중기 이후 중부지방 주거 유형은 이전 시기의 혼암리식 주거지가 계속 조영되지만, 소위 천전리식 주거지와 같은 지역화된 주거 유형이 출현하기 시작한다. 계보로 보았을 때 혼암리식 주거 유형을 계승한 것인데, 단축 폭이 3~4m이면서 평면 형태는 세장방형, 장방형, 방형이 취락을 구성하는 경우가 많다. 이러한 평면 형태의 차이가 공존한 이유에 대해서는 두 가지 가능성이 있다. 즉 위계를 반영하였을 가능성과 취락의 지속 기간을 반영하였을 가능성 등인데, 어느 한 가지 요소만으로 설명하기에는 어려움이 있다. 다만 동 시기의 세장방형 주거지 가운데, 단축 폭이 5m에 이르는 주거지는 상대적으로 위계가 높았던 것으로 추정된다.

중기 주거 유형의 또 한 가지 특징은 소형 주거지만으로 구성된 취락의 출현이다. 일반적으로 전기의 세장방형 주거지에서 중기의 방형 주거지로의 변화가 공동주거형 주거방식에서 독립거주형 주거방식으로의 변화를 반영한다고 이해하고 있는데(김승옥 2006: 29), 실제로 백석동유형이 분포하고 있는 중부지방에서도 계기적인 변화가 관찰된다. 그러나 방형의 소형 주거지로만 구성된 취락의 발생은 중기 중반부터 일부 나타나고 있으나, 동 시기에 세장방형, 장방형, 방형 주거지들로 구성된 취락 사례가 많기 때문에 방형의 소형 주거지 계보를 혼암리식 주거 유형으로 보아야 할지 의문이 있다. 특히 소형의 방형 주거지로만 구성된 취락은 중부지방에서는 인천 중산동과 반송리유적에서 확인되고 있으며, 호서지역에서도 일부 관찰되고 있음을 주목할 때, 그 계보를 추적하는 것은 간단치 않다.

한편, 중부지방에 송국리식 주거 유형이 확산된 시점은 중기 전반의 후엽 무렵이다. 송국리식 주거 유형은 주공 배치와 더불어 평면 형태가 다양하다. 대체로 금강 유역에서는 원형 송국리식 주거지가 이른 시기에 출현하여 중기 후반까지 동일한 평면 형태를 유지한 것으로 추정되지만, 송국리유형이 주변 지역으로 확산되어 백석동유형과 접촉하면서 주거 유형이 절충된 형태가 출현한다. 그러나 송국리유형의 영향력이 점차 증가하면서 평면 형태는 (장)방형에서 말각방형으로 그리고 다시 (타)원형으로 변화하는 모습을 보여준다.

이러한 주거 유형은 중부지방에서 주로 경기 남부 지역에 집중되어 있는데, 송국리식 주거 유형이 규모로 볼 때, 핵가족 중심의 주거 유형이라는 측면에서 소형의 방형 주거 유형과 공통된다. 특히 소형의 방형 주거지로 구성된 인천 중산동 취락의 경우 원시타날문이 있는 송국리식 토기가 출토되어 두 주거 유형 간의 지역적 관련성이 인정된다. 이와 같은 핵가족 중심의 주거 유형의 분포 범위는 경기, 인천의 서해 내륙과 경기 남부 지역으로 국한되는데, 앞으로 살펴보게 될 원삼국시대의 마한계 사주식 주거지의 분포 범위와 일치하고 있어 주목된다. 또한 중부지방 점토대토기 단계의 주거 유형도 핵가족 중심의 독립거주형 주거 유형이라는 측면에서 중기 전반 후엽 이래로 가족제도의 계기적인 변화가 점토대토기 단계까지 관찰된다.

점토대토기 단계의 주거 유형은 소형의 (장)방형 또는 말각(장)방형 주거지 내부에 1기의 노지가 설치된 형태이다. 물론 평면이 원형이거나 노지가 2기 이상 설치된 주거지, 규모가 80m²에 이르는 주거지도 있지만, 그러한 사례는 많지 않다. 이와 같은 주거지 계보와 관련하여 주목할 지역은 중국 요령 지역이다. 많은 자료가 조사되지는 않았지만, 新民縣 公主屯 유적의 원형점토대토기 단계 주거지가 규모와 평면 형태, 그리고 壁附爐址의 존재에서 수석리와 교성리 주거지와 유사하다는 지적이 여러 연구자(최종규 2002; 박순발 2004)에 의해 지적되었다. 따라서 중부지방 점토대토기 단계의 주거 유형의 계보는 중국 요령 지역과 관계가 있다고 할 수 있다.

그런데 벽부노지가 설치된 주거지는 안성 반제리, 남양주 수석리, 고성 송현리 B지구, 보령 교성리유적에서만 일부 확인되는 등 사례가 많지 않고 벽부노지가 설치된 주거지의 연대가 주거지 바닥에 노지를 설치한 주거지보다 늦다는 편년 연구(庄田愼矢 2009: 72-74)를 고려해 볼 때, 그 계보를 일원적으로 파악하기에는 무리가 있다. 특히 벽부노지 요소를 제외한 나머지 특징들은 청동기시대 중기 주거지에서 확인되고 있기 때문에 이에 대한 검토가 필요하다.

청동기시대 중기로 편년되는 소형의 방형 주거지는 일반적으로 방형이라고 표현하지만, 장방형에 가까운 것, 모서리가 말각된 것, 각 변이 둥글게 처리된 것 등이 모두 포함되며, 내부에 1개의 노지가 설치된 주거지가 일반적이다. 이러한 소형의 방형 주거지는 호서지역에서 청동기시대 전기 후반부터 보이고 있지만(玄大煥 2010), 중부지방에서는 이보다 늦은 중기부터 출현하여 중기 전 기간에 걸쳐 사용되었다. 그런데 이러한 특징의 주거지는 규모와 평면 형태, 노지 시설 등에서 점토대토기 단계의 주거지와 매우 닮아 있다. 또한 한 가지 더 지적할 것은 원형점토대토기가 출토된 송현리 B-10호, C-11호, C-21호, D-10호 주거지도 소형의 방형 주거지이지만, 내부에 작업공과 중심 2주공이 있는 송국리유형 계보의 주거지라는 점이다. 이와 같은 송국리유형 계보의 주거지는 철통리, 초도리, 지흥동유적에서도 확인되었다.

따라서 점토대토기 단계의 주거 유형이 출현하게 된 배경으로 두 가지 가능성을 상정할 수 있다. 하나는 점토대토기 집단의 이동성과 관련되어 일시적인 거처로 활용된 주거 유형일 가능성과 또 다른 하나는 청동기시대 중기 중반에 출현한 주거 유형이 점토대토기 단계까지 계승되었을 가능성이다. 필자는 두 가지 가능성 가운데 어느 한 가지를 택일하기 보다는 청동기시대 중기 중반 이래의 방형계 소형 주거지 계보가 점토대토기 단계까지 연결되고 있으며, 재지집단과 이주민 집단이 일정 기간 동안 교류가 빈번했던 것을 고려할 때(이형원 2005), 벽부노지와 같은 새로운 요소가 선택적으로 수용되었다고 생각된다.

⑵ 원삼국시대~한성백제기

중부지방 원삼국시대의 주거 유형은 크게 마한계의 사주식 주거지와 중도식 주거지로 구분된다. 마한 지역에서 사주식 주거지의 발생과 전개에 관한 연구에 따르면, 계보는 알 수 없으나, 대체로 2~3세기에 천안 지역에서 발생하여 호서, 호남 전역으로 확산되었으며, 영산강유역과 같이 일부 지역에서는 5~6세기까지 잔존한 것으로 알려져 있다. 현재까지 경기 남부에서 조사된 사주식 방형 주거지는 18개 유적, 77기로 집계되며, (장)방형계 주거지 가운데 사주식 주거지 비율은 16% 가량으로 그 비율은 높지 않다.

사주식 주거지의 분포 범위는 한강으로 유입되는 경안천과 탄천을 제외하고[41] 전 지역에서 확인되기 때문에 중도식 주거지의 분포와는 배타적으로 분포하고 있다. 그러나 주 분포 범위는 경기 서남부 지역의 화성, 오산 일대로 황구지천과 오산천, 발안천 일대에서 91%의 사주식 주거지가

사진 1 화성 석우리 먹실 사주식 주거지

분포하고 있으며, 인천, 김포 지역에서는 사주식 주거지의 발견 예가 많지 않다. 그렇지만 이 지역에서 조사된 주거지가 많지 않기 때문이며, 실제 (장)방형계 주거지 가운데 사주식 주거지 비율은 12% 가량이다. 따라서 사주식 주거지의 밀집도를 기준으로 살펴보면, 크게 사주식 주거지의 밀집도가 높은 황구지천, 오산천, 발안천 지역과 밀집도가 낮은 인천, 김포 지역, 그리고 사주식 주거지가 분포되지 않은 경안천, 탄천 지역으로 지역 구분이 가능하다.

경기 남부의 사주식 주거지 발생 시점과 관련하여 주목되는 유적은 시흥 목감동 1호 주거지이다. 이 주거지는 길이 4.72m, 너비 4.36 크기의 방형 주거지로 세 모서리에서 직경 22~25cm 크기의 기둥구멍이 확인되었

---

41) 한강으로 유입되는 굴포천과 안양천에서도 사주식 주거지가 조사되지 않았지만, 이는 조사 건수가 많지 않음에 기인한다.

다. 기둥 구멍이 주거지 모서리에서 약간 안쪽에 설치된 일반적인 사주식 주거지의 기둥 배치와는 다소 차이가 있으나, 사주식 주거지일 가능성은 배제할 수 없다. 그렇지만 사주식 주거지의 분명한 예는 2단계 후반부인 3세기 중엽부터 확인된다. 화성 고금산유적의 2호 주거지, 화성 당하리 Ⅰ유적 주거지가 대표적인 예인데, 시흥 목감동 1호 주거지와 함께 고려해 볼 때, 사주식 주거지의 발생은 B1식 점토 구들의 등장과 관련이 있다.

3단계인 3세기 후엽부터는 경기 남부 전역에서 사주식 주거지가 관찰된다. 특히 C1a식 구들이 조사된 3단계 유적, 즉 인천 운남동 B지구 KC-001호 주거지, 화성 요리 270-7번지 2호, 6호, 8호, 10호 주거지, 화성 석우리 먹실 6호, 7호 주거지 등이 모두 사주식 주거지이다. 이 가운데 사주식 주거지의 소멸 시점과 관련하여 주목되는 유적은 비교적 늦게 조성된 석우리 먹실유적의 6, 7호 주거지이다. 즉 4세기 중~후엽까지는 사주식 주거지가 분명하게 존재하고 있었던 셈이다. 그러나 4단계 이후의 사주식 주거지 자료는 분명치 않은 점으로 미루어 4단계의 기반토를 사용한 B2식 구들의 발생 시점을 기점으로 사주식 주거지가 더 이상 축조되지 않았을 것으로 보인다.

중도식 주거지는 '凸' 자형, '呂' 자형 주거지를 대체한 용어인데, 돌출된 출입 시설이 있는 것이 특징이다. 물론 일부 주거지에서는 돌출된 출입 시설이 없는 사례도 발견되지만, 이는 매우 드문 경우에 해당된다. 주거지 명칭에 대해서는 기존에는 보고서나 논문에 '凸' 자형 주거지 또는 '呂' 자형 주거지로 쓰이고 원삼국시대 후기에 출현하는 육각형 주거지의 경우에도 생활공간의 평면 형태와 관계없이 '凸' 자형 주거지 내지 '呂' 자형 주거지로 불리거나 또는 육각형 주거지로 표현하기도 한다. 이외에도 평면 형태에 따라 오각형 주거지로 표현하는 경우도 있다. 이와 같이 생활공간 평면 형태의 다양함과 돌출된 출입 시설의 형태 차이에 따라 다양한 고고학 용어들이 양산되고 있는데, 이는 학계 차원에서 결코 바람직한 현상은 아니다. 그래서 출입 방식에 주목하여 '橫向出入 住居址'라는 신조어도 이러한 고민 속에서 제안되었던 것이다(권오영 2009: 33-35).

사실 이와 유사한 논쟁이 청동기시대의 송국리식 주거지 명칭에서도 똑같이 재현될 수 있었을 가능성을 고려해 볼 필요가 있다. 왜냐하면 송국리식 주거지라고 부르는 주거지에도 매우 다양한 변이가 있기 때문이다. 평면 형태에서도 장방형, 방형, 타원형, 원형 등으로 매우 다양할 뿐만 아니라 내부의 타원형 수혈과 기둥 구멍과의 배치에서도 다양하기 때문이다. 또한 타원형 수혈 없이 기둥 구멍만 존재하는 송국리식 주거지도 있다. 그래서 송국리식 주거지라는 용어 이외에도 '휴암리식', '검단리식', '동천동식(대구식)', '반송리식' 등의 용어가 제안된 것이다. 그럼에도 불구하고 많은 연구자들은 이러한 求心構造의 주거지들을 통칭하여 송국리식 주거지로 표현하는데 이의를 제기하지 않는다. 아마도 '송국리유형', '송국리식 토기'와 같이 '송국리식 주거지'라는 용어가 일찍부터 연구자에게 각인되었기 때문일 것인데, 이유가 어찌 되었든 소모적인 논쟁을 하지 않아서 오히려 다행인 셈이다.

그럼에도 불구하고 좁은 의미의 송국리식 주거지[42]는 휴암리식, 검단리식, 동천동식(대구식), 반송리식 주거지와는 분명히 차이가 있다. 그래서 다양한 변이를 수용하면서 권오영의 지적대로 다른 지역, 전통의 주거 문화와 구별되는 요소를 찾아 이에 합당한 명칭을 굳이 붙인다면 '求心構造 住居址'라는 명칭도 가능하다. 그러나 이러한 용어가 결과적으로 '송국리식 주거지'라는 용어를 대체할 가능성은 높지 않다고 생각된다. 또한 '橫向出入 住居址'라는 용어도 돌출된 출입 시설이 있는 중서부지역의 신석기시대 주거지와 혼동될 가능성이 높기 때문에 전례와 같이 유적명을 차용한 용어가 적절하다고 생각된다.

그렇다면 기왕에 제안된 풍납동식 주거지(신희권 2001: 51-53)가 대안이

----

42) 부여 송국리유적에서 확인되는 형태로 평면이 원형이며, 타원형 수혈 내부에 기둥 구멍이 배치된 주거지에 한정된다.

사진 2 춘천 중도 1호 주거지(한강문화재연구원 조사)

될 수도 있을 것이다. 그러나 이 유적이 중부지방 원삼국시대를 대표하는
유적으로 보기에는 다소 부족할 뿐만 아니라 본래 풍납동식 주거지의 개
념이 육각형 주거지를 의미하므로 중부지방 원삼국시대 주거지를 함축하
기에는 어려움이 있다. 오히려 중도유적과 같이 학사적으로 의미 있고, 이
미 많은 연구자들에게 그 존재감이 각인된 유적이라면 어떨까. 이와같은
관점에서 '중도식 주거지'라는 명칭을 제안한다. 앞에서 언급하였지만,
중도유형문화, 중도식 토기와 같이 중도유적을 표지로 하는 여러 개념들
이 이미 학계에 폭 넓게 수용되고 있음을 감안할 때, 중도식 주거지라는 명
칭이 위의 조건들을 만족시키리라 생각된다. 그런데 1980년 중도유적에서
의 주거지 발굴조사 결함 때문에 중도식 주거지라는 용어 사용이 어렵다
는 견해(신희권 2011: 22)도 있다. 구체적으로 평면 형태의 불완전성과 출입
구의 불명확성을 사례로 들고 있다. 그러나 중도유적에 대한 최근 재발굴
조사 결과 주거지의 평면 형태가 타원형이 아닌 필자 분류의 IIb②형임이

기둥구멍의 배치에서 확인되었으며(사진 2), 남동쪽의 진흙 구조물도 돌출된 출입 시설임이 확인되었다(송만영 1999: 51-52; 한강문화재연구원 2011). 따라서 중도식 주거지라는 명칭이 사주식 주거지를 제외한 한반도 중부지방 원삼국시대 주거지를 포괄할 수 있을 것이라 생각된다.

중부지방 원삼국시대 주거지 계보와 관련하여 청동기시대 주거지와의 관련성이 언급되었는데, 최근 유은식은 돌출된 출입 시설이 있는 주거지, 즉 '凸'자형, '呂'자형 주거지가 두만강 유역의 초기철기문화 유적에서 보이고 있다는 점에 주목하여 연해주를 포함한 두만강 유역의 주거 문화가 영동지역 중도식 주거지의 기원인 것으로 파악하였다(유은식 2006). 또한 김재윤은 한 발 더 나아가서 '凸'자형 주거지가 이미 선 시기인 류정동 후기 유형과 얀꼽스키 문화 단계에서 출현한 것으로 파악하였다(김재윤 2007: 462-466).

그러나 계보를 살펴보기 이전에 우선적으로 검토해야 할 것은 단결-끄로우노브까 문화의 '凸'자형, '呂'자형이라고 부르는 주거지들, 그리고 이보다 이른 시기의 '凸'자형 주거지가 과연 중부지방 원삼국시대의 '凸'자형, '呂'자형 주거지와 같은 것인지의 여부이다. 먼저 '凸'자형 주거지의 경우, 알레니 A유적의 2호, 4호주거지들은 한반도 중부지방과는 달리 주거지 장변에 돌출된 출입 시설이 있다는 지적이 있었는데(심재연 2007: 486-487), 이 지적은 매우 적합하다. 주거지의 중앙 장축선상에 노지, 그리고 돌출된 출입 시설이 일직선상에 배치된 것이 중부지방 '凸'자형 주거지의 공통적인 특징이라고 할 때, 알레니 A유적의 2호, 4호주거지들은 중부지방 '凸'자형 주거지와는 분명히 차이가 있다. 또한 같은 관점에서 볼 때, '凸'자형 주거지로 보았던 선 시기의 연길 신광유적(류정동 후기)의 주거지(김재윤 2007: 441) 역시 돌출된 출입 시설은 있으나, '凸'자형 주거지로 분류하기에는 무리가 있다. 이 주거지들은 주거지의 중심 축선과 직교하여 돌출된 출입 시설이 설치되어 있기 때문에 근본적으로 한반도 중부지방의 주거지와 그 구조를 달리하고 있는 것이다. 한편, 얀꼽스끼 문화의 페스찬느이 4호 주거지의 경우에는 돌출된 부분에 노지가 위치하여 출입 시설이 아닌 노지 설치 장소로 파악되었는데(김재윤 2007: 465-466), 이 역시 '凸'자형 주거지로 보기 어렵다. 따라서 돌출부 또는 돌출된 출입 시설만의 기준으로 '凸'자형 주거지 여부를 판단하는 관행은 재고되어야 한다고 판단된다.

'呂'자형 주거지는 유일하게 끄로우노브까유적에서 2기가 알려져 있다. 그러나 유은식 스스로가 끄로우노브까 2호, 7호 주거지의 소형유구와의 중복 가능성을 제기한 것처럼 본래는 장방형 주거지이었을 가능성이 매우 높다. 더욱이 '呂'자형 주거지로 예시된 이 주거지들은 돌출된 출입 시설의 방향에 차이가 있으며[43], 출입 시설이라고 추측되는 부근에 노지가 위치하고 있어[44] 중부지방 원삼국시대 주거지와는 분명히 차이가 있다. 따라서 현재까지 조사된 연해주 지역의 초기철기시대 주거지 가운데 '呂'자형 주거지는 없다고 판단된다.

위에서 살펴본 바와 같이 연해주 지역의 초기철기시대 주거지 가운데 계보상 분명 중부지방의 '凸'자형 주거지와 연결될 수 있는 것들은 있으나, 평면 형태만으로 돌출부를 출입 시설로 파악하는 것은 문제가 있으며, 설령 돌출된 출입 시설이 있다고 해도 중부지방의 '凸'자형 주거지와 동일 계보로 보기에는 구조적 차이가 있다는 점을 고려해야 할 것이다. 또한 '呂'자형 주거지의 경우에도 향후에 연해주 지역에서 조사될 가능성이 있지만, 현재의 자료로는 영동지역의 것과 연결될 수 있는 '呂'자형 주거지는 없다고 본다.

한편 중도식 주거지에서 발견된 노지는 소위 '敷石式 爐址'로 불려왔

----

43) 중부지방에서는 돌출된 출입 시설이 일반적으로 남서쪽 내지 남동쪽에 위치한다.
44) 중부지방 원삼국시대 주거지에서는 노지가 출입구 반대쪽 2/3 지점에 위치하고 있는 것이 일반적인데, 시대를 달리하더라도 노지가 출입구 부근에 위치하지 않은 것은 일반적인 현상이다. 따라서 끄로우노브까 2호, 7호 주거지의 노지가 위치한 공간은 실제로 출입구 쪽이 아니라 안쪽 공간일 가능성이 높다.

다. 그러나 노지의 여러 가지 양상을 고려할 때, 적합한 명칭은 아니다. 왜냐하면 바닥에 납작한 강돌을 타원형으로 깔고 그 위에 점토를 덮었을 뿐만 아니라 노지 주위에는 타원형으로 점토띠를 돌리고 북쪽에는 점토띠 대신 바람막이 돌을 세워놓았기 때문이다. 그래서 부석식 노지라는 표현 대신에 중도식 노지라는 명칭을 사용하기도 한다. 서울, 경기 및 영서지역에서는 일반적으로 이와 같은 부석된 형태의 노지가 발견되지만, 영동지역에서는 부석이 없는 타원형의 점토띠식 노지가 주로 조사되었다.[45] 그런데 영동지역의 중도식 주거지에 부석식 노지가 없는 것은 아니다. 가령 망상동 4호 주거지와 지경리 2, 3호 주거지에서 부석식 노지가 조사되었고 강문동의 Ⅰ-2호, Ⅱ-1호 주거지, 안인리 27호 주거지에서는 강돌 대신에 판석을 깔았지만, 그 주변으로 타원형의 점토띠를 돌려 일견 부석식 노지라고 해도 무방하다. 또한 점토띠식 노지이지만, 북쪽에 바람막이 돌을 설치한 안인리 Ⅱ기층의 '凸'자형 주거지, 동해 망상동 23호, 24호 주거지, 그리고 무시설식 노지 북쪽에 바람막이 돌을 세워 놓은 양양 가평리 2, 3호 주거지도 넓은 범주에서 보면 중도식 노지와 같은 계보로 파악된다.

따라서 중도식 주거지에서 확인되는 노지는 부석 이외에도 점토띠, 그리고 바람막이 돌 등 세 가지 요소가 특징이기 때문에 부석만을 강조한 명칭은 적합하지 않다고 판단된다. 그래서 이와 같은 특징의 노지를 총칭하여 '중도식 노지'로 부를 것을 제안하는데, 기존의 용례와는 다른 점은 노지의 세 가지 요소가 하나라도 포함될 경우에도 중도식 노지 개념에 부합된다는 점이다. 그리고 부석, 점토띠, 그리고 바람막이 돌의 존재 여부에 따라 세부 분류 명칭이 사용되기를 기대한다.

----

45) 지역에 따라 중도식 노지에 부석 시설이 있고 없고의 차이는 기온과 관계된 것으로 생각된다. 즉 비교적 온도가 낮은 서울, 경기와 영서지역에서는 잔열 이용이 가능한 부석식 노지가 이른 단계부터 채용된 반면에 영동지역에서는 보다 늦은 2세기 초 무렵부터 채용된 것이 아닐까 생각된다. 또한 난방 기능이 강화된 외줄 구들이 영동지역에 채용되지 않은 이유도 같은 이치라 판단된다(송만영 2009).

소위 부뚜막과 쪽구들에 대해서도 명칭과 분류, 그리고 편년에 혼선이 있었다. 특히 부뚜막의 출현과 확산을 한성백제의 형성과 연동하여 설명하는 견해(한지선 2009; 심재연 2009)도 있었다. 그러나 쪽구들의 취사부가 부뚜막과 다르지 않고 더욱이 미사리 88-1호, 010호 주거지와 같이 이른 단계의 중도식 주거지에 부뚜막이 설치된 사례를 감안하면, 부뚜막의 출현 시기는 상당히 이른 시기까지 소급될 것으로 판단된다. 다만 오랜 기간 동안 쪽구들과 공존하다가 3세기 무렵 이래로 쪽구들이 소멸되기 시작하는데, 이를 기온 상승과 연계하여 해석하는 견해(홍지윤 외 2008: 149-150)가 있다.

쪽구들이라는 명칭은 기존의 터널형 노지를 대체한 용어이다. 용어 자체가 외래어와 한자가 복합되어 결과적으로는 적합한 고고학 용어라 생각지는 않는다. 그렇다면 쪽구들이라는 명칭은 어떨까? 본래 '쪽'의 개념은 '작은'을 의미하는 접두사이지만, 쪽구들의 사전적 정의는 방 전체에 구들장을 놓은 것이 아니라, 잠을 잘 수 있는 공간에만 시설한 부분 구들 시설을 의미한다. 이 정의에 가장 가까운 구들 시설은 고구려, 발해, 옥저 등지에서 조사된 것으로 구들 시설 상부에서도 생활할 수 있는 구조로 되어 있다. 따라서 구들 상부가 침상으로 기능하기 위해서는 일정한 규모 이상의 면적이 확보되어야 하는데, 일반적으로 외줄 구들은 거의 없고 대부분 두 줄 이상의 구들이 설치된 경우가 많다. 이와는 달리 중도식 주거지에서 조사된 구들은 상부에서 취침 등 생활할 수 있는 구조라기보다는 단순히 복사열에 의한 난방이 주 목적이기 때문에 쪽구들과는 분명 구분되어야 할 것이다.

원삼국시대 남한지역의 구들을 쪽구들로 이해한 것은 쪽구들을 부분 온돌 개념으로 해석했기 때문이라 생각되는데(정상석 2006), 침상의 기능, 그리고 이와 관련된 일정한 난방 면적 등을 고려해 볼 때, 한반도 북쪽 지역에 유행했던 쪽구들과는 다른 대체 용어가 필요하다. 이에 잠정적으로 '외줄 구들'이라는 용어를 제안한다.[46] 이 용어는 다줄 구들과 대비되는 개념이지만, 구조상 침상의 기능이 불가능한 구들을 의미하므로 중도식 주거지에 설치된 구들[47]에 대한 적합한 용어로 생각된다.

남한의 원삼국시대 주거지에서 조사된 외줄 구들은 취사 시설과 난방 시설의 배치가 다양하게 관찰되는데, 대개는 주거지의 평면 형태와 관련이 있다. 그래서 학계에서 일반적으로 'ㄱ'자형 구들이라고 하는 것은 취사부와 난방부가 직교하여 연결된 것인데, 타원형 주거지에서는 구들이 벽면을 따라 둥글게 설치된 것이지, 기본적인 배치는 크게 다르지 않다. 이와는 다르게 소위 부뚜막이라고 부르는 시설은 취사 시설과 난방 시설이 'ㅣ'자형으로 연결된 구조이다. 본래 부뚜막은 취사할 수 있도록 솥을 걸어놓는 시설만을 의미하기 때문에 전체 시설물을 부뚜막이라고 부르는 것은 문제가 있다. 따라서 이 역시 외줄 구들로 고쳐 부르는 것이 좋다고 생각된다. 따라서 위의 논의한 내용을 정리하면 원삼국시대 구들은 지역과 기능에 따라 크게 쪽구들과 외줄 구들로 구분되며, 외줄 구들은 취사 시설과 난방 시설의 배치에 따라 'ㄱ'자형 외줄 구들[48]과 'ㅣ'자형 외줄 구들로 세분할 수 있다.

한편 중도식 주거지의 분포 범위는 사주식 주거지 분포 범위의 동쪽 지역에 해당되는 서울, 경기, 영서, 영동지역으로 중부지방의 대부분을 차지한다. 종래에는 중도식 주거지의 분포 범위를 예계로 파악한 견해(박순발 1996: 173-175)가 있었으나, 최근에는 육각형 주거지의 분포 범위와 무덤

----

46) 'ㅣ'자형 외줄 구들이지만, 파주 주월리 96-7호, 포천 자작리 2호, 풍납토성 가7호, 남양주 장현리 34호 주거지에서는 구들 상부에 뚜껑돌을 덮기 위하여 내부에 받침돌을 세워놓은 경우가 있다. 이는 뚜껑돌의 상부 하중을 받치기 위한 것이지 다줄 구들 개념은 아니다.
47) 다만 예외적으로 양평 양수리 상석정유적의 A-12호, 15호 주거지에서는 2줄의 구들이 조사된 것으로 보고되었는데, 주거지의 평면 형태가 방형이고 출토 유물 가운데 신라 유물이 섞여 있는 점으로 미루어 원삼국시대 주거지인지는 분명치 않다.
48) 이 범주에서 벗어난 춘천 율문리 1호 주거지의 외줄 구들은 'ㄱ'자형으로 분류할 수 있겠지만, 근본적으로 원삼국시대 중도식 주거지의 외줄 구들과는 차이가 있다.

양식의 차이를 고려하여 서울, 경기, 영서지역은 韓濊 지역, 그리고 영동지역은 濊 지역으로 구분하고 있다. 따라서 중부지방 원삼국시대 주거 유형은 분포 지역을 달리하면서 馬韓, 韓濊, 濊 등의 종족 집단을 대표한다고 할 수 있다.

2) 주거 유형과 입지

취락 입지에 대한 연구는 생업경제, 그 중에서도 특히 농경과 관련하여 연구가 꾸준히 이루어지고 있다. 이 연구들에서 입지 유형의 분류는 다소간에 차이를 보이지만, 크게 하천지형(저지성), 산지・구릉지형(고지성, 구릉성), 해안지형(해안성)으로 분류하고 있으며(崔憲燮 1998: 9-14), 연구자에 따라 다시 微地形으로 세분하고 있다. 그런데 입지 유형을 대분류만의 기준에 의해 설정하게 될 경우에는 微地形이 잘 반영되지 못해 결과적으로 입지 선정의 변화 과정을 잘 그려내기가 어렵다. 가령 시기에 따라 구릉성 유형(전기) → 저지성 유형(중기) → 고지성・해안성(후기) 순으로 취락의 입지 유형이 출현하고 있다고 하지만, 이미 신석기시대부터 대부분의 입지 유형이 관찰되기 때문에 이러한 분류 자체에는 한계가 있다.

따라서 여기에서는 崔憲燮의 입지 유형 분류안을 기초로 丘陵型(I유형)과 低地型(II유형), 그리고 高地型(III유형)으로 대별하고 구릉형은 입지 지형에 따라 정상부(Ia형), 능선부(Ib형), 사면부(Ic형)로, 그리고 저지형은 자연제방(IIa형), 하안단구(IIb형), 선상지(IIc형) 등으로 세분하여 시기별로 취락 입지의 변화 과정을 살펴보고자 한다.

먼저 청동기시대 초기에는 가락리유형의 가옥들이 모두 I유형으로 구릉 정상부와 여기에서 뻗어 내린 능선부에 입지하고 있지만, 미사리유형의 가옥들은 II유형인 하천 주변의 충적대지상에 입지하고 있어 대조를 이룬다. 대전 둔산과 청주 용정동 I유적・내곡동유적에서는 구릉 정상부에, 용정동 II유적에는 구릉 정상부와 능선부에, 그리고 익산 영등동유적에는 능선부에 주거지가 분포하고 있다. 미사리유형 가옥들은 주로 IIa형인 자연제방에 입지하고 있지만, 대구 시지동 주거지와 같이 선상부에 분포하는 경우도 있다.

중부지방의 경우에도 위와 같은 입지와 문화 유형과의 상관관계는 매우 높게 나타나는데, 다만 지역별로는 차이가 있다. 즉 경기 서부 내륙에서 분포하고 있는 화성 정문리 주거지는 미사리유형에 속하지만, 해발 34m의 낮은 구릉 정상부에 입지하고 있는 반면, 영서지역의 원주 동화리 유적은 가락리유형에 속하지만, 섬강의 자연제방 상에 입지하고 있다. 이러한 차이가 왜 발생했는지는 알 수 없지만, 지역에 따라 취락 입지의 선호도가 달랐을 가능성도 있다. 가령 서울, 경기지역의 경우에는 대부분의 청동기시대 취락이 구릉형인 것과는 달리 영서지역의 취락은 저지형이 많다. 따라서 유형의 차이에도 불구하고 지역에 따라 입지를 달리했던 것으로 보인다.

입지 유형에 변화가 보이기 시작하는 것은 전기 후반 무렵으로 저지형 취락은 크게 변화가 보이지 않으나, 구릉형 취락들은 구릉의 정상 내지 능선에서 구릉의 능선이나 사면 쪽으로 이동한다. 또한 대형 주거지들이 능선을 따라 배치된 반면, 중·소형의 주거지들이 사면에 위치한 경우가 많은데, 이는 대전 신대동유적에서도 관찰된다. 가옥의 증축 가능성을 감안하더라도 이러한 입지 선정의 차별성은 초보적인 형태이나마 가옥간의 우열, 좀 더 정확히 말하면, 취락 내 구성원들 간의 계층성이 비로소 출현하고 있는 것으로 보아도 좋을지 모르겠다. 아무튼 주거지간의 계층 차이를 도출하는 것은 지극히 어려운 일이지만, 신대동 및 비래동 지석묘와 같은 초기 단계의 지석묘가 대체로 지역 집단 내에서 소수의 특권 계층의 묘제로 출현했다는 견해(河仁秀 2000)는 참고할 만하다. 청동기시대 중기에 이르면 저지형 취락이 다양화된다. 비교적 이른 시기부터 자연제방을 중심으로 취락이 형성되었던 것에 비해, 중기 이후에는 진안 여의곡, 승주 대곡리, 거창 대야리·임불리 등의 하안단구와 대구 동천동·시지동, 경주 황성동 등의 선상지에도 본격적으로 취락이 증가하는 경향을 보여준다.

한편 원형점토대토기 단계 이래로 고지형 취락이 증가하는데, 이러한 변화는 청동기시대의 재지 집단의 변화이기 보다는 이주민의 출현과 관련되어 있다고 보는 견해가 일반적이다. 다시 말하면 점토대토기를 사용하는 이주민이 남한지역에 정착하는 과정에서 재지 집단과의 갈등을 피하기 위하여 선주민들이 점거하지 않은 고지대를 선호했다는 견해(박순발 1997)이다. 또한 원형점토대토기 문화와 한국식동검 문화가 불과 1~2세기 만에 확산된 점을 고려하여 전국을 대상으로 광상조사를 하고 그러한 과정에서 일시적으로 점거, 혹은 근거지로 삼았던 지역이 현재의 원형점토대토기 유적이었을 것이라는 견해(이재현 2002: 129-131)도 있다.

현재까지 중부지방에서 조사된 점토대토기 단계의 주거 유적은 37개소에 이른다(표 26). 물론 대부분의 유적에서 조사된 주거지 수가 많지 않기 때문에 유적을 취락으로 치환해서 파악해도 되는지의 문제가 있지만, 전면 조사가 이루어지지 않은 유적들이 많기 때문에 일단 주거지가 조사된 유적을 취락으로 파악하여 검토하기로 한다.

먼저 점토대토기가 출토된 취락은 일반적으로 고지형 취락이라고 보아왔지만, 최근 발굴조사를 통해 점토대토기 단계 취락이 매우 다양한 입지에 분포하고 있음이 확인되었다. 지역별로 취락 입지를 살펴보면, 먼저 서울, 경기지역에서는 고지형 취락으로 안성 반제리, 남양주 수석리유적이 알려져 있으며, 이외에도 취락은 조사되지 않았지만, 화성 동학산(경기문화재연구원 2007), 오산 가장동 등의 고지에서 점토대토기 관련 제의 유적이 조사되었다. 이외에 이천 이치리유적을 포함하여 대부분은 구릉에 입지하고 있다. 또한 영서지역의 경우에는 춘천 칠전동유적이 구릉형 취락일 가능성이 있으며, 춘천 현암리, 원주 법천리와 같이 하천변의 충적대지에 입지하고 있는 취락들도 발견된다. 마지막으로 영동지역에서도 강릉 방동리 C취락이 고지형 취락으로 분류되고 있지만(박영구 2010: 67), 이 취

표 26 _ 점토대토기 단계 취락별 입지와 취락 구성 요소

번호	유적	입지	주거지	소형수혈	구상유구	무덤	토기가마	기타	출전
1	이천 이치리	구릉	1	1					김현준 · 안영표 2008
2	용인 대덕골	구릉	1	4			1(?)		기전문화재연구원 2003b
3	광주 역동	구릉	6(?)	1	1				한얼문화유산연구원 2011
4	인천 운북동	해안구릉	2	9					한강문화재연구원 2012b
5	남양주 수석리	고지	6						김원용 1966
6	오산 가장동	구릉	1	9	2			환호	경기문화재연구원 2008b
7	화성 동화리	구릉	1						한얼문화유산연구원 2010a
8	부천 여월동	구릉	2	2					고려문화재연구원 2009b
9	안성 반제리	고지	72	10	7	3		환호, 목책열	중원문화재연구원 2007a
10	양평 삼성리	충적지	1						중원문화재연구원 2007b
11	춘천 거두리 북지구	충적지	3	1					김권중 2006
12	춘천 거두리 남동지구	구릉	1						김권중 2006
13	춘천 칠전동	구릉	4(?)						한림대학교박물관 1996
14	춘천 현암리	충적지	4	20					예맥문화재연구원 2009b
15	원주 법천리	충적지	1						국립중앙박물관 2002
16	고성 송현리 B	구릉	12	4	2	1			강원문화재연구소 2007e
17	고성 송현리 C	구릉	26	11					강원문화재연구소 2007e
18	고성 송현리 D	구릉	13	14					강원문화재연구소 2007e
19	고성 제진리 A	구릉	1						강원고고문화연구원 2010a
20	고성 제진리 D	구릉	5	5		3			강원고고문화연구원 2010a
21	고성 철통리	구릉	5						예맥문화재연구원 2009b
22	고성 초도리	구릉	15	32					강원문화재연구소 2007f 강원문화재연구소 2008f
23	고성 화포리 1	구릉	2						강원문화재연구소 2008f
24	고성 화포리 2	구릉	2						강원문화재연구소 2008f
25	고성 삼포리	구릉	5						예맥문화재연구원 2008
26	양양 북평리	구릉	3						예맥문화재연구원 2010a
27	양양 범부리	구릉	1						예맥문화재연구원 2010a
28	양양 지리	구릉	1						강릉대학교박물관 2001
29	강릉 송림리 A	구릉	3	8	1				한림대학교박물관 2003
30	강릉 송림리 B	구릉	1						한림대학교박물관 2003
31	강릉 송림리	구릉	1						강원문화재연구소 2007g
32	강릉 방동리 A	구릉	6	4					강원문화재연구소 2007h

33	강릉 방동리 B	구릉	6	6				강원문화재연구소 2007h
34	강릉 방동리 C	고지	27		1	2	환호	강원문화재연구소 2007h
35	강릉 유천동	구릉	2	1				강원고고문화연구원 2010b
36	강릉 입암동	구릉	2					강원문화재연구소 2007g
37	동해 지흥동	구릉	1					예맥문화재연구원 2010b

락들을 포함하여 대부분의 취락들은 구릉에 입지하고 있어 청동기시대 취락의 입지와 큰 차이가 없다.

이와 같이 점토대토기 단계의 취락들이 주로 구릉에 입지하고 있기 때문에 청동기시대 중기 단계의 취락들과 중복되거나 인접하여 위치한 경우가 많다. 가령 서울, 경기 지역의 경우, 용인 대덕골, 광주 역동, 오산 가장동, 안성 반제리 취락들은 모두 청동기시대 중기 취락과 중복되거나 인접된 구릉에 입지하고 있다. 또한 산 정상부를 제의 공간으로 활용한 점토대토기 단계의 유적들도 청동기시대 중기 취락과 중복되는데, 부천 고강동, 화성 동학산, 수원 율전동유적들이 모두 이에 해당된다. 예외적으로 하남 미사리, 남양주 장현리, 광주 장지동유적과 같이 충적지에 청동기시대 중기 취락이 입지한 사례가 있지만, 점토대토기 단계의 취락은 확인되지 않은 경우도 있다. 영서지역에서는 점토대토기 단계의 취락이 많이 조사되지 않았지만, 춘천 거두리, 현암리유적 등의 충적지에서 청동기시대 중기 취락과 중복되어 조사되었다. 이외에도 춘천 중도와 신매리, 천전리유적에서 원형점토대토기가 채집되었는데, 이 유적들에서도 중기 취락이 확인되기 때문에 청동기시대 중기 취락과 점토대토기 단계의 취락은 동일한 입지를 선호하였던 것으로 생각된다. 다만 춘천 칠전동 유적과 같이 점토대토기 단계의 취락이 구릉에 입지하는 경향이 확인된다. 마지막으로 영동지역에서는 청동기시대 중기 취락과 점토대토기 단계의 취락이 구릉에서 중복되거나 인접하여 위치한 경우가 종종 확인되기 때문에 입지에서는 큰 변화가 없다.

이와 같이 청동기시대 취락은 지역에 따라 입지의 선호도 차이가 있으며, 그러한 차이는 점토대토기 단계에 까지 지속된 것으로 보인다. 다만 점토대토기 단계에 서울, 경기지역에서 충적지에 입지한 취락이 잘 보이지 않는다든지, 영서지역에서는 구릉에 입지한 취락이 새로 등장하는 등의 변화가 있다. 특히 현재까지 조사된 점토대토기 단계의 취락들이 대부분 구릉에 입지해 있고 중부지방에서 점토대토기가 채집된 유물산포지 조차 구릉에 더 많이 분포하고 있어 점토대토기 단계에 구릉이 일반적인 입지였던 것으로 보인다. 정리하자면, 점토대토기 단계의 취락은 청동기시대 취락이 있던 자리에 다시 점유되는 양상을 보이면서 다른 한편으로는 충적지, 구릉 중심의 취락 입지에서 구릉, 고지로 변화해 갔다. 이는 점토대토기 단계의 취락이 청동기시대 취락 입지를 기반으로 하면서 취락 간의 연결망이 수계가 아닌 산지 중심으로 재편되었음을 의미한다. 따라서 이러한 연결망이 발생한 원인과 시점을 규명할 필요가 있는데, 이는 뒤에서 다시 자세히 살펴보려고 한다.

원삼국시대에는 중도식 주거지, 또는 이를 포함하는 취락의 입지는 이전 시기의 취락과 동일 시기의 타 지역 취락과 비교해도 매우 특이한 경우이다. 가령 서울, 경기, 영서지역에서는 수원 서둔동유적을 제외하고는 대부분의 취락이 저지형이고, 영동지역에서는 해안 사구에만 입지하고 있기 때문이다. 다시 말하면 고지와 구릉, 그리고 충적지에 입지하고 있는 점토대토기 단계의 취락과 비교할 때, 구릉형 산지에 취락이 조성되지 않은 경우는 매우 이례적이다. 이는 원삼국시대의 호서지역에 분포하는 마한 취락들이 구릉과 충적지에 입지하고 있는 점을 고려하면, 그 입지 선정의 배경이 궁금할 수밖에 없다. 앞으로 조사 결과에 따라 구릉에 입지한 중도식 주거지가 발견될 가능성도 있지만, 중도식 주거지의 일반적인 입지는 충적지와 해안 사구로 보는 것이 적합하다.

그러나 한성백제기에는 구릉형 취락이 다시 출현하게 되는데, 이러한 입지의 취락들은 위계가 높지 않고, 단기성 취락들이다. 대개는 하천으로 뻗어 내린 능선과 그 사면부에 주로 입지하고 있는데, 하천변에 입지한 저지형 취락과 일정한 취락군을 형성했을 가능성이 높다. 이와는 달리 자연 제방에 입지한 한성백제기의 저지형 취락은 규모가 매우 크고 원삼국시대 후기의 취락이 규모를 확대해 가면서 한성백제기까지 장기 지속을 한 경우가 많다. 규모와 출토 유물로 볼 때, 이러한 한성백제기의 저지형 취락은 구릉형 취락보다는 위계가 높은 것으로 판단된다. 따라서 한성백제기의 취락은 입지 유형과 위계가 매우 상관관계가 높다고 할 수 있다.

2. 취락의 구조

1) 단위 취락의 개념

원시 및 고대의 취락 연구에서 최소 단위의 취락을 규정하는 용어로 소형 취락, 소촌, 단위 취락, 기초 취락, 작은 마을, 일반 부락 등이 있다(표 27). 비록 용어에는 다소 차이가 있지만, 이 용어들은 가장 최소의 군집 단위를 의미한다. 이러한 최소 단위의 취락 규모에 대해서는 구체적으로 명시하지 않았지만, 대개 10여동의 가옥으로 구성되며, 본질적으로 청동기시대 이래 원삼국시대에 이르기까지 그 규모에 있어서는 큰 변화가 없는 것으로 이해한다(이희준 2000a: 124). 물론 연구자에 따라 신석기시대에 5기 미만의 중소형 가옥으로 구성되거나, 청동기시대 조기 또는 전기 전반에 2~3동의 가옥으로 구성된 주거군 자체를 취락으로 인식하는 경우도 있다.

한편 최소 단위로써의 취락은 복수의 住居群으로 구성되는데, 이때의 주거군은 사회 조직으로서의 世帶複合體 또는 家口群에 대응된다. 여기에서의 '世帶' 또는 '家口' 두 용어는 모두 household를 번역한 것으로 이를 규정하는 여러 특징 가운데 同居가 강조될 뿐, 혈연과 혼인을 매개로 구성된 '家族'이라는 개념과는 차이가 있는 것으로 보기도 한다(김범철

2006). 그러나 송국리형 취락에 적용된 사례를 보면, 구성원의 동거를 중시하는 입장에서는 개별 송국리 가옥을 하나의 가구와 동일한 것으로 파악하기도 하지만(김범철 2006: 89), 이와는 다르게 생산과 소비를 중시하는 입장에서는 2~3동의 송국리 가옥을 묶어서 단일 가구로 파악하는 경우도 있다(김권구 2005: 145-150).

세대의 사용례는 일본고고학의 영향(都出比呂志 1989)으로 세대공동체 또는 세대복합체를 單婚家族과 미혼 자녀로 구성된 세대의 복합체로 파악하는 등, 혈연을 중시하고 있다(권오영 1996a: 66; 안재호 2006: 59). 특히 주거지 내부의 구성원들의 관계가 혈연임을 고고학적으로 입증하기 어렵기 때문에 보다 포괄적인 의미에서 '世帶'라는 용어를 사용할 뿐이지 세대라는 용어 자체가 비혈연성을 강조하는 것은 아니라는 입장이다(권오영 2006: 154). 이러한 입장에서 볼 때, 청동기시대의 세장방형 주거지에는 복수의 개별가족이

표 27 _ 취락의 분석 단위 비교

권오영(1996a)	개별 주거	주거군	소형취락(소구역)	대규모 취락	
	세대	세대복합체	세대복합체군		
안재호(1996)	주거	주거군	소취락	대취락	거점취락
	핵가족체	세대공동체			
이희준(2000a)			소촌	촌	대촌
송만영(2001a)	개별 주거	주거군	소형 취락 (주거복합군)	중형 취락 (주거지역군)	대형 취락
	세대	세대복합체	세대복합체군	혈연공동체	지연공동체
박순발(2002a)			기초취락(Hamlet)	중심취락(Village)	
이홍종(2005)	개별 주거지		단위주거군 1	단위 주거군 2~4	단위 주거군 5이상
	단위세대		단위취락	중위취락	대취락
김권구(2005)		2~3동의 주거지	작은 마을		
		가구	복수의 가구		
김범철(2005b, 2006)			일반 부락	하위중심지	최상위중심지
	가구	가구군	개별 공동체		

거주했던 것으로 볼 수 있기 때문에(권오영 1996a: 69), 결과적으로 세장방형 가옥 그 자체가 단일 주거군을 이루거나, 또는 소형의 가옥 1~2동을 포함하여 주거군을 형성했을 가능성이 높다. 그렇다고 본다면 결국 취락 규모를 결정짓는 것은 가옥보다는 세대 수와 밀접한 관련이 있는 것으로 보인다.

2) 청동기시대 취락 구조

청동기시대 취락의 규모와 구조는 최근의 연구 성과에 의해 대강의 모습이 그려졌다. 중요한 부분만을 요약해 보면, 다음과 같다. 취락 내에 분포된 가옥 수는 소촌인 경우 10동 내외이며, 중심 취락인 촌의 경우에는 검단리 예에서와 같이 20~30여동, 많게는 대구 동천동의 60동 가량으로 구성되었을 것으로 추정되고 있다(이희준 2000a; 2000b). 그리고 취락 내의 가옥은 대개 3~4동의 개별가옥이 모여 주거군을 이루며, 이 복수의 주거군들이 모여 단일 취락이 형성된 것으로 보고 있다(권오영 1996a).

취락 경관은 대구 동천동과 진주 대평리유적에서 볼 수 있듯이 주거 구역 - 매장 구역 - 경작지 등으로 공간 배치에 정형성이 관찰되며(李相吉 2000), 주거 구역의 배후산지가 수렵 공간으로, 그리고 경작지에 인접한 하천이 어로 공간으로 유추되기도 한다(兪炳一 2000). 다만 정도의 차이는 있으나 대개 背山臨水 취락의 이러한 경관 묘사는 종적 경관과 같이 한 단면만을 보여주는 것으로 볼 수 있다. 그래서 그 범위 및 구체적인 공간 활용은 다분히 지형이라든가 취락 내의 사회적 관계 또는 신념 등에 제한받을 가능성이 높다. 이와는 달리 취락의 횡적 경관은 주변 취락과의 관계에 의해 제한되는데, 중심 취락과 주변 취락이 공동으로 운영하는 시설물, 예컨대 묘역의 위치라든가 단일 취락의 상용자원영역(박순발 1997: 13)과도 밀접한 관련이 있다고 하겠다.

단위 취락의 규모 및 그 구조를 파악하기 위해서는 두 가지가 검토되어야 할 것이다. 하나는 공간적인 취락의 범위이다. 취락의 외곽 범위가 결정되지 않는 한, 그 내부에서 관찰되는 분포상은 불완전한 것이기 때문이다(權鶴洙 1994). 문제는 주거공간의 범위를 어떻게 한정할 것인가 인데, 광범위한 조사가 이루어져서 공간적으로 분명히 분리해낼 수 있는 주거구역이 확인된

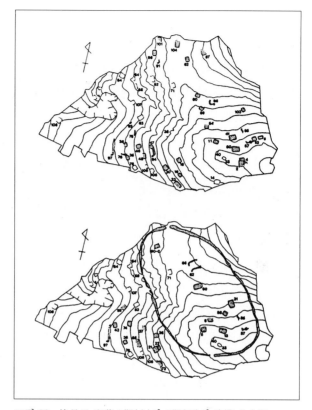

그림 28　檢丹里 聚落 1期(上)와 2期(下)의 遺構 分布圖

다면 모를까 현재의 자료로써는 어려움이 많다.

　또 하나는 共時性의 확보이다. 취락 내 주거지간의 중복관계에서 알 수 있듯이, 취락은 나름대로의 지속기간을 가지고 있다. 그래서 조사 과정에서 관찰된 주거지의 배치는 일정한 시점의 분포상이기 보다는 여러 시간대의 분포 양상이 누적된 것에 가깝다. 따라서 어느 한 시점의 가옥 분포상을 정확히 파악하기 위해서는 단위 취락 내 가옥들의 형성 과정을 주도면밀하게 살펴볼 필요가 있다. 그런데 취락이 영속성 없이 반복 점유에 의해 형성된 것이라고 한다면, 다시 말해 집단이 교체되거나, 동일 집단이라 하더라도 반복적으로 점유되었을 경우에는 주거지의 지역적 분포, 중복관

계, 화재 여부, 주거지의 장축방향, 출토 유물의 양상 등 제반 요소를 검토함으로써 주거지의 분포 양상을 단계별로 파악할 수 있다. 그러나 동일 집단에 의해 비교적 장기간 영속적으로 취락이 조성되었을 경우 단계별 파악은 신중한 검토를 요한다. 즉 중복 관계나 출토 유물만 가지고 가옥들의 상대적인 형성 시점은 파악할 수 있지만, 가옥은 사용 기간이 길고 또한 지속 기간이 일정치 않기 때문에 어느 한 시점에 어떠한 가옥들이 공존하고 있었는지를 파악하는 데에는 어려움이 있기 때문이다.

단적인 예로 울산 검단리유적(그림 28)에서는 환호와 함께 모두 92동의 주거지가 조사되었는데, 보고자는 주거지의 중복관계와 출토 유물에 근거하여 크게 3단계로 구분하고 있다(부산대학교박물관 1995). 즉 환호가 설치되기 이전인 검단리 I기에는 26동의 가옥이, 그리고 환호 설치기인 검단리 II기에는 16동의 가옥이, 마지막으로 환호 폐기후인 검단리 III기에는 34동의 가옥이 있었던 것으로 파악하고 있다. 그런데 분석된 내용으로만 본다면 검단리 I기의 가옥 26동이 환호 설치와 함께 모두 폐기되고, 새로이 16동의 가옥을 축조한 셈이 되는데, 이는 납득하기가 어렵다. 환호를 설치하는 과정에서 방해가 되는 가옥들은 방화하여 폐기시켰을 것이지만[49], 이외의 가옥들은 그대로 유지시켰을 가능성이 높기 때문이다. 이러한 측면에서 환호가 설치된 시기에만 가옥이 적은 것은 납득하기가 어렵다. 아마도 검단리 I기 주거지 중 일부는 환호가 설치된 검단리 II기까지 지속적으로 사용되었을 것으로 추측된다. 부여 송국리 54지구의 취락의 형성 과정을 보면, 방형 주거지를 중심으로 외곽으로 주거 공간을 확대해 가면서 장방형 주거지가 조영되는데(송만영 1995: 74-78), 이는 형성 시점은 달라도 장방형 주거지 단계에 방형 주거지도 존속하고 있었던 것을 보여

---

49) 환호와 중복된 유구 6기 가운데 4기가 화재의 흔적이 있으며, 또한 남쪽 출입구 쪽 주거지도 화재의 흔적이 있어 보고자는 환호 조성 시에 직접적으로 방해가 되는 가옥들은 의도적으로 방화했을 가능성을 제기하였다.

주는 좋은 예이다(金吉植 1994: 185). 따라서 취락의 형성 과정이 영속적일 경우 각 주거지를 어느 특정 단계에만 존속한 것으로 이해하는 것은 바람 직하지 않다고 본다.

여기에서는 위의 검토 사항을 염두에 두고 필자의 편년에 맞추어 취락 의 규모와 구조에 대해 좀 더 자세하게 검토해 보고자 한다. 현재까지 조 사된 미사리 및 가락리유형의 주거 유적에서 볼 수 있듯이 전기 전반에는 정선 아우라지, 청주 용정동 II유적과 익산 영등동 I지구, 대평 어은 1지 구에서와 같이 2~4개의 住居群이 취락을 이루는 경우가 있기는 하지만, 대부분 단일 住居群 또는 단독 가옥만이 관찰되는 경우가 많아 명백한 의 미의 취락으로 보아야 할지 의문이 있다. 즉 미사리, 둔산, 시지동에서는 2~4동의 가옥이 단일 住居群을 형성하면서 그 자체가 독립적인 단위를 이 루거나 화성 정문리, 원주 동화리, 청주 내곡동 주거지, 익산 영등동 II-7 호 주거지, 남강댐 수몰지구의 상촌리 D지구의 2호 주거지, 옥방 5지구의 D-2호 장방형 주거지 등, 하나의 주거지가 단독으로 조사된 경우도 있다. 住居群은 미사리의 경우 가옥 4동[50]이 그리고 둔산의 경우에는 3동의 가 옥이 住居群을 구성하기도 하지만, 대부분은 2동의 가옥이 하나의 住居群 을 이루고 있다. 청주 용정동 I, II유적[51], 익산 영등동 I지구, 대구 시 지동, 어은 1지구가 여기에 해당된다. 한편 비교적 넓은 범위가 조사되었 음에도 불구하고 주거 공간[52]을 제외하면, 여타의 부대 공간이 확인되지

---

50) 고려대에서 조사한 KC 017호 유구는 주거지로 파악하고 있으나, 규모가 작고, 노지가 설치되어 있지 않으며, KC 011호 주거지와 근거리에 위치하고 있어 다른 용도의 시설물 로 생각된다.

51) 용정동 II유적의 주거지간에 중복관계는 확인되지 않지만, 주거지 간에 시기 차이가 있 는 것으로 파악되기 때문에, 비록 4동의 주거지가 군집을 이루고 있지만, 최초 2동의 住 居群이 유적을 점유하고 여기에서 분기된 새로운 가옥들이 축조된 것으로 추정된다.

52) 주거지 이외에 주변에서 옥방 5지구 D-9호, 미사리 고려대 KC 017호와 같은 소형유구 가 조사되었다. 그 구체적인 용도는 알 수 없으나, 거리상으로 주거지와 인접해 있기 때 문에 주거공간에서 분리된 시설물로 보기 어렵다.

않은 점으로 볼 때, 청동기시대의 일반적인 취락 경관과는 차이가 있다고 하겠다.

이러한 청동기시대 초기 취락의 성격은 명확하지는 않지만, 소규모의 주거 단위와 더불어 매장 또는 저장과 같은 별개의 공간이 구획되지 않은 점으로 볼 때, 정주성 취락으로 보기 어렵다. 특히 이 취락들의 생계 활동이 火田農耕(충남대학교박물관 1995: 294)이나 漁撈(한국문화재보호재단 2000b: 408-411)와 깊은 관련이 있는 것으로 추정되며, 더욱이 주거 점유의 장기 지속성이 관찰되지 않기 때문이다.

이와 같은 경향은 청동기시대 전기 중반까지 지속되고 있으나, 몇 가지 변화가 보이기 시작한다. 우선 규모는 이전 시기와 큰 차이는 없지만, 여러 住居群으로 이루어진 취락이 증가할 뿐만 아니라 신대동유적과 같이 거의 동일 단계의 주거지들이 중복된 사례가 보인다는 점이다. 또한 신대동 주거공간에서 근거리에 동일 시기의 것으로 보이는 지석묘가 위치하고 있는 점 역시 미사리 및 가락리유형과 차이가 있다. 이러한 양상은 정착농경을 전제로 한 정주성 취락의 초기 단계로 파악할 수 있다는 점에서 의미가 크다. 반면에 가옥 2동이 하나의 住居群을 이루는 것은 이전 시기와 큰 차이가 없는데, 대전 노은동·신대동, 강릉 교동유적에서와 같이 하나의 住居群을 이루는 주거지가 縱으로 근거리에 배치되어 있는 것이 특징이다.

본격적인 정주성 취락은 청동기시대 전기 중반 무렵부터가 아닌가 생각된다. 강릉 조양동·방내리, 하남 미사리, 여주 흔암리, 평택 현화리, 천안 백석동, 보령 관산리, 산청 사월리, 진주 귀곡동 대촌, 대평리 옥방·어은에서 동 시기의 취락이 조사되었는데, 이 가운데 대개 구릉 지역을 중심으로 본격적인 정주성 취락이 출현하는 것으로 보인다. 보령 관산리유적 (高麗大學校 埋藏文化財研究所 1996)은 동서 방향의 능선부와 그 남쪽 사면에서 주거지가 조사되었는데, 주목되는 것은 구릉의 정상부에 동 시기로 추정되는 매장 구역이 조성되어 있다는 점이다. 비록 묘역의 범위는 넓지 않지만, 주거 구역과 분리된 매장 구역의 조성이라는 측면에서 의미가 있다.

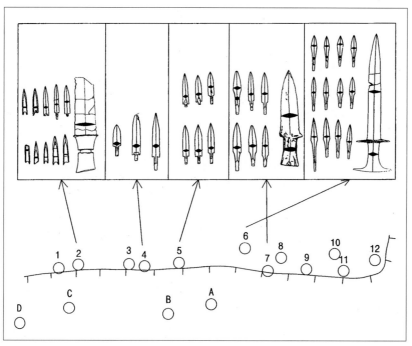

그림 29 황석리 지석묘와 출토 석족

　　정주성 취락의 또 다른 관건인 유적의 장기 지속성은 미사리와 백석동
유적에서 관찰된다. 후술하겠지만, 이 취락들의 최초 형성 시점은 전기 중
반이지만, 중기 전반까지 취락이 지속되고 있는 점은 주목할 만하다. 또한
제천 황석리 일대의 지석묘군은 조금 늦은 시기에 조성되었지만, 분묘군
의 장기 지속성을 보여주는 좋은 예이다. 지석묘는 남한강변을 따라 46기
가 분포하고 있는데, 특히 42기의 지석묘가 약 600m의 범위 내에 3개의
군집을 이루고 있다. 이 가운데 국립박물관에서 조사한 2호, 4호~7호 지석
묘에서는 다량의 석촉이 부장되어(국립박물관 1967) 상대편년의 단서가 된
다(그림 29). 안재호(1990)의 석촉 편년안에 의하면, 2호 → 4호 → 5호 → 7
호 → 6호 순으로 지석묘가 조영된 것으로 보이는데, 이는 지석묘가 대체
로 남한강 상류 쪽으로 올라가면서 조영된 것을 의미한다. 이러한 분묘의

배치와 조영 순서로 보았을 때, 황석리 지석묘군은 동일 집단에 의해 조성된 것이 분명하다고 하겠다. 황석리 지석묘군의 조영 기간은 최소 2호 지석묘와 6호 지석묘 부장 석촉의 연대 차이에서 구할 수 있을 것으로 보인다. 먼저 2호 지석묘 출토 석촉의 공반상은 흔암리 12호 주거지와 유사함을 알 수 있다. 다만 세부적으로 차이가 있는 것은 일단납작경촉 촉신 하단의 削磨된 부분이 梯形을 이루는데, 출현 시기는 삼각형보다 이른 것으로 판단된다. 주거지에서는 주로 공렬토기가 출토되어 흔암리유적 가운데 상당히 늦게 설치된 것으로 보이는데, 중기 전반 무렵으로 판단된다. 6호 지석묘 출토 석촉은 安在晧 석촉 분류의 Ⅲd, Ⅲe식으로 Ⅲ단계에 분류시키고 있으나, 이러한 일단경촉이 강원, 충청, 경북 지역을 중심으로 주로 분포하는 지역 양식인 점을 고려할 때, 경남, 전남 지역을 주 분포권으로 하는 Ⅳ식 석촉보다 늦다고 할 수 없다. Ⅲe식 석촉이 강원, 충청, 경북 지역에서 가장 늦은 시기에 출현한 것으로 보아 6호 지석묘의 연대는 중기 후반으로 파악된다.[53] 따라서 황석리 지석묘군은 동일 집단에 의해 중기 전반에 조성되어 중기 후반까지 지속적으로 조영된 것으로 파악된다.

한편 관산리 주거지에서 다량의 석도가 출토된 점으로 미루어 주거 구역보다 낮은 지역이 농경지로 활용되었을 가능성이 높은데, 그렇다고 할 때, 매장 구역 - 주거 구역 - 경작지 순으로 취락 경관이 형성되었던 것으로 보인다. 시기는 이보다 늦지만 공주 장선리와 완주 반교리에서도 이와 같은 취락 경관이었을 것으로 추측되는데, 현재의 자료로는 서남한지역의 구릉형 취락에서 주로 관찰되고 있다. 한편 이와는 달리 주거 구역 - 매장 구역 - 경작지 순의 취락 경관은 대구 동천동, 진주 대평리에서 관찰되고

---

53) 참고하자면 5호 지석묘 출토 석촉은 홍천 방량리(國立中央博物館 1992)에서 비파형동검과 일괄로 출토된 석촉과 동일 형식으로 중기 전반으로 추정되며, 7호 지석묘 출토 석촉은 대구 동천동 1호 석관묘(유병록 2000) 출토 석촉과 동일 형식으로 중기 후반의 이른 시기에 해당된다.

있으며, 사천 이금동과 검단리유적에서도 주거 구역 하단에 지석묘와 석관묘가 확인되고 있는 점으로 미루어 중기 이후에 출현한 취락 경관이었을 것으로 보인다.

定住性 취락이 본격적으로 등장하던 시기의 취락 규모는 크지 않았던 것으로 보인다. 조사된 주거지의 수효만으로 판단할 때, 최대 20기를 초과하지 않은 범위이었을 것으로 생각되는데, 흔암리유적 16기, 관산리유적 12기, 방내리유적 11기 등이 그나마 조사된 주거지가 많은 예이다. 이러한 취락 규모에 변화가 생기기 시작하는 시기는 중기 전반 무렵이다. 하남 미사리, 평택 양교리, 오산 내삼미동, 화성 동학산, 평택 소사동, 천안 백석동, 보령 관창리, 부여 송국리, 승주 대곡리, 진주 대평리, 포항 초곡리, 울산 옥현·방기리에서 적게는 20여기에서 많게는 100여기의 주거지가 조사되었다. 대부분의 유적들이 중기 전반 무렵부터 형성된 경우가 많지만, 백석동, 미사리유적은 전기 중반부터 취락이 형성되었다. 여기에서는 백석동과 미사리 취락을 통해서 취락의 형성 과정 및 내부 구조를 살펴보고자 한다.

백석동유적에서는 A, B 두 조사 지역으로 나뉘어 발굴조사가 실시되었는데, A지역에서 11기, B지역에서는 83기의 주거지가 확인되었다. 두 지역은 얕은 계곡을 사이에 두고 각각 산 사면에 위치하고 있기 때문에 별개의 취락으로 판단된다. 시기별로 살펴보면, A지역에서는 3기의 주거지가 전기 후반에 속하고 4기의 주거지가 중기 전반에 속한다. 그리고 나머지 주거지는 정확한 시기 파악이 어렵다. B지역(그림 30)에서는 전기 중반의 주거지 2기만이 확인되고 있으며, 전기 후반에는 11기, 그리고 중기 전반에는 35기의 주거지가 조사되었다. 나머지 35기의 주거지는 출토 유물이 적기 때문에 시기를 파악하기 어렵지만, 대부분은 중기 전반에 소속될 가능성이 높다. 중기 전반으로 편년되는 주거지들 간에는 일부 중복관계가 확인되고 있어 주거지의 분포상이 어느 한 시점의 단일 취락의 모습으로 보기는 어렵다. 그러나 B지역의 남쪽 사면이 상당 부분 조사되지 않은 상

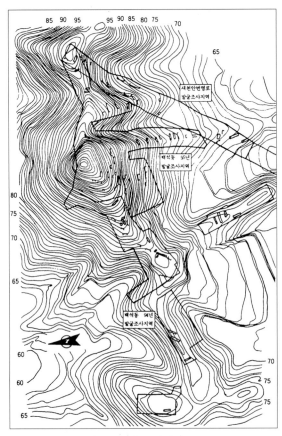

황을 염두에 두면, 백석동 중기 전반의 단일 취락의 규모는 적어도 50~60여기 이상을 상회하지 않았을까 추정된다.

미사리 취락에서는 미사리유형의 주거지를 제외하면, 전기 전반~중기 전반으로 편년되는 주거지 26기가 확인되었다. 매우 넓은 범위가 조사되었지만, 주거지의 분포로 보았을 때, 주거 지역이 외곽으로 더욱 더 확대될 가능성이 높다. 주거지 간의

그림 30 백석동 취락 B지역 주거지 분포도

중복관계가 전혀 확인되지 않기 때문에 동일 시기로 보기도 하지만(안재호 1996), 가옥의 축조 시점은 차이가 있다. 숭2호, 숭8호 주거지가 가장 먼저 축조되고, 이어서 퇴화된 흔암리식 토기가 출토된 숭1호, 숭3호, 숭4호, 숭9호, 서9호, 고30호, 고34호 주거지가 축조되었다. 그리고 마지막으로는 공렬토기 내지 구순각목문공렬토기만이 출토되는 주거지가 축조되는데, 이 단계에 축조된 주거지는 16기에 이른다. 따라서 취락의 최초 형성 시점이나, 중기 전반에 이르러 취락의 규모가 확대되고 있는 점은 백석동유적과 유사하다고 하겠다.

시기별 축조된 주거지의 분포도(그림 35)를 참고하면, 취락은 가옥이 최초 축조된 지점에서 외곽으로 지역을 넓혀 가면서 주거 지역을 확대하고 있는 것을 볼 수 있는데, 이러한 양상은 송국리 54지구에서도 관찰된다(송만영 1995: 74-78). 단계별로 취락의 형성 과정을 파악하자면, 임의적으로 전기 전반과 중반의 취락 단계와 전기 중반과 중기 전반의 취락 단계로 크게 구분이 가능할 듯싶다. 즉 전기 중반의 주거지들이 전기 전반의 주거지와 중복되지 않으면서 그 외곽에 주거 공간을 마련한 것으로 보아 형성 시점은 달라도 전기 중반에는 공존했던 것으로 보인다. 또한 전기 전반에 축조된 가옥들이 중기 전반까지 지속적으로 사용되었는지 분명치 않지만, 마찬가지로 중기 전반의 주거지들이 전기 중반의 주거지들과 중복되지 않으면서 그 외곽에 분포하고 있어, 중기 전반에는 공존했을 가능성이 높다.

전기 중반에 공존했던 주거지는 9기이다. 숭실대-서울대 조사구역에서 7기, 그리고 고려대 조사구역에서 2기로 각각의 조사 구역에서 조사된 주거지군이 독립된 단위의 취락을 이루고 있었는지 분명치 않다. 그렇지만 주거지군과의 거리가 130m 가량 떨어져 있는 점을 감안하면, 결국 동일 취락의 주거지군으로 파악하기는 힘들다.

이와는 달리 중기 전반에 이르면 미사리 취락은 복수의 住居地域群으로 결집된다. 현재의 자료로는 크게 세 개의 住居地域群으로 구분된다. 숭실대 조사 구역을 중심으로 한양대, 서울대 조사 구역까지를 포함하는 A住居地域群과 고려대 조사 구역을 중심으로 하는 B住居地域群, 그리고 분명치는 않지만 경희대 1호 주거지를 포함하여 조사가 이루어지지 않은 북서쪽 지역인 C住居地域群 등으로 주거 지역 사이에는 30~40m 가량의 空地가 형성되어 있다. 이 주거지역군들은 동일 시기에 형성되었음에도 불구하고 거의 인접하고 있는 것으로 보아 각 주거지역군이 독립된 단일 취락을 형성하였다기보다는 전체가 한 단위의 취락으로 구성되었던 것으로 보인다. 다만 전체 지역이 조사되지 않은 상황에서는 취락이 몇 개의 주거지역군으로 이루어졌는지는 알 수 없다.

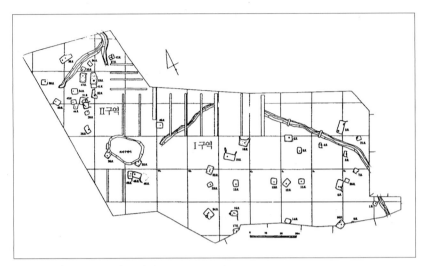

그림 31 방기리 I 구역 주거지 분포도

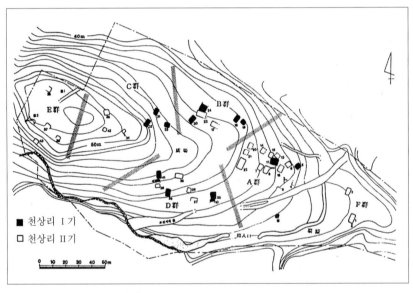

그림 32 천상리 I 기 주거지 분포도

이상에서 살펴본 바와 같이, 전기 전반부터 형성된 미사리 취락은 전기 중반까지 소규모의 분산적인 분포 정형을 보이다가 중기 전반에 이르러 대규모의 집중적 분포 정형을 이루고 있다. 특히 각 住居地域群으로 성장한 단위 취락들이 B住居地域群의 취락을 중심으로 결집되어 보다 큰 대규모 취락으로 통합되었는데, 백석동 취락도 이와 동일한 형성 과정이 있었던 것으로 추정된다. 다만 청동기시대 중기의 취락이 반드시 이러한 형성 과정을 통해서 대규모 취락으로 발전한 것은 아니고, 집단 구성원 전체가 이동하여 새로운 지역에 정주하는 경우도 있었을 것이다. 울산 방기리 Ⅰ 구역의 주거지 배치(그림 31)를 보면, 3~5기로 구성된 住居群이 직경 110m 범위 내에 環狀으로 정연하게 배치되면서(李盛周 1998), 주거 지역 전체를 고루 활용하는 계획성을 보이는데, 이는 오랜 기간에 걸쳐 취락이 형성된 결과물로 볼 수 없다. 비유하자면 오늘날의 신도시 개발과 같이 취락 구성원의 이주를 염두에 두고 취락 형성시부터 가옥 배치의 기본 밑그림을 가지고 조성된 취락이었을 것이다. 울산 천상리 취락(그림 32)도 Ⅰ기에는 주거지를 環狀으로 배치하면서 중심부를 공지로 남겨두는 등의 계획성을 가지고 조성된 취락일 가능성이 높다. 시간이 경과하면서 인구가 늘고 그래서 주거 공간이 기존의 주거 지역 외곽으로 확대해 나가는 양상은 미사리 유적과 동일할 뿐이다.

3) 점토대토기 단계의 취락 구조

점토대토기 단계의 취락은 조사된 사례가 많지 않고 취락을 이루는 주거지도 많지 않아 그 구조를 살펴보는데 어려움이 많다. 또한 출토 유물을 통해 편년 연구가 이루어지긴 하였지만, 기존 연구자의 편년안에서 조차도 선후관계에 차이가 많아 이를 토대로 취락 구조의 변화 과정까지 읽어내기에는 어려움이 많다. 따라서 여기에서는 점토대토기 단계 취락의 일반적인 구조에 대해서 살펴보고자 한다.

앞의 취락 입지에 대해서 살펴본 바와 같이, 점토대토기 단계에는 구릉과 하천변의 충적지에서 취락이 모두 관찰되는데, 구릉에 입지한 일부 취락의 경우에는 해발 고도가 높거나, 표고가 높아 고지형 취락으로 분류되기도 한다. 각 입지에 따른 취락 구조와 규모, 그리고 취락 구성 요소에 차이가 있기 때문에 입지 별로 취락을 살펴보고자 한다.

먼저 고지에 취락이 입지한 경우에는 남양주 수석리, 안성 반제리유적의 사례로 볼 때, 정상을 공지로 두고 이를 중심으로 방사상의 주거 배치를 이루는 취락 구조(최종규 2002: 149-151)가 일반적인 양상이었을 것으로 생각된다. 이는 지역을 달리하지만, 보령 교성리, 합천 영창리유적(그림 33)에서도 동일한 양상을 볼 수 있다. 이와 같은 주거 배치는 조망권이 특정 가옥에 귀속되는 청동기시대 중기 이전의 주거 배치와는 차이가 있다. 다시 말하면 중앙 정상부의 공지를 중심으로 방사상으로 배치된 주거 간에 위계 차이가 발견되지 않음을 의미한다. 취락을 구성하는 요소로 수석리와 교성리유적에서는 주거지만 확인되었지만, 안성 반제리유적에서는 주거지 이외에 수혈, 무덤, 구상유구, 다중 환호, 목책 등이 확인되었다. 또한 영창리유적에서도 주거지 이외에도 소형 수혈, 무덤, 토기 가마, 다중 환호가 조사되었다. 반제리와 영창리유적에서는 환호와 주거지가 중복되어 있고, 주거지 간에도 중복 또는 근접된 것들이 있어 취락이 2단계 이상으로 시간 폭을 가질 가능성이 높지만, 명확하게 이를 구분하기에는 어려움이 있다.

한편 영동지역에서도 강릉 방동리 C지구 취락이 고지형 취락으로 분류되었다. 이 취락에서는 주거지 27기와 함께 환호, 구상유구, 소형 수혈, 무덤, 토기 가마 등이 확인되었는데, 반제리, 영창리유적과 같이 환호와 주거지가 중복되어 있고, 주거지 간에도 중복 양상을 보여준다. 주거지 수량만으로 보았을 때, 뒤에서 설명할 송현리 C지구 취락과는 큰 차이가 없는데, 시기적으로 2단계로 구분된 취락이었던 것으로 보인다. 취락 구조상 고지

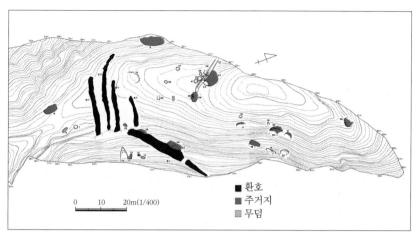

<figure>

환호
주거지
무덤

0   10   20m(1/400)
</figure>

그림 33   합천 영창리유적 유구 배치도

의 정상부를 공지로 남겨놓고 이를 중심으로 방사상의 주거 배치를 보이
는 점도 위의 유적들과 유사하다.

지금까지 살펴본 바와 같이 고지에 입지한 취락 가운데 일부는 정상부
중앙을 공지로 남겨놓고 이를 중심으로 주거지들이 방사상으로 배열되는
점, 그리고 그 외곽을 환호로 둘러쌓은 점에서 공통점이 있으나, 세부적으
로는 차이가 있다. 가령 반제리 취락은 환호 내부에 주거지가 분포하고 있
긴 하지만, 대부분의 주거지는 환호 밖에 분포하고 있는 것과는 달리 방동
리 C지구와 영창리 취락은 환호 내부에 대부분의 주거지들이 분포하고 있
다. 앞에서 언급한 바와 같이 세 유적 모두 2단계 이상의 시간 폭을 가지고
있기 때문에 환호와 주거지의 조성 시점의 관계는 분명치 않다. 다만 안성
반제리유적의 경우 환호가 이른 단계의 주거지와 동 시기일 것이라는 견
해가 있다(庄田愼矢 2009: 72).

다음 구릉에 입지한 점토대토기 단계 취락은 전체 취락의 약 80%에 해
당하지만, 대부분은 조사된 주거지가 많지 않고 함께 조사된 부속시설도
많지 않다. 따라서 여기에서는 주거지와 함께 다양한 유구가 조사된 고성

송현리, 초도리, 강릉 송림리, 방동리 취락만을 대상으로 취락 구조를 살펴보고자 한다.

먼저 고성 송현리유적은 1기의 주거지만이 조사된 A지구를 제외하면 모두 3개 지점에서 취락이 조사되었다. 이 가운데 B, D지구에서는 10여기 내외의 취락이 입지하고 있으며, C지구에서는 2개의 취락이 능선을 달리하여 분포하고 있다. 이 가운데 송현리 D지구 취락의 경우 2~5기의 주거지가 주거군을 이루며 3개 지점에 분포하면서 취락을 이루고 있다.[54] 반면, B지구 취락에서는 주거군의 결집이 확인되지 않았다. 이러한 송현리 지역의 취락들은 주거지 간의 중복이 있긴 하지만, 그 사례가 많지 않아 동 시기일 가능성이 높다. 각 취락에는 소형 수혈이 주거지 주변에 분포하고 있으며, B지구 취락에서만 2중의 구상유구와 석관묘 1기가 확인되었다.

강릉 송림리 취락은 삭평 때문에 유구 성격을 알 수 없지만, 확인된 유구 배치로 볼 때, 송현리 D지구 취락과 유사한 구조라 판단된다. 계곡부에 연한 사면부 4개 지점에 주거지와 소형 수혈로 생각되는 유구들이 분포되어 있다. 각 분포 지점 간에는 20~40m 거리의 공백이 있어 별개의 취락일 가능성도 없지 않으나, 각각이 독립된 단위로 보기에는 규모가 작기 때문에 전체가 한 단위의 취락일 가능성이 높다. 각 단위는 혈연을 기반으로 하는 세대복합체가 주거군을 이루는 것으로 보이는데, 결과적으로 4개의 주거군이 하나의 단위 취락을 이루는 구조이다. 이러한 구조는 고성 초도리 취락에서도 확인되는데, 동서 방향의 능선을 따라 3~5기의 주거지로 구성된 주거군이 크게 3개 지점에 분포하고 있으며, 각각이 20~40m 거리를 유지하고 있다. 따라서 고성 초도리 취락도 3개의 주거군이 한 단위의 취락을 이루는 구조라 생각된다.

---

54) 송현리 D지구 취락과 인접된 능선에 제진리 D지구 취락이 위치한다. 발굴조사 시점은 다르지만, 이 두 유적을 묶어서 단일 취락으로 파악한 견해(박영구 2010)가 있어 송현리 D지구 취락은 본래 4개의 주거군이 결집된 취락일 가능성도 있다.

한편 강릉 방동리 A지구와 B지구 취락은 계곡부를 사이에 두고 동쪽과 서쪽 각각의 능선과 사면부에 취락이 형성되어 있다. 중앙을 가로지르는 계곡부를 고려해 볼 때, 동일 취락일 가능성은 없다고 판단된다. 취락 내 주거지는 6기이며, 주변에 소형 수혈들이 분포하고 있어 비록 주거지 수량이 많지 않지만, 한 단위의 완결된 소형 취락이라 생각된다.

따라서 취락 규모는 청동기시대에 비해 작은 편이라 할 수 있다. 필자는 청동기시대 취락을 소형, 중형, 대형 취락으로 분류하였는데, 그 기준은 소형 주거지로 구성될 때, 소형 취락 10여동, 중형 취락 40~50여동, 그리고 대형 취락은 100여동 이상으로 파악하였다(송만영 2001a). 그런데 점토대토기 단계의 취락을 살펴보면, 소형 주거지 4~6동 규모 단위가 완결된 최소 단위의 취락을 구성했던 것으로 보인다. 가령 전면 조사가 이루어진 유적 가운데 주거지가 중복되지 않은 춘천 현암리, 고성 철통리, 삼포리, 강릉 방동리 A, B지구 취락들이 이에 해당된다. 또한 이보다 규모가 큰 취락들은 12~18동 규모인데[55], 이러한 규모의 취락에서 대체로 3~4개의 주거군이 결집된 양상을 보여준다. 기타 반제리, 송현리 C, 방동리 C 취락들은 주거지들이 중복되어 2단계 이상의 시간 폭이 있는 취락들이다. 따라서 청동기시대 중기, 특히 대형 취락이 출현한 시점과 비교할 때, 점토대토기 단계에는 최소 단위의 완결된 취락 규모가 1/2에서 1/3 가량 축소되었다고 할 수 있다(표 28). 그래서 분산형 취락[56]이라고 규정해도 좋을 것이다.

마지막으로 충적지에 입지한 저지형 취락은 주로 영서지역에서 확인되었는데, 춘천 거두리, 현암리, 원주 법천리, 양평 삼성리유적 정도로 전체 유적의 9%에 불과하다. 이외에 가평 대성리유적도 취락이 북한강변의 충

---

55) 예컨대 고성 송현리 B지구 취락 12동, 고성 송현리 D지구와 제진리 D지구 취락 18동, 고성 초도리 취락 15동 등이다.
56) 이성주(1996: 38)에 따르면, 분산형 취락이란 단위취락의 규모가 줄어든 형태로 곳곳에 분산된 취락 유형을 말한다.

표 28 _ 시대별 취락 규모 비교

	靑銅器 中期	점토대토기단계	점토대토기단계 住居 遺蹟
小型 聚落	10餘基	4~6餘基	春川 玄岩里, 高城 鐵桶里, 三浦里, 江陵 芳洞里 A, B地區
中型 聚落	40~50餘基	12~18餘基	高城 松峴里 B地區, 高城 松峴里 D地區와 猪津里 D地區, 高城 草島里
大型 聚落	100餘基	30~40餘基	安城 盤諸里(?)

적지에 입지한다. 각 유적에서 조사된 점토대토기 단계의 주거지는 4기 미만으로 춘천 거두리 2지구의 북지구에서 3기, 현암리유적에서 4기, 그리고 법천리와 삼성리유적에서 1기가 조사되었을 뿐이다. 주거지와 함께 조사된 유구는 소형 수혈뿐으로 취락 구성이 다른 입지에 비해 매우 단조롭다. 이는 청동기시대 중기의 충적지에 입지한 취락, 가령 춘천 천전리 취락이 주거지 외에 소형 수혈, 굴립주 건물지, 함정, 경작유구, 무덤과 같이 매우 다양한 유구로 구성되어 있는 것과 비교된다. 이와 같이 충적지에 입지한 점토대토기 단계 취락은 매우 적을 뿐만 아니라 취락이라고 할 수 없을 정도로 규모가 작다. 또한 취락의 부대시설이 다양하지 않은 것을 볼 수 있다. 이는 점토대토기 단계의 분산형 취락들이 주로 구릉에 입지하고 있는 점을 반영하며, 청동기시대와는 다른 생계경제 체제로의 변화가 있음을 의미한다.

지금까지 살펴본 바와 같이 점토대토기 단계의 취락은 1개의 주거군이 소형 취락을 이루며, 3~4개의 주거군이 결집되어 중형 취락을 이루기 때문에 청동기시대와 비교할 때, 단위 취락별 규모가 매우 축소된 형태이다. 앞으로 대형 취락이 조사될 가능성도 있겠지만, 현재의 상황에서 그 가능성은 매우 희박하다고 생각된다.

한편 중부지방 점토대토기 단계 취락 특징 가운데 하나가 고지형 입지이다. 이러한 고지형 취락의 성격과 관련하여 당시의 국내 상황 또는 사회변동에 의해 발생된 긴장이 높아짐에 따라 집단 또는 취락간의 방어를 목적으로 출현하였다는 견해(鄭澄元 1991: 38-39)가 제시되었다. 당시의 사회

변동이란 북방에서 세형동검문화가 남하하면서 남부의 각 지역에서 긴장 상태가 지속되고 집단 간의 지역 분쟁이 높아진 상황을 의미하는데, 이로 인해 방어 목적 또는 효율적인 전투 수행을 위하여 고지형 취락이 발생했다는 것이다.

그러나 점토대토기 출현 배경으로 주민이주설(朴淳發 1993)이 제기되면서 고지형 취락은 남하해 온 초기 점토대토기 집단들이 조성하였다는, 보다 구체적인 견해가 발표되었다(박순발 1997: 23). 이는 남하해 온 초기의 점토대토기 집단들이 재지의 지석묘 집단과의 마찰을 피해 비교적 그 세력이 강하지 않은 소규모 지석묘 밀집군 또는 공백 지역을 중심으로 정착하였는데, 이는 점토대토기 집단들이 점유한 유적의 입지가 모두 高地라는 점에서 부합된다는 것이었다. 이 견해는 재지의 지석묘 집단과 이주한 점토대토기 집단들과의 사회경제적인 긴장과 갈등을 강조함으로써 고지형 취락이 출현하게 된 배경을 설명하였다는 점에서 학사적인 의의가 있다고 할 수 있겠다.

한편 송국리식 주거지에서 원형점토대토기의 공반 사례가 증가하면서 호서지역에서도 두 집단의 공존 가능성이 제기되었다. 즉 초기에는 재지 집단과의 마찰을 피해 점토대토기 집단들이 고지에 정착하였으나, 선주민과의 관계 개선을 위해 양 집단 간의 교류가 긴밀히 이루어지고, 이러한 과정을 통해서 점토대토기 집단의 고지형 취락이 평지 주변의 구릉으로 이동하였다는 견해(이형원 2005)로 진전되었다.

위와 같은 견해를 염두에 둔다면 점토대토기 단계의 고지형 취락은 초기 점토대토기 이주민의 취락이며, 점차적으로 재지 집단과의 경쟁 또는 교류를 통해서 취락 입지가 평지화 되고 고지형 취락은 해체가 되었다는 식의 해석이 가능할 것 같다. 그러나 이러한 가설이 입증되기 위해서는 두 가지 전제가 먼저 검증되어야 한다. 첫째는 고지형 취락이 초기 점토대토기 집단의 취락인 점을 고려할 때, 구릉 또는 충적지에 입지한 취락보다 편년상 이른 시기여야 하는 점, 그리고 둘째는 고지형 취락의 성격이 집단 간의 갈등 관계만을 반영하는지의 여부이다.

먼저 편년 부분은 아직 검토의 여지가 있지만, 고지형 취락에 해당되는 안성 반제리, 남양주 수석리, 보령 교성리 취락이 최근 연구(庄田愼矢 2009: 74)에서 가장 이르게 편년되지 않은 점으로 미루어 고지에서 평지로의 이동은 편년적 근거를 상실하였다는 점을 우선 지적하고 싶다.

둘째는 고지형 취락의 성격으로 기존 연구에 따르면, 지석묘 집단의 입지와는 다른 高地 입지가 두 집단 간의 갈등 관계를 입증하는 것으로 해석되어 왔다. 그러나 입증되지 않은 두 집단 간의 갈등 관계를 미리 상정해 놓고 고지형 취락의 성격을 섣불리 판단한 것이 아닌가 하는 생각이 든다. 따라서 이러한 관점에서 고지형 취락의 성격에 대한 재검토가 필요한데, 이를 위해서는 무엇보다도 고지형 취락의 기능을 살펴보는 것이 필요할 것 같다.

최근에 경기 남부 지역에서는 안성 반제리와 같은 고지형 취락과 더불어 취락이라 보기 어렵지만, 점토대토기 집단들이 고지를 활용한 여러 유적들이 조사되었다. 가령 오산 가장동, 수원 율전동, 화성 동학산, 부천 고강동유적 등인데, 오산 가장동에서만 주거지 1기가 조사되었을 뿐 나머지 유적에서는 주거지가 확인되지 않았다. 이 유적들에서는 공통적으로 산 정상부를 에워싼 환호가 조사되었는데, 환호 내부의 면적과 곡부 포함 여부를 기준으로 두 가지 유형으로 구분되었다(이상엽 2006: 57-59). 첫째는 테뫼형(B유형)이라 불리는 것으로 고강동과 반제리유적이 해당되며, 둘째는 포곡형으로 가장동, 율전동, 동학산유적이 있다.[57] 두 유형의 환호에 대해서 성격을 다르게 이해하였는데, A유형을 제의와 관련된 것으로, 그리고 B유형을 경계 또는 방어와 관련된 것으로 보았다(이상엽 2006: 59-60). 그러나 대부분의 연구 사례(서길덕 2006; 오승열 2007)를 보면 B유형 조차도

----

57) 이 명칭들은 산성의 분류 명칭에서 차용된 것인데, 점토대토기 단계의 환호가 방어 성격이 아닌 이상, 환호를 규정하는 명칭으로는 적절하지 않다.

방어보다는 제의 또는 경계의 의미로 해석되는 경우가 많다. 그 이유로 첫째 주변 지형에서 조망권이 좋은 지점에 환호가 설치된 점, 둘째 환호 내부에 수혈유구 외에 동일 시기의 유구가 존재하지 않고 空地의 성격을 가지는 점, 셋째 환호가 반복적으로 재사용된 점, 넷째 환호 내부에서 의례 행위를 추정케 하는 수혈유구, 목탄 등이 관찰되고 소형토기, 이형토기들이 집중적으

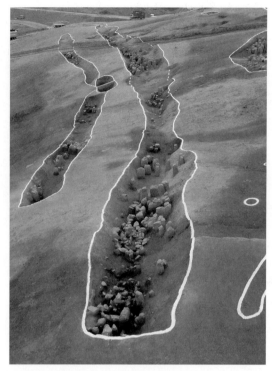

사진 3 화성 동학산유적 환호 전경

로 출토된 점을 들고 있다(오승열 2007: 530).

제의 성격과 관련하여 산 정상부를 에워싼 환호와 함께 목책이 조사된 반제리유적이 주목된다. 환호 내부의 산 정상부에서는 특별한 유구가 확인되지 않았지만, 산 정상부에 자연 바위군이 형성되어 있어 제의 행위의 장소가 되었던 것으로 추측할 수 있다(이상엽 2006). 이와 같은 사례는 오산 가장동유적에서도 관찰되는데, 구릉 정상부에 형성된 자연 바위군 사이에서 석부 1점이 채집되기도 하였다. 또한 고강동유적에서는 환호 내부에서 적석 시설이 확인되었는데, 이 또한 자연 바위군과 같은 역할을 했을 것이라 짐작된다. 제의 대상은 가장 高地에서 이루어지는 제의이기 때문에 정황상 하늘과 관계될 것이라는 견해(서길덕 2006)에 동의한다.

사진 4 오산 가장동유적 자연 바위군

　이러한 제의 공간의 규모는 제의에 참여하는 집단의 규모, 즉 공동체의
범위에 따라 차이가 있었을 것으로 추측된다. 그래서 규모가 작은 반제리
와 고강동유적의 경우[58]에는 개별 취락이 단독으로 운영하였겠지만, 율전
동, 동학산, 가장동과 같이 비교적 큰 규모의 제의 공간에는 촌락 단위 또
는 여러 촌락의 구성원들이 참여했을 가능성이 높다(표 29). 가정을 염두에
둔 복원이지만, 율전동의 환호는 전장 길이가 최소 600m, 내부 면적이
11,400m²에 이를 정도로 규모가 매우 크다(기전문화재연구원 2004: 140). 환
호의 잔존 최대 폭이 2m, 최대 깊이가 1m 가량에 불과하지만, 많이 삭평
되었음을 고려할 때 개별 취락이 단독으로 환호를 구축하고 유지, 보수하
기에는 어려웠을 것이다. 또한 동학산유적의 환호는 평면 형태가 타원형

---

58) 반제리유적의 환호 규모는 복원 직경이 38m 내외이고, 고강동유적의 환호 직경은 30m
　　내외로 규모는 거의 비슷하다.

에 가까우며 4조의 다중 환호가 둘려져 있는데, 최대 직경이 100여 m에 이른다. 이에 비하면 가장동유적의 환호는 규모가 작고 북동 사면에서만 일부 관찰되지만, 반제리와 고강동에 비해 제의 공간의 규모가 컸던 것만은 분명하다. 이와 같이 촌락 단위의 공동체가 참여하는 제의에는 거푸집(화성 동학산)이라든지 세형동검(합천 영창리)과 같은 위세품이 사용되었을 것이다(송만영 2006).

이와 같이 점토대토기 집단들이 고지를 활용한 유적들, 이를 취락이라고 보기 어렵지만, 대부분이 제의와 관련되었을 가능성이 높다. 다만 안성 반제리유적과 같이 취락과 제의 공간이 종적 경관을 이루는 경우도 있기 때문에 제의 공간을 갖춘 고지형 취락도 일반화 되었을 것이라 판단된다.

물론 이주 집단에 의해 형성된 취락의 존재 가능성을 부정하는 것은 아니다. 가령 고지형 취락 가운데 극히 일부 취락, 예를 들면 남양주 수석리와 보령 교성리 취락은 다른 취락과는 달리 주거지에 벽부노지가 설치된 점에서 차이가 있기 때문이다. 이와 같은 취락들은 비록 사례가 많지 않지만, 고지에 형성되어 있으면서도 환호가 둘려져 있지 않아 앞에서 살펴본 제의적 성격의 취락과는 차이가 있다. 위의 두 유적에 대한 전면 조사가 이루어지지 않았기 때문에 취락의 전체 규모는 알 수 없다. 다만 지금까지 조사된 취락 규모가 맞다면, 이 규모가 요령 지역에서 이주해 온 단위 집단의 규모일 것이다. 즉 이주 단위가 소형 취락 규모일 개연성이 높다.

지금까지 살펴본 바와 같이 점토대토기 단계의 중부지방 고지형 취락

표 29 _ 중부지방 점토대토기 단계 환호 유형

類型	特徵	遺蹟	運營 主體
A	• 環濠 平面 : 圓形/1줄 • 環濠 最大 直徑 : 30~40m 內外 • 丘陵의 頂上部를 에워쌈	安城 盤諸里, 富川 古康洞	個別 聚落 單位
B	• 環濠 平面 : 橢圓形/多重 • 環濠 最大 直徑 : 100餘m 內外 • 丘陵 頂上部와 斜面部를 에워쌈	華城 東鶴山, 水原 栗田洞, 烏山 佳長洞, 江陵 芳洞里	村落 單位

을 요령 지역에서 이주한 점토대토기 집단의 취락으로 일반화 하는 것은 문제가 있다. 또한 이 논리를 확대하여 이주 집단과 재지 집단과의 갈등론으로 점토대토기 사회를 해석하는 연구는 더욱 문제가 된다. 재지 사회에 이주민의 출현이 반드시 갈등과 경쟁을 수반하는 것은 아니며 설령 갈등이 있다고 하더라도 이주 집단의 규모가 크지 않을 경우에는 갈등이 한시적이거나 미약한 형태로 나타날 수 있다.

더욱이 극단적인 갈등론의 입장에서 점토대토기 사회를 바라본 견해(손준호 2009: 97)에서는 이주민과 재지민과의 전면적인 전쟁을 상정하고 있지만, 이를 입증할 수 있는 자료는 보지 못했다. 당대에 전쟁이 있었는지를 밝혀 줄 여러 고고학 자료, 이를테면 환호와 무기 양상만 보더라도 점토대토기 단계의 전쟁 가능성은 높아 보이지 않는다. 앞에서 환호 성격이 방어보다는 제의와 관련됨을 살펴보았기 때문에 이를 논외로 하고 석촉을 통해 전쟁 가능성을 검토하기로 한다.

촉신의 형태와 기능과의 상관관계를 다룬 논문(손준호 2007: 102-108)에서 편평형촉이 수렵용으로 능형촉이 무기용으로 사용되었다는 주장이 있다. 이를 중부지방 화살촉 단면 형태의 변화에 적용해보면, 일정한 패턴이 관찰된다. 즉 청동기시대 초기(편평형촉) → 청동기시대 전기 중반~후기(능형촉) → 점토대토기 단계~원삼국시대 중기(편평형촉) → 원삼국시대 후기~삼국시대(능형촉)의 변화인데, 대체로 취락이 발달하고 집단 간의 알력이 높은 시점(송만영 2000: 142-147)에 능형촉이 사용되었다. 따라서 편평형촉이 사용된 점토대토기 단계에 대규모 전쟁이 있었다고 보기 어렵다.

한편 이와 관련하여 보령 교성리유적에서 다량의 편평형촉이 출토된 점을 중시하여 교성리 취락이 방어적 성격의 취락으로 파악한 견해가 있다(권오영 1996a: 37). 그러나 편평형촉의 기능에 주목한다면 교성리 취락이 방어를 염두에 둔 취락이기보다는 생계 수단으로 농경보다는 수렵에 대한 의존도가 매우 높은 상황을 반영한다고 할 수 있다. 이와 같이 고지형 취락이 방어적 성격의 취락이라고 단정할 수 없다면, 이주 집단의 고지형 취락들이 재지 집단과의 경쟁 또는 교류를 통해 점차 평지의 구릉(이형원 2005) 또는 평지화(李和種 2005) 되었다는 견해도 받아들이기 어렵다. 이는 취락들의 편년 관계를 따져보아도 그러하거니와 갈등의 구체적인 양상들도 확인되지 않기 때문이다. 사실 점토대토기문화 형성에 요령 지역의 이주 집단이 깊이 개입되어 있다는 부분까지는 인정할 수 있어도 이주 집단의 규모라든가, 이주 양상들은 아직 밝혀진 바가 없다. 다만 요령 지역의 점토대토기 집단의 push factor로 정치적 상황이 자주 거론되고 있는데, 그 구체적인 역사적 사건[59]이 무엇이든 원론적으로 전쟁과 같은 요인에 의해 이주할 경우에는 치밀한 계획 없이 이주할 가능성이 높으며(김장석 2002a: 13), 그 규모도 크지 않았을 것이다(김장석 2009: 53). 또 하나는 요령 지역 점토대토기 집단의 이주가 일회성으로 끝난 것이 아니라 장기간에 걸쳐 빈번하게 발생했을 가능성도 있다. 이는 점토대토기 집단의 이주에 원인이 되었던 요령 지역의 정치적 상황이 매우 복잡했던 상황과도 무관하지 않다. 또한 한반도 내의 점토대토기 유입 루트를 다양하게 본 연구(정인성 1998; 이숙임 2003)도 바로 그와 같은 상황을 반영했을 것이다. 그렇다고 할 때, 중부지방에서 관찰되는 이주 집단의 고지형 취락이 반드시 이른 단계로 편년될 이유가 없다고 본다.

이상에서 살펴본 바와 같이 점토대토기 단계의 고지형 취락은 이주한 점토대토기 집단과 재지의 지석묘 집단 간의 갈등을 반영하기 보다는 제천 의례와 관련된 취락으로 보는 것이 합당하다. 이러한 측면에서 갈등론의 입장에서 점토대토기 사회를 해석하는 것은 무리가 있다. 중부지방 점토대토기 단계의 취락과 사회는 분명 청동기시대와는 차이가 있다. 청동

---

59) 박순발(1993)은 기원전 4세기말~3세기 초에 燕 秦開의 동침을 점토대토기 집단 이주의 배경으로 파악하였다, 그러나 남한지방에서 원형점토대토기 출현 시점이 상향됨에 따라 박진일(2006: 34)은 기원전 7~5세기에 齊와 燕이 山戎을 정벌하고 요서 지역으로 진출한 이후 기원전 5세기에 연 문화가 요서 지역에 등장한 사건과 관련시켰다.

기시대 취락이 수계를 중심으로 주로 구릉과 충적지에 입지하고 있는 것과는 달리 점토대토기 단계의 취락은 高地의 제의 공간을 중심으로 이와 연결된 구릉에 주로 입지하고 있기 때문이다. 이러한 입지 차이가 생계와 관련될 가능성이 높지만, 현재로서는 분명치 않다. 다만 점토대토기 단계의 취락이 수계보다는 高地의 제의 공간을 중심으로 구릉의 취락들이 결집되며, 高地의 제의 공간들을 연결하는 사회경제적 연결망이 형성되어 있었다고 볼 수 있다.

4) 원삼국시대 취락 구조

원삼국시대 전기 전반의 취락은 현재까지 조사 예가 많지 않지만, 하남 미사리 A지구의 고려대 조사 구역과 가평 대성리유적의 사례로 보았을 때, 소형 취락에 해당된다. 그러나 전기 후반이 되면 강릉 교항리 취락과 같이 27기의 주거지로 구성된 중소형 취락들이 등장하며, 중기에 이르면 취락의 규모가 점차 확대되어 가평 대성리유적과 같이 중형 취락들이 일상적으로 관찰된다. 그러나 전, 중기에 조성된 취락들이 한성백제기까지 장기지속을 보이는 경우는 없다. 후기에 조성된 취락들은 소형, 중형 취락으로 구성되지만, 이 가운데 몇몇 취락들은 한성백제기까지 장기지속하면서 대형 취락으로 규모가 확대된 경우도 있다.

원삼국시대 취락은 일반적으로 거주, 수공업 작업, 생산, 저장, 폐기, 매장 혹은 제의 등의 기능적 공간으로 구성되어 있다. 그러나 주거지와 더불어 취락을 구성하는 굴립주 건물지, 소형유구 등이 혼재되어 취락 내에서 뚜렷하게 기능에 따라 구역화 된 양상은 보이지 않는다. 또한 취락 외부에 별도로 설치한, 독립된 저장 구역은 아직까지 조사된 사례가 없다. 독립된 저장 구역은 청동기시대에 이미 호서지역의 송국리유형 취락에서 출현하지만, 중부지방의 경우에는 원삼국시대까지 독립된 저장 구역은 확

사진 5 연천 강내리 취락 전경

인되지 않았다. 따라서 원삼국시대에는 저장 시설을 가구별로 관리하였을
가능성이 높다고 할 수 있다.

　토기, 철기 등 수공업 생산과 관련된 자료들은 대부분 주거지 내부에서
확인되지만, 일부 소형 유구에서 철기 제작 관련 유물들이 확인되어 일부
전용 공방이 운영되었을 가능성이 있다. 그러나 이 역시 공간적으로 분리
된 위치에 있는 것이 아니라, 주거지와 혼재된 양상을 보여준다. 중부지방
원삼국시대 취락에서 철기 제작 관련 유물이나 주거지 내부에서 단야로와
같은 유구가 조사된 사례가 최근 증가 추세에 있다. 주로 외부에서 들여온
철 소재를 가공하거나, 파철을 재활용하여 취락 내에서 사용할 간단한 철
기를 제작하는 수준이며 대량 생산의 철기 생산 유적은 화성 기안리유적
과 같이 원삼국시대 후기에 출현한다. 한성기 백제 취락과 비교할 때, 원
삼국시대 취락에서의 철기 제작은 취락의 규모, 위계에 영향 받지 않음을
알 수 있다. 즉 소규모의 취락에서부터 대규모의 취락에 이르기까지 필요
에 따라 철기를 생산하였던 것으로 보이며, 또한 취락의 특정 위계와 관련

하여 철기 생산이 이루어지는 양상을 발견할 수 없다. 다만 최근에 조사가 이루어진 연천 강내리와 합수리, 삼곶리 취락의 양상을 고려해 볼 때, 동일한 취락 공동체 내에서 철기를 집중적으로 생산하였던 취락이 있는가 하면, 그렇지 않은 취락도 존재하기 때문에 취락 공동체 내에서 생산의 분업화가 이루어졌을 가능성도 있다. 특히 21기의 주거지가 조사된 연천 삼곶리 취락에서는 2호, 4호, 5호, 7호, 10호, 19호, 20호 등 모두 7기의 주거지에서 철기 제작과 관련된 자료들이 확인되어 여기에서 생산된 철기들이 삼곶리 취락 이외의 주변 취락에도 유통되었을 가능성이 높기 때문이다. 이러한 가능성은 철기 생산 자료들이 집중되어 있는 동해 송정동 취락에서도 동일하게 관찰된다. 그러나 대부분의 취락에서 발견되는 철기 생산 자료들을 고려해 볼 때, 영세할 정도로 그 조업 규모가 크지 않기 때문에 여기에서 생산된 철기들은 취락 내에 한정되어 유통되었을 것으로 생각된다. 따라서 조업 규모와 유통 범위를 기준으로 할 때, 원삼국시대 초기에는 취락 단위로 생산과 소비가 이루어지는 철기 생산 체제가 유지되었다가 어느 무렵인가 점차적으로 취락 공동체 단위로 철기를 생산, 유통하는 체제가 형성되었을 개연성이 있다. 물론 다른 물품과 마찬가지로 철기의 유통망이 단일하지 않고 복합적이기 때문에 취락 단위의 생산, 소비 체제와 취락 공동체 단위의 생산, 유통 체제가 동시에 가동되었을 것으로 생각된다. 취락 공동체를 넘어선 지역 단위의 철기 생산 및 유통 체제는 화성 기안리 철기 생산 유적의 사례로 보아 원삼국시대 후기에 형성되었을 것으로 생각된다. 그러나 아직까지는 지역 단위의 철기 유통 범위가 어느 정도의 범위인지는 분명치 않다.

IV.
취락의 계층화와 정치체의 형성

1. 취락의 계층화

취락 내의 계층화는 취락의 특정 세대 또는 세대복합체 간의 계층화를 의미한다. 계층화 정도를 측정하는 근거는 일반적으로 주거지를 점유하였던 인물의 사회적 신분을 반영하는 척도로서 주거지의 규모 및 공간 배치 상의 우월성과 주거 구조상의 차이,[60] 그리고 출토 유물의 차이 등이 있다 (박양진 2000). 신석기시대 취락의 경우에는 중기까지 취락 내 주거지의 규모 차이가 없거나 있다고 하더라도 대형과 소형 주거지 사이에 현격한 규모 차이가 없다(임상택 2006). 특히 대형 주거지는 소형 주거지와 혼재되어 공간 배치상의 우월성을 찾아볼 수 없다. 후기에 상대적으로 초대형이면 서 출토 유물이 많은 주거지가 등장하는 등 변화가 있지만, 공간 배치에서 는 다른 소형 주거지와 차별화되어 있지 않은 양상은 청동기시대 전기 전 반[61]까지 지속된다.

앞에서 언급한 것처럼, 전기 후반 취락의 특징으로 정주성 취락의 출현

---

60) 송국리식 주거지 가운데 사주식의 주거지를 위계가 높은 주거지로 보고 이러한 사주식 주거지가 주로 배치된 관창리 구릉 상부를 상위 계층의 거주 공간으로 파악한 견해(金 載昊 2005)가 있다.

을 들 수 있는데, 이 가운데 취락의 縱的 景觀이 정형화되는 현상이 취락 내 계층화와 밀접한 관련이 있다. 취락의 종적 경관이라는 것은 취락 내 주거 구역, 매장 구역, 경작지와 같은 여러 기능의 공간이 별도의 장소에 배치되는 방식을 말하며, 특히 주거 구역 내에서도 대형 가옥과 소형 가옥이 지역을 달리하여 배치되는 방식을 의미하는데, 취락이 입지한 지형이라든가 취락 내의 사회적 관계 또는 신념 등에 제한을 받는다.[62] 가령 전기 후반의 취락 가운데 대전 신대동, 대구 송현동유적 등의 취락은 소형 취락임에도 불구하고 구릉의 정상부를 중심으로 가장 큰 주거지가 위치하고 그 주변으로 2~3동의 소형 주거지로 이루어진 주거군이 배치되는 정형성을 보여준다. 특히 청원 대율리유적(그림 34)에서는 구릉 정상부에 대형 주거지 2기가 위치하고 그 주변에 작은 도랑을 돌려 경계를 구획하였으며, 그 외곽에는 7기의 소형 주거지가 주거군을 이루며 분포하고 있는데, 그 외곽에도 2중의 도랑이 전체 취락을 감싸고 있는 모습이다. 정상부의 1호, 9호 주거지와 외곽의 7, 8호 주거지는 2동의 가옥이 주거군을 이룬다는 측면[63]에서 전기 전반의 취락의 병렬적 배치 양상을 보여주지만, 다수의 주거군 가운데 대형 주거지로 구성된 주거군이 그 위치와 경계 시설로 차별화 되어 있는 점은 취락 내 계층화와 관련이 있다.[64]

----

61) 전기 전반의 취락에서는 2동의 크고 작은 가옥이 지역을 달리하여 주거군을 이루는 병렬적 배치를 보여준다. 익산 영등동 I지구, 대구 시지동, 어은 1지구, 청주 용정동 I, II유적의 사례로 보았을 때, 각 주거군 사이에는 공간 배치상의 우월성이나, 주거지 규모상의 현격한 차이는 보이지 않는다.

62) 이와는 달리 취락의 橫的 景觀은 주변 취락과의 사회, 정치, 경제적 관계에 의해서 결정된다. 이를테면 결집된, 위계가 다른 취락들이 공동으로 운영하는 시설물, 즉 촌락 단위의 매장 구역, 저장 구역, 제의 공간 등이 이에 속한다.

63) 대율리 2호~6호 주거지 모두가 일렬로 배치되어 있지만, 주거지 2기 단위로 결속된 주거군이 가족공동체를 구성했다는 견해(孔敏奎 2005)가 있다.

64) 대율리유적 도랑의 성격은 분명치 않지만, 특정 계층의 주거 구역과 일반 계층의 주거 구역을 분리했던 기능을 중시할 때, 환호의 발생 과정을 설명하는데 있어 매우 중요한 유적으로 평가된다. 즉 초기에는 구획의 의미이었지만, 취락의 규모가 확대되는 중기

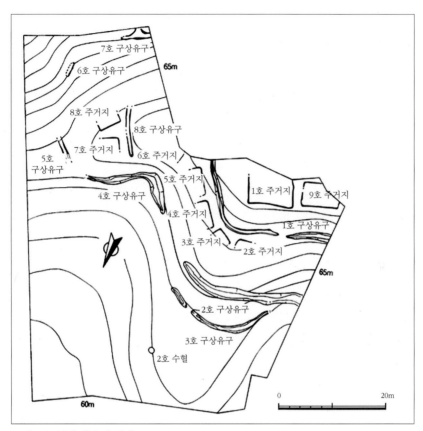

그림 34 청원 대율리 취락

전반의 중·대형의 취락에서는 구획의 의미에 더하여 방어 기능이 추가되었던 것으로
보인다. 대율리유적보다 시기가 늦은 대구 팔달동과 울산 방기리유적은 전기 후반~중
기 전반의 유적인데, 여기에 설치된 도랑도 소규모 구획 시설로 보고 초기적인 형태의
환호로 파악하고 있는 견해(이성주 1998: 59-62)도 같은 맥락이다. 이러할 경우 환호의
초기 형태로서의 도랑은 특정 주거군과 일반 주거군을 구획하였던 경계의 역할을 했던
것으로 보인다. 일반적으로 환호의 규모는 유적마다 차이가 있지만, 취락민 전체를 포
괄하는 환호는 많지 않았던 것도 같은 이유에서 일 것이다. 검단리유적과 같은 중형 취
락에서는 환호 규모(길이 118, 폭 70m)를 고려할 때 2개의 소형 취락만을 수용했을 가
능성이 높다. 또한 미사리 취락에서도 대형 주거지가 위치한 고려대 조사 지역에만 목
책이 설치된 것도 같은 양상이다. 목책은 그 규모로 보았을 때, 방어와는 관련이 없기
때문이다.

전기 후반의 우월적 입지는 이와 같이 구릉의 정상부가 선호되었지만, 여주 흔암리, 천안 불당동, 백석동유적과 같이 구릉 사면에 형성된 유적에서는 조망이 탁월한 상부에 상층의 주거지가 배치되어 있는 양상이다(이형원 2002: 88-89). 관창리유적 B지구에서는 중·대형의 주거지가 중심을 이루면서 제의적 성격이 강한 최상위 집단이 가장 높은 곳에 위치하며, 순차적으로 하위의 집단들이 아래쪽에 입지하는 것으로 연구되었으며(안재호 2004; 김재호 2005), 관창리유적 F구역 취락에서도 가장 높은 곳에 상위 집단의 주거군이 배치되고 아래쪽으로 하위 집단의 주거군이 배치되어 있다는 연구가 있다(이홍종 2005). 따라서 취락의 우월적 입지에 대한 선호도는 시기에 따라 큰 차이가 없는 것으로 보인다.

한편 큰 하천변의 충적대지에 위치한 평지 취락인 경우에는 중심부의 최상층 집단의 주거 지역을 정점으로 하여 하위 집단의 주거 지역이 순차적으로 외곽 쪽에 배치되는 求心的 구조인데, 그 대표적인 사례가 대평리 옥방 1지구의 환호취락이다. 배덕환의 연구에 의하면 옥방 1지구 환호취락에서의 주거지 배치는 초대형 주거지들은 내·중호의 2중 환호 내에 위치하고, 대형 주거지들은 2중 환호 내에 초대형 주거지와 공존하는 경우도 있지만, 대체로 외호와 중호 사이의 공간에서 중형 주거지 4~5기와 공존하는 경향이 있다고 한다(裵德煥 2000). 중부지방의 경우에도 중심부가 선호되는 양상이 확인되는데, 하남 미사리 취락에서도 중심부에 대형 주거지가 위치하고 여기에서 멀어질수록 보다 작은 규모의 주거지가 배치되는 구심적 구조의 취락이 확인된다.

위에서 살펴본 바와 같이 청동기시대 취락의 입지 조건에 따라 주거지 간의 규모 차이가 확인되는데, 이는 위계가 높은 세대 또는 세대복합체가 비교적 좋은 지점을 선점할 특권을 가지고 있었음을 의미한다. 우월적 입지에 대한 선호도는 시기에 따라 큰 차이는 없지만, 취락의 입지에 따라 차이가 있다. 가령 취락이 구릉 정상부에 입지할 경우에는 정상부에, 그리고 구릉에 입지할 경우에는 능선부에, 산사면에 입지한 취락의 경우에는 조망이 탁월한 상부가 선호되었다. 그리고 평지성 취락의 경우에는 중심부가 선호되었다.

시기에 따라 취락 내부의 계층화 정도는 좀 더 중층적인 형태로 발전하게 되는데, 전기 후반의 경우에는 2단계의 계층 차이를 보여주는 취락들이 관찰되지만, 중기 이래로 중·대형 취락들이 출현하면서 중형 이상의 취락인 경우에는 이보다 계층 구조가 좀 더 복잡하였을 것으로 추정된다. 가령 보령 관창리 B지구 취락 구조에 대한 연구(안재호 2004: 10-19)에서는 계층화된 4개의 집단을 추출하였는데, 제사 및 의례 기능의 최상위 집단, 전업적 토기생산 집단으로 농경의 경영과 노동을 부담하는 상위 집단, 자급자족적인 토기 생산과 농경에 노동력을 부담하는 중위 집단, 그리고 농경 종사자인 하위 집단으로 요약된다. 그러나 동일 취락에 대해서 이홍종(2005)은 취락의 통제, 토기·석기 등 필수품의 생산과 보관, 농업생산물의 전체적인 보관과 분배, 교역 등을 담당한 상위 계층과 직접 농경 생산에 종사한 하위 계층으로 구분하고 있으며, 김재호(2005: 66)는 5개 계층으로까지 세분하고 있어, 계층 추출의 기준 및 적합성 여부에 대한 문제는 앞으로 해결해야 할 과제이다.

한편 하남 미사리 취락의 주거지 분포도(그림 35)를 참고하면, 하남 미사리 취락은 3개 이상의 중소형 취락이 복합된 취락이다. 비교적 완결된 형태로 조사된 A 주거지역군만으로 볼 때, 주거지는 직경 220m의 범위 내에 16기가 분포하고 있어, 주거지역군의 평균 가옥 수는 20기 미만이었을 것으로 추정된다. B 주거지역군은 전체가 조사된 것은 아니지만, B 주거지역군의 중심부에는 대형 주거지인 고려대 KC 034호 주거지가 위치해 있고 그 주변으로 소형유구와 함께 굴립주 건물지, 목책 등이 분포하고 있어 아마도 미사리 취락에서 가장 중심을 이루는, 다시 말해 위계가 가장 높은 주거지역군으로 추정된다.

A 주거지역군 내에서는 모두 4개의 주거복합군이 확인되고 있는데, 각 주거복합군의 범위는 직경 55m 내외이다. 이 주거복합군들은 위계 차이

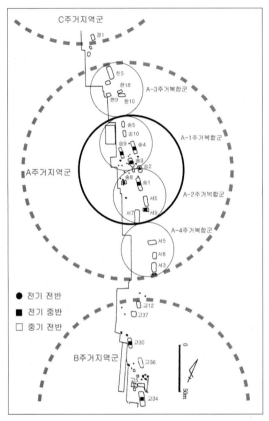

그림 35　하남 미사리 취락 구조도(송만영 2001a)

가 관찰되는데, 주거복
합군의 위치와 각 주거
복합군에 소속된 주거
지의 수효, 크기 그리
고 부대 시설 등을 기
준으로 할 때, 매우 도
식적이긴 하지만 A-1
주거복합군 → A-2 주
거복합군 → A-3 주거
복합군 → A-4 주거복
합군 순으로 위계화된
것으로 보인다(표 30).
그러나 A-3 주거복합
군과 A-4 주거복합군
은 위계 차이로 크지
않기 때문에 대체로 3
단계의 계층 차이를 보
여준다고 할 수 있다.
그러나 중기 취락이 모

두 3단계의 계층 차이를 보여주는 것은 아니다. 왜냐하면 중·대형의 취락
과 함께 소형 취락들이 다수 존재하고 있고 또한 이러한 소형 취락에서는
계층 차이가 없거나, 정점의 상위 주거군과 하위의 여러 주거군 등 2단계
의 계층 차이를 보여주는 경우[65]도 있기 때문이다. 따라서 청동기시대 취

---

65) 소형 취락에서 상위 주거군과 하위 주거군 간에 단속적인 부의 분포가 확인되는데, 부
　　유한 가구들은 중·대형 취락의 수장층 가구들처럼 직접적인 농업 생산 활동에 참여하
　　지 않은 것으로 추정되었다(김범철 2006).

표 30 _ 미사리유적 주거복합군 별 주거지 및 부대 시설

주거 복합군	대형 주거지	중형 주거지	소형 주거지	부속창고	소형유구
A-1	2	1	2	2	10
A-2	2	1	1		7
A-3	1	1	2		
A-4		2	1		

락 내의 계층성은 전기의 2단계에서 중기의 3단계로 보다 중층화 하는 경향을 보여준다.

중기 중·대형 취락에서의 계층별 기능은 유적마다 차이가 있겠지만, 최상층의 경우에는 전체 취락을 통제하기 위하여 제의를 주관하고 농업생산물의 보관, 분배, 교역 등을 담당하였을 개연성이 높다. 또한 이보다 하위의 계층에서는 토기, 옥기 등의 제작을 전담하지만, 당시의 생산 체제로 보았을 때, 專業的인 계층은 아니고 농경과 같은 생산 활동에도 참여하였을 것으로 생각된다. 그리고 가장 하위 계층은 주로 농경을 담당하는 계층으로 취락 구성원 대다수가 이에 해당된다.

취락 내 집단 간의 계층화 수준과 관련하여 송국리유형 취락 내 가구 간의 분석에서는 중·대형 취락일 경우, 부의 분포가 매우 단속적인데, 주거 밀집 지역에 위치하는 소수의 상위 가구에 부가 편중된다고 한다(김범철 2006: 103). 이는 전기보다 중기로 갈수록 일반 구성원의 세력 변화는 큰 변동이 없지만, 상층 계층의 세력이 보다 증가된다는 연구 결과(배덕환 2000: 47)와도 일치하고 있다. 또한 취락 구성이 대가족체에서 세대공동체를 거쳐 핵가족체로 변화하면서 대가족체 가장의 권한이 취락의 특정 개인에게 귀속되었다고 하는데, 위계화의 과정은 집단에서 특정 집단이 분화되며, 특정 집단에서 특정 개인이 분화되는 과정으로 풀이되고 있다(안재호 2006: 95-98). 이러한 경향은 용담댐 수몰지구의 무덤의 변화에서도 관찰되는데, II단계의 유력가족묘에서 III단계의 유력개인묘로 변화되면서 특정 개인의 위상이 격상되는 현상에 주목하여 사회적 위계화가 더욱 심

화되는 것으로 보았다(김승옥 2004a).

청동기시대 중기 대규모 취락의 출현과 함께 주목되는 두드러진 변화는 취락들의 결집체 다시 말해 聚落群의 형성이다. 이러한 취락군은 중심취락을 중심으로 다수의 주변 취락이 결집되어 취락 간에는 위계가 발생하고 하위 취락 기능이 분화되는 것으로 상정되기도 한다.

그런데 村 - 小村 또는 中心 聚落 - 周邊 聚落 등의 용어 설정에서 볼 수 있듯이 위계가 다른 두 단계 등급만의 취락들로 결집된 형태가 청동기시대 취락군의 모습으로 막연히 비춰지고 있는 것이 아닌가 생각된다. 또한 여기에서의 上位 聚落을 구체적으로 거론할 때, 고고학적인 기준이 가옥 수에 근거하고 있지만, 그 기준치가 모호하여 어디까지를 상위 취락으로 보아야 하고, 어디까지를 하위 취락으로 보아야 하는지 분명치 않다. 설령 가옥 수만으로 상위 취락과 하위 취락을 구분할 수 있는 기준치가 있다고 하더라도 여기에도 문제가 있다. 가옥 수만으로 볼 때, 동 시기의 유적인 백석동과 옥현유적은 같은 위계를 가졌을 것으로 보이나, 대형주거지 중심으로 구성된 백석동유적이 중소형 주거지만으로 구성된 옥현유적보다 인구 규모가 클 뿐만 아니라, 주거 지역의 공간적 범위가 2~3배가량 넓기 때문에 보다 상위의 취락으로 간주될 수 있기 때문이다.

취락의 위계를 결정하는데 있어 취락 규모와 함께 입지 조건, 위세품의 존재 여부, 환호와 같이 대규모 노동력이 투여된 공공시설물의 존재 등이 함께 고려되어야 한다. 그러나 이러한 기준을 모두 대입하여 위계를 살피기에는 자료상의 한계가 많기 때문에 여기에서는 먼저 취락의 규모만을 가지고 청동기시대 취락의 위계를 살펴보기로 한다. 취락 규모는 대개 가옥 수를 근거로 하기도 하지만, 앞에서 살펴본 바와 같이 취락 내 거주한 인구 규모를 제대로 반영하기가 어렵기 때문에 다른 대안이 필요하다. 가령 취락 내 주거지 면적을 총합산하여 상호 비교하는 것도 그 방법이 될 수 있다. 즉 이 시기의 1인당 주거 면적이 어떠한지는 알 수 없지만, 총 합산된 주거지 면적의 비교를 통해서 취락 간의 인구 규모를 상대적으로 파악할 수 있다는 것이다. 그러나 완결된 상태로 조사된 유적이 많지 않다는 측면에서 이 방법도 별반 효용이 없을 것 같다.

한편 규모가 작은 취락일수록 취락을 이루는 하위 단위만으로 단층 구조를 이루는 반면, 대규모 취락은 위계가 서로 다른 단위들이 중층 구조를 이루기 때문에 결국 취락 내 각기 다른 여러 단위들이 어떻게 구성되었는지를 살펴보는 것이 취락 규모를 파악하는데 있어 효과적일 수 있다. 특히 유적 전체가 조사되지 않았을 경우에도 하위 단위의 구조 파악이 용이하기 때문에 나름대로 장점이 있다. 權五榮(1996a)은 취락의 하위 단위를 개별주거-주거군-소구역으로 등급화하여 대규모 취락은 복수의 소구역이 결집된 형태로 파악한 반면, 소형 취락은 여러 주거군이 결집된, 다시 말해 대규모 취락의 소구역에 해당되는 것으로 보았다. 그런데 이미 청동기시대 대규모 취락에 가까운 것이 미사리유적이고 이를 통해 취락의 각기 다른 단위들이 어떻게 구조화되어 있는지를 살펴보았기 때문에 권오영의 소형 취락과 대규모 취락이 미사리 취락의 어느 부분에 해당되는지 살펴보기로 한다. 그에 따르면, 주거군은 부부와 미혼 자녀를 기본 단위(세대)로 한 개별 주거가 2~4기 결집된 단위로 세대복합체에 해당된다. 그러나 미사리유적의 세장방형주거지는 2~3개의 세대가 공동 생활한 것으로 판단할 수 있기 때문에 그 자체가 주거군이거나 또는 소형의 주거지 1~2동이 결집되어 주거군을 형성했을 것으로 보인다. 따라서 미사리 A 주거지역군 내 직경 55m 내의 가옥들은 주거군이 아닌 주거복합군[66]에 보다 가까웠을 것이다. 주거 면적만 보더라도 A-1 주거복합군 주거지 5기의 전체 면적이 천상리유적 주거지 14기의 면적과 동일하며, 가장 위계가 낮은 A-4 주거복합군의 경우에도 천상리유적 주거지 7기의 면적과 같다. 청동기시대의 단위 취락 가운데 가장 소규모의 취락이 중·소형 주거지 10여기 내외

---

66) 權五榮(1996a: 78-79)의 소구역에 해당되는 것으로 세대복합체군에 대응된다.

인 것을 볼 때, 이러한 주거복합군이 취락을 이루는 기초 단위였을 것으로 보인다. 주거복합군만으로 이루어진 소형 취락은 울산 다운동과 천상리 Ⅰ기 취락이 있다. 특히 천상리 Ⅰ기 취락은 3~5기의 개별 가옥들로 구성된 주거군 4개가 결집된 형태이다.

이러한 주거복합군 단위의 취락보다 상위의 취락은 미사리 취락에서 찾는다면, A 주거지역군 정도의 규모였을 것으로 판단된다. 직경 220m의 범위 내에 4개의 주거복합군이 결집된 형태로 대형 주거지 5기, 중형 주거지 5기, 소형 주거지 6기 등 16기에 불과하지만, 총 합산된 주거지 면적만으로 볼 때, 천상리유적 주거지 43기에 해당되는 것이다. 주거 지역의 구조를 살펴보면, 중심부에 위계가 높은 두 주거복합군이 110m 범위 내에 분포하고 나머지 두 주거복합군은 일정한 거리를 두고 외곽에 분포한다. 이와 유사한 위계의 취락으로는 울산 방기리 Ⅰ구역 정도가 아닐까 생각된다. 주거지의 배치로 볼 때, 조사되지 않은 남서쪽까지 감안하면 30~40 여기의 주거지가 분포하고 있었을 것으로 추산되기 때문이다. 따라서 기존의 연구자들이 묘사한 중심 취락, 주변 취락의 규모라는 것이 주거지역군, 주거복합군 단위 정도의 취락에 불과함을 알 수 있다.

그러나 백석동과 미사리취락에서 살펴본 바와 같이, 이 취락들이 적어도 주거지역군 3~4개가 결집된 규모인 점을 감안하면 청동기시대 중기에 이미 주거지역군 단위의 취락보다 上位의 취락이 형성되어 있었던 것으로 볼 수 있다. 이러한 대규모 취락의 규모는 중·대형의 주거지로 구성될 경우 50~60여기 가량이고, 중·소형의 주거지로 구성될 경우에는 100여기 가량이었을 것이다. 전자의 예는 평택 소하동, 화천 용암리, 춘천 천전리 유적이 있고 후자의 예로 보령 관창리, 진주 대평리유적이 해당된다. 보령 관창리유적에서는 4개의 서로 인접된 구릉에서 200여기에 가까운 주거지가 발굴 조사된 것으로 알려져 있는데, 중기에서 초기철기시대에 걸쳐서 조성된 대규모 취락으로 판단된다. 아마도 각각의 구릉을 중심으로 형성된 住居地域群이 어느 시점엔가 대규모 취락으로 통합되었던 것으로 보인다.

진주 대평리유적에서는 중기 전반의 방형 송국리식 주거지 단계에 대규모 취락이 형성되었던 것으로 보이는데, 옥방 1, 7지구의 다중 환호취락과 옥방4지구의 다중 환호취락을 중심으로 여러 住居地域群이 결집된 것으로 추정된다. 특히 두 환호취락의 중간 지점인 옥방 3지구에서는 주거지가 조사되지 않은 것으로 알려져 있어, 대평리 일대에만 2개의 대규모 취락이 형성되었던 것으로 보인다. 발굴보고서가 모두 발간되지 않은 상태라 자세한 내용은 알 수 없지만, 방형의 송국리식 주거지는 옥방 1, 7지구의 환호취락 내외에서만 50기에 가까운 주거지가 조사되었다. 또한 인접한 옥방 2지구에서 20여기, 옥방 8지구는 분명치 않지만, 조사된 대부분의 주거지가 방형 송국리식 주거지인 것으로 알려져 있다. 그리고 환호에서 가장 멀리 떨어진 9지구에서는 10기가 확인되어 환호취락에서 멀어질수록 주거지의 밀집도는 낮아지는 것으로 파악된다. 환호가 설치된 옥방 1, 7지구에서 옥방 9지구까지의 거리는 400m 가량인데, 환호를 중심으로 옥방 9지구의 맞은 편에도 주거 구역이 형성되어 있었다고 가정하면, 옥방 1, 7지구 환호취락의 범위는 미사리의 住居地域群 3~4개가 분포한 범위와 대략 일치한다. 또한 백석동 B지역 취락의 주거지가 직경 800m 이내에 분포하고 있으며, 관창리의 주거지가 분포한 4개의 구릉도 직경 800m 이내의 범위이다.

이상에서 살펴본 바와 같이 청동기시대 중기 이후의 취락은 취락을 구성하는 기초 단위체들의 중층 구조에 따라 크게 3등급으로 위계화될 수 있음을 볼 수 있었다. 각 등급의 취락을 구별하기 위하여 군이 명칭을 붙이자면 소형 취락, 중형 취락, 대형 취락 정도가 될 것이지만, 이러한 용어가 단지 규모를 염두에 둔 보통명사와 같은 것이어서 각 등급별 취락의 성격을 드러내지 못한다는 약점이 있다. 따라서 적절한 용어로 대체되기 전까지는 잠정적으로 사용하고자 한다.

한편, 청동기시대 중기에 이르면, 인구 증가에 따른 취락 규모의 확대와 더불어 역으로 分村化가 진행되었을 것이다. 分村이 대체로 증가된 인구를 부양하기에는 가경지가 제한되었기 때문이었을 것으로 판단되기 때문에 分村은 母村에서 가깝되 미개척 지역이 선호되었을 것이다. 또한 母村의 일부가 동시에 집단 이주되었을 것으로 생각되기 때문에 취락의 형성 모습은 방기리 Ⅰ구역과 천상리 Ⅰ기 취락과 같이 가옥 배치에 있어 일정한 계획성을 보여주지 않을까 생각된다. 특히 방기리와 천상리 취락에서는 선대 유구가 확인되지 않은 것으로 보아, 취락 조성 당시에는 미개척 지역에 속할 가능성이 높고 따라서 이 취락들이 子村에 해당될 것으로 추측된다. 分村의 규모는 이 취락들의 규모와 밀접한 관련이 있는데, 적게는 10여기의 중·소형 주거지로 이루어진 住居複合群 단위였을 것이고, 많게는 30~40여기의 주거지로 이루어진 住居地域群 단위였을 것이다. 그러고 보면 미사리 취락에서 살펴본 바와 같이 住居地域群 단위가 혈연을 기반으로 하여 최대로 성장할 수 있는 한계치인 이상, 분촌 역시 그러한 혈연관계에 있는 구성원들만으로 이루어졌을 가능성이 높다.

마지막으로 이 시기 무렵에 등장하는 환호취락에 대해서 살펴보자. 환호취락의 출현 시기에 대해서는 견해 차이가 있긴 하지만, 방어와 관련된 시설로서의 환호는 늦어도 중기 전반에 출현하는 것으로 볼 수 있다. 다만 남한지역 환호가 중국 동북지방의 비파형동검 문화와 밀접한 관련이 있다고 한다면, 남한지역에서의 출현 시기는 비파형동검 문화가 출현하는 전기 후반까지 소급할 가능성은 있다고 하겠다. 또한 영남 동남단지역에서는 대구 동천동, 울산 검단리·천상리, 경주 석장동 등의 환호취락이 중기 후반에 해당되는 것들이기 때문에 송국리문화의 확산과 함께 환호가 출현한 것이 아닌가 추측이 되지만, 좀 더 많은 자료가 확보되어야 할 것 같다.

환호는 옥방 1, 7지구의 환호취락과 같이 대형 취락 내에서도 가장 위계가 높은 주거지역군에 설치되고 있음이 주목된다. 이는 미사리 취락에서도 고려대가 조사한 B 주거지역군에만 목책이 설치된 것과 같은 양상이다. 환호가 에워싸고 있는 범위가 주거지역군 전체를 포괄하는지 아니면 그 일부만을 포괄하는지 조사 예가 많지 않아 분명치 않다. 환호 전체가 조사된 검단리 취락만을 보았을 때, 환호 설치기에 환호 내부에 6동의 가옥이 그리고 외부에는 10동의 가옥이 있었다고 보고되었지만, 검단리 Ⅰ기의 주거지 가운데 검단리 Ⅱ기까지 존속되었을 가능성이 높기 때문에 주거지 내부에는 좀 더 많은 가옥들이 있었을 것으로 추측된다. 하여튼 환호가 주거지역군 전체를 포괄하지 않았던 것은 분명하다. 검단리 환호의 범위는 長徑 118m, 短徑 70m로 미사리 취락 A 주거지역군의 중심 주거복합군 2개를 포괄하는 범위와 동일하다. 한편 이와는 달리 천상리 환호의 규모는 長徑 246m, 短徑 116m로 주거지역군의 범위와 대략 일치하고 있다. 2기를 제외한 대부분의 주거지들이 환호 내부에 분포하고 있어 처음부터 구성원 전체를 위한 시설물로 계획되었을 것이라는 견해(하진호·김명희 2001)를 참고로 할 때, 천상리 환호는 주거지역군 전체를 포괄했던 것으로 볼 수 있다. 부여 송국리 54·57지구에서 조사된 목책은 총 길이만도 430m가 확인되었으나, 북쪽으로 계속 연장되고 있어 지금까지 조사된 방어 시설 가운데 규모가 가장 크다. 좀 더 조사가 이루어져야 하겠지만, 대형 취락 전체를 포괄하는 방어 시설의 출현 가능성도 상정해 볼 수 있다.

한편 취락 간의 계층화는 해당 취락의 규모를 서로 비교하고 각 취락 자체의 위계화 정도를 비교함으로써 측정이 가능한데(박양진 2000: 16), 이미 앞에서 청동기시대 취락은 소형, 중형, 대형 취락 등 3등급으로 위계화되어 있음을 살펴보았기 때문에 여기에서는 각 취락 자체의 위계화 수준을 비교하는데 초점을 맞추고자 한다.

취락의 위계는 일반적으로 취락의 기능 내지 역할과 밀접한 관련이 있다. 즉 위계화가 발달한 취락일수록 다양한 기능을 수행할 뿐만 아니라 정치, 사회적으로 보다 중심적인 역할을 한다. 청동기시대 전기 전반에는 취락 간의 규모 차이도 없고 기능적으로 독립된 취락이 일반적인 형태이었다. 전기 후반부터 중형 취락이 점차 출현하면서 소형, 중형 취락이 일정한 연계망을 구성하였을 것으로 추정되지만, 고고학적으로 이를 증명하는 데에는 어려움이 있다.

그러나 청동기시대 중기부터는 취락 간의 계층화 정도가 뚜렷이 식별

된다. 특히 청동기시대 중기의 분업적 취락의 출현(안재호 2004: 20)은 크고 작은 취락의 연계망을 의미하는데, 이는 토기(田崎博之 2005), 옥기(庄田愼矢 2007) 등의 물품 제작의 분업 시스템만을 의미하는 것이 아니라 각 집단이 수행하는 여러 기능, 즉 貯藏, 墓祀, 耕作 등의 기능 분화를 뜻한다(안재호 2004). 따라서 중기 이후의 취락의 횡적 경관은 농경 취락을 기층으로 하되 농경 이외의 좀 더 다양한 기능의 분업적 취락들이 상층 구조를 이루는 형태이었을 것으로 추정된다. 규모면에서 상위 취락은 논토양의 면적이나 분포 비율에서 다른 하위의 취락보다 열악한 위치에 있지만, 상대적으로 교통에 유리한 지역에 위치하고 있으며, 논토양의 면적이나 분포 비율에서 유리한 취락들은 상위 취락에 상대적으로 근접한 하위 취락들이라는 분석도 있다(김범철 2005a: 107).

또한 중·대형 취락의 경우에는 대체로 다양한 기능을 담당하고 있는 반면, 소형 취락에서는 단일 기능만을 수행하는 경우가 많다. 가령 관창리 취락은 분기된 4개의 능선을 중심으로 중·소형의 취락이 결집된 형태인데, 이 가운데 규모가 가장 큰 B구역 취락은 최 정점의 의례 집단을 중심으로 전업적 토기 생산 집단, 농경 집단 등으로 구성되어 인근의 소규모 취락들과 연계된 지역공동체의 중핵취락으로 파악되고 있다(안재호 2004). 사천 이금동 취락의 전모는 밝혀지지 않았지만, 대형의 굴립주 건물지의 존재로 보았을 때, 주변 지역의 제의권을 장악한 거점 취락으로 파악되는데, 이 유적에서 조사된 중·소형의 굴립주 건물지가 주거지에 비해 많은 점에 비추어 볼 때, 잉여 생산물을 수집하고 관리하는 기능도 있었을 것으로 보인다.

한편 이금동유적과 같이 대규모 노동력이 동원된 공공시설물의 존재 여부가 상위 위계의 취락을 파악하는 기준이 될 수 있는데, 진주 대평리의 다중 환호 시설이라든지, 부여 송국리유적의 목책 시설 등이 그 사례이다. 특히 송국리유적[67]의 목책 시설은 그 규모가 최소 30ha, 최대 61ha에 이를 뿐만 아니라, 목책 설치를 목적으로 54지구와 57지구에 걸쳐 넓은 대지

공간을 조성하기 위한 공사가 이루어졌다(김길식 1994: 179). 이 정도의 규모라면 송국리 취락뿐만 아니라 주변 취락민들이 공사에 동원되었을 가능성이 높다.

따라서 지금까지 살펴본 바와 같이 청동기시대 취락은 중기 무렵에 중·대형 취락이 출현하면서 위계와 기능을 달리하는 취락들이 중층 구조를 이루면서 일정한 연계망을 구성했던 것으로 보인다. 가장 상위의 위계를 가진 취락은 보다 하위의 위계를 가진 취락에 비해 대규모 노동력이 투여된 공공시설물의 존재, 광역의 취락민을 결속시키는 제의 공간과 공공의 농업생산물을 보관하는 창고의 존재에서 구별된다. 물론 대형 취락에서 이러한 요소들이 모두 발견되는 경우는 많지 않다. 특히 중부지방의 경우에는 하남 미사리, 평택 소사동, 화천 용암리, 춘천 천전리와 같은 대형 취락에서 아직까지 이러한 흔적들이 발견된 경우가 없다. 이는 남부지방에 비해 발굴조사가 충분치 않았거나, 아니면 지역 차이로 볼 수밖에 없는데, 후자 쪽의 가능성이 높은 것으로 판단된다. 방어 목적의 환호취락이라든지 대규모 분묘군의 부재에서 알 수 있듯이 남부지방에 비해 중부지방에서는 결속을 유도할 만한 사회적 불안 요소들이 적었거나 적어도 집단 간의 알력이 많지 않았음을 의미한다.

다음으로 점토대토기 단계의 계층화 양상에 대해서 살펴보고자 하는데, 이를 위해 취락 내부의 계층화 양상과 취락 간 계층화 양상으로 구분하여 살펴보고자 한다. 먼저 취락 내부에서의 계층화 양상은 주거지 규모와 공간 배치상의 우월성과 기능, 그리고 출토 유물을 통해 검토하기로 한다.

고성 초도리 취락은 동서 방향의 능선을 따라 주거군이 크게 3개 지점에 분포하고 있는데, 각 주거군에 부속된 시설에는 차이가 있다. 가장 동쪽에 위치하고 있는 주거군 주변에서 32기의 소형 수혈이 집중 분포하고

---

67) 55지구 8호 주거지에서 출토된 銅斧 거푸집의 존재로 보았을 때, 송국리 취락이 청동기 제작을 관장하였던 것으로 보인다.

있는 반면, 가장 서쪽에 있는 주거군에서는 2기의 석곽묘가 조사되었다. 이러한 차이가 주거군 별로 기능 차이를 반영하였을 개연성이 높지만, 동시에 각 주거군 간의 위계를 반영했다고는 보기 어렵다. 취락 내의 무덤들이 대개 주거 구역 외부에 위치하고 있기 때문에 비록 거리상으로는 석곽묘가 서쪽 주거군에 인접해 있지만, 서쪽 주거군이 묘역을 관리했을 가능성은 희박하다. 따라서 초도리 취락은 저장을 담당하는 1개 주거군과 그렇지 않은 2개 주거군으로 기능이 분화되었을 가능성이 있다. 그러나 기능에 따라 위계가 있는지의 여부는 알 수 없다.

송현리 D지구 취락도 북쪽에 별도로 독립된 1호 주거지를 제외하면 3·4개의 주거군으로 구성된 취락이다. 소형 수혈들이 다수 분산되어 있지만, 대체로 대형에 속하는 17호 주거지를 중심으로 동쪽에 집중된 양상을 보인다. 그렇지만 능선 중앙에 위치한, 소형 주거지로 구성된 주거군과도 근거리에 있어 주거군 간의 계층 차이가 있었는지는 분명치 않다. 또한 송현리유적에서 위세품과 관련된 유물은 석검과 석창, 그리고 검파두식으로 판단되는데, 주거지에서의 출토 여부를 통해서 주거지의 위계에 대해서 살펴보고자 한다. 먼저 송현리 D지구 취락에서는 소형 수혈들이 집중되지 않은 동쪽의 주거군 가운데 규모가 큰 7호 주거지에서 검파두식이 출토되었다. 이는 취락의 엘리트가 저장 시설을 직접 관리하지 않았을 가능성을 의미한다. 또한 송현리 C지구 취락은 2개의 취락이 결집된 취락인데, 이 가운데 북쪽의 소형 취락에서는 중심에 위치하면서 가장 규모가 큰 20호 주거지에서 석검과 석창이 출토되었다.

강릉 방동리유적에서는 주거지 6기로 구성된 2개의 소형 취락이 A, B지구에 입지하고 있다. 각 취락 내에서는 공통적으로 가장 규모가 크면서 정상부에 가깝게 입지한 A1호, B1호 주거지에서만 석검 내지 석창이 출토된 점으로 미루어 상위의 주거지 1기와 다수의 하위 주거지로 계층화 된다. 이와는 달리 보다 규모가 큰 방동리 C지구 취락에서는 모두 5점의 석검 내지 석창이 출토되었는데, 이 가운데 주거지 규모가 큰 5호, 6호, 21호에서 석검 내지 석창이 출토되었다. 이외에도 충적지에 입지한 취락인 춘천 현암리유적에서는 4기의 주거지와 함께 수혈 20기가 조사되었는데, 이 가운데 규모가 가장 큰 1호 주거지에서만 검파두식과 반원형 옥제품이 출토되었다.

위의 유적 사례를 정리하면, 소형 취락의 경우에는 상위의 주거지 1기와 다수의 하위 주거지 등 2단계로 계층화 되어 있음을 알 수 있다. 또한 중형 취락의 경우에는 주거군 간의 위계 차이는 분명치 않았지만, 소수의 상위 주거지와 다수의 하위 주거지 등 2단계로 계층화 되어 있음을 알 수 있었는데, 정점에 있는 상위 주거지는 규모가 가장 크면서, 취락의 중심 또는 경관이 좋은 능선의 최상단부에 위치하고 있다. 특히 이러한 상위의 주거지에서는 위세품이라고 할 만한 검파두식, 석검, 석창 등이 집중적으로 출토되었다.

다음으로 취락 간 계층화 양상에 대해서 살펴보고자 한다. 이는 인접한 취락 간의 계층화 양상을 통해서 살펴볼 수 있는데, 강릉 방동리 취락을 제외하면 거의 비교 대상이 없다. 방동리유적에서는 고지의 C지구 취락과 구릉의 A지구, B지구 취락이 조사되었다. C지구 취락이 해발 90~95m 고지에 입지하고 있는 것과는 달리 A지구 취락과 B지구 취락은 이 고지에서 뻗어내려 계곡부와 연결되는 능선의 말단부에 각각 입지하고 있다. A지구 취락과 B지구 취락의 해발 고도는 55~70m 내외이며, 두 취락 사이에는 보다 작은 계곡부가 형성되어 있다.

庄田愼矢(2009)의 방동리 취락 편년에 따르면, A지구 취락과 B지구 취락은 동일 시기이며, C지구 취락은 A, B지구 취락과 동일 단계와 그 이후 단계로 구분된다. 따라서 그의 편년에 따르면, A, B, C지구 취락이 동시에 존재하였다가 어느 시점에 A, B 지구 취락은 폐기된 반면, C지구 취락은 폐기되지 않고 일정 기간 존속하였던 것으로 볼 수 있다. 이와 같은 상황을 염두에 두면, 고지의 C지구 취락을 중심으로 구릉의 A, B지구 취락들이 결집된 양상이 촌락의 모습이 아닌가 생각된다.

물론 C지구 취락이 A, B지구 취락들보다 장기 지속되었기 때문에 일대일 비교하는 것은 무리가 있겠지만, C지구 취락에서 확인되는 환호와 토기 가마, 그리고 무덤 등을 고려할 때, A, B지구 취락들보다 좀 더 다양한 기능을 수행했던 것으로 보이며, 특히 환호 시설은 점토대토기 단계에 제의와 밀접한 관련이 있기 때문에 C지구 취락이 A, B지구 취락들보다 상위의 취락으로 파악된다. 강릉 방동리유적의 상황만으로 판단한다면, 점토대토기 단계의 취락 간의 위계는 2단계로 계층화되어 있다고 할 수 있다.

따라서 앞에서 살펴본 바와 같이 중부지방 점토대토기 단계의 취락 계층화 양상은 2단계 이상의 계층 차이를 확인하기 어려운데, 이는 청동기시대에 비교하더라도 오히려 사회 복합도가 감소된 것을 의미한다. 왜 이러한 현상이 발생하였는지는 다각도로 검토가 필요한데, 이는 뒤에서 다시 살펴보도록 하겠다.

다음으로 중부지방 원삼국시대 취락에 대한 기존 연구에서는 '呂' 자형과 '凸' 자형 주거지의 차이에 대한 논의가 이루어지면 이를 위계 차이로 보는 견해가 처음 제시되었다. 특히 한양대학교 발굴조사팀이 조사한 하남 미사리 A1호 주거지는 '呂' 자형 주거지로 규모가 크고 내부에서 많은 유물이 출토되었을 뿐만 아니라 방제경이 출토되어 특수한 신분 계층의 주거지로 인식되었다. 또한 여기에서 더 나아가 이 주거지를 포함한 취락 전체를 읍락의 중심촌으로 보는 견해도 있다.

한편 한성기 백제 취락의 위계를 원삼국시대 취락의 위계와 비교할 때, 가장 두드러진 차이점은 伯濟國을 중심으로 한 소국의 통합으로 인하여 국읍 중심촌보다 상위의 정치적 거점, 즉 왕성이 출현한다는 것이다. 이는 원삼국시대의 국읍 중심촌 가운데 가장 유력한 伯濟國의 정치적 거점이 왕성으로 위계가 격상되었음을 의미하는데, 그렇다고 한다면, 풍납토성이 축조되기 이전의 3중 환호취락은 伯濟國의 국읍 중심촌으로 기능했을 가능성이 높다. 다만 문제가 되는 것은 풍납토성 내부 조사에서 3중 환호와 연계된 주거지가 거의 확인되지 않아 3중 환호의 성격이 취락과 관계된 것

사진 6 남양주 장현리 취락

사진 7 화성 발안리 취락

인지, 아니면 매납유구 내지 구상유구만 조사되어 다른 기능으로 사용된 것인지 분명치 않다는 점이다. 그럼에도 불구하고 최근의 발굴조사 결과를 참고로 할 때, 3중 환호와 관련된 취락이 있었던 것은 분명하고, 다만 그 규모가 국읍 중심촌이라 할 만한 것인지는 앞으로 검토가 필요하다.

한편 용도를 알 수 없는 다중 구상 유구가 중부지방 원삼국시대 취락에서 발견되는 사례가 늘고 있다. 대표적으로 남양주 장현리(사진 6), 화성 발안리(사진 7), 용인 고림동, 양주 옥정리 등으로 대다수는 하천변에 입지하고 있으며, 원삼국시대 후기 무렵에 형성되어 한성백제기까지 장기지속적인 양상을 보여주는 취락에서 관찰되는 특징이 있다. 이 취락들에서 관찰되는 구상 유구는 환호라고 부를 정도의 큰 규모는 아니어서 단지 구획의 기능을 가진 것으로밖에 해석할 수 없지만, 취락의 전체 또는 일부를 에워싸는 것이 아니어서 그 기능에 대한 검토가 필요하다. 다만 이러한 특징의 취락들이 대부분 규모가 큰 편이어서 상위의 위계와 관련 있을 가능성이 높다.

앞에서 비록 구체적인 유적 사례를 검토하여 살펴보지는 않았지만, 삼한 소국의 취락 분포 정형에 대한 연구(이희준 2000a)를 염두에 둘 때, 원삼국시대 중부지방의 취락은 4등급 가량의 위계 차이가 있는 것으로 추측된다. 아마도 서울 풍납동의 환호취락을 정점으로 그 아래에 하남 미사리 취락이 읍락의 중심촌으로 배치되며, 하위에 촌과 소촌이 촌락을 이루는 구조이었을 가능성이 있다. 물론 이러한 위계 구조가 원삼국시대 전기부터 완성되어 있었다고 단정하기는 어렵다. 위의 사례로 든 유적들이 대부분 원삼국시대 중·후기 이후의 유적들이기 때문이다. 중부지방 원삼국시대 취락 편년에 따르면 여전히 전기 취락에 해당되는 유적 사례가 많지 않을 뿐만 아니라 전기 취락의 규모도 크지 않기 때문에 이 무렵에 다층화 된 취락의 위계 구조가 있었다고 보기는 어렵다. 다만 이러한 문제가 자료의 부재 때문에 기인된 것인지는 앞으로 검토해야 할 과제이다.

2. 정치체의 형성과 변화

청동기시대에 여러 단위의 취락들이 결집된 지역공동체의 수준을 측정하는 일은 이 시기 사회의 복합도 내지 통합도를 파악하는 것과 무관하지 않다. 대개는 통합의 범위와 결집의 강도를 고려하게 되는데, 여기에서는 주로 단위 취락들이 결집된 공간적 범위를 검토하기로 하겠다.

기존의 단위 취락의 결집체에 대한 용례는 규모에 따라 촌락, 읍락, 국

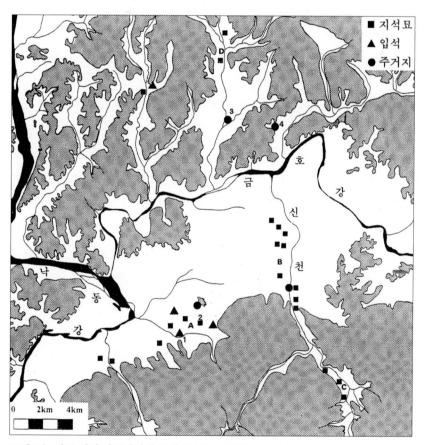

그림 36 대구 지역 청동기시대 유적 분포도(이희준 2000b)

으로 정의되었는데, 청동기시대에는 촌락, 초기철기시대에는 기초정치체인 읍락이 출현하고 원삼국시대에는 지역정치체가 출현한다고 보았다(이희준 2000a: 130-135). 특히 대구 지역의 지석묘 자료를 통해서 촌락의 공간적 범위가 직경 3~4km 범위에 불과하며(그림 36), 이러한 범위를 넘어선 지역적 통합은 달성되지 못한 것으로 보았다(이희준 2000b: 89-94). 물론 지표상에 노출된 지석묘 자료만을 가지고 취락의 분포 정형을 그려내는 데에는 한계가 있겠지만, 이러한 상황은 춘천 지역에서도 확인된다.

춘천 역시 대구와 같이 분지를 이루는 지형적 요소를 가지고 있는데, 중도, 신매리, 천전리, 거두리, 우두동, 발산리를 중심으로 5~6개의 지석묘군이 결집을 이루는 모습을 보여준다(정연우 2000). 특히 이 지석묘군이 분포하고 있는 지역에서는 최근 청동기시대 중기의 중·대형 취락들이 조사되고 있어 무덤의 분포 양상이 취락의 분포 양상을 반영할 개연성이 높다. 하여간 이러한 지석묘군은 직경 2~3km 내에 분포하고 있으며, 지석묘군과의 거리는 2~3km의 거리를 유지하고 있어 대구 지역보다는 좀 더 좁은 범위에 분포하고 있는 모습이다(그림 37). 따라서 대구 및 춘천 지역에서 관찰된 지석묘군의 결집은 이희준이 묘사한 촌락 단계의 취락의 모습을 보여준다.

그러나 청동기시대에 이미 읍락이 출현했다고 보는 견해도 있다. 가령 권오영(1996a: 87)은 청동기시대에 형성된 읍락은 그 공간적 범위가 기원후 3~4세기경 보성강 유역에 분포하는 취락을 사례로 대략 직경 7km의 범위를 상정하고 있는데, 청동기시대의 취락으로는 대형 취락인 부여 송국리를 포함하여 다수의 취락이 결집된 취락군을 읍락으로 보았다. 인구 규모는 六村을 기반으로 한 斯盧國과 九干의 존재가 확인되는 狗邪國의 사례를 들어 큰 경우는 3300~5000명, 작은 경우에는 2200~3300명의 범위라고 하였다(권오영 1996a: 84).

또한 박순발(2002a: 25)도 읍락의 공간적 범위를 동일하게 보고 있다. 가령 지석묘사회의 단위 지역군, 즉 반경 3.5km의 지역 범위 내에 분포하는 지석묘 밀집군과 소군들로 구성된 지역 단위를 邑落이라 하였으며, 세형동검기 사회에 들어와 그러한 단위 지역군이 2~3개 통합된 반경 7km 가량의 지역 단위를 國으로 이해하였다.

그러나 이 정도의 공간적 범위는 문헌상 읍락의 평균 호수에 충족되지 않으므로 13km의 범위가 적합하다는 지적이 있다 (이희준 2000a: 126). 또한 경주 지역 곡간에 분포하

그림 37 춘천 지역 지석묘 분포도(정연우 2000)

고 있는 목관묘를 통해 읍락의 지리적 범위를 15km로 보는 견해(李淸圭・朴姿妍 2000; 李淸圭 2001: 24)도 있다. 이상 학계에서 논의된 내용을 정리하면, 읍락의 출현 시기와 규모에 있어 차이를 보이는데, 그 내용을 정리하면 (표 31)과 같다. 읍락의 출현 시기를 크게 청동기시대로 보는 견해와 초기

표 31 _ 읍락, 국의 출현 시기와 범위 비교

	청동기시대	초기철기시대	원삼국시대
권오영(1996a)	邑落(직경 7km)	國	
이희준(2000a)	村落(직경 3~4km)	邑落(13km)	國
이청규(2001)		邑落(15km) - 國	
박순발(2002a)	邑落(직경 7km)	國(14km)	

철기시대로 보는 견해로 나뉘어져 있으며, 그 규모도 직경 7km와 14km로 양분되어 있다. 그러나 이러한 견해들은 사실 취락의 조사 사례가 많지 않았던 시기에 주로 문헌과 무덤 자료를 토대로 한 것이 많았기 때문에 향후에 검토가 필요하다. 그런데 여기에서 지적하고 싶은 것은 연구자들에 의한 읍

그림 38 사천 이금동 주변 지석묘 분포도
(경남고고학연구소 2003)

락의 공간적 범위가 왜 이렇게 크게 차이가 있는지 검토가 필요한데, 그 원인은 촌락 - 읍락 - 국이라고 하는 기본 틀을 인정하면서도 국의 공간적 범위가 구체적으로 확정되지 않았기 때문이라고 생각된다. 이청규의 주장처럼 국 성립기의 국의 공간적 범위와 이로부터 200~300년 뒤의 국의 공간적 범위가 차이가 있다고 한다면(李淸圭·朴姿姸 2000: 32), 어느 시기의 자료를 활용하느냐에 따라 국의 공간적 범위가 달라질 수도 있다. 따라서 여기에서는 청동기시대 단위 취락들이 결집된 공간적 범위와 그 성격에 대해서 살펴보고자 한다.

먼저 이희준과 이청규에 의해서는 邑落, 그리고 박순발에 의하면 國이라 하는 공간적 범위, 즉 직경 13~15km 내외의 공간적 범위를 보여주는 지역공동체가 청동기시대에는 없었을까? 이러한 의문을 풀기 위해 두 가지 연구 사례를 살펴보도록 하겠다. 먼저 최근에 조사된 사천 이금동유적은 대규모 무덤 유적으로 비파형동검의 부장과 지상식의 대형 건물지로도 유명하다. 이금동유적이 포함되어 있는 사천 지역의 지석묘 유적들은 사천에서 고성으로 연결되는 육로를 따라 16km 구간에 30개의 유적이 밀집 분포하고 있는데(그림 38), 각 지석묘 유적 간에는 1.5km 가량의 거리를 유지하고 있을 뿐, 대구나 춘천처럼 특별히 몇 개의 지석묘 유적이 결집된 양상을 확인할 수 없다. 다시 말하면, 이 지석묘 유적들이 분절 없이 통합되었을 가능성이 높은데, 아마도 가장 규모가 큰 공동묘지로 파악된 이금동, 덕곡리, 석지리 지석묘 유적이 그 중심에 있었을 것으로 보인다. 특히 이금동 지석묘군은 인접한 봉남동과 금암마을의 지석묘군과 상석이 일렬로 배치되어 있어 동일 집단의 공동묘지로 추정되는데, 이러할 경우 그 길이는 약 800m 가량으로 대형 취락에 해당되는 규모이다. 따라서 이 정도 규모라면 대형 취락 단위로 운영되었던 공동묘지로 볼 수 있을 터이지만, 대부분의 무덤은 중·소형 취락 단위에서 운영되었을 것이다. 이와 같이 교통로를 따라 16km에 걸쳐 列狀으로 분포된 사천 지역의 지석묘 유적은 거시적인 측면에서 보았을 때, 청동기 부장을 특징으로 하는 남해안 지역의 여수, 마산, 창원, 김해, 거제 지역의 지역공동체를 연결하는 해안 네트워크의 하나인 점은 주목할 만하다.

다음으로 충청지역 송국리 단계의 지역공동체에 대한 연구(김범철 2005b)에서는 금강 중하류의 서천, 부여, 논산 등지에서 3개의 지역공동체를 추출하였는데(그림 39), 특히 이들 가운데 부여, 논산의 지역공동체는 그 공간적 범위가 대략적으로 직경 15km 범위 내에서 취락의 결집을 보여주고 있다. 또한 부여와 논산 지역의 지역공동체는 내부 통합도가 매우 높은 것으로 평가되고 있다.

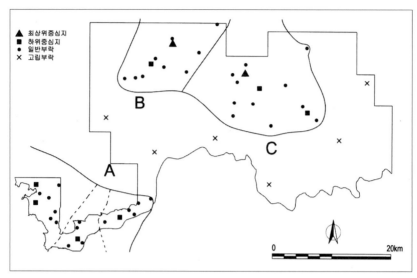

그림 39 충청 지역 등급화된 지역공동체의 분포도(김범철 2005b)

따라서 두 가지 연구 사례만으로 보았을 때, 청동기시대 중기 무렵에는 공간적 범위가 2~4km인 촌락 수준의 지역공동체 이외에도 15km 내외인, 보다 광역의 지역공동체가 출현했다고 볼 수 있다. 이와 같이 청동기시대 중기에 지역에 따라 규모를 달리하는 지역공동체가 공존했던 이유는 현재로써는 그 해답을 찾기 어렵다. 다만 춘천과 대구[68]와 같이 상대적으로 고립된 분지 지역에서는 독립적이고 자족적인 하위 공동체들이 공존하여 광역의 지역 통합이 이루어지지 않았던 반면, 주변 지역공동체와의 관계망이 예측되는 사천과 부여, 논산 지역에서는 보다 광역의 지역적 네트워크가 이루어졌을 가능성이 높다.

다만 15km 내외의 공간적 범위 안에서 하나의 대형 취락만을 정점으

---

[68] 대구 분지의 지석묘군들은 분지 내부의 선상지나 자연제방 등 당시의 생업 경제와 관련하여 살기에 적합한 곳에만 입지하고 대구 바깥 지역과의 연결을 염두에 둔 듯한 입지는 보이지 않는다고 한다(이희준 2000b: 94).

로 다수의 중·소형 취락들이 결집된 것이라고는 생각되지 않는다. 춘천의 사례만으로 볼 때, 분지 내의 공간적 범위가 15km 내외인데, 여기에는 춘천 천전리와 같은 대형 취락 이외에도 신매리, 거두리 등과 같이 대형 취락으로서의 잠재적인 유적들이 분포해 있기 때문이다. 따라서 대형 취락과 연계된 지역공동체 몇 개가 15km 내외의 공간적 범위 안에 있었던 것으로 생각할 수 있는데, 이를테면 신매리와 중도, 현암리, 금산리를 포괄하는 지역공동체와 거두리를 포함하여 춘천의 남쪽 도심을 포괄하는 지역공동체, 그리고 천전리, 우두동, 발산리 등을 포괄하는 지역공동체 등인데, 공간적 범위가 7km 내외인 것이 공통점이다. 따라서 15km 내외의 공간적 범위 내에서는 대형 취락을 중심으로 여러 중·소형 취락들이 결집된 다수의 지역공동체들이 있었다고 생각된다. 그리고 그러한 지역공동체가 바로 읍락에 대응되며, 늦어도 본격적인 지석묘 사회가 시작되는 청동기시대 중기에 출현했을 가능성이 높다고 생각된다.

점토대토기 단계의 취락의 횡적 경관은 조사된 사례가 많지 않기 때문에 이를 파악하는 데에는 어려움이 많다. 문헌 연구에 따르면 점토대토기 단계에 이미 읍락이라고 하는 기초정치체가 출현하였다는 견해가 있지만, 읍락의 중심촌이라고 할 만한 대형 취락이 아직까지 중부지방 점토대토기 단계 유적에서 조사된 사례가 없다. 이 시기의 취락 가운데 72기의 주거지가 조사된 안성 반제리 취락이 가장 많은 수의 주거지가 조사된 예에 속하지만, 반제리 취락조차 동시성과 더불어 주거지 규모를 감안하면, 중형 취락에 해당된다. 이외에 남양주 수석리, 고성 초도리, 송현리, 사천리, 강릉 방동리 등 중부지방뿐만 아니라 보령 교성리, 사천 방지리, 김해 대청 등 남부지방 대다수의 취락들은 10 내지 20여기의 소형 주거지로 이루어졌다. 중서부지역 취락 가운데 송국리식 주거지에 원형점토대토기가 출토되는 취락이 있지만, 주거지 수는 많지 않은 편이다. 물론 앞으로 대형 취락이 조사될 가능성을 배제할 수 없지만, 현재의 자료만으로 볼 때, 청동기시대 중기에 완성된 대형 취락은 점토대토기 단계에서는 확인하기가 어렵다.

청동기시대 중기의 읍락 사회는 전기 후반에 발생한 취락을 기반으로 장기 지속을 이루면서 형성된 결과이다. 이러한 읍락 사회의 구조는 대형 취락을 중심으로 여러 중·소형 취락들이 결집된, 3단계의 중층 구조를 가지고 있다. 따라서 여기에서는 점토대토기 단계의 취락군 구조를 청동기시대의 그것과 대비하여 살펴보도록 하겠다.

앞에서 살펴보았지만, 강릉 방동리 취락은 취락 간의 구조를 파악할 수 있는 유일한 유적이다. 즉 고지에 위치한 방동리 C지구 취락을 정점으로 구릉의 A지구, B지구 취락들이 결집된 형태인데, 이러한 취락 구조는 청동기시대와 비교할 때, 촌락으로 파악된다. 이러한 방동리 촌락의 횡적 경관을 고려할 때, 고성 송현리유적의 A, B, C지구 취락도 보다 높은 고지의 취락을 중심으로 결집된 하위 취락의 횡적 경관을 반영한다고 할 수 있다. 물론 이 지역의 조사가 도로 구간을 중심으로 이루어진 것이기 때문에 각각의 능선을 따라 여러 취락들이 존재할 가능성은 높다고 생각된다. 실제 A, B, C지구 취락군의 범위는 직선거리로 500m 이내에 포함되어 있어 청동기시대 촌락의 범위를 2~4km로 파악한 것과는 차이가 있다. 따라서 송현리 A, B, C지구 취락에 더하여 송현리 D지구 취락까지 포함하면 직선거리로 2km 가량으로 이 정도의 범위가 점토대토기 단계의 최소 촌락 범위라 생각된다.

한편 동학산유적과 가장동유적은 서로 근거리에 위치하고 있어 제의권의 범위를 추정하는데 도움이 된다. 이 두 유적은 북쪽에서 남쪽으로 흐르는 오산천과 황구지천 사이의 구릉 정상부에 입지하고 있는데, 각 유적이 입지하고 있는 구릉군은 오산천으로 유입되는 작은 하천을 경계로 북쪽과 남쪽으로 양분된다. 북쪽 구릉군에 위치한 동학산 환호는 해발 고도가 105m 가량이며, 남쪽 구릉군의 가장동 환호가 75m 가량이다. 상대적으로 환호 규모가 크고 해발 고도가 높으며, 위세품이 출토된 동학산유적이 가장동유적보다 위계가 높을 가능성도 있지만, 지형으로 볼 때, 각 유적이 별개의 제의권에 귀속되는 것으로 보인다. 이러한 별개의 제의 공간은 직선

거리로 6km 가량 떨어져 있어 이 정도의 범위가 점토대토기 단계의 제의권 범위일 가능성이 높다. 그런데 환호가 조사된 지점의 주변에도 반석산(해발 122.3m), 필봉(해발 145m) 등과 같은 독립된 구릉들이 분포하고 있고 여기에서 또 다른 제의 공간이 발견될 가능성이 있기 때문에 직경 6km의 범위는 제의권의 상한을 의미한다고 할 수 있다.

그래서 실제로는 당시 제의권의 범위가 보다 좁았을 가능성이 높다고 생각되는데, 가장동 환호 남쪽 2km 지점의 오산 靑鶴洞에서도 점토대토기 단계의 환호가 조사되었다는 보고(서길덕·박지희 2011: 191)가 근거가 된다. 여기에서 발견된 환호는 해발 고도가 70m 가량인 북동-남서 방향의 능선부에서 일부만 조사되었지만, 타원형에 가까우며, 장축 길이가 100m 가량이다. 일부 구간에서는 환호 간의 중복 양상이 확인되기 때문에 다중 환호이었을 가능성이 높아 여러 취락들이 공동으로 참여한 제의 공간일 것으로 판단된다. 따라서 가장동과 청학동의 환호 분포 양상으로 파악하였을 때, 촌락에 소속되어 있는 취락들이 참여하는 제의권의 범위는 2km 내외일 가능성이 높다고 할 수 있다. 다만 환호의 해발 고도와 규모, 그리고 제의에 사용되는 위세품의 가치를 고려해 볼 때, 동학산 환호는 비교적 큰 규모의 촌락이 공동으로 참여하는 제의 공간일 가능성도 있기 때문에 점토대토기 단계의 제의권 범위를 2~6km로 설정하고자 한다.

이와 같이 중부지방 점토대토기 단계의 공동체는 촌과 소촌이 결집된 촌락 수준으로 최소 2km 이상의 범위였던 것으로 생각되며, 비교적 큰 규모의 촌락 수준이라고 하더라도 그 범위가 6km를 크게 넘지 않았을 것이라 생각된다.

그런데 박순발은 점토대토기 단계의 지역적 통합 범위를 한강 유역의 사례를 들어 직경 15km로 파악하였다. 그 근거는 한강의 지류인 중랑천과 왕숙천 일대에 7개의 유적이 직경 15km의 범위 내에 밀집 분포하고 있다는 것이었다. 또한 이외의 지역에서도 직경 15km의 범위는 한강유역의 점토대토기 단계 유적간의 분포 간격과도 부합된다는 것이다(박순발 1997:

25-26). 그러면서 "지석묘밀집군보다 세형동검기의 유적 수가 적다는 것은 그 만큼 지역간의 통합이 진행된 결과로 해석"될 수 있다고 하였다. 그러나 지표조사에서 알려진 점토대토기 단계의 유적 분포만으로 지역 통합의 범위를 상정하는 것은 매우 작위적이며, 주관적인 판단이다. 게다가 세형동검기의 유적 수가 청동기시대에 비해 줄어든 현상을 지역 간에 통합이 진행된 것으로 해석한 것은 납득하기 어렵다. 따라서 청동기시대에 보이는 읍락 사회는 뒤에서 살펴 볼 대형 취락의 해체와 함께 와해되어 점토대토기 단계에는 촌락 사회로 사회의 복합도가 감소된 양상을 보여준다고 할 수 있다.

필자의 이러한 견해에 대한 반론은 크게 2가지로 요약된다. 첫째는 현재의 전통 자연취락이나 도시화된 지역에 점토대토기 단계의 대형 취락이 존재하였을 가능성(이형원 2006b)과 둘째로는 편년의 오류에서 비롯된 문제로 중기의 대형 취락들이 실제는 원형점토대토기 단계일 것이라는 주장이다(김장석 2007). 사실 첫 번째 지적은 뚜렷한 고고학 자료에 근거하기보다는 가능성에 기초하고 있기 때문에 반박의 필요성을 느끼지 못한다. 다만 반론의 배경에는 청동기시대 이래로 국의 형성까지의 사회적 위계화가 점진적으로 진행되었다는 선입견이 있는데 이는 두 번째 반론의 배경과도 일치한다. 여하튼 두 번째 지적은 편년적인 문제이고, 이는 이미 앞에서 상세하게 설명하였기 때문에 논외로 한다.

한편, 이와는 다르게 점토대토기 단계에 소규모 단위의 분산형 취락을 인정하면서도 인구나 사회통합의 규모는 줄지 않은 것으로 파악한 견해(이성주 1996)도 있다. 그러나 지표조사에서 알려진 점토대토기 단계의 유적 수가 청동기시대 중기 유적 수보다 많지 않고 또한 점토대토기 단계의 취락 규모가 크지 않은 점으로 미루어 볼 때, 인구 규모가 오히려 감소되었을 가능성이 높다고 생각된다. 단적으로 중부지방에서 조사된 점토대토기 단계 주거지를 모두 합산하여도 청동기시대 중기의 대형 취락 2개의 주거지 규모에 불과하다. 물론 점토대토기 단계에 일정 기간 재지 집단과 이주 집단이 공존했을 가능성이 있기 때문에 재지 집단의 취락 인구를 마땅히 고려해야 할 것이다. 그럼에도 불구하고 점토대토기 단계와 일부 중복될 가능성이 있는 청동기시대 후기 취락조차도 많지 않고 그 규모도 작기 때문에 인구가 감소되었을 가능성이 높다고 판단된다.

점토대토기 단계의 인구와 사회 복합도의 감소는 청동기시대 중기에 형성된 대형 취락의 해체와 깊은 관계가 있다. 따라서 여기에서는 대형 취락의 해체 시점과 그 배경에 대해서 살펴보고자 한다. 이를 위해 우선 검토해야 할 것은 점토대토기 사회 형성에 요령 지역의 이주 집단이 깊이 관여되었다고 보는 견해이다. 이러한 인식은 이주 집단이 토착 지석묘사회를 장악하고 새로운 사회질서에 의해 재편하였다는 기층 재편론(박순발 1997: 22)에서 비롯되었다. 그러나 동일한 시각에서 보다 구체적인 근거를 제시한 것은 정인성의 연구(1998: 37-52)이다. 그 내용을 요약하면 낙동강 유역권에서 확인되는 세형동검 1단계의 문화요소들이 지석묘 단계에서 계승성을 구할 수 없으며[69], 반면 삼국시대의 대표적인 고분군들이 위치하는 곳에서는 대부분 세형동검과 관련된 유적이 확인되기 때문에 삼국시대로 전개되는 과정에서 중심적인 역할을 한 것은 세형동검 집단이라는 것이다.

한편 이와 같은 인식과는 다르게 요령 지역 점토대토기 집단의 이주는 인정하면서 오히려 호서, 호남지역의 송국리유형 집단이 축적된 잉여를

---

69) 이에 대한 구체적인 근거로 첫째는 지석묘 단계에서 이미 집단 내부의 계층성이 확인되고 있으나, 세형동검 문화 1단계에서는 위계화가 명확하지 않아 지석묘에서 세형동검 문화 1단계로의 전개는 위계화의 점진적 강화로 이어지는 것이 아니라, 이질적인 계층 원리의 출현에 의한 것일 가능성이 있다는 것이다. 둘째는 유물과 무덤 양식에서 지석묘 단계와 세형동검 문화 1단계는 계승성이 인정되지 않는다는 점이다. 그리고 마지막으로 박순발에 의해 제시되기도 하였지만, 낙동강 유역권 세형동검 1단계의 유적들이 지석묘의 중심 분포와는 일정한 거리를 두고 분포하고 있기 때문에 결론적으로 낙동강 유역권에 등장한 세형동검 1단계의 문화는 단순한 전파에 의한 문화변동이 아니라 세형동검 문화를 담당하는 새로운 이주민의 이입 결과라는 것이다.

바탕으로 유이민 집단의 청동기술을 수용하여 권력을 강화해 가면서 유이민 집단을 흡수 통합했다는 견해(김성남·허진아 2008: 28~29; 김장석 2009: 53)도 있다. 물론 이러한 상반된 견해가 나오게 된 것은 낙동강 유역권과 호서, 호남지역이라는 분석 지역 차이 때문일 가능성이 있다. 그래서 이주 집단과 재지 집단과의 역관계가 지역마다 서로 다르게 전개되었을 가능성도 있다고 본다. 또한 역관계는 동일하지만, 분석 대상을 달리 해서 빚어진 결과의 가능성도 있다. 즉 전자의 연구에서는 취락 자료를 염두에 두지 않고 무덤만을 분석한 것과 달리 후자의 연구에서는 주로 취락 자료를 고려했기 때문에 상반된 결과가 나왔다고 할 수 있다.

중부지방 점토대토기 사회의 경우에는 취락과 무덤 자료를 모두 대상으로 분석하였을 가능성이 높지만(박순발 1997), 대부분은 지표조사 자료이기 때문에 한계가 있다. 따라서 여기에서는 상대적으로 발굴조사가 많이 이루어진 취락 자료를 대상으로 검토하기로 한다. 다만 앞에서 점토대토기 단계의 주거 유형, 취락 입지, 규모를 청동기시대의 그것과 비교하여 계승성과 단절성에 대해서 살펴보았기 때문에 점토대토기 단계의 제의 공간에 대해서만 먼저 살펴보고자 한다.

앞에서 언급한 바 있지만, 중부지방 점토대토기 단계의 취락은 개별 취락 단위로 제의 공간을 운영하거나 여러 취락들이 공동으로 제의 공간을 운영하기도 한다. 따라서 제의 공간은 취락의 종적 경관과 횡적 경관의 한 구성 요소이다. 제의가 일반적으로 개별 취락의 구성원을 결속시키는 역할을 하지만, 아울러 공동의 제의에 참여하는 취락들의 연결망을 반영하기도 한다. 이러한 측면에서 청동기시대의 수계를 중심으로 형성된 취락들의 연결망[70]이 어느 시점엔가 해체되고 점토대토기 단계에 산지를 중심으로 한 취락들의 연결망으로 대체된 것이라 생각된다.

----

70) 박순발(2002a: 24-30)은 수계를 중심으로 분포하고 있는 지석묘의 연결망이 정착농경사회 취락들의 연결망을 반영하는 것으로 파악하였다.

문제는 이러한 연결망의 형성 시점인데, 구릉 정상부에서 이루어지는 취락 공동체의 제의 출현과 관련하여 주목되는 유적이 화성 쌍송리유적(김용 2010)이다. 이 유적은 보고서가 발간되지 않아 자세한 사항은 알 수 없지만, 대체로 청동기시대 전기 후반에 취락이 처음 조성되어 중기 어느 무렵까지 지속된 것으로 판단된다. 유적은 해발 70m 내외의 구릉 정상부를 둘러싼 환호 시설과 함께 환호 밖의 능선과 사면을 따라 배치된 주거지로 구성된다. 환호의 평면 형태는 원형이며, 직경이 약 35m이다. 환호 내부에서 구순각목공렬토기가 출토되어 환호의 조성 시기는 청동기시대 중기 전반 무렵으로 생각된다. 매우 돌출적인 사례이긴 하지만, 구릉 정상부를 둘러싼 점, 환호의 평면 형태가 원형인 점, 그리고 환호 규모가 직경 30~40m 내외로 소규모인 점 등 점토대토기 단계인 안성 반제리와 부천 고강동유적의 환호 구조와 매우 유사하다. 또한 환호 외부의 능선과 사면을 따라 주거지가 배치된 양상도 반제리유적의 취락 구조와 매우 닮아 있다. 따라서 개별 취락 단위의 제의 공간 조성은 이미 청동기시대 중기 취락에서 관찰되기 때문에 점토대토기 집단의 이주와 함께 출현했다고 보기는 어렵다.

　　한편 여러 취락들이 참여하는 비교적 큰 규모의 제의 공간은 중부지방의 경우 청동기시대에는 확인되지 않았지만, 영남지역의 청동기시대 유적에서 일부 사례가 관찰된다. 가령 창원 남산의 환호 유적(昌原大學校博物館 1998)인데, 출토 유물로 보아 청동기시대 중기 후반에 속한다. 이 유적은 해발 100m 정도의 독립 구릉 정상부에 위치하고 있는데, 3중의 환호가 돌아간다. 환호의 평면 형태는 타원형으로 규모는 복원된 장축이 100m 가량이며, 단축은 44m 이다. 규모와 다중환호인 점만으로 볼 때, 화성 동학산 환호와 유사하다. 남산유적의 환호 성격과 관련하여 방어 취락으로 보아왔지만, 제의 목적의 환호취락으로 보는 견해(武末純一 2005)도 있다. 또한 구순각목공렬토기가 출토되어 청동기시대 중기 전반으로 편년되는 울산 연암동 환호(경남문화재연구원 2004)도 제의와 관련된 유적으로 파악된다.

이 환호 유적은 해발 65m의 구릉 정상부를 둘러싼 이중의 환호와 내부 중앙의 수혈유구로 구성된다. 환호의 평면 형태는 원형으로 개별 취락의 제의 공간일 가능성도 있지만, 외환호의 장축 직경이 125m에 이를 정도로 규모가 크기 때문에 여러 취락의 구성원들이 제의에 참여했을 것으로 보인다. 따라서 두 유적의 사례로 볼 때, 여러 취락의 구성원들이 참여하는 비교적 큰 규모의 제의 공간이 청동기시대 중기 무렵부터 조성되었을 가능성이 높으며, 이러한 제의 목적의 환호가 점토대토기 단계에 이르러 화성 동학산유적의 환호와 연결된다고 생각된다(그림 40).

이상에서 살펴본 바와 같이 점토대토기 단계의 주거지와 취락 양상은 이 무렵 점토대토기 이주 집단의 출현에 따른 새로운 변화라기보다는 청동기시대 중기 이래로 변화된 재지 집단의 새로운 적응 체계를 반영한다고 하겠다. 그렇다고 할 때, 지석묘 단계와 점토대토기 단계의 유적 분포가 서로 다르거나, 연결망의 변화가 발생하는 것도 청동기시대 중기 사회의 내재적인 요인과 관련될 가능성이 높다.

이러한 중기 사회의 변화와 관련하여 대형 취락의 해체와 주거지의 소형화 현상에 대한 배경이 주목된다. 필자는 청동기시대 대형 취락의 해체는 그 시점이 점토대토기 단계의 초기라 판단하여 원형점토대토기 집단의 이주가 직·간접적으로 관련될 것이라 판단한 바 있다(송만영 2006). 즉 청동기시대 중기의 보령 관창리 대형 취락이 원형점토대토기 단계에 들어서면서 그 규모가 급격하게 축소되는 양상을 그 근거로 보았던 것이다.

그러나 중부지방의 청동기시대 대형 취락들이 중기 중반에서 후반 사이에 해체되는 양상을 보이고 있어 그 변화는 점토대토기 단계 이전부터 시작되었던 것으로 생각된다. 또한 지역에 따라 다소 차이가 있는데, 서울, 경기지역에서는 중기 전반에 취락의 집중도가 높고 대형 취락의 빈도가 높은 반면 중반 이후로 점차 대형 취락이 해체되는 것과는 달리 영서지역에서는 중기 중반에 대형 취락이 형성되었다가 후반에 들어가면서 급격하게 해체된 양상을 보여준다. 즉 시점은 다르지만, 각 지역에서 대형 취

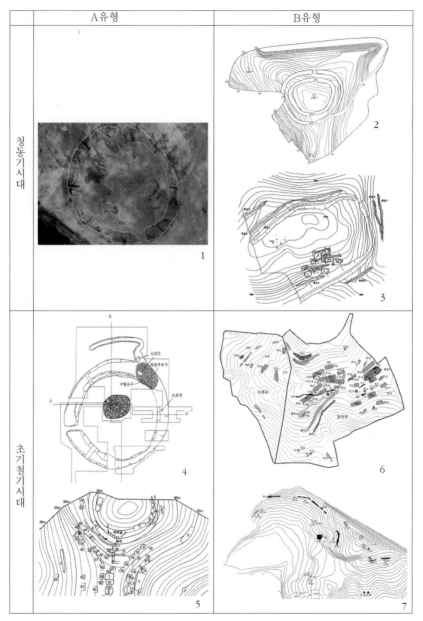

그림 40 청동기시대~초기철기시대 환호
1 화성 쌍송리, 2 울산 연암동, 3 창원 남산, 4 부천 고강동, 5 안성 반제리, 6 화성 동학산,
7 수원 율전동

락의 형성 시점이 해체의 출발점이 되고 있는 것이다.

그렇다면 이와 같은 변화는 왜 발생한 것일까? 김장석(2003: 49)은 천안 백석동유적의 사례를 들어 대형 취락의 해체를 다음과 같이 설명하고 있다.

> "인구집중과 이를 통한 노동집약적 농경이 단기간에 농업생산량을 높일 수 있는 것은 분명함에도 불구하고, 인구밀집이 과도하게 진행되어 인구과밀까지 이르게 되었을 경우, 궁극적으로는 농토의 지력감소는 물론 가용농지 대 인구의 비율이 급격히 감소되면서 많은 인구를 유지할 수 없는 문제가 발생할 수밖에 없다. 이를 해결할 수 있는 방안으로는 기술혁신, 대체자원 개발, 그리고 인구 과밀 해소를 들 수 있다. 그렇다면, 인구가 밀집되어 있던 백석동의 해체는 인구를 분산, 소개시킴으로써 인구과밀현상을 극복하는 방안이었으며(후략)"

김장석이 백석동유적을 청동기시대 전기로 편년하였지만, 백석동유적에서 대형 취락의 형성 시점은 청동기시대 중기 전반이며(송만영 2001a), 중후반에 취락이 점차적으로 해체된 것으로 생각되기 때문에 김장석이 묘사한 대형 취락의 해체는 실제 청동기시대 중기 상황임을 우선 지적하고 싶다. 이는 백석동유형이 분포하는 중부지방뿐만 아니라 호서지역에서도 청동기시대 전기 후반 이래로 형성된 취락이 장기 지속되면서 중기 전반에 대형 취락이 출현하였으나, 중후반에 점차적으로 해체된 양상에서는 공통성을 보여준다. 그리고 그 배경은 김장석의 견해처럼 인구 과밀에 따른 문제들을 극복하기 위한 적응 전략일 가능성이 높다. 인구 과밀에 따른 문제는 다양한 형태로 나타나는 바, 우선 증가된 인구를 부양하는 생계 문제가 가장 심각하였을 것이지만, 이와 함께 주변 산림의 벌채에 따른 황폐화 및 자원의 고갈(오규진·허의행 2006)에 원인이 될 수 있다.

이러한 대형 취락의 해체 배경과 관련하여 또 한 가지 주목되는 것은 안승모(2006)의 연구이다. 그는 순화작물과 농업의 채용으로 정주취락과 사회적 복합성이 일정 기간 증가하지만, 생업과 사회가 순화작물과 농업에 의존할수록 증가된 인구를 위한 가경지 확보의 한계라든가 기후변화와 같은 요인에 급격히 붕괴될 불안정성이 증가하여 대형 취락이 해체되었다고 하였다. 이러한 관점은 청동기시대에 들어서면서 서해안 지역에 패총이 형성되지 않다가 청동기시대의 대형 취락이 해체되는 시점에 해양 자원의 이용이 일시 재개되는 현상(김장석 2002b: 99)과도 부합된다.

한편 백석동유형이 분포하고 있는 지역에서는 대형 취락의 해체와 주거지 규모의 축소 양상이 동시에 관찰되고 있는 것과는 달리 송국리유형이 분포하고 있는 지역에서는 반대로 대형 취락의 형성과 주거지 규모의 축소 양상이 확인된다. 가령 백석동유적에서 대형 취락이 출현하는 시점의 주거지는 세장방형, 장방형 주거지로 구성되지만, 남강 유역에서는 (장)방형의 휴암리식 주거지 단계에 다중환호와 더불어 대형 취락이 형성된다. 그래서 김승옥(2006: 30-31)이 묘사한 청동기시대 중기의 대형 취락 출현과 주거지 소형화 양상은 송국리유형이 주로 분포한 지역의 상황일 가능성이 높다. 그는 세대공동체의 여러 세대가 하나의 주거에 거주하는 '공동거주형 주거 방식'에서 여러 채의 독립된 가옥에 세대별로 거주하는 '독립거주형 주거 방식'으로 변화했다고 보았다. 또한 그 원인을 본격적인 농경사회에서 노동의 전문화가 더욱 요구되어 세대나 연령별 분화가 촉진된 결과 소형 주거지가 출현한 것으로 파악하였다.

그러나 중부지방에서의 주거지 소형화는 위와 같은 동일한 맥락에서 이해할 수 없다. 앞에서 살펴본 바와 같이 중부지방에서의 대형 취락의 해체는 생계경제의 불안정성과 밀접한 관련이 있기 때문에 주거지 소형화도 그와 같은 맥락에서 이해해야 할 것이다. 이와 관련하여 참고가 되는 것은 임상택(2006)의 연구이다. 그에 따르면 빗살무늬토기문화 III기에 생계경제의 불확실성이 증가되어 자원획득과 관련된 집단의 이동전략이 구사되고 따라서 취락 규모의 축소 및 분산화 현상이 나타나게 되었다는 것이다. 이와 같은 상황을 염두에 둔다면 취락 규모의 축소와 함께 투자 비용이 적은 소형 주거지 축조는 불가피하였을 것으로 생각된다.

중부지방에서 소형 주거지로 구성된 취락은 중기 중반부터 출현한다. 인천 중산동 취락이 현재로서는 유일한 사례인데, 처음에는 중소형 규모이지만, 화성 반송리 취락(한신대학교박물관 2007)과 같이 중기 후반으로 편년되는 취락에서는 소형 취락 규모이다. 영서지역에서는 화천 용암리, 춘천 신매대교 부지, 거두리, 천전리, 가평 달전리, 홍천 철정리 II 유적에서 중기 후반의 소형 취락들이 조사되었다. 이 유적들에서 조사된 중기 후반의 주거지는 이전 시기에 비해 규모가 현격히 감소되며(洪周希 2009: 16), 취락 규모도 중기 중반 단계의 취락에 비해 작다. 따라서 소형 주거지로 구성된 취락은 중서부 지역에서 먼저 출현하여 점차적으로 동쪽의 영서지역으로 파급되어 가면서 규모가 감소하는 양상을 보여준다.[71] 이는 지역에 따라 대형 취락의 형성과 해체 시점에 낙차가 있는 현상과 관련된다. 즉 서울, 경기지역에서는 대형 취락의 해체 시점인 중기 중반 무렵에 소형 주거지로 구성된 취락이 출현하지만, 영서지역에서는 중기 후반에 대형 취락이 해체되면서 소형 주거지로 구성된 취락이 출현한다.

이상에서 살펴본 바와 같이 점토대토기 단계의 취락 경관은 청동기시대 중기 중반 이래의 대형 취락 해체와 더불어 취락의 소형화, 분산화 과정의 연장선상에 있다. 또한 대형 취락의 해체는 점토대토기 집단의 이주에 의한 것이 아니라 생업경제 체계에서 농경에 대한 지나친 의존도 때문이라고 생각된다. 농경 중심의 생계경제 체제의 붕괴로 말미암아 일시적이나마 해양 자원에 대한 의존도를 증가시키고 좀 더 안정적인 생계 수단을 확보하기 위하여 농경과 수렵, 어로를 병행하는 혼합경제 체제로 전환되어 갔을 것이라 추측된다. 또한 이와 연동되어 청동기시대의 수계를 중심으로 형성된 취락들의 연결망이 점토대토기 단계에 이르러 점차적으로 산

---

71) 인천 중산동유적에서 원시타날문이 있는 송국리식 토기가 출토되었는데, 같은 지역의 인천 영종도유적(고려문화재연구원 2009c)에서도 원시타날문토기가 출토되었다. 함께 출토된 구순각목문토기와 석촉으로 볼 때, 그 연대는 청동기시대 중기 후반까지 내려간다. 또한 원시타날문이 있는 원형점토대토기가 남양주 수석리유적에서 출토되었다. 자료가 많지 않아 분명하지 않은 점이 있지만, 중서부 지역에서 청동기시대 중기에 새롭게 출현한 요소들이 내륙으로 확산되면서 점토대토기 단계까지 지속된다.

지를 중심으로 한 취락들의 연결망으로 재편되면서 사회 복합도 역시 감소되었을 것이라 판단된다.

한편, 점토대토기 단계에 형성된 취락은 원삼국시대에 다시 해체된 양상으로 나타난다. 이는 취락의 고지형 입지에서 다시 수계 중심의 저지형 입지로 전환된 변화와 관계될 것이라 생각되는데, 농경을 위주로 한 생계 방식이 다시 복원되었음을 의미한다. 원삼국시대 전기의 취락은 아직 많이 조사되지는 않았지만, 초기에는 촌락 단위의 사회 조직이었을 가능성이 높다. 그러나 이전 시기와는 다르게 농경의 집약도가 향상되고 외부 세계의 새로운 문물이 자극이 되어 사회 복합도가 급속하게 증가하였을 것이다. 그래서 원삼국시대 중기에는 하남 미사리 취락과 같이 읍락의 중심 촌이 출현하고 國이 관할하는 일정한 지역적 범위가 가시화 되었던 것으로 보인다. 뒤에서 다시 언급하겠지만, 임진강 유역의 적석분구묘 집단의 공간적 범위는 14~16km의 범위로 이것이 읍락의 범위가 될지 아니면 국의 범위가 될지는 검토의 여지가 있지만, 늦어도 2세기 후반에는 최소 15km 범위의 지역정치체가 출현하였다고 볼 수 있다. 또한 이 시기에 형성된 취락이 삼국시대까지 장기 지속을 이루며 대형 취락으로 조성된 경우가 많은데, 이러한 현상은 단지 중부지방에 국한된 현상은 아니다. 가령 영산강 유역의 마한 사회에서는 2세기까지 10여동의 가옥으로 구성된 취락이 주로 조사되었으며, 3세기 이후에 가서야 함평 중랑 소명동, 광주 쌍촌동, 오룡동, 영암 선황리, 무안 양장리, 해남 신금 취락 등 중·대형의 취락이 등장하였다는 견해(李暎澈 2005)가 있다. 또한 중서부 지방 역시 3세기 이후에 가서야 취락의 수가 급증하고 수 십기 이상의 중·대형 취락이 출현하는 것으로 보고 있다(김승옥 2004b). 중부지방의 원삼국시대 취락 가운데 이른 단계의 대형 취락은 현재로서는 보고된 예가 없지만, 비교적 늦은 단계에 가서야 삼국시대로 이어지는 중·대형의 취락이 관찰된다. 특히 풍납토성 내에서 조사된 3중 환호의 원삼국시대 취락은 환호의 규모로 보아 청동기시대 대형 취락의 규모와 크게 다르지 않은 점이 주목된다. 영남지방의 원삼국시대 취락은 사천 늑도유적에서만 이른 단계의 대형 취락이 확인될 뿐, 대형 취락의 대부분은 3세기 이후에 형성되는 것으로 보인다.

따라서 위의 내용을 종합하면 남한지역 원삼국시대에는 이른 단계에 소형 취락 정도만이 존재하다가 차츰 취락의 규모가 확대되면서 3세기 이후에는 삼국시대로 연결되는 대형 취락이 출현한 것으로 정리할 수 있다. 그렇다면 점토대토기 단계에 형성된 중형 취락은 원삼국시대의 개시 직전에 해체된 셈이 되는데, 이러한 취락의 해체 현상은 신석기시대 만기부터 각 시대의 과도기마다 반복적으로 나타나는 바, 그 원인을 규명해야 할 것이다. 하여튼 대형 취락의 시대별 출현 시점만으로 볼 때, 기원전 2세기 말 또는 1세기 초에 삼한 소국이 형성되었다고 보기에는 취락 자료에 잘 부합되지 않는다. 삼한 소국이 형성되었다고 보는 시점의 취락의 위계화 구조가 극히 일부 유적을 제외하면 매우 단층적이기 때문이다.

V.
한성백제의 성립과 한예정치체의 동향

1. 한예정치체의 성립

　　한성기의 백제가 3세기 중·후반 한강 하류를 중심으로 초기 국가로 성장할 무렵, 이웃한 경기 북부와 영동, 영서지역의 정치체는 백제와 동일한 문화적 토대 위에서 성장, 발전하였음에도 불구하고 초기 국가로의 성장은 정체되었다. 3세기 이전의 원삼국시대 발굴 자료만 가지고 볼 때, 경기 북부와 영동, 영서지역의 물질문화 수준은 한강 하류 지역과 큰 차이가 없었다. 소위 한성백제의 기층문화라 일컬어지는 중도유형문화는 경기 북부와 영동, 영서지역의 기층문화이기도 했다. 그럼에도 불구하고 한강 하류 지역에서는 2세기 후반 이전까지만 해도 고고학적으로 그 존재가 알려지지 않았던 伯濟國이 3세기 중반 기리영전투를 계기로 서서히 마한연맹체의 선두 주자가 되었다. 경기 북부와 영동, 영서지역의 여러 정치체에게도 백제와 같이 초기 국가로 성장할 수 있는 기회와 잠재력은 없었을까. 근래의 한국고대사와 고고학 연구에서는 임진강을 중심으로 한 경기 북부지역과 함께 북한강과 남한강 중상류 지역을 포괄하는 영서지역(尹善泰 2001)의 정치체에 주목하고 있다. 따라서 이러한 지역정치체의 동향을 추적하는 일이 무엇보다도 한성기 백제의 형성 과정을 복원하는데 도움이 되지 않을까 생각한다.

한예정치체의 존재가 처음 문헌에 등장하는 것은『三國志』東夷傳의 기
사이다. 이 기사에서는 2세기 후반 내지 말에 중부지방 韓濊 社會에 큰 변
화가 있었던 것으로 기록되어 있는데, 이를 요약하면 군현이 제어할 수 없
을 정도로 한예 지역이 매우 강성해져서 군현의 통제 하에 있던 많은 주민
들이 한예 지역으로 이주하였다는 것이다. 이러한 기사는 고고학 자료와
대비해 볼 때, 육각형 주거지라는 새로운 주거 유형과 토기 양식이 출현하
여 일정한 분포권을 형성했던 시기와 맞물려 있다. 그렇다고 한다면, 2세
기 후반~말 무렵 강성해진 韓濊 지역이 이러한 분포권과 불가분의 관계를
맺고 있는 것이 아닐까 한다. 그 지역은 다름 아닌 한강 하류와 그 이남의
경기 남부를 포함하여 임진강을 중심으로 한 경기 북부 지역, 그리고 북한
강과 남한강 중상류 지역을 포괄하는 영서지역이다. 동일한 기층문화를
유지하고 있었던 영동지역만이 이러한 변화에서 제외되면서 이 지역정치
체의 성장은 좌절된 듯이 보인다.

1) 伯濟國의 형성

최근 풍납토성 내 주거지(국립문화재연구소 2001)에 대한 발굴조사와 더
불어 성벽 조사가 이루어지면서 풍납토성 축조 시기(權五榮 2001: 48; 朴淳
發 2002b: 88-89; 申熙權 2002)에 관심이 모아지고 있다. 발굴조사자에 의하
면 풍납토성은 중심 토루와 내벽, 외벽 등 3개의 구간으로 이루어지며, 내
벽은 다시 1차 성벽과 2차 성벽으로 구성되어 있어 실제 축성은 중심 토루
와 함께 내벽의 III토루가 축조되는 1차 축성과 내벽의 나머지 토루와 외벽
이 증축되는 2차 축성으로 시기 구분이 가능하다고 한다(신희권 2002: 31-
37). 국가 형성과 관련하여 지금까지는 풍납토성의 축성이 완료된 시기에
주로 초점이 맞추어져 있으나, 이와 아울러 축성 이전 3중 환호의 축조 및
사용 시기도 적극적으로 규명되어야 할 문제이다. 또한 환호, 토성과 같은

방어 시설과 그 내부에서 조사된 주거지를 포함한 수혈유구, 그리고 문화층 등 세 요소들이 시간적으로 어떻게 연결되어 있는지 검토가 필요하다.

발굴기관인 국립문화재연구소(2001: 593)에서 제시한 풍납토성 편년안은 (표 32)와 같다. 여기에서 Ⅰ기에 속하는 문화층 아래로 자연층이 계속 지속되고 있는 것으로 보아 Ⅰ기에 속하는 3중 환호는 풍납동유적에서 가장 이른 시기의 유구이며, 따라서 伯濟國이 한강 이남에 처음 정착했을 시기와 관련 있을 개연성이 높다.[72] 그런데 Ⅰ기의 연대를 기원전 1세기까지 소급한 국립문화재연구소의 편년관은 三國史記 초기 기록을 의식한 것으로 보인다. 결론부터 말하면, 현재까지의 발굴 조사된 내용으로 보는 한, 풍납토성 Ⅰ기의 연대는 원삼국시대 중기 후반을 상한으로 하고 후기 전반을 하한으로 한다. 절대연대로는 2세기 후반에서 3세기 전중반에 해당된다. 풍납토성 최하층인 Ⅰ층에서 중도식무문토기를 제외한 타날문토기 및 회흑색 무문양토기의 비율이 26%로 횡성 둔내유적보다 약간 높지만, 3중 환호에서 출토된 심발형토기의 존재로 보았을 때, 여주 연양리유

표 32 _ 풍납토성 편년안(국립문화재연구소안)

분기	문화층	방어 시설	유구	연대	비고
Ⅰ기	1층	3중 환호, 풍납토성 1차 축성	가-11호 주거지 가-31호 수혈	BC 1세기~ AD 2세기 전후	
Ⅱ기	2층	풍납토성 2차 축성 가-5호 주거지	가-2호, 나-8호, 가-9호,	AD 2세기 전반~ AD 3세기 중반	분기 세분 가능
Ⅲ기	3층	-	"가" 지구 토기산포유구	AD 3세기 중반~ AD 4세기 중반	몽촌 Ⅰ기
Ⅳ기	4층	-	가-4호 주거지	AD 4세기 중반~ AD 5세기 후반	몽촌 Ⅱ기

---

72) 풍납토성에 대한 발굴조사가 극히 일부 지역에 대해서 이루어진 것이기 때문에 향후 조사 결과에 따라 그 시기가 상향될 가능성은 있다.

적과 비교된다. 참고로 풍납토성에서 출토된 시루 가운데 Ⅰa형 시루, 즉 중도식무문토기로 제작된 시루가 출토되지 않은 점을 고려할 때, 중기 후반 이전으로 소급되기는 어렵다. 3중 환호에서 출토된 심발형토기와 견부 거치문 대옹을 근거로 환호 폐기 시점을 3세기 중반으로 보기도 하지만(박순발 2002b: 88-89), 중도식무문토기의 출토율이 74% 가량으로 여전히 높은 점을 고려해 볼 때, 3세기 전중반 이후로는 내려가지 않을 것으로 판단된다.

다음은 풍납토성 축성 시기에 대해서 살펴보자. 풍납토성 축성과 관련하여 대체로 3중 환호의 폐기 시점을 上限으로 의견이 모아지고 있다. 즉 동일한 기능을 가진 환호와 토성이 동시에 사용될 수 없다는 중론이다. 따라서 풍납토성의 상한은 3세기 전중반이 되는 셈이다. 그리고 1차 축성 시에 토루에 퇴적된 토기편들의 양상을 눈여겨 볼 필요가 있다. 중심 토루에서 내벽 Ⅲ층까지 출토된 유물이 많지 않기 때문에 정확한 양상을 짚어나가기가 어렵지만, 중도식무문토기의 출토율이 26%에 불과하여 환호보다는 늦게 조성된 것이 분명하다. 가평 마장리유적, 화성 당하리 Ⅰ유적 Ⅰ기, 천안 장산리유적이 동일 시기의 토기 양상을 보여준다. 문제는 이 연대가 풍납토성 1차 축성 초축의 상한 연대라는 점이다. 따라서 보강 조사가 이루어질수록 상한 연대는 내려올 가능성이 많으며, 마장리유적의 방사선 탄소연대측정치를 참고하여 3세기 중반 무렵으로 좁혀지지 않을까 추측된다.

지금까지 살펴본 바와 같이, 풍납동유적에서는 2세기 후반을 상한으로 늦어도 2세기 말, 3세기 초에 환호취락이 조성되었던 것으로 보이는데, 필자는 이러한 환호취락을 삼한 시기 伯濟國의 국읍 중심촌으로 추정하였다(송만영 2001b: 76). 또한 이러한 추정이 크게 틀리지 않는다면, 한강 이북에 있었던 伯濟國이 한강을 건너 지금의 풍납동 일대에 자리를 잡은 시점은 3중 환호의 축조 시점과 일치하지 않겠는가 하는 생각이다. 李賢惠는 伯濟國이 경기 북부 지역에서의 정치적 갈등 속에서 河南으로 移住한 것으로 보았는데(李賢惠 1997: 8-11), 충분한 준비 과정이 생략된 이주였던 것으로 생각된다. 이는 한강 하류에 처음 정착한 伯濟國이 방어 시설로써 환호를 축조했던 점에서 읽을 수 있다.

환호취락 단계의 주거지로는 가-11호 주거지가 언급되고 있으나, 고배, 소호, 심발형토기 등 주거지 내부 퇴적층에서 출토된 유물을 자의적으로 후퇴적 유물로 파악하고 있는 점, 그리고 주거지의 평면 형태가 타원형으로 원삼국시대 후기 후반 이후에나 출현하는 주거 유형인 점 등을 고려할 때, 납득하기 어렵다. 물론 환호취락 단계에 주거지가 있었을 것이고 그것은 횡성 둔내, 여주 연양리에서 조사된 육각형 주거지이었을 것이다. 따라서 현재로서는 풍납토성 내 주거지 가운데 가장 이른 시기의 것이 나-8호 주거지인데, 풍납토성 축성기 또는 그 이전의 환호 단계 무렵에 축조된 것이다. 필자 분류(송만영 2003)의 Ⅰb형 시루와 함께 4개체분의 심발형토기, 동체부가 강조된 격자문＋횡선의 원저호가 출토되었다. 기타 중도식무문토기가 다수 출토되었는데, 폐기된 환호의 유물이 쓸려 들어간 것으로 파악되고 있다. 그러나 나-8호 주거지 역시 잔존 상태가 좋지 않아 평면 형태를 알 수 없다. 가-2호 주거지에서는 구멍 직경이 비교적 큰 Ⅰb형 시루와 함께 여러 개체분의 심발형토기, 직구단경호, 단경광구소호, 토기 뚜껑 등 한성백제 Ⅰ기의 이른 단계의 유물들이 출토되었다. 주거지는 Ⅲ유형으로 육각형 주거지에 해당된다.

한편 필자는 위와 같은 육각형 주거지의 출현 시기와 분포권에 주목하여 한성백제의 영토라 할 만한 일정한 분포권, 즉 풍납토성을 중심으로 파주, 춘천, 횡성, 단양을 연결하는 분포권의 형성을 2세기 후반~3세기 중반에 이루어진 것으로 본 바 있다(송만영 2000: 150-161). 특히 여기에서는 육각형 주거지 이외에도 심발형토기의 출현 시기 및 분포권을 한성백제와 관련 있는 것으로 해석하였다. 그러나 육각형 주거지와 심발형토기가 비록 한성백제와 관련된 고고학 자료이기는 하나 그 계통은 중부지방 원삼국 문화에 토대를 두고 있고 마한 지역에서 3세기 중반까지 伯濟國의 세력이 두드러지지 못했던 점을 고려할 때, 백제의 영역권으로 보기에는 무리가 있어 이를 철회한다. 다만 2세기 후반 무렵부터 관찰되는 일련의 변화, 가령 원삼국 문화에 토대를 두고 있으면서도 한성백제와 관련된 육각형 주거지, 심발형토기의 출현과 일정한 분포권의 형성은 여전히 주목되어야 할 부분이다.

『三國志』東夷傳에는 2세기 후반 내지 말에 중부지방 韓濊 社會에 큰 변화가 있었던 것으로 기록되어 있다.[73] 이러한 변화에는 韓濊 社會의 내적 발전과 군현민들의 유입에 의한 새로운 물질문화의 파급이 복합되었을 것으로 보인다. 그 가운데 앞에서 언급된 연질의 타날문토기 및 무문양토기 생산체제의 성립으로 인하여 중도식무문토기를 급속히 대체해나갔던 것도 이러한 변화의 연장선장에 있었던 것으로 보인다. 또한 새로운 주거 유형과 토기 양식의 출현 및 분포권 형성도 이러한 변화와 맞물려 있다. 그렇다고 한다면, 2세기 후반~말 무렵 강성해진 韓濊 지역이 이러한 분포권과 불가분의 관계를 맺고 있는 것이 아닐까 한다. 그 지역은 다름 아닌 한강 하류와 그 이남의 경기 남부 지역, 임진강을 중심으로 한 경기 북부 지역, 그리고 북한강과 남한강 중상류 지역을 포괄하는 영서지역이다. 동일한 기층문화를 유지하고 있었던 영동지역만이 이러한 변화에서 제외되면서 이 지역정치체의 성장은 다른 방향으로 진행되었던 것으로 보인다.

따라서 한강 하류에 위치한 伯濟國 역시 그러한 변화의 중심에 놓여 있었을 가능성이 높다. 앞에서 언급한 바와 같이 伯濟國은 2세기 후반을 상한으로 늦어도 2세기 말, 3세기 초에 풍납동에 환호취락을 조성하였다. 또한 석촌동 토광묘 가운데 가장 고식으로 분류되는 2호 토광묘의 연대가 2세기 후반(朴淳發 1994)으로 파악되고 있는 점에 비추어 伯濟國의 埋葬遺蹟이었을 것으로 판단된다. 경기 북부 지역에 자리 잡았던 백제 세력이 하

---

73) 『三國志』권30 魏書30 烏丸鮮卑東夷傳 韓條 "桓靈之末 韓濊强盛 郡縣不能制 民多流入 韓國"

남위례성으로 옮긴 시기에 대해 설득력 있는 주장이 제기된 바는 없지만, 고고학 자료로 보는 한, 2세기 말 내지 3세기 초가 下限 年代로 판단된다. 그리고 추측컨대 경기 북부 지역에 있어서의 韓濊의 강성이 직간접적으로는 하남위례성으로의 천도에 영향을 주었을 개연성이 있다고 생각된다.

2) 경기 북부 및 영서지역 정치체

2세기 후반 이후 한강 하류 지역에서 伯濟國이 초기 국가로 성장하는 동안, 경기 북부와 영서지역에서는 또 다른 정치체들이 할거하고 있었다. 이 정치체들은 임진강 및 북, 남한강 중상류와 그 지류에 자리 잡고 있어서 대체로 교통에 유리한 지역에 입지하고 있는 공통점이 있다. 현재까지의 고고학 조사에서 국읍 중심촌이라고 할 만한 유적이 조사된 것은 아니지만, 주로 2세기 후반 이후의 유적들이 집중되는 지역이 눈에 뜨인다. 가령 임진강 유역에는 파주 주월리유적을 포함하여 積石墳丘墓가 밀집된 파주, 연천 지역이 주목되며, 북한강 유역에도 중도, 삼천동, 신매리 등 육각형 주거지와 적석분구묘가 분포한 춘천 지역이 정치체의 중심지로 유력하다. 그리고 남한강과 북한강이 합수되는 양수리, 문호리, 대심리유적에서는 넓은 범위에 걸쳐 유물산포지가 분포하고 있을 뿐만 아니라, 문호리유적에서 적석분구묘가 조사되어 양평 지역 역시 눈여겨 볼 만한 지역이다. 남한강 상류지역에서는 단양, 제천지역이 해당되는데, 단양 수양개유적과 제천의 양평리, 도화리 적석분구묘가 알려져 있다. 이 지역들의 공통점은 육각형 주거지의 분포 범위에 포함되어 있으면서도 적석분구묘가 조사된 지역이라는 점이다. 따라서 여기에서는 적석분구묘에 대해서 좀 더 자세하게 살펴보고자 한다.

임진강 유역 및 북한강, 남한강 중상류 지역에서 조사된 적석분구묘는 한강 하류의 기단식적석총과 구조상 다른 무기단식 적석총으로 이해된 것으로 葺石墓(최병현 1994), 葺石塚(林永珍 1995), 葺石式積石墓(朴淳發 1994), 積石墓(沈載淵 1999: 14-18), 積石墳丘墓(李盛周 2000b: 80-89) 등 다양하게 불리어 왔다. 필자는 비록 성토에 의한 것은 아니더라도 자연 분구상에 매장주체부를 설치한, 즉 先-분구 축조, 後-매장주체부 설치(崔秉鉉 2002: 47-48)라는 매장 관념을 중시하여 적석분구묘라는 명칭을 사용하고자 한다. 적석분구묘는 강안대지의 독립적인 자연 사구를 이용하여 축조하되 일단 상면부를 삭평, 정지하고 여기에 천석을 얕게 쌓아 분구층을 형성하였다. 매장주체부는 수혈식석곽이며 한 분구 내에 多葬을 한 경우가 많다. 연천 삼곶리 적석분구묘에서는 2개의 매장주체부가 확인되었으며, 연천 학곡리 적석분구묘 조사에서는 최소 4개의 매장주체부가 확인되기도 하였다.

적석분구묘의 분포를 살펴보면, 임진강 유역의 경우 연천 학곡리, 우정리, 삼거리, 삼곶리, 횡산리와 개성시 장풍군 장학리에서 조사되었으며, 북한강 유역에서는 중도와 신매리, 위라리에서 확인되었다. 또한 북한강과 남한강이 만나는 문호리에서도 적석분구묘 1기가 조사되었다. 남한강 상류에서는 여러 기가 존재한다고 알려져 있으나, 이 가운데 제천 양평리, 도화리, 그리고 평창 응암리 것만이 적석분구묘인 것으로 확인되었다.[74] 이와 같은 분포 상황은 한성백제가 위치한 한강 하류를 중심으로 외곽에 적석분구묘가 분포되어 있는 형국이다. 따라서 1980년대 중반에는 이러한 적석분구묘가 삼국사기 백제 초기 기록을 입증하는 고고학적 근거로 활용되어 그 분포가 한성백제의 영역으로 파악되기도 하였다(崔夢龍·權五榮 1985). 그 후에도 내용은 다소 바뀌었으나, 적석분구묘 분포 범위가 한성백제 영역을 반영한다는 견해에는 변함이 없었다. 가령 박순발은 백제와 말갈의 교전 지점이 대체로 적석분구묘의 분포와 일치하고 있음을 근거로 적석분구묘를 예계의 무덤으로 파악하였는데, 적석분구묘가 백제에서 말

---

74) 지표조사에서 확인된 적석분구묘의 경우, 진위 여부가 문제가 된다. 여기에서는 심재연 (1999: 15-16)의 판단을 참조하였다.

갈의 무덤으로만 바뀌었을 뿐, 그 분포권은 백제 영역을 반영한다는 것이었다(박순발 1998: 149). 이와는 달리 김승옥은 『三國史記』에 기록된 백제와 말갈의 교전이 주로 말갈의 일방적인 공격으로 지속된 점을 염두에 둘 때, 교전 지점이 말갈의 영토가 아니라 백제 영토임을 지적하고 있다. 또한 적석분구묘의 분포는 서울 일원을 중심으로 경기도 연천에서부터 충북 제천까지 동심원상으로 분포되어 있어 무덤의 출자를 백제로 보는 또 하나의 근거로 삼고 있으며, 임진강, 북한강, 남한강의 주요 길목에 위치하고 있기 때문에 무덤의 축조 목적이 변경의 상징적 표시와 방어의 효율성을 동시에 도모하고 있는 것으로 보았다(金承玉 1998: 40-46). 그러나 적석분구묘가 조영될 무렵, 다중 환호취락 단계였던 백제국이 과연 경기 북부 지역과 영서지역까지 그 세력을 떨칠 수 있었는가는 검토의 여지가 있다.

적석분구묘의 출자와 관련하여 다양한 견해들이 제시되었다. 앞서 언급한 백제계, 예계 이외에도 고구려 이주민계로 집약되는데, 최근의 문헌 연구 성과를 토대로 臣濆沽國(강현숙 2001: 133) 또는 마한 54국 가운데 일소국(金炳坤 2002: 55-64) 등 새로운 견해들이 제시되었다. 적석분구묘의 출자와 관련하여 적석분구묘의 구조적 특징과 출토 유물이 항상 검토되었다. 우선 적석분구묘의 구조적 특징은 고구려 적석총과 일견 유사하지만, 차이점도 있기 때문에 굳이 고구려의 전유물로 파악하는 데에는 무리가 따른다. 차라리 예맥의 영역에 광범위하게 확산된 분구묘 매장 관념에 따라 축조된 묘제로 이해한 이성주(2000b: 87)의 견해가 적합하다고 판단된다. 출토 유물 가운데 토기는 중도식무문토기와 타날문토기로 구성되어 고구려 또는 백제로 바로 연결하기에는 무리가 있다. 오히려 이러한 토기 구성과 함께 직구호와 같은 기종은 중부지방 내지 중서부지역 원삼국시대 후기의 주거지 및 토광묘 출토 유물과 유사하기 때문에 凡馬韓的 요소라 판단된다.

따라서 지금까지 논의했던 바대로 한다면, 경기 북부 지역과 영서지역에 분포하고 있는 적석분구묘와 관련된 정치체는 마한 54개국 가운데 郡

縣의 변방에 있으면서 桓靈之末에 강성해진 韓濊의 정치체로 파악된다. 박순발은 韓濊 사회가 연천 - 양평 - 남한강을 연결하는 선을 경계로 以西의 馬韓 社會와 以東의 濊系 社會로 구분될 수 있다고 파악하고 있지만(박순발 1998: 51-52), 예계의 기층문화로 파악된 중도유형문화의 공간적 범위가 최근의 발굴조사에서 한강 하류를 포함하여 경기 이남까지 확대되고 있어 韓濊 社會의 二分的 區分論은 불가능하다고 판단된다. 오히려 韓濊地域 전체가 지역에 따라 차이가 있을 뿐[75], 族的 구성은 韓濊의 혼유에 기초하고 있다고 판단된다(尹善泰 2001: 22).

하여간 이러한 정치체들은 한강 하류의 백제국과 함께 2세기 후반 무렵에는 군현이 제어하지 못할 정도에 이르기까지 강성해진 것으로 기록되어 있는데, 그 토대는 郡縣과 韓 사회의 중간 거점으로써의 交易網 장악에 있었던 것으로 보인다(尹龍九 1999: 121-125). 이는 앞에서 언급한 경기 북부 및 영서지역 정치체들이 주로 큰 水系 上에 분포하고 있는 사실과 잘 부합된다. 수계는 인간과 물자가 이동하는 교통망이자 교역망이다. 따라서 이러한 관점에서 본다면 적석분구묘의 분포는 특정 정치체, 가령 한성백제의 영역을 의미하는 것이 아니라 중요 정치체들의 거점과 교역망을 반영할 것으로 판단된다.

(그림 41)에서 보는 바와 같이, 임진강 유역의 파주, 연천 지역, 그리고 북한강과 남한강이 합수되는 양평 지역, 남한강 상류의 단양, 제천 지역이 남북 일직선상 연결되어 있는데, 그 연장선상에는 帶方과 辰韓, 그리고 멀리는 倭가 위치해 있다. 아마도 이러한 교역망의 형성이 桓靈之末 이후 한예를 강성하게 한 배경이 되었을 것으로 생각되는데, 그 중심에는 臣濆沽國이 있었던 것으로 보인다(윤선태 2001: 13-17).

한편 임진강 유역에서 영서지역으로 연결되는 교역망의 폐쇄는 그 교

----

75) 경기 북부와 영서지역에 가까운 정치체일수록 濊系의 구성원이 상대적으로 많아지고, 경기 이남으로 갈수록 馬韓系의 구성원이 증가하는 등의 차이는 있을 수 있다.

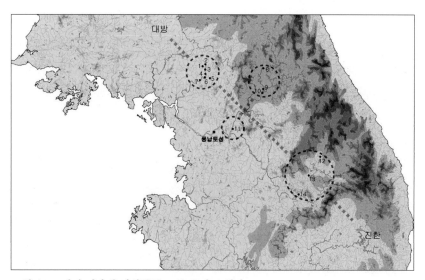

그림 41 3세기 전반대 적석분구묘 분포 및 교역망
　　　1 연천 횡산리, 2 연천 삼곶리, 3 연천 삼거리, 4 연천 우정리, 5 연천 전곡리, 6 연천 동이리, 7 연천 학곡리, 8 화천 위라리, 9 춘천 신매리, 10 춘천 중도, 11 양평 문호리, 12 평창 응암리, 13 제천 도화리, 14 제천 양평리

역망의 중간 거점에 위치한 정치체의 쇠퇴를 의미한다. 흥미롭게도 3세기 중반 기리영전투를 계기로 臣濆沽國의 쇠퇴와 함께 적석분구묘가 소멸하는 현상을 볼 수 있다. 그 대신에 서울 몽촌, 풍납토성을 중심으로 개성, 홍성, 웅천 등 서해 연안지역에 중국 서진대 물품이 집중하는 현상을 볼 수 있는데(권오영 2001: 40-44), 3세기 후반 이후로 한성백제를 중심으로 교역망이 재편된 것으로 보인다.

　이상에서 살펴본 바와 같이 중부지방 가운데 한강 중상류 지역의 고고학적 문화를 의미했던 이른바 중도유형문화는 예계 문화로 인식되어 마한의 물질문화와는 대립적인 관계로 잘못 설정되었다. 중도유형문화의 특징으로 열거된 토기상과 주거 및 분묘 양상은 공간적으로 서로 일치되지 않아 많은 비판이 있어 왔지만, 시간적으로도 일치하지 않아 개념의 재정립이 요구된다. 세 가지 특징들의 교집합만을 중도유형문화로 설정할 경우,

3세기 전~중반의 임진강 및 한강 중상류 지역으로 국한되어 고고학적 문화로 하기에는 지속 기간이 너무 짧고 공간적 범위가 선 단위로 설정되기 때문이다. 따라서 중도식무문토기, 타날문토기의 공존, 중도식 주거지를 공통 분모로 하는 고고학적 문화를 잠정적으로 중부지방 원삼국 문화로 지칭하고자 한다. 지역적 범위는 서울, 경기지역을 포함하여 영동, 영서지역이 모두 해당된다.

그런데 이러한 중부지방 원삼국 문화 가운데 특히 중국 군현에 인접한 중부지방 韓濊 社會에 큰 변화가 있었던 것은 2세기 후반이다. 고고학 자료로 볼 때, 專業化된 새로운 土器 生産體制가 출현하여 급속하게 韓濊 사회에 자리 잡아 가고, 육각형 주거지와 같은 새로운 주거 유형이 출현하여 일정한 분포권을 형성하던 무렵과 시기를 같이 한다. 그리고 이러한 변화 선상에 적석분구묘가 출현하여 임진강 유역에서부터 영서지역에 이르는 분포권을 형성한다. 한편 영동지역은 중부지방 원삼국 문화라고 하는 동일 문화권의 기반에 놓여 있었음에도 불구하고 이와 동일한 역사적 경험을 하지 않았던 것으로 보인다. 그리고 그러한 변화에서 제외됨으로써 초기 국가로의 성장이 원천적으로 좌절된 것으로 이해된다.

2세기 후반 이후 韓濊 사회의 정치체 가운데 지금까지는 주로 伯濟國에 주목하였지만, 기리영전투 이전까지만 해도 교역망의 장악을 통하여 韓濊 社會의 리더로 부상한 경기 북부와 영서지역 정치체에 주목할 필요가 있다. 3세기 전반의 적석분구묘의 분포는 바로 臣濆沽國을 포함한 한예 정치체의 거점으로 파악되는 바, 파주·연천 지역, 양평 지역, 춘천·화천 지역, 단양·제천 지역에 대한 향후 고고학 조사가 기대된다. 당시 교역망은 한예정치체의 거점을 연결하는 남북 내륙 수로였으며, 帶方과 辰韓·倭를 연결하는 유일한 창구였다. 따라서 교역망의 2차 分配地였던 伯濟國의 입장에서는 백제국 중심의 교역망 재편이 요구되었을지도 모른다. 때마침 중국 군현도 辰韓으로부터의 원활한 鐵 수급을 위하여 교역망을 재편할 필요가 있었다(윤용구 1999: 123-124).

기리영전투 직후 경기 북부와 영서지역에 분포하고 있는 적석분구묘는 차츰 소멸하는 현상을 보여준다. 위와 같이 3세기 중반의 기리영전투는 신분고국을 포함하여 경기 북부 및 영서지역 정치체의 쇠퇴와 함께 내륙 수계 교역망의 폐쇄에 원인이 된 반면, 백제국의 국가 진입과 더불어 서해 연안을 새로운 교역망으로 열어놓았던 것으로 이해된다.

2. 취락에서 본 백제 중앙의 지방 지배

1) 육각형 주거지와 위계

기원후 3~5세기 경기 일원의 취락 유적에서 조사된 주거지 가운데 이른바 육각형 주거지는 한성기 백제의 물질문화를 특징짓는 고고학 자료이다. 육각형 주거지의 출현은 중부지방 원삼국 주거문화를 계승한 것으로, 백제 초기 국가가 형성되는 시점에 이르러서는 특수 계층을 위한 주거 형태로 발전하게 된다. 따라서 당시 취락에서의 육각형 주거지의 존재 여부는 특수 계층의 존재 여부와 직결되는 것이고, 이러한 추론이 타당하다면, 취락 내에서의 육각형 주거지의 존재 양상은 취락의 위계를 논하는데 있어 결정적인 단서가 될 것이다.

한성기의 백제 주거지는 3세기 중후반 이후로 육각형 주거지 이외에 타원형계와 방형계의 주거지가 출현하게 된다. 또한 이와는 별도로 주거지의 평면 형태는 장방형이지만, 네 모서리에 기둥구멍이 배치되는 마한계의 사주식 주거지가 경기 남부 및 서부에서 일정한 분포권을 형성한다. 이 가운데 타원형계와 방형계 주거지 두 주거 유형 사이에는 출현 시기에 있어 다소 차이가 있는데, 중도식무문토기가 소멸된 단계의 유적인 포천 성동리유적에서는 타원형 주거지가 먼저 출현하게 된다. 방형계 주거지의 출현 시기에 대해서는 알 수 없지만, 타원형 주거지보다 약간 늦게 출현하는 것은 분명하며, 방형, 장방형, 말각방형, 말각장방형 등 평면 형태에 있어 세부적으로 차이가 있지만, 모두 동일 계통이다. 또한 경기 남부에서의 사주식 주거지의 출현 시기는 화성 고금산유적의 예로 볼 때, 2세기 후반 ~3세기 전반으로 편년된다(서울대학교박물관 2002: 61-65). 이외에도 화성 발안리, 왕림리, 석우리 먹실, 김포 양곡리유적에서 사주식 주거지가 조사되었다. 이 가운데 화성 발안리유적은 원삼국시대까지는 중부지방 주거 문화를 계승하여 육각형 주거지가 보이지만, 한성백제기에는 마한계의 사주식 주거 문화로 교체된다(정상석 2003). 그런데 발안리유적에서 조사된 사주식 주거지는 돌출된 출입 시설이 부가된 것으로 사주식 주거 문화와 중부지방 주거 문화의 점이적 성격을 갖는다. 이러한 돌출된 출입 시설이 있는 사주식 주거지는 대전 노은동과 복룡동유적에서도 조사되었다.

한편 육각형 주거지는 돌출된 출입 시설의 존재 여부, 그리고 그 형태에 따라 위계에 차이가 있기 때문에 '呂'자형 육각형 주거지, '凸'자형 육각형 주거지, 그리고 돌출된 출입 시설이 없는 육각형 주거지로 세부적인 분류가 가능하다. 본래 원삼국시대에도 '呂'자형과 '凸'자형 주거지 사이에는 위계 차이가 있었던 것으로 보이는데, 한강 유역과 임진강 유역에서는 하남 미사리유적을 제외하면, '呂'자형 주거지 사례가 거의 희소하기 때문에 좀 더 자료 축적이 필요하다.

가옥의 위계는 일반적으로 주거지를 점유하였던 사람의 사회적 신분을 반영하는 척도로서 주거지의 규모 및 공간 배치상의 우월성과 주거 구조상의 차이, 그리고 출토 유물에 의해 살펴볼 수 있다(박양진 2000). 먼저 주거지의 위계를 살펴보는데 있어 근거가 되는 주거지의 규모는 각 취락에서 타원형 및 방형계 주거지 → 돌출된 출입 시설이 없는 육각형 주거지 → '凸'자형 육각형 주거지 → '呂'자형 육각형 주거지 순으로 규모 차이가 있다. 포천 자작리유적(경기도박물관 2004)의 경우 '呂'자형의 육각형 주거지인 2호 주거지는 출입부를 제외한 주거 공간만의 면적이 49.25평에 이르지만, 돌출된 출입 시설이 없는 육각형 주거지인 1호 주거지는 4.89평에 불과하다.[76] 용인 고림동유적(구자린 2009)은 2~3기의 '몸' 자형의 육각형 주거지와 다수의 '凸' 자형의 육각형 주거지로 구성된 백제 취락인데, '몸' 자형의 육각형 주거지의 규모는 돌출된 출입 시설을 포함한 장축 길이가 19m 내외인 반면, '凸' 자형의 육각형 주거지는 11m 이하의 규모이다. 또한 광주 장지동유적의 경우에도 '몸' 자형의 육각형 주거지의 규모는 돌출된 출입 시설을 포함한 장축 길이가 13.2m이지만, '凸' 자형의 육각형 주거지는 10m 이하의 규모이다

미사리 B지구에서 조사된 백제 취락은 3개의 소형 단위 취락으로 구성된 중형 취락인데, 각각의 소형 단위 취락에는 육각형 주거지와 타원형계 또는 방형계 주거지의 구성 비율이 동일하다. 이 가운데 육각형 주거지는 '凸' 자형과 돌출된 출입 시설이 없는 육각형 주거지가 조사되었는데, '凸' 자형의 돌출된 출입 시설이 있는 서울대 B-2호 주거지는 돌출된 출입 시설을 제외한 주거 공간만의 길이가 10.9m이며, 또한 '凸' 자형의 출입 시설이 있는 고려대 KC-040호 주거지는 7.92m이다. 이와는 달리 돌출된 출입 시설이 없는 육각형 주거지인 숭실대 B-1호 주거지가 6.5m, 고려대 KC-038호 주거지가 6.18m 가량으로 가장 규모가 작다. 물론 함께 조사된 타원형계 또는 방형계 주거지가 4.65~6.3m인 점을 고려하면, 육각형 주거지는 대부분 타원형계, 방형계 주거지보다 규모가 큰 점을 알 수 있다.

한성기 백제 취락 가운데 육각형 주거지가 1기와 다수의 타원형계, 방형계 주거지가 조사된 유적이 용인 수지, 용인 구갈리[77], 광명 소하동, 의정부 민락동에서 조사되었다. 출입 시설로만 본다면, 광명 소하동에서

----

76) 이외에도 내부조사가 이루어지지 않았지만, 2~3기의 주거지가 중복된 주거지 가운데 평면 형태상 '凸' 자형의 육각형 주거지는 그 규모가 1호 주거지보다 조금 더 크기 때문에 돌출된 출입 시설이 없는 육각형 주거지 → '凸' 자형 육각형 주거지 → '몸' 자형 육각형 주거지 순으로 규모 차이가 관찰된다.

'呂'자형의 돌출된 출입 시설이 확인되며, 용인 수지에서는 '凸'자형이, 그리고 돌출된 출입 시설이 없는 육각형 주거지는 용인 구갈리, 의정부 민락동유적에서 관찰된다.[78] 그러나 돌출된 출입 시설의 존재 여부 및 형태와 관계없이 모든 육각형 주거지가 함께 조사된 타원형계 또는 방형계 주거지보다 규모가 크다. 이 유적들에서 조사된 육각형 주거지의 규모를 비교해 보면, 광명 소하동유적의 경우 주거 공간의 장축 길이가 9.3m에 이르며, 용인 수지유적의 주거 공간의 장축 길이는 8m이다. 이와는 달리 용인 구갈리의 육각형 주거지는 6.4m, 의정부 민락동의 육각형 주거지는 4.9m에 불과하다.

지금까지 살펴본 바와 같이, 유적에 따라 차이가 있기는 하지만, 대체로 한성기 백제 주거지는 타원형 및 방형계 주거지 → 돌출된 출입 시설이 없는 육각형 주거지 → '凸'자형 육각형 주거지 → '呂'자형 육각형 주거지 순으로 규모 차이가 있는 것으로 보이는데, 이는 주거지에 거주하였던 구성원들의 위계를 반영한다고 생각된다.

한편 주거지의 위계와 관련하여 주거지 내부에서 출토된 기와, 철정 및 꺾쇠, 아궁이장식과 같은 각종 건축 부재에서 위계 차이가 관찰된다. 먼저 기와는 그 희소성으로 인하여 일반적인 한성기 백제 주거지에서 출토 사례가 많지 않은데, 포천 자작리 2호 주거지와 용인 고림동 A14호, B7호 주거지에서는 백제 기와가 출토되어 주목된다. 이 주거지들은 모두 '呂'자형의 돌출된 출입 시설이 있는 대형 주거지이기 때문에 지방 거점 취락에서 가장 최상위의 가옥에 국한되어 지붕에 기와를 시설했던 것으로 보인

---

77) 용인 구갈리유적에서는 육각형 주거지가 조사되지 않은 것으로 보고되었으나, 장타원형으로 보고된 10호 주거지는 기둥 구멍의 배치로 보았을 때, 육각형 주거지일 가능성이 높다. 특히 이 주거지는 함께 조사된 11기의 방형계 주거지보다 규모가 가장 크다.

78) 최근에 시굴조사가 이루어진 양주 옥정동에서 6각형의 수혈유구 윤곽이 노출되었는데(한국문화유산연구원 2009), 이 역시 의정부 민락동, 포천 자작리유적에서 조사된, 돌출된 출입 시설이 없는 육각형 주거지일 가능성이 높다.

다. 물론 주거지 내부에서 출토된 기와 수량을 고려해 볼 때, 지붕 일부[79]에 기와를 시설했던 것으로 판단된다.

철정과 꺾쇠는 가옥 상부 구조의 목재를 결구하는데 가장 효율적인 건축 부재이지만, 이 역시 철기 자체의 희소성 때문에 한성기 백제 주거지에서는 일반적으로 출토되지 않은 철기이다. 한성기 백제 무덤에서 조차도 목곽을 결구할 때, 관정을 사용한 사례가 많지 않은데, 성남 판교지구의 백제 석실분과 하남 광암동 석실분, 화성 화산고분군의 SM1호분, 용인 마북리유적의 3호 목곽묘 등 위계가 비교적 높은 무덤에서 사용되었다. 한성기 백제 취락에서 철정과 꺾쇠가 출토된 주거지는 주로 육각형 주거지에 해당되는데, 가령 몽촌토성 87-1호 주거지에서 꺾쇠 5점, 철정 5점이 출토되었으며, 포천 자작리 2호 주거지에서만 철정 6점, 꺾쇠 2점이 출토되었다. 또한 하남 미사리유적의 경우에는 숭실대가 조사한 B3호 주거지에서 꺾쇠 1점, 서울대가 조사한 B-1호 주거지에서 꺾쇠 2점이 출토되었다. 용인 수지유적에서는 말각장방형 주거지에서 꺾쇠 1점이 출토되었지만, 육각형 주거지인 2호 주거지에서는 꺾쇠 2점이 출토되었다. 이외에도 광주 장지동유적에서는 규모가 가장 큰, '呂'자형의 돌출된 출입 시설이 있는 2기의 주거지에서만 꺾쇠가 출토되었으며, 용인 구갈리유적의 육각형 주거지로 추정되는 10호 주거지에서 철정 1점이 출토되었다.[80]

아궁이장식은 한성기 백제 취락에서 출토된 사례가 많지 않지만, 분포상으로는 영산강 유역 다음으로 밀집된 양상을 보여준다. 현재까지 출토

---

79) 포천 자작리유적의 2호 주거지에서는 기와편이 돌출된 출입 시설과 'ㅣ'자형 외줄 구들 부근에서 집중적으로 출토되었기 때문에 아마도 그 상부에 국한되어 기와를 시설했을 가능성이 높다.
80) 이외에도 한예 지역의 육각형 주거지 가운데 비교적 규모가 큰 주거지에서 꺾쇠와 철정이 출토된 예가 있는데, 파주 주월리유적의 96-7호에서 꺾쇠 6점, 한양대가 조사한 1호 주거지에서 꺾쇠 1점이 출토되었으며, 홍천 하화계리 6호 주거지에서 꺾쇠 1점이 출토되었다.

된 사례를 보면 풍납토성과 몽촌토성을 비롯하여 용인 죽전동, 고림동, 광명 소하동, 김포 양곡리, 부천 범박동, 화성 석우리 먹실, 평택 현화리, 아산 갈매리, 충주 탑평리유적 등이 알려져 있다. 이 가운데 사주식 주거지가 분포하는 김포 양곡리, 화성 석우리 먹실유적을 제외하면 대부분 육각형 주거지가 분포하는 유적에서 출토되었는데, 특히 서울 풍납토성, 용인 고림동, 용인 죽전동, 광명 소하동유적의 육각형 주거지에서 아궁이장식이 출토되었다. 따라서 위에서 살펴본 바와 같이 유적과 지역에 따라 다소 차이가 있긴 하지만, 육각형 주거지는 기와, 철정 및 꺾쇠, 아궁이장식과 같이 희소성 있는 각종 건축 부재가 사용된, 상층 계층의 주거 형태라 할 수 있으며, 육각형 주거지 가운데 '呂'자형의 돌출된 출입 시설이 있는 육각형 주거지만이 지붕에 기와를 얹을 수 있는 최 상층부의 주거지라 판단된다.

한편, 상위 계층의 주거지는 공간 배치로 볼 때, 다른 일반 구성원의 주거지보다 우월한 공간에 위치할 가능성이 크다. 다시 말하면, 상위 계층의 주거지는 일반 구성원들의 주거 공간에서 분리되어 독립된 영역에 위치하거나, 또는 중심부에 위치할 가능성이 크다. 가령 광명 소하동 한성기 백제 취락과 같이 육각형 주거지를 중심으로 5기의 말각방형 주거지들이 주변에 배치된 양상을 보여준다. 또한 남양주 지금동 취락도 능선 상부의 육각형 주거지를 중심으로 주변 사면부에 5기의 장방형 주거지들이 배치되었다. 그러나 대부분의 한성기 백제 취락에서 이와 같은 위계의 분포상을 뚜렷하게 보여주는 육각형 주거지는 찾아보기 힘들다. 이는 무엇보다도 전면 발굴이 이루어지지 못한 데에 원인이 있는 것으로 생각되는데, 취락의 전체적인 외곽이 확인되지 않고서는 주거지 분포에 의미를 두기가 어렵기 때문이다. 다만 하남 미사리 B지구의 경우, 육각형 주거지가 타원형계 및 장방형계 주거지와 구별됨이 없이 동심원상으로 분포하고 있어(최종택 2002a) 육각형 주거지의 공간 배치상의 우월성은 확인되지 않는다.

마지막으로 출토 유물은 주거지의 위계를 살펴보는 데 있어 매우 중요한데[81], 위세품의 존재 여부와 함께 출토 유물의 다양성과 그 수량이 주거지의 위계를 결정하는데 유효하다. 그러나 여기에서는 위세품의 존재 여부만으로 육각형 주거지의 위계를 검토하고자 한다. 먼저 서울, 경기지역의 한성기 백제 취락에서 중국 자기가 출토된 사례를 보면, 서울 몽촌토성, 풍납토성을 제외하고 포천 자작리유적의 1호 주거지의 동진대 청자편과 용인 고림동유적의 B7호 주거지의 시유도기가 유일하다(구자린 2009). 이 주거지들은 모두 육각형 주거지인데, 자작리유적의 1호 주거지가 돌출된 출입 시설이 없는 것과는 달리 고림동유적 B7호 주거지는 '呂'자형의 돌출된 출입 시설이 있다. 이외에 무덤 유적이기는 하지만 오산 수청동 4지점 25호 목관묘에서도 중국 동진대의 靑瓷盤口壺가 출토되었다.

기대는 한성기 백제 취락에서 발견된 사례가 많지 않은데, 포천 자작리 2호 주거지와 용인 고림동 A14호와 B7호 주거지에서 출토되었다. 기대가 출토된 주거지 모두 '呂'자형의 돌출된 출입 시설이 있는 육각형 주거지이면서 취락 내에서 규모가 가장 큰 주거지에 해당된다. 이외에도 사주식 주거지가 분포하는 화성 석우리 먹실유적에서 기대가 출토되었다. 또한 광주 장지동유적의 가장 규모가 크고 '呂'자형의 돌출된 출입 시설이 있는 육각형 주거지에서 완형의 직구단경호가 출토되었는데, 비록 토기 표면이 갈색을 띠지만, 니질 태토에 표면을 마연한 특수 기종으로 판단된다.

앞에서 살펴본 바와 같이 백제 중앙과 관련된 위세품은 '呂'자형의 돌출된 출입 시설이 있는 육각형 주거지에 집중된 양상을 보여준다. 이는 '呂'자형의 육각형 주거지에 거주한 인물의 신분이 백제 중앙과 연결된 지방의 최상위 계층임을 의미한다. 이와는 달리 '凸'자형 육각형 주거지

---

81) 다만 주거지 위계와 관련하여 출토 유물을 검토할 때, 유의해야 할 점은 주거지의 폐기적 맥락이다. 주거지가 사용될 당시의 유물이 그대로 주거지에 남아 있을 경우에는 문제가 되지 않겠지만, 그렇지 않을 경우에는 위계를 가름하기가 어렵다. 가령 부천 여월동유적의 육각형 주거지가 대표적인 사례인데, 외줄 구들 벽체에 사용된 석재가 모두 빠진 흔적이 있는 것으로 보아 취락의 이주에 의해 주거지 내부 유물이 남아 있지 않은 상황이라 판단된다.

와 돌출된 출입 시설이 없는 육각형 주거지에서는 위세품의 출토 사례가 많지 않다. 물론 하남 미사리 고려대 KC 040호 주거지에서 출토된 토제 벼루편을 근거로, 육각형 주거지에 백제 중앙과 연결된 특수한 집단이 거주하였던 것으로 보았지만, 그 이후에 이 유물이 풍납토성에서 집중적으로 출토된 耳杯形土器로 알려지면서(한신대학교박물관 2004a: 110-112) 그 위계는 격하되었으나, 여전히 다른 방형계 및 타원형계 주거지보다는 위상이 높은 것으로 파악된다. 이외에도 용인 수지 Ⅰ-2호 육각형 주거지에서는 위세품이 출토되지 않았지만, 다른 평면 형태의 화재주거지보다도 많은 양의 철기류와 토기류가 출토되어 육각형 주거지의 위계를 상대적으로 파악할 수 있다.

한편 기대와 다양한 기종의 흑색마연토기가 출토된 화성 석우리 먹실 취락은 위세품의 존재에도 불구하고 육각형 주거지가 없는 점이 주목된다. 이는 경기 서부 한성기 백제 취락의 공통적인 특징인데, 화성 석우리 먹실 취락과 같이 아궁이장식이 출토된 부천 범박동, 김포 운양동 취락에서도 육각형 주거지가 존재하지 않는다.

2) 한성백제 취락의 위계와 기능

앞 절에서 살펴본 바와 같이 한성기 백제 취락에서 육각형 주거지는 일반 구성원과 구별되는, 상위 계층이 거주하였던 주거 유형임이 분명하며, 따라서 일반 구성원에게는 제한되었을 것이라 판단된다. 그런데 한성기 백제 취락에서 육각형 주거지의 존재는 상위 계층의 존재로 귀착되기 때문에 개별 취락에서의 육각형 주거지의 존재 양상은 그 위계를 결정하는 관건이라 할 수 있다. 따라서 여기에서는 육각형 주거지를 중심으로 한성기 백제 취락의 위계에 대해서 살펴보도록 하겠다. 다만 대부분의 한성기 백제 취락들이 전체적으로 노출된 것이 아니기 때문에 개별 백제 취락의 위계는 나머지 조사가 이루어지지 않은 부분에 따라 유동적일 수도 있지만, 기본적인 구도는 크게 다르지 않을 것이라 생각된다.

한성기 백제 취락 가운데 육각형 주거지, 즉 상위 계층의 주거지가 전혀 없는 취락이 있는 반면, 육각형 주거지만으로 구성된 취락이 있다. 육각형 주거지만으로 구성된 취락은 상위 계층의 구성원들이 대다수 포함된 취락을 의미하기 때문에 그만큼 상위의 위계를 가졌을 것으로 추론된다. 따라서 육각형 주거지의 빈도가 높은 취락을 가장 상위의 1등급 위계라 가정했을 때, 육각형 주거지가 조사되지 않은 취락을 최하위 등급으로 위계화 할 수 있는데, 전체적으로는 한성기 백제 취락들을 5등급으로 위계화가 가능하다.

가장 상위의 1등급 취락은 풍납토성, 몽촌토성 등과 같이 취락 내부에 다수의 육각형 주거지들이 분포하는 토성 유적으로 한성기 백제의 정치, 경제, 사회의 최고 정점임은 말할 나위도 없다. 일반적으로 풍납토성은 평상시의 왕성으로, 몽촌토성은 비상시의 방어 성곽으로 이해되고 있다. 이 가운데 풍납토성 내부에는 여러 차례의 발굴조사 결과, 육각형 주거지가 밀집 분포하고 있음이 확인되었는데, 구체적으로는 현대연합주택 및 1지구 재건축 부지와 197번지 등 2개소에서 주거 지역이 조사되었다. 현대연합주택 및 1지구 재건축 부지에서 조사된 육각형 주거지는 17기로 대부분은 '凸' 자형의 돌출된 출입 시설이 있으며, 가-2호 주거지 1기만이 '몸' 자형이라고 하나 분명치 않다. 이와는 달리 최근 조사가 진행되고 있는 197번지 일대에서 '몸' 자형의 돌출된 출입 시설이 있는 육각형 주거지가 다소 확인되고 있는 점(소재윤 2008: 98)으로 미루어 풍납토성 내부에서도 주거 구역의 위계 차이가 관찰된다. 특히 이 지역에서는 대형의 육각형 주거지인 가-30호 건물지가 분포하고 있는 점이 주목되는데, 비교적 지위가 높은 신분층의 거주 구역으로 판단된다.

2등급 취락은 포천 자작리유적과 용인 고림동유적이 해당되며, 일부만 조사된 광주 장지동유적이 향후 조사 여부에 따라 2등급 취락에 속할 가능

성이 있다. 취락의 주거지는 '呂' 자형의 육각형 주거지 1~2기와 다수의
'凸' 자형의 육각형 주거지, 소수의 돌출된 출입 시설이 없는 육각형 주거
지와 타원형계 및 방형계 주거지로 구성되는데, 이를 통해 볼 때, 2등급의
취락 내에는 3~4단계의 계층 차이를 보여주는 인물들이 거주했던 것으로
보인다.

2등급 취락에서 최상위 계층의 인물은 취락에서 가장 규모가 크고
'呂' 자형의 돌출된 출입 시설이 있는 육각형 주거지(자작리 2호, 고림동
A14호와 B7호 주거지)에 거주하게 되는데, 지붕에 일부 기와를 얹어 그 위
세를 과시하였던 것으로 판단된다. 또한 주거지 내부에서 출토된 중국 도
자기, 기대, 다양한 기종의 흑색마연토기[82] 등의 위세품으로 볼 때, 국가
중앙 권력과 직접적으로 연결되어 있는 지방 수장층으로서의 면모를 짐작
케 한다. 따라서 2등급 취락의 성격은 한성기 백제 지방의 거점 취락으로
파악되는데, 주로 행정적인 치소로서의 기능을 수행했을 가능성이 높다.
그래서 위로는 백제 중앙이 수취체제를 통해 국가의 경제적 기반을 마련
하는 통로 역할을 하였을 뿐 아니라 아래로는 중앙과 타 지역에서 들어오
는 물자를 재분배하는 역할을 하였을 것으로 추정된다. 또한 2등급의 중상
위 계층은 생산과 관련된 업무들 담당했던 것으로 보인다. 용인 고림동 취
락의 B9호 주거지는 위세품이 출토되지 않지만, B7호 주거지에 버금가는
규모에 '呂' 자형의 돌출된 출입 시설이 있는 가옥에 거주하였다.

3등급의 취락은 하남 미사리유적 A지구와 B지구 백제 취락이 대표적
인 사례이며 이외에도 용인 마북동, 화성 발안리, 석우리 먹실 취락이 이에
해당된다. 하남 미사리 취락의 주거지는 먼저 A지구 취락의 경우 '凸' 자형

---

82) 모든 흑색마연토기 기종들이 일률적으로 백제 중앙에서 지방으로 분여된 것은 아니지
만(권오영 2005: 2-3), 용인 고림동유적에서 출토된 直口有肩盤形壺의 경우에는 중앙 귀
족층만이 독점적으로 소유하던 특수 기종으로 백제 중앙과 용인 고림동 취락과의 긴밀
한 관계를 입증하는 자료가 된다(한신대학교박물관 2009a: 122).

의 돌출된 출입 시설이 있는 육각형 주거지 1기(고려대 KC 033호)와 출입 시설이 없는 육각형 주거지 1기(고려대 KC 019호), 그리고 타원형계 주거지 6기로 구성된다. 또한 B지구 취락의 경우 '凸' 자형의 돌출된 출입 시설이 있는 육각형 주거지 2기(고려대 KC 040호, 서울대 B2호)와 돌출된 출입 시설이 없는 육각형 주거지 2기(고려대 KC 038호, 숭실대 B1호), 그리고 타원형계 주거지 5기, 방형계 주거지 2기로 구성된다. 여기에서 주목되는 점은 1, 2등급 취락에서 조사된 육각형 주거지에는 '呂' 자형과 '凸' 자형의 돌출된 출입 시설이 있는 반면, 3등급 이하의 취락에서는 '呂' 자형의 출입 시설이 확인되지 않은 점도 위계와 관련하여 주목된다.[83] 또한 1, 2등급 취락에서 '凸' 자형의 돌출된 출입 시설이 있는 육각형 주거지 비율이 높은 것과는 달리 3등급 이하로는 방형계와 타원형계의 주거지 비율이 높은 것에 차이가 있다.

미사리 B지구 취락을 3개의 기초 단위 취락이 복합된 것으로 이해할 때(최종택 2002a: 158-160), 1개의 기초 단위 취락 당 '凸' 자형의 돌출된 출입 시설이 있는 육각형 주거지 1기와 돌출된 출입 시설이 없는 육각형 주거지 1기, 그리고 다수의 타원형계 또는 방형계 주거지로 구성된다. B지구 취락이 일부만 조사되었던 점을 감안하면, 1개의 기초 단위 취락은 육각형 주거지를 포함하여 10기 미만의 주거지로 구성되었으며, 각 기초 단위 취락 내에 '凸' 자형의 돌출된 출입 시설이 있는 육각형 주거지 1기와 돌출된 출입 시설이 없는 육각형 주거지 1기가 포함되어 있어 3등급 취락에는 3단계의 계층 차이를 보여주는 인물들이 거주했던 것으로 보인다(최종택 2002a: 160-161).

3등급 취락에서 상위 계층의 인물은 취락에서 규모가 비교적 큰 육각형 주거지에 거주하게 되는데, 취락 내에서 제의[84]와 함께 주로 토기 생산

---

83) 그러나 광명 소하동과 부천 여월동 백제 취락은 4등급 취락에 해당되지만, 육각형 주거지의 돌출된 출입 시설은 '呂' 자형이다. 그 배경에 대해서는 후술하기로 한다.

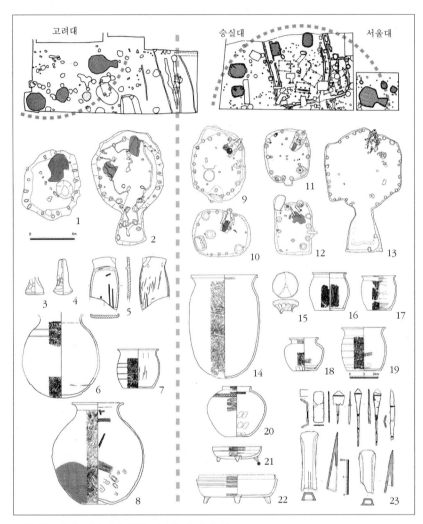

그림 42 하남 미사리 백제 주거지와 출토 유물

    1·6·8 KC 038호 주거지(고려대), 2~5·7 KC 040호 주거지(고려대), 9·14·17·19 B1호 주거지(숭실대), 10·16·18 B4호 주거지(숭실대), 11·20~22 B2호 주거지(숭실대), 12·23 B3호 주거지(숭실대), 13 B-2호 주거지(서울대)

----

84) 고려대 KC 040호 주거지에서 출토된 耳杯形土器를 소형의 기물을 올려놓는 盤으로 이해하기도 하는데, 일본에서의 발굴 사례로 볼 때, 모종의 제의와 관련된 것으로 이해하기도 한다(한신대학교박물관 2004a).

을 관장하였던 것으로 보인다. 이는 육각형 주거지인 미사리 고려대 KC 040호 주거지와 숭실대 B1호 주거지에서만 토제 내박자가 출토된 사실에서 알 수 있는데, 등급을 달리하는 취락이지만, 4등급의 광명 소하동 '呂'자형의 육각형 주거지에서도 토제 내박자가 출토되었다. 특히 광명 소하동 백제 취락에서는 육각형 주거지와 인접하여 백제토기 가마 1기가 조사되었다. 또한 포천 자작리 1호 주거지에서 離器材가 출토되기도 하였다. 이를 정리하면, 2등급 취락에서는 돌출된 출입 시설이 없는 육각형 주거지, 3등급 취락에서는 '凸'자형과 돌출된 출입 시설이 없는 육각형 주거지, 그리고 4등급 취락에서는 '呂'자형의 육각형 주거지가 토기 생산과 관련됨을 알 수 있다. 또한 육각형 주거지가 없는 화성 석우리 먹실유적에서는 규모가 가장 큰, 사주식의 6호 주거지에서만 토제 내박자가 출토되어 3등급 취락에서의 최상위 계층은 토기 생산과 관련이 있는 것으로 보인다(그림 42).

한편, 취락 등급에 따라 토기 조업 규모와 유통 범위에 차이가 있을 것으로 생각된다. 최근 조사된 한성기 백제토기 생산 유적의 규모를 살펴보면, 화성 청계리에서는 토기 가마 7기와 공방지 1기가 조사되었으며, 화성 가재리[85]와 용인 농서리에서는 토기 가마 4기와 1기의 공방지, 그리고 폐기장이 조사되었다. 이외에 토기 가마 2기가 조사된 파주 와동리, 능산리유적, 김포 학운리유적과 토기 가마 1기가 조사된 광명 소하동, 파주 야당리, 목동리, 인천 불로동, 평택 백봉리유적 등이 있다. 유적 가운데 토기 가마 1~2기만을 운영할 경우에는 1개의 단위 취락 내에서 기물을 자체적으로 소화하기에는 비용 손실이 크기 때문에 굳이 예를 들면, 광명 소하동 백제 취락을 비롯하여 이와 연결된 하위 취락에 유통되었을 가능성이 높다.

조업 규모가 비교적 큰 화성 가재리, 용인 농서리유적의 경우에는 토기

---

85) 작은 면적이 조사된 화성 가재리유적의 경우 기존에 조사된 가마들을 통해 조업 규모를 추정하는 데에는 어려움이 있다. 다만 여기에서는 사례별 검토보다는 가마의 조업 규모와 취락 등급과의 상관관계를 규명하는데 초점을 맞추었다.

가마 주변에서 주거지가 조사되지 않은 점으로 미루어 토기 생산과 관련된 인물은 토기 가마와 일정한 거리를 두고 있는 별도의 취락에서 거주하였을 가능성이 높다. 이러한 인물이 거주하였던 취락의 위계는 가마 1개소만을 운영하는 4등급 취락보다는 3등급 취락에 보다 가까웠을 것으로 보이는데, 이러할 경우 취락은 하남 미사리 B지구 취락과 같은 모습이었을 것으로 판단된다. 미사리 취락의 입지가 하천변의 충적지에 해당되기 때문에 지형 여건상 토기 가마를 취락 내부에 두기 어렵다. 따라서 취락 주변의 구릉 산사면에 별도의 작업장을 두었을 것이다.

이와는 달리 토기 가마 7기와 공방지 1기가 조사된 화성 청계리유적의 경우에는 백제 취락이 함께 조사되었다. 생산 유적과 취락이 동시기인지, 그래서 취락민이 토기 가마를 운영했던 것인지는 향후 검토되어야 할 문제이지만, 화성 가재리와 용인 농서리보다는 조업 규모가 컸던 것만은 분명하다. 다만 각 등급의 취락이라고 하더라도 규모와 세력에 차이가 있을 수 있기 때문에 화성 청계리 토기 생산 유적이 3등급 취락에서 운영했던 것인지 아니면, 그 상위의 2등급 취락에서 운영했던 것인지는 향후 자료 축적이 필요하다. 만일 청계리유적의 취락민이 토기 생산에 관여했다고 한다면, 이는 근본적으로 3등급 취락의 토기 가마 운영 방식과는 달리하기 때문에 보다 상위 등급인 2등급 취락의 가능성이 높아진다. 한편 이와 관련하여 진천 삼룡리, 산수리 토기 가마군 유적에서도 6개 지점에서 모두 19기의 토기 가마가 조사되었는데, 함께 조사된 수혈 유구 중에는 공방지도 있지만, 주거지도 조사되었다. 따라서 소규모의 취락을 형성하고 그 내부에 조업 규모가 큰 작업장을 두어 토기를 생산하는, 專業的인 토기 생산 방식은 보다 큰 정치체의 뒷받침 또는 활성화된 시장 없이는 불가능하기 때문에 2등급 이상의 취락과 연계되었을 것이다.

한편, 미사리 A지구 취락 내부의 동남편에 집중적으로 분포하고 있는 8기의 제철 관련 유구는 3등급의 취락에서도 철기 공방이 운영되었음을 보여준다. 비록 미사리 A지구의 육각형 주거지에서 철기 생산과 관련된 자료가 확인되지는 않았지만[86], 용인 고림동유적의 사례를 참고할 때, 미사리 A지구 취락 상층부에서 철기 생산을 관장하였을 것이다.

이와 같이 3등급 취락의 기능은 토기, 철기 생산과도 관련되지만, 기본적으로는 식량 생산과 밀접한 관련을 맺고 있다. 가령 미사리 B지구 취락과 함께 조사된 밭 유구에 대한 연구(최종택 2002a: 152-154)에서 알 수 있듯이 자급자족의 범위를 넘어선 대규모 밭의 존재로 볼 때, 미사리 취락은 식량 생산 중심의 취락으로 보인다. 물론 방형계 또는 타원형계 주거지에 거주한 하위 계층의 사람들이 주로 농경을 담당하였을 것이다. 다만 B지구 취락 내부에 고상창고와 저장 구덩이가 분포하고 있는 것을 감안하면, 수확된 농산물을 일정한 기간 동안 관리하였던 것으로 보이는데, 이러한 업무를 어느 계층이 담당하였는지는 알 수 없다.

4등급의 취락에는 용인 구갈리, 용인 수지, 의정부 민락동, 광명 소하동, 부천 여월동, 남양주 지금동, 안양 관양동유적[87] 등이 있다. 일반적으로 육각형 주거지 1기와 다수의 타원형계 및 방형계 주거지로 구성되어 4등급의 취락에는 2단계의 계층 차이를 보여주는 인물들이 거주했던 것으로 보인다. 그러나 육각형 주거지는 돌출된 출입 시설에 있어서 다양한 형태를 보여주는데, 이례적인 것은 2등급 이상의 취락에서만 관찰되는 '呂'자형의 출입 시설이 부천 여월동, 광명 소하동 취락에서 관찰된다는 것이다. 이러한 취락들이 한성기 육각형 주거지의 서쪽 분포 범위 경계에 위치하고 있어 백제 중앙의 통제에 따르지 않은 것인지, 아니면 사주식 주거지를 사용하는 집단과 경계를 이루고 있어 그 위상을 높인 것인지는 알 수 없다.[88] 이를 제외하면 용인 수지, 안양 관양동 취락에서는 '凸'자형의 육각

---

86) 다만 제철 관련 유구들이 돌출된 출입 시설이 없는 육각형 주거지인 고려대 KC 019호 주거지에서 근거리에 분포한다.

87) 관양동유적에서는 '凸'자형의 육각형 주거지 2기가 조사되었으나, 170m 가량 떨어져 있어 각각 다른 취락의 상위 계층의 주거지로 판단된다.

형 주거지가, 의정부 민락동, 용인 구갈리 취락에서는 돌출된 출입 시설이 없는 육각형 주거지가 조사되었는데, 철기가 집중적으로 출토된 용인 수지 취락의 위상이 더욱 높았던 것으로 보인다.

4등급 취락의 기능은 의정부 민락동 취락에서 함께 조사된 밭 유구로 보았을 때, 농경을 주 생계 수단으로 하는 취락으로 판단되는데, 농경 규모는 3등급 취락에 비해 크지 않았을 것이다. 또한 수지 취락에서 출토된 철기류 가운데 농구류가 3종, 32점으로 전체 철기류의 44%를 차지하고 있어 선상지의 입지적 조건을 이용하여 괭이농법이 이루어진 것으로 이해되고 있다(한신대학교박물관 1998). 한편, 광명 소하동 취락에서 조사된 1기의 토기 가마를 참고할 때, 소규모로 토기를 생산하였던 것으로 보인다.

이외에도 용인 구갈리와 남양주 지금동유적과 같이 취락 내부에서 기와가 출토된 사례가 있는데, 이는 3등급 취락인 하남 미사리유적에서도 동일한 양상을 보여주고 있다. 그러나 2등급 취락에서 출토된 기와 수량과 비교가 되지 않을 정도로 소량이기 때문에 기와가 위세품으로 사용되었는지는 분명치 않다.

마지막으로 5등급 취락에는 화성 왕림리, 당하리 II유적, 천천리, 송산리, 청계리, 용인 공세리, 보정리 소실, 신갈동 3유적, 영덕리, 오산 가수동, 성남 판교동, 안성 도기동, 여주 연양리, 파주 와동리유적 등이 있다. 취락에는 육각형 주거지가 없고 방형계 주거지 중심으로 구성된다. 또한 취락 내에 주거지 간에 규모 차이가 있긴 하지만, 출토 유물상에는 큰 차이가 보이지 않아 취락 내부의 계층성을 명확히 찾을 수 없다. 5등급 취락의 성격

---

88) 최근에 조사가 이루어진 파주 동패리(운정 2지구 10지점)유적(장기경·박세원 2009)에서는 길이가 13.6m에 이르는, 규모가 큰 육각형 주거지를 중심으로 주변에 보다 작은 규모의 육각형 주거지 5기와 말각장방형 주거지 4기가 분포된 취락이 조사되었다. 출토 유물과 취락의 입지 환경으로 볼 때, 4등급 취락에 해당되나, 주거지 구성은 보다 상위 위계를 반영한다. 따라서 동패리 취락 역시 한성기 육각형 주거지의 서쪽 분포 범위 경계 지역에 위치하여 동일한 양상을 보여주고 있다.

표 33 _ 한성기 백제 취락의 위계에 따른 성격, 기능과 계층 구성

位階	住居址 構成				遺蹟	性格	機能	階層 構成
	a	b	c	d				
1등급	多			少	풍납토성 몽촌토성	王城	- 중앙 행정 치소 - 대내·외 물류거점	- 4~5단계의 계층 구성
2등급	1~2기	多	少	少	포천 자작리 용인 고림동 광주 장지동	地方의 政治據點	- 지방 행정 치소 - 물류 거점 - 수공업(철기, 토기) 중심	- 3~4단계의 계층 구성 - 최상위: 지방 수장층 - 상위: 철기 생산 담당 - 중위: 토기 생산 담당
3등급		1기	1기	多	하남 미사리 용인 마북동 화성 석우리 화성 발안리	邑落의 中心村	- 식량 생산/저장 중심 - 수공업(철기, 토기 공방)	- 3단계의 계층 구성 - 상위: 제의 - 중·상위: 철기, 토기 생산 담당 - 하위: 농경 담당
4등급			1기	多	광명 소하동 부천 여월동 용인 수지 용인 구갈리 의정부 민락동 남양주 지금동 안양 관양동	村	- 식량 생산 중심 - 수공업(토기 공방)	- 2단계의 계층 구성 - 상위: 일부 토기 생산 담당 - 하위: 농경 담당
5등급				多	용인 공세리 용인 보정리 성남 판교동 여주 연양리 화성 왕림리	小村	- 식량 생산 중심	- 취락 내부의 계층성 확인 불가 - 전 구성원: 농경 담당

※ '呂' 자형 육각형 주거지(a), '凸' 자형 육각형 주거지(b), 출입 시설 없는 육각형 주거지(c), 타원형 및 방형 주거(d)

은 농경에 기반을 둔 최하위의 백제 취락으로 판단되는데, 이러한 측면에서 4등급 취락과의 구분이 모호하다. 그러나 4등급 취락에서는 간혹 철정과 기와가 출토되고 철기가 집중되며, 소규모의 토기 생산에 관여하였던 점을 중시하면, 그 차이는 분명하다고 하겠다.

한편, 5등급 취락 가운데 일부 유적들은 넓은 범위에 걸쳐 조사가 이루어졌지만, 소촌 규모에도 못 미치는 주거지가 분포한 경우가 있다. 대부분은 散村이었을 것이지만, 특수 목적의 임시 거처일 가능성도 있다. 가령

고분군의 조성과 관리, 토기 생산, 저장 수혈 관리를 위해 취락에서 떨어져 나와 별도의 가옥을 마련한 경우에 해당되는데, 이와 같은 경우에는 5등급 취락으로 분류하는데 어려움이 있다. 아마도 2, 3등급 취락과 관련이 있을 것으로 보인다.

지금까지 논의한 내용을 정리하면 〈표 33〉과 같은데, 원삼국시대와는 달리 한성백제기의 육각형 주거지는 위계를 반영하기 때문에 그 사회적 맥락을 중시하여 한성기 백제 취락의 계층성에 대해서 살펴보았다. 먼저 백제 주거지는 규모, 구조 및 건축 부재, 위세품, 공간 배치 등으로 볼 때 타원형 및 방형계 주거지 → 돌출된 출입 시설이 없는 육각형 주거지 → '凸'자형 육각형 주거지 → '呂'자형 육각형 주거지 순으로 위계 차이가 관찰되었다. 또한 취락 내 주거지 구성 비율을 통해 한성기 백제 취락을 5 등급으로 구분하여 각 취락의 성격에 대해서도 살펴보았다. 기왕에 2, 3등 급 취락을 모두 중간층의 취락으로 규정한 견해(武末純一 2007: 24-25)도 있 었지만, 포천 자작리와 용인 고림동유적에 집중된 위세품 사례만으로 보 았을 때, 그 차이는 명백하다고 하겠다. 다만 4, 5등급 취락의 경우에는 출 토 유물에 차이가 있었지만, 취락 성격의 차이가 분명하게 드러나지 않았 다. 또한 취락 위계와 규모와의 관계는 전혀 다루지 못했는데, 이는 앞으 로 자료 증가와 더불어 보완되어야 할 과제이다.

3) 한성백제 취락의 경관

한성백제기의 취락은 국가 형성 시기에 이미 중·대형 취락이 출현하여 다 른 시기의 취락과는 차이가 있다. 이 취락들은 대부분 원삼국시대 후기부터 형성된 취락이 장기 지속하면서 규모가 커진 것인데, 대부분 수계에 형성되어 있는 특징이 있다. 또한 동일한 규모의 중·대형 취락임에도 백제 중앙의 위 세품이 있는 취락이 있는 반면, 그렇지 않은 취락도 있어 위계가 반영된 것으로 생각된다. 한편으로 구릉 지역을 중심으로 새로운 취락들이 조성되기 시작하는데, 대부분 규모가 작은 소촌, 또는 촌 규모이다.

이와 같이 규모가 다르고, 위세품의 집중도에 차이가 있는 취락들이 모두 성격과 취락 구조에서 동일하다고 생각지는 않는다. 이와 관련하여 이희준(2000a: 129-130)의 연구가 참고가 된다. 즉 삼한 소국을 구성하는 취락을 小村 → 村 → 大村(읍락 중심촌) → 大村(국읍 중심촌) 등 4등급으로 위계화하고 村과 복수의 小村이 결집된 단위를 촌락으로, 그리고 몇 개의 촌락이 군집적으로 결집된 단위를 읍락으로 파악하고 있으며, 소국은 결국 몇 개의 읍락으로 결집된 것으로 보고 있다. 물론 뒤에서 언급하겠지만, 왕성을 제외한 2~5등급의 취락이 국읍 중심촌, 읍락 중심촌, 촌, 소촌에 바로 대입될 수 있는가는 좀 더 검토되어야 할 문제이다. 그러나 3등급인 하남 미사리 B지구 취락이 읍락의 중심 취락으로 파악되고 있는 점(권오영 1996b)에 비추어 볼 때, 크게 다르지 않을 것으로 생각된다. 따라서 5등급 취락을 小村, 4등급 취락을 村, 3등급 취락을 읍락 중심촌, 2등급 취락을 국읍 중심촌과 같은 성격으로 이해해도 될 것이라 생각되지만, 한성기 백제 국가 형성 이후의 2등급 취락을 국읍 중심촌이라 명칭을 붙이기에는 문제가 있기 때문에 이에 대한 향후 검토가 필요하다.

한편, 도성 주변의 2등급 취락과 이와 연계된 보다 하위 등급 취락들의 경관을 이해하기 위해서는 취락 입지에 대한 이해가 필요하다. 왜냐하면 취락 등급과 입지가 매우 상관성을 가지고 있기 때문이다. 먼저 2등급 취락인 자작리와 고림동, 그리고 장지동 취락의 경우에는 각각 포천천과 경안천의 충적지에 위치하고 있다. 또한 3등급 취락의 입지 역시 이와 크게 다르지 않을 것이라 생각되는데, 하남 미사리 취락의 경우에는 한강 하류의 충적지에 입지하며, 용인 마북동 백제 취락의 경우에도 한강 지류인 탄천의 최상류 충적지에 입지한다.

이와는 달리 4, 5등급의 취락은 하천 방향으로 뻗은 능선의 사면부 내지 말단부에 입지한다. 가령 용인 구갈리 취락은 지곡천으로 뻗은 능선의 사면부에 위치하는데, 광명 소하동, 남양주 지금동, 부천 여월동, 안양 관양동, 의정부 민락동, 양주 옥정동 등 대부분의 4등급 취락이 동일한 지형에 입지하고 있다.[89] 또한 5등급 취락의 경우에도 예외적으로 여주 연양리 취락만이 곡류하는 남한강의 남쪽 충적지에 입지할 뿐, 대부분 4등급 취락의 입지와 유사하다. 따라서 2, 3등급 취락이 하천을 따라 충적지에 분포하고 있는 것과는 달리 4, 5등급 취락은 하천에 인접한 구릉에 분포하고 있는 것이 한성기 백제 취락의 입지상 특징이다.

2등급 취락과 3등급 취락이 어떻게 연결되어 있는지 알 수 있는 유적 사례는 없다. 다만 경안천변에 입지하고 있는 용인 고림동 취락과 그 북쪽의 취락[90]으로 볼 때, 2등급 취락을 중심으로 하천을 따라 3등급 취락들이 분포할 가능성이 높다. 3등급 취락의 구조는 하남 미사리 B지구 취락이 참고가 된다. 하남 미사리 B지구 취락은 세대 단위의 개별 주거지 10여기가 반경 25m 범위에 원형으로 배치된 주거군(세대복합체)으로 구성되어 있다(최종택 2002a). 주거지는 돌출된 출입 시설이 있는 육각형 주거지와 돌출된 출입 시설이 없는 육각형 주거지 및 말각장방형 주거지로 구분되는데, 이 가운데 돌출된 출입 시설이 있는 육각형 주거지에 거주하는 인물이 최상의 위계를 가지고 있다. 주거군 내부에는 여러 기의 고상식 건물과 수혈식 저장공이 배치되어 있으며, 주거군 밖에도 별도의 저장시설이 배치된 공간이 마련되어 있다. 그리고 이러한 저장시설이 배치된 공간 밖에는 대규모의 밭으로 구성된 생산시설이 입지해 있다. 그런데 미사리 B지구 취락은 이러한 기초 단위 취락이 3개 이상 복합된 구조이기 때문에 본래는 30~40기 이상의 세대가 거주했던 것으로 생각되며, 각각의 주거군에도 기능 차이가 있을 가능성도 있다.

---

89) 예외적으로 용인 수지 취락만이 탄천의 지류인 신봉천의 선상지에 입지한다.
90) 이 취락(용인대학교박물관 2009)이 3등급 취락이라고 단정하기는 어렵지만, 육각형 주거지의 존재로 볼 때, 그 개연성은 있다고 본다.

한편, 유적 전체가 조사된 것은 아니지만, 용인 마북동 취락도 하남 미사리 B지구와 동일한 3등급 취락이다. 도로 구간에서만 백제 주거지 50기가 조사되었는데, 주거지 간의 중복이 있기 때문에 4, 5등급 취락보다 존속 기간이 상대적으로 길지만, 취락 규모도 컸던 것으로 보인다. 취락 내부에서는 육각형 주거지 1기와 오각형 주거지 2기, 그리고 '凸'자형의 출입 시설이 있는 주거지 2기와 함께 다수의 방형계 주거지들이 조사되어 3등급 취락이었을 가능성이 높다. 마북동 취락에서는 주거지와 함께 저장과 관련된 수혈유구 144기가 조사되었는데, 이는 세대별 또는 세대복합체별로 관리, 운영하였을 가능성이 높다.

그러나 취락 전체가 관리하는 공공재일 경우에는 별도의 독립된 저장 구역이 있었던 것으로 보이는데, 마북리 취락에서 100여m 떨어진 구릉의 북사면에서 저장 수혈 64기가 조사되어 주목된다(한국문화유산원 2008). 이와 같이 저장 수혈만으로 이루어진 독립적인 저장 유적이 최근에 용인 서천리, 수원 호매실동, 화성 반월리 속반달이, 오산 외삼미동, 안성 장원리 유적 등 경기 남부지방에서 집중적으로 조사되었다. 이와 관련하여 저장 전문 시설의 존재는 잉여를 공공화함으로써 이를 권력이 전용할 수 있게끔 만드는 새로운 잉여전용체제를 수립하였음과 동시에 이를 뒷받침하기 위한 이념적 조작이 수반되었을 것이라는 견해(김장석 2008b)가 있다. 이러한 성격의 유적들은 일반적으로는 하천 방향으로 뻗어 내린 구릉에 입지하고 있는 것이 특징인데, 저장 수혈을 관리하는 주거지 1~3기가 함께 조사되는 경우도 있다. 이와 같이 저장 수혈만으로 이루어진 독립적인 저장 유적은 4, 5등급의 취락보다는 3등급 취락과 관련될 가능성이 높아 보인다. 따라서 3등급 취락의 종적 경관은 하천변의 취락과 이에 연결되는 능선상의 저장 구역으로 이루어진다. 또한 일반적으로 취락과 관련된 백제 분묘군[91]과 토기 가마들도 구릉 상에 입지하기 때문에 3등급 취락이 관할하는 범위는 주거 구역과 함께 저장 구역, 매장 구역, 그리고 생산 구역을 모두 포괄하는 범위로 생각된다.

3등급 취락과 이와 연계된 보다 하위 등급 취락들의 경관은 용인 보정동 일대에서 조사된 백제 취락이 참고가 된다. 하천변의 충적지에 입지하고 있는 마북동 백제 취락과는 달리 5등급 취락에 해당되는 보정리 소실유적의 백제 취락(기전문화재연구원 2005b)은 마북동 백제 취락으로부터 북동쪽 0.9km 지점에 위치하는데, 탄천으로 뻗어 내린 능선의 사면부에 입지하고 있다. 방형계 주거지 7기와 저장 수혈 23기가 조사되었는데, 3등급 취락과는 달리 취락 내에만 저장 수혈이 분포할 뿐, 별도의 독립된 저장 구역은 없었던 것으로 보인다. 마북동 취락이 주거지 간의 중복 관계가 많아 취락이 장기지속된 양상을 보이고 있는 것과는 달리 보정동 소실 취락은 그러한 양상이 없다. 이는 한성기 백제 취락에서 일반적으로 관찰되는 현상인데, 2, 3등급 취락이 비교적 장기지속적인 양상을 보여주는 것과는 달리 4, 5등급 취락은 단기지속적인 취락이다. 따라서 앞에서 살펴본 바와 같이 장기지속적인 2, 3등급 취락들이 하천을 따라 연결망을 이루었던 것과는 달리 단기지속적인 4, 5등급 취락은 구릉 사면에 입지하면서 하천변의 3등급 취락과 함께 읍락을 구성했던 것으로 보인다.

4) 한성백제의 영역

한성기 백제의 형성 및 성장 과정에서 검토되어야 할 것은 백제 국가의 영역으로 이는 지역정치체의 차원보다 한 단계 발전된 광역의 지방 지배를 의미한다. 『삼국사기』 백제본기 溫祚王條 13年 8月의 영역 획정 기사에는 비록 伯濟國 집단이 본래 속해 있었던 韓濊 사회의 역사지리적 영역

---

91) 마북동 취락과 관련된 분묘군은 편년 문제가 남아 있기 때문에 분명치 않지만, 취락과 가까운 거리에서 조사된 마북리 백제토광묘 유적(기전문화재연구원 2005a)과 신갈동 주구토광묘 유적(경기문화재연구원 2010d)이 취락으로부터 직경 0.5km 내에 분포한다.

표 34 _ 육각형 주거지 발견 유적

번호	유적명	유형	출전
1	연천 초성리	A	육군사관학교 화랑대연구소 2006
2	파주 당동리	A	경기문화재연구원 2009a
3	남양주 장현리	A	중앙문화재연구원 2010
4	양평 양수리	A	성균관대학교박물관 2008
5	가평 항사리	A → C	고려문화재연구원 2008
6	수원 서둔동	A	숭실대학교박물관 2010
7	이천 효양산	A	호암미술관 1995
8	춘천 삼천동	A	한림대학교박물관 2002
9	춘천 율문리 335-4	A	강원문화재연구소 2008c
10	춘천 군자리	A	예맥문화재연구원 2009a
11	춘천 장학리	A	강원문화재연구소 2007b
12	홍천 성산리	A	강원문화재연구소 2008a
13	원주 가현동	A	강원문화재연구소 2007c
14	횡성 둔내	A	강릉대학교박물관 1997a 강원대학교박물관 1984 강원문화재연구소 2008d
15	영월 문산리	A	강원문화재연구소 2008e
16	광주 장지동	A → B	경기문화재연구원 2010a
17	여주 연양리	A → B	국립중앙박물관 1998 중앙문화재연구원 2008a
18	화성 발안리	A → B	정상석 2003
19	단양 수양개	A → C	충북대학교박물관 1998
20	파주 주월리	A(?) → C	경기도박물관 1999 경기도박물관 2006
21	서울 풍납토성	B	국립문화재연구소 2001 소재윤 2008
22	서울 방이동	B	국립문화재연구소 2004
23	서울 암사동	B	홍은경 · 문수균 2008
24	하남 미사리	B	숭실대학교박물관 1994 서울대학교박물관 1994 고려대학교박물관 1994
25	남양주 지금동	B	세종대학교박물관 2008
26	의정부 민락동	B	서울대학교박물관 1996
27	양주 옥정동	B	한국문화유산연구원 2009
28	포천 자작리	B	경기도박물관 2004
29	파주 동패리	B	장기경 · 박세원 2009

30	용인 수지	B	한신대학교박물관 1998
31	용인 죽전동	B	토지박물관 2006
32	용인 마북동	B	기전문화재연구원 2006
33	용인 구갈리	B	기전문화재연구원 2003a
34	용인 고림동	B	구자린 2009 용인대학교박물관 2009
35	광명 소하동	B	한국고고환경연구소 2008
36	부천 여월동	B	고려문화재연구원 2009
37	화성 왕림리 노리재골 II유적	B	한신대학교박물관 2011
38	화성 마하리	B	한신대학교박물관 2009b
39	안양 관양동	B	고려문화재연구원 2009
40	아산 갈매리	B	고려대학교 고고환경연구소 2007
41	충주 탑평리	B	국립중원문화재연구소 2009
42	서울 몽촌토성	B → C	서울대학교박물관 1987 서울대학교박물관 1988
43	홍천 하화계리	C	강원문화재연구소 2005
44	정선 예미리	C	강원문화재연구소 2007a
45	영월 팔괴리	C	강원문화재연구소 2006
46	영월 외룡리	C	한림대학교박물관 1998
47	홍천 역내리	C	강원문화재연구소 2005
48	동해 망상동	C	심재연 외 2008

개념이 투영된 것이지만, 영역 개념이 초기 국가의 정체성 형성에 얼마나 중요한지를 보여준다. 따라서 이 장에서는 한성기 백제 국가의 영역에 대해서 살펴보고자 한다.

그동안 한성기 백제 고고학 연구에서는 특정 물질문화의 분포 범위가 백제 영역을 반영한다고 믿어 왔는데, 이를 반영하듯, 한성기 백제 영역을 그리려 했던 모색들이 적석분구묘(최몽룡 · 권오영 1985)와 백제토기(박순발 1998), 그리고 육각형 주거지(송만영 2000) 자료를 토대로 여러 차례 시도되었다. 그러나 자료의 정치적 맥락을 잘못 이해할 경우에는 백제의 실상뿐만 아니라 백제와 경쟁 관계에 있는 주변의 많은 정치체에 대한 연구에 장애가 될 수 있다는 점에서 주의가 필요하다.

그런데 최근에 육각형 주거지의 발굴 사례가 늘어나면서 그 분포 범위를 한성기 백제 영역으로 보려는 연구(한지선 2009)가 되풀이되었으며, 여기에 더하여 백제토기와 'ㅣ'자형의 외줄 구들이 백제 영역을 입증하는 자료로 활용되기도 하였다(심재연 2009). 그러나 육각형 주거지에 반영된 정치적 맥락을 고려하지 않은 채, 분포 범위만으로 영역을 설정하는 연구는 자칫 백제 영역이 실제보다 과장되게 그려질 가능성이 높기 때문에 이에 대한 검토가 필요하다. 따라서 여기에서는 육각형 주거지의 정치적 맥락을 살펴봄으로써 영토 문제에 접근해 가고자 한다.

현재까지 육각형 주거지가 발견된 유적은 48개소에 이른다(표 34). 분포 범위는 북쪽으로는 파주와 연천, 포천을 연결하는 라인으로 대체로 임진강과 한탄강을 연하여 남쪽에 위치하고 있는데, 그 북쪽에서도 조사될 가능성이 있다. 그리고 남쪽으로는 화성 발안리와 단양 수양개유적이 가장 남단에 해당되는데, 향후 유적의 발견 가능성을 고려하면, 보다 남쪽의 경기도 오산, 평택과 충청북도 충주와 단양을 연하는 지역이 남한계선일 가능성이 있다. 이와 같이 육각형 주거지의 남, 북한계선은 아산 갈매리, 충주 탑평리유적과 같은 특수한 사례를 제외하면 중도식 주거지의 남, 북한계선[92]과 큰 차이가 없다는 점이 매우 주목된다. 이는 중부지방 원삼국시대의 돌출된 출입 시설이 있는 주거지의 평면 형태가 점차 변화하여 육각형 주거지가 출현하였다는 관점에서 보면, 지극히 자연스러운 현상이고 출현 과정에서 굳이 초기 백제와 연결시킬 수 없는 근거이기도 하다.

이와는 달리 육각형 주거지의 동쪽 분포 범위는 춘천과 홍천, 그리고 횡성, 영월 등에 집중되며 영동지역에서는 동해 망상동유적(심재연 외 2008)이 유일한 예이다. 또한 서쪽으로는 파주 당동리, 광명 소하동, 부천 여월동, 화성 발안리에서 육각형 주거지가 조사되었지만, 그 서쪽에는 사

---

92) 중도식 주거지의 분포 범위는 현재 파주-연천-포천-철원-양양이 북한계이며, 화성 - 문경 - 삼척이 남한계선을 이룰 가능성이 높다.

주식 주거지가 분포하고 있는 상황이다. 사주식 주거지의 분포와 연동하여 최근 周溝墓가 경기 서부의 해안지대와 인천에서 확인되었는데, 두 가지 요소 모두 충남 서해안 지역과 문화적 친밀성이 높은 것으로 보고 있다. 여기에 한 가지 요소를 덧붙인다면, 파주 와동리, 인천 운남동, 평택 마두리에서 출토된 제의용 토기도 동일한 분포권을 형성하고 있는 것이 주목된다(경기문화재연구원 · 경기도박물관 2009: 129). 물론 이 지역에서의 발굴조사가 충분히 이루어진 것은 아니지만, 현재까지 중도식 주거지가 조사된 사례가 없기 때문에 중부지방의 물질문화를 공유하면서도 충남 서해안 지역과 연결되는 문화권을 형성했던 것으로 보인다.

따라서 영동지역을 제외하면 육각형 주거지의 분포 범위는 원삼국시대의 중도식 주거지 분포 범위와 큰 차이가 없는 점이 주목되는데, 이 부분이 육각형 주거지의 분포 범위에 백제와 관련된 정치적 해석을 경계해야 하는 이유이다. 중부지방에 분포하고 있는 육각형 주거지는 시기와 분포 범위에 따라 3가지 유형으로 분류된다. 먼저 육각형 주거지가 출현하는 과도기 단계의 육각형 주거지(A유형)와 한성기 백제 취락에 분포하고 있는 육각형 주거지(B유형), 그리고 백제 영역 외곽에 분포하는 육각형 주거지(C유형) 등이다. 문제는 각 유형의 육각형 주거지들을 구분하는 근거인데, 육각형 주거지의 평면 형태라든지 내부 구조로 구분하기에는 어려움이 있다. 필자를 포함하여 일부 연구자들은 장육각형에서 정육각형으로 형태 변화가 보인다고 하였지만(송만영 1999: 65; 신희권 2001: 53-60; 신종국 · 전동현 2009: 113), 비교적 큰 규모의 육각형 주거지인 경우에는 장육각형이 많고, 작은 규모의 육각형 주거지는 정육각형이 많은 점으로 보아, 규모와 상관관계가 있을 뿐이지 시기 차이를 반영하지 않는 것으로 보인다. 또한 육각형 주거지 내부에 설치된 'I'자형 외줄 구들과 벽구 시설을 중앙 양식으로 보고 영서지역에서의 출토 사례를 한성백제의 확산과 관련되었다고 보는 견해도 있으나, 'I'자형의 외줄 구들과 벽구 시설이 정치적 맥락을 반영한다고 보기 어렵기 때문에 백제 중앙과 외연을 구분하는 기준으로 적

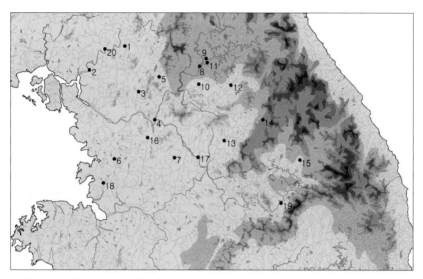

그림 43   A유형 육각형 주거지 분포

1 연천 초성리, 2 파주 당동리, 3 남양주 장현리, 4 양평 양수리, 5 가평 항사리, 6 수원 서둔동, 7 이천 효양산, 8 춘천 삼천동, 9 춘천 율문리 335-4번지, 10 춘천 군자리, 11 춘천 장학리, 12 홍천 성산리, 13 원주 가현동, 14 횡성 둔내, 15 영월 문산리, 16 광주 장지동, 17 여주 연양리, 18 화성 발안리, 19 단양 수양개, 20 파주 주월리

합하지 않다.

따라서 현재로서는 주거지에서 출토된 유물 양상이 각 유형을 구분하는 주요한 근거가 된다. 먼저 A유형의 육각형 주거지는 출토 유물에서 원삼국시대 후기의 양상을 보이기 때문에 소국 단계의 한예정치체와 관련된 주거지로 판단된다. 파주 당동리, 연천 초성리, 포천 성동리, 남양주 장현리, 가평 항사리, 양평 양수리, 여주 연양리, 춘천 삼천동, 광주 장지동, 이천 효양산, 화성 발안리, 춘천 율문리 335-4, 춘천 군자리, 홍천 성산리, 원주 가현동, 횡성 둔내, 단양 수양개유적 등이 이에 해당되는 유적들이다. 분포 범위(그림 43)는 앞에서 언급한 육각형 주거지의 분포 범위와 동일한데, 이 유적들의 육각형 주거지에서는 중도식무문토기와 함께 심발형토기와 장란형토기, 시루 등의 자비용기와 원저단경호, 그리고 대옹의 저장용기 등이 공반되는 특징을 보인다. 그런데 최근 중도식무문토기의 하한이

지역에 따라 편차가 많다는 지적이 있고 게다가 경기 북부와 영서지역의 토기 편년안이 마련되어 있지 않기 때문에 A유형과 C유형의 육각형 주거지들을 명쾌하게 구분하기에는 어려움이 있다. 따라서 본 논문에서 A유형으로 보았던 육각형 주거지 가운데 일부는 향후의 편년 연구에 따라 C유형으로 조정될 가능성도 있다.

한편, A유형의 육각형 주거지들이 있는 취락에서의 주거지는 주로 육각형 주거지로 구성되는 특징을 보이는 취락들이 많다. 먼저 춘천 율문리 335-4번지 유적의 경우 모두 7기의 주거지가 조사되었는데, 이 가운데 중복 관계[93]로 보아 가장 늦은 단계에 조성된 3기의 주거지가 모두 육각형 주거지이다. 횡성 둔내유적에서는 3차례의 발굴조사에서 모두 13기의 주거지가 확인되었는데, 이 가운데 평면 형태를 알 수 있는 주거지 10기 모두가 육각형 주거지이거나 육각형 주거지로 변화해 가는 과도기 단계의 주거지이다. 대부분이 화재주거지이고 중복 관계가 많지 않은 점으로 미루어 주거지 간의 시차가 크지 않을 것으로 판단된다.

이와 같이 원삼국시대 후기 취락의 주거지들이 주로 육각형 주거지로 구성되어 있다는 사실은 육각형 주거지의 출현 과정을 고려할 때, 당연한 결과이기도 하지만, 취락 내의 주거지 구성이 한성기 백제 취락의 주거지 구성과는 매우 차이가 있는 점이 주목된다. 앞에서 언급하였지만, 한성기 백제 취락에서의 주거지 구성은 취락의 위계에 따라 매우 다양한 양상을 보이고 있는데, 가령 위계가 높은 취락일수록 육각형 주거지의 구성 비율이 높은 것과는 달리 최하위의 취락에서는 육각형 주거지가 확인되지 않

---

93) 주거 유형 간의 중복 관계를 보면, I유형(4호)·II유형(5호) → III유형(6호), I유형(7호) → III유형(8호) 등으로 III유형의 육각형 주거지들이 가장 늦은 단계에 조성되었음을 알 수 있다. 비록 1호 주거지가 중복 관계가 없지만, I유형의 주거지들이 모두 화재주거지이면서 일정한 간격을 유지하고 있는 점, 그리고 III유형의 주거지들도 일정한 간격을 유지하면서 화재가 없는 점으로 미루어 1호 주거지도 6호와 8호 주거지와 같은 단계로 판단된다.

왔다. 이는 원삼국시대 후기에는 육각형 주거지가 일반 구성원의 주거 형태이었으나, 백제 국가가 형성된 이후 어느 무렵부터는 상위 계층을 위한 주거 형태로 그 위계가 격상되었음을 의미한다.

다음 한성기의 백제 주거지라 할 수 있는 B유형의 육각형 주거지에서는 한성 양식의 백제토기가 출토되는 양상을 보여주는데, 이와 같은 주거지가 서울 풍납토성과 몽촌토성을 중심으로 서울 방이동, 암사동, 하남 미사리, 포천 자작리, 양주 옥정동, 의정부 민락동, 광주 장지동, 용인 수지, 구갈리, 고림동, 마북동, 죽전동, 광명 소하동, 부천 여월동, 아산 갈매리, 충주 탑평리유적에서 조사되었다.

B유형의 육각형 주거지에서 특히 주목되는 것은 다른 유형의 육각형 주거지와는 달리 계층적인 정보를 담고 있는 정치적 산물이라는 점이다. 즉 중앙의 위세품이 집중된 취락일수록 육각형 주거지가 집중되며, 취락 내부에서도 신분과 육각형 주거지와의 상관관계는 매우 높은 것으로 나타난다. 가령 중국 청자가 출토된 포천 자작리와 용인 고림동유적의 경우에는 육각형 주거지가 집중적으로 분포하는 것으로 알려져 있는데, 두 유적 모두 가장 규모가 큰 육각형 주거지에서만 통형기대가 출토되었다. 따라서 B유형의 육각형 주거지는 백제 지방 지배 체제의 한 단면을 보여줄 뿐만 아니라 취락 구성원의 정치, 사회적인 신분에 관한 정보를 제공한다는 측면에서 다른 유형의 육각형 주거지와 구별된다.

마지막으로 C유형의 육각형 주거지는 계보가 A유형의 육각형 주거지일 가능성이 높다. B유형의 육각형 주거지 분포 지역 외곽에서 A유형의 육각형 주거지 발생 과정이 확인되고 있으며, 특히 영서지역에서는 A유형의 육각형 주거지에서 '呂' 자형의 돌출된 출입 시설이 많이 확인되는데, C유형의 육각형 주거지에서도 동일한 양상이 관찰되기 때문이다. 또한 C유형의 육각형 주거지는 B유형의 육각형 주거지 분포권 외곽에 분포하고 있는데, 비교적 다양한 유물 구성을 보이는 있는 점이 특징이다. 가령 한성기 백제토기가 공반되는 주거지와 고구려토기가 공반되는 주거지, 그리

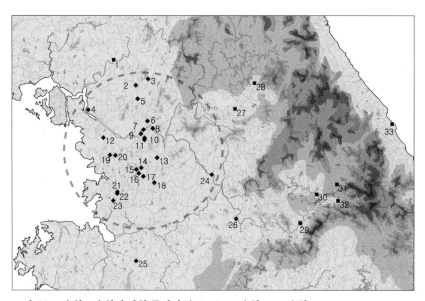

그림 44 B유형, C유형 육각형 주거지 분포도(◆ : B유형, ■ : C유형)

1 파주 주월리, 2 양주 옥정동, 3 포천 자작리, 4 파주 동패리, 5 의정부 민락동, 6 남양주 지금동, 7 서울 암사동, 8 하남 미사리, 9 서울 풍납토성, 10 서울 몽촌토성, 11 서울 방이동, 12 부천 여월동, 13 광주 장지동, 14 용인 죽전동, 15 용인 수지, 16 용인 마북동, 17 용인 구갈리, 18 용인 고림동, 19 광명 소하동, 20 안양 관양동, 21 화성 왕림리 노리재골II, 22 화성 마하리, 23 화성 발안리, 24 여주 연양리, 25 아산 갈매리, 26 충주 탑평리, 27 홍천 하화계리, 28 홍천 역내리, 29 단양 수양개, 30 영월 팔괴리, 31 정선 예미리, 32 영월 외룡리, 33 동해 망상동,

고 신라토기가 공반되는 주거지가 있으며, 금강 유역의 마한계 토기가 공반되는 주거지도 확인된다.

먼저 한성기 백제토기 내지 기와가 공반된 C유형의 육각형 주거지가 조사된 유적은 파주 주월리와 홍천 하화계리, 화천 원천리유적이 알려져 있다. 그러나 유의해야 할 점은 주월리와 하화계리, 원천리유적에서 출토되었다고 하는 백제토기 가운데 명백히 한성양식의 백제토기라고 볼 수 있는 토기는 매우 드물다는 점이다. 기껏해야 주월리유적 출토 광구단경호, 반, 유뉴식뚜껑 기종과 원천리유적의 흑색마연토기만이 한성양식과 관련되고 나머지 생활용기들은 모두 재지계 토기이다.

다음으로 고구려토기가 공반된 C유형의 육각형 주거지가 조사된 유적은 파주 주월리유적이 대표적이다. 한양대박물관에서 조사한 2호 주거지는 거의 바닥만 남은 상태로 조사되었지만, 잔존 상태로 보아 육각형 주거지가 분명한데, 여기에서 廣口長頸四耳壺, 廣口長頸兩耳壺와 함께 견부에 垂帳紋이 음각된 평저단경호 등 전형적인 고구려토기가 출토되었다. 그런데 2호 주거지가 거의 바닥만 남은 상태라 출토 맥락에 문제가 있고 더욱이 이른 시기의 백제토기가 공반되어 있기 때문에 고구려토기는 나중에 유입되었을 가능성을 제기하기도 하였다(최종택 2007: 115-116). 그러나 주월리유적에 대한 2차 발굴조사보고서(경기도박물관 2006)에서 경기도박물관이 기왕에 조사한 96-7호 육각형 주거지 출토 유물 가운데 고구려토기가 포함되어 있다는 새로운 견해가 제시되었다. 그렇다고 한다면 96-7호 주거지에는 재지계 토기와 더불어 고구려토기, 백제토기가 공반되어 있는 셈이고 이와 연동되어 한양대 2호 주거지에서의 고구려토기 출토 맥락은 의심할 여지가 없다.

주월리유적의 고구려토기 편년에 대해서는 4세기 전반설(박순발 2005: 27-28)과 4세기 후반설(최종택 2003: 36-49) 등 두 가지 견해가 있다. 4세기 후반설의 경우 고구려토기가 출토된 배경에 대해서 언급하지 않았지만, 4세기 전반설의 경우에는 313년, 314년에 고구려에 의해 낙랑과 대방이 축출되는 정치적 변화와 맞물려 군현 주민들이 남하하였다는 역사적 맥락과 연결된다. 그러나 역사적 맥락이 어떠하든 소량의 백제토기와 고구려토기가 공반된 주월리유적의 육각형 주거지를 특정하여 백제 주거지 또는 고구려 주거지라고 단정하기에는 다소 무리가 있다.

한편 홍천 철정리, 역내리, 원주 건등리 등 영서지역의 주거 유적에서도 고구려토기가 출토되어 주목되는데, 이 가운데 양이부호 기종의 고구려토기가 출토된 홍천 역내리 4호 주거지는 돌출된 출입 시설이 없는 육각형 주거지이다.[94] 영서지역에서 고구려토기가 출토된 역사적 맥락에 대해서는 475년 이전과 이후의, 두 가지 경우의 수가 고려되고 있는데, 이는 고구려토기의 편년안이 정치하지 못한 데에 기인한다. 다만 경기 북부와 마찬가지로 영서지역에서도 육각형 주거지에서 고구려토기가 출토된 사례를 고려할 때, 육각형 주거지의 다양한 조영 배경을 읽을 수 있다.

한편 한성기 백제 도성에서도 육각형 주거지에 고구려토기가 출토된 사례가 있는데, 몽촌토성 88-2호 주거지가 그 예이다. 이 주거지에서는 고구려토기만 출토된 것이 아니고 한성기 백제토기가 공반되었는데, 백제 초기에 축조된 주거지가 475년 고구려의 한성 함락 이후 고구려에 의해 재사용되었다는 분석이 있다(최종택 2002b). 따라서 위의 세 가지 사례만으로 볼 때, 육각형 주거지와 고구려와의 관련성이 일부 인정된다.

마지막으로 신라토기가 출토된 C유형의 육각형 주거지는 영월 외룡리 유적에서 조사되었다. 유적 위치로 볼 때, 소백산맥 바로 북쪽의 남한강 상류 지점에 해당되는데, 같은 분포권 내에 있는 단양 수양개유적에서는 III형 시루(송만영 2003: 128)가 출토된 점을 고려하면, 소백산맥을 넘어 신라 지역과의 문화접변일 가능성이 높다. 또한 정선 예미리, 단양 수양개유적의 육각형 주거지에서는 경부에 돌대가 있는 장경호가 출토되었다. 이 토기들은 금강 유역의 마한계 무덤과 주거지에서 집중적으로 출토되는 기종으로 영동지역에서는 강릉 안인리와 동해 송정동 취락에서도 출토되었는데(김무중 2006: 129-130), 이 역시 금강 유역과 남한강 상류, 그리고 영동지역으로 연결된 교류의 한 단면을 보여주는 자료가 될 것이다.

이상에서 살펴본 바와 같이 중부지방에 분포하고 있는 육각형 주거지는 그 형태적 유사성에도 불구하고 주거지가 사용된 역사적 맥락이 다양함을 알 수 있다. 일부 연구자들이 주장했던 것과는 달리 한성기의 육각형 주거지와 그로부터 영향을 받았다고 하는 경기 북부, 영서지역의 육각형 주거지와의 인과관계는 아직까지 입증되지 않은 가설이다. 따라서 이러한

----

94) 영서지역의 육각형 주거지가 조사된 유적 가운데 돌출된 출입 시설이 없는 육각형 주거지는 영월 외룡리와 팔괴리유적에서도 조사되었다.

가설을 토대로 한성기 백제 영역이 임진강 유역과 영서지역에 걸쳐 있거나, 이보다 조금 완곡하게 표현하여 주민의 이동, 또는 영향력을 행사하였다고 주장하는 것은 한성기 백제토기가 출토된 육각형 주거지의 역사적 맥락을 잘못 이해한 것이다. 똑같은 논리대로 한다면, 고구려토기가 출토된 파주 주월리유적을 근거로 임진강 유역이 고구려 영역이었다고 하거나, 신라토기 내지 금강 유역의 마한계 토기가 출토된 영월, 정선, 단양 지역 육각형 주거지를 근거로 남한강 상류 지역이 신라, 또는 마한의 영역이었다고 해석할 수 없기 때문이다.

다시 강조하지만, C유형의 육각형 주거지 계보는 A유형의 육각형 주거지와 연결되기 때문에 주거 문화의 기본 토대는 재지적인 요소로 파악해야 할 것이며, 출토 유물에 있어서도 소량의 외래계 토기를 제외하면, 대부분은 재지계 토기인 점도 고려해야 할 것이다. 또한 한성기 백제 취락은 취락의 위계와 주거지 구성이 매우 상관관계가 있는 바, C유형의 육각형 주거지가 분포하고 있는 지역에서는 이와 같은 특징이 발견되지 않은 점도 참고가 된다. 그리고 뒤에서 다시 언급하겠지만, 한성기 백제 취락에서 '몸' 자형의 돌출된 출입 시설이 있는 육각형 주거지는 풍납토성 내부에서도 사례가 많지 않을 정도로 매우 신분이 높은 상층 계층에 한해서 제한적으로 사용된 반면, 백제 외곽 지역, 특히 영서지역에서는 일상적으로 보이고 있는 점은 이 주거지가 사용된 정치·사회적 맥락이 서로 다른 점을 의미한다. 따라서 현재의 주거 자료로 볼 때, 한성기의 백제 중앙이 직접적으로 영향력을 미칠 수 있는 영역은 경기 일원이라 판단된다.

5) 취락에서 본 백제 중앙과 지방

3세기 중후반 국가의 형성과 함께 백제 중앙이 해결해야 할 과제는 지방 정치체와의 관계 설정이었다. 특히 당시의 국가 체제가 안정적이지 않은 상황에서 지방 세력을 효과적으로 통제하고 그들을 매개로 지방 지배를 실현하기 위한 조치가 필요하였다. 이러한 상황에서 외래기성품이나 중앙산 귀금속 공예품 등 각종 위세품을 하사함으로써 지방 세력의 자치권을 일부 인정함으로써 그들을 매개로 수취 등 지방 지배를 실현하였다 (권오영 1988; 이한상 2007). 그러나 이러한 전략이 항상 일률적이지는 않아서 직접적인 통제가 가능한 지역과 그렇지 못한 전략적 거점 지역에 대한 예우 차이가 있었던 것으로 보인다(권오영 2009: 44-45).

한편, 백제 중앙이 육각형 주거지를 매개로 하여 신분 질서를 확립해 나감으로써 지방 지배를 모색하였을 가능성도 있다. 따라서 백제 중앙이 의도했던 신분 질서가 미치는 범위, 그것이 바로 백제의 실질적인 영토 개념이었다고 판단된다. 육각형 주거지가 분포하는 범위는 북으로는 포천 자작리, 그리고 남쪽으로는 용인 고림동 정도의 범위로 왕성인 풍납토성을 중심으로 반경 40km 내에 있다. 그러나 육각형 주거지에 대한 조사가 충분히 이루어졌다고 판단되지 않고, 육각형 주거지가 존재하지 않는 최하위 백제 취락의 분포 범위도 고려해야 할 것이다. 따라서 이보다는 조금 넓게 볼 수 있는데, 동쪽으로 남한강이 경계를 이루며, 남쪽으로는 안성천, 북쪽으로는 파주 월롱산성, 포천 반월산성을 연결하는 선을 크게 넘지 않았을 것으로 추정된다.

이러한 분포 범위 안에서는 취락 또는 취락 구성원조차도 가옥을 쓰는 데 있어 취락 위계와 신분에 제한되었기 때문에 백제 중앙이 실질적으로 영향력을 행사하던 영역이라 할 수 있다. 이와 관련하여 권오영은 한성기 백제 유물이 출토된 산성의 분포 범위를 백제화에 성공한 영역으로 파악하고 있는 점(권오영 2009: 46-47)이 주목되는데, 육각형 주거지가 한성기 백제 유물이 출토된 산성의 분포권 내부에 분포하고 있는 점도 참고가 된다. 따라서 산성의 분포 범위를 고려하여 한성기 백제 영역의 범위를 추산해 보면, 풍납토성을 중심으로 북계와 동계는 40km, 그리고 남계와는 60km 가량으로 전체 범위는 직경 100km가 된다.

이러한 실질적 지배 영역 안에서의 백제 중앙의 지방 지배는 위세품을 매개로 하여 관철시켰지만, 지역에 따라 그 내용은 차이가 있어 보인다. 먼저 도성의 상황을 살펴보면, 왕성 외부에서 육각형 주거지가 조사된 사례는 방이동 백제 주거지와 암사동 백제 주거지가 있다. 전체 취락이 조사된 것이 아니기 때문에 주거지가 포함된 취락의 위계를 판단하기에는 어려움이 있지만, 적어도 왕성 주변에 4등급 이상의 취락들이 분포하고 있었던 것은 분명하다. 한성기 당시의 왕성과 이를 둘러싼 도성의 범위가 어느 정도의 규모이었는지 분명치 않다. 풍납토성을 중심으로 몽촌토성, 석촌동·가락동 고분군, 암사동 백제 주거지까지의 거리는 모두 3~4km 내에 위치하고 있기 때문에 그 외곽으로 지형상 경계[95]를 이루는 범위까지 고려하면 대체로 직경 6~8km 내의 범위가 1차적으로 대상이 된다. 또한 미사리 백제 취락까지의 범위를 고려하면, 동서 직경이 18km까지 확대된다. 물론 이는 왕성이 도성의 중앙에 위치해 있다는 가정 하에 산출된 것이지만, 풍납토성에서부터 미사리 취락까지의 거리가 9km인 점을 감안하면, 미사리 취락은 도성 밖의 위성 취락일 가능성이 높다. 따라서 미사리 백제 취락이 王城 주변에 위치하면서 생산물을 왕성에 공급하였던 역할을 하였다는 견해를 참고한다면, 백제 중앙은 왕성으로부터 9~18km 떨어져 있는 3등급 취락들을 직접적으로 통제하였을 가능성이 있다.

미사리 취락은 원삼국시대 이래로 읍락 중심촌 기능을 지속적으로 수행했던 것으로 보인다. 가령 미사리 A지구에서 조사된 원삼국시대 취락은 倣製鏡이 출토된 '呂'자형 주거지(한양대 A1호)의 존재로 볼 때, 2세기대의 읍락 중심촌이었을 것으로 생각되는데 이러한 위계상의 위치는 백제 국가 형성 이후에도 지속되었다. 한성기의 미사리 백제 취락은 A지구와 B지구에서 조사되었는데, 취락의 조성 시기는 각각 3세기 중엽과 4세기 중엽으로 편년되었다(최종

---

95) 서쪽으로는 한강으로 유입되는 탄천이 경계를 이루며, 동쪽으로는 고덕동 일대의 응봉, 그리고 남쪽으로는 남한산성 줄기가 강남 일대를 에워싸고 있다.

택 2002a: 157). 그러나 최근의 백제토기에 대한 편년 연구(한지선 2004: 60)에 따르면, 미사리 A지구 백제 취락은 4세기 중엽까지 늦게 볼 수 있기 때문에 A지구 취락과 B지구 취락이 동시에 존재한 것인지, A지구 취락이 소멸되면서 B지구 취락으로 옮겨간 것인지는 분명치 않다. 다만 두 취락이 규모에 있어서 차이가 있지만, 주거지 구성에서는 위계가 동일한 읍락 중심촌의 역할을 하였을 것으로 판단된다. 또한 두 취락 모두 풍납토성과 지리적으로 가까움에도 불구하고 위세품이 전혀 출토되지 않은 사실을 고려해 볼 때, 굳이 위세품을 사여하지 않더라도 통제가 가능한, 백제 중앙의 직접적인 관할 지역 내에 있었던 것으로 보인다.

이와는 달리 직접적인 관할 지역을 벗어난, 실질적인 지배 영역 안에서의 백제 중앙의 지방 지배는 위세품이 집중된 포천 자작리, 용인 고림동유적과 같이 2등급의 정치적 거점을 통해서 관철되었을 가능성이 높다. 보다 하위 등급의 취락에서는 백제 중앙과 연계된 위세품이 보이지 않기 때문이다. 다만 화성 석우리 먹실 취락은 여러 가지 정황상 농경을 기반으로 하는 3등급 취락에 가깝지만, 대형의 사주식 주거지가 포함된 취락이면서 다양한 기종의 흑색마연토기와 기대가 출토된 점을 감안하면 백제 중앙과 직접적으로 연계되었을 가능성도 있다.

이러한 2등급의 거점 취락은 향후 발굴조사에서 계속 발견될 가능성이 높은데, 최근에 발굴된 자료를 보면 경기 남부 지역에서 몇몇 후보들이 관찰된다. 가령 晉式帶具가 출토된 사창리고분에 인접한 화성 길성리토성이 2등급 취락으로 유력하다. 또한 청자반구호가 부장된 오산 수청동고분군, 봉토 전면을 와즙한 화성 화산고분군과 연계된 취락도 가능성이 있다. 이외에도 경기 남부 지역에서 4세기 후반 이래로 횡혈식석실분이 출현하게 되는데, 이 무덤의 피장자가 2등급 취락에서 '呂' 자형의 돌출된 출입 시설이 있는 육각형 주거지에 거주하였을 가능성이 높다. 하남 광암동, 성남 판교동, 시흥 능곡동, 안성 장원리, 화성 마하리, 왕림리에서 횡혈식석실분이 조사되었는데, 이 무덤들 주변에서 2등급 취락이 발견된 사례는 아직 없다. 다만 구릉에 입지한 횡혈식석실분의 입지를 고려할 때, 동일한 입지에 2등급 취락이 존재할 가능성은 희박하다. 왕성인 풍납토성과 석촌동고 분군과의 거리를 고려할 때, 2~4km 내의 하천변에 위치할 가능성이 높다.[96]

실질적인 지배 영역 안에서의 위세품 품목은 중국 도자기, 금속 공예품 등의 외래 기성품과 高杯, 直口短頸壺, 直口有肩盤形壺 기종의 흑색마연 토기와 기대 등 중앙산 토기로 한정되는데, 아직 많은 자료가 확보되지 않았지만, 백제 중앙과 연계된 지방의 중요 거점 취락에 국한되어 외래 기성품이 사여되었던 것으로 보인다. 이와는 달리 주거지 규모로 보았을 때, 포천 자작리와 용인 고림동 취락에 비해 상대적으로 위계가 낮은 광주 장지동의 경우에는 백제 중앙에서 제작된 직구단경호 기종의 마연토기만이 출토되어 취락의 위계 차이에 따라 위세품 품목도 차이가 있었던 것으로 생각된다.

한편 위세품이 2등급 취락, 그 중에서도 '몸'자형의 가장 규모가 큰 가옥에 거주하는 인물에만 집중된 양상을 고려해 볼 때, 백제 중앙이 의도한 대로 지방 하부 조직에 까지 지배하는 데에는 한계가 있다. 오히려 육각형 주거지라는 신분적 규범이 거점 취락을 포함하여 그 아래의 모든 취락에 까지 관찰되었음을 염두에 둘 때, 백제 중앙의 보다 적극적인 지방 지배 전략으로 파악된다.

다음으로 백제 중앙이 실질적인 영토 외곽의 마한 정치체에 대한 지배는 전략적 요충지를 중심으로 거점 단위의 지방 지배가 관철되었을 것으로 생각된다(권오영 2009: 44-45). 이러한 거점 지역은 원주 법천리, 천안 용

---

[96] 횡혈식석실분 인근에서 주거 유적이 조사된 사례로 화성 왕림리, 마하리유적이 있는데, 여기에서 육각형 주거지가 조사되었다(한신대학교박물관 2009b; 한신대학교박물관 2011). 함께 조사된 방형계 주거지의 비율로 볼 때, 4~5등급 취락에 속할 가능성이 높다. 다만 일부 주거지들은 고분군 조성과 관리에 참여한 인물들이 거주하였을 것으로 보인다(한신대학교박물관 2009b: 28-30).

원리, 공주 수촌리, 서산 부장리, 익산 입점리, 고창 봉덕리 등이 알려져 있는데, 이 지역의 고분에서는 중국 도자기 이외에도 금동관과 신발 등 백제 중앙의 공방에서 제작된 최고의 착장용 위세품들이 출토되었다. 이러한 위세품 품목을 고려해 볼 때, 실질적인 영토 내의 지방 지배와는 차원을 달리하는데, 추정컨대 실질적인 지방 편제가 어려운 지역정치체의 수장층에게는 최상급의 위세품이 사여된 것으로 판단된다. 특히 이 지역에서는 육각형 주거지가 분포하지 않은 것으로 보아 백제 중앙이 지역정치체의 하부 조직까지 영향력을 행사하지 못한 것으로 보인다.

그런데 육각형 주거지가 안성천 이남 지역에 독립적으로 분포하는 사례가 있다. 먼저 아산 갈매리유적에서 조사된 백제 주거지는 육각형 주거지의 분포 범위로 보았을 때, 매우 이례적인 경우이다. 향후의 발굴조사에서 차령산맥 이북 지역까지 육각형 주거지가 분포할 가능성도 배제할 수 없지만, 아산 및 천안 일대에서 조사된 3~5세기대의 주거지는 모두 마한계 주거지이기 때문에 그 가능성은 희박하다고 판단된다. 따라서 이 주거지 역시 백제 중앙인과 관련되거나(권오영 2009), 백제 중앙과 연계된 지방세력의 주거지로 판단된다. 특히 '凸'자형의 돌출된 출입 시설을 갖춘 주거지이면서 출입 시설을 포함한 전체 길이가 14.1m 가량인 점을 고려하면 최상층은 아니지만, 비교적 신분이 높은 중앙 관리가 거주했거나[97], 지방 수장층이 거주했던 것으로 보인다. 갈매리유적의 성격이 생산과 함께 물류기지라는 측면에서 볼 때, 안성천 이남의 생산 및 물류 거점에 백제 중앙이 관여하였을 가능성이 높다.

---

97) 2등급 취락인 용인 고림동과 포천 자작리 취락에서도 아직 이와 같이 큰 규모의 '凸'자형 주거지는 조사되지 않았으며, 3등급 취락인 하남 미사리 취락의 경우에도 '凸'자형의 육각형 주거지는 돌출된 출입 시설을 포함하여 전체 길이가 모두 10~11m 내외이다. 또한 풍납토성 현대연합주택 및 1지구의 재건축부지에서 조사된 '凸'자형 주거지도 전체 길이가 12m를 넘는 것이 거의 없다. 비슷한 규모를 찾는다면 광명 소하동의 '呂'자형 주거지가 유일하다.

갈매리유적과 성격이 유사한 유적으로 충주 탑평리유적이 있다. 이 유적에서는 '凸'자형의 약간 돌출된 출입 시설이 있는 오각형 주거지가 조사되었는데, 보고자는 육각형 주거지 계통으로 파악하고 있다. 돌출된 출입 시설 반대쪽의 기둥 배치가 다소 문제가 있지만, 돌출된 출입 시설 안쪽에 퇴적된 소토층, 그리고 'ㅣ'자형의 외줄 구들은 조사되지 않았지만, 내부에서 출토된 아궁이장식으로 볼 때, 육각형 주거지일 개연성이 높다. 돌출된 출입 시설을 포함한 전체 길이가 13m인 점을 고려할 때, 갈매리유적의 육각형 주거지와 같이 백제 중앙과 관련된 높은 신분 계층이 거주했던 것으로 보인다. 주거지 내부에서는 통형 기대와 함께 암키와, 꺾쇠 등의 건축 부재가 출토되어 그 위상을 짐작케 하는데, 특히 다량의 철기류와 송풍관은 철기 생산과 관련되어 있음을 보여준다. 갈매리유적과 탑평리유적이 각각 곡교천과 남한강 수계에 입지하고 있어 여기에서 생산된 물류들이 수계를 통해 백제 중앙으로 흘러들어 갔을 가능성이 있다.[98] 따라서 안성천 이남~차령산맥 지역은 본래 백제의 실질적인 영역 외곽에 해당되지만, 생산 및 물류 거점에 한하여 백제 중앙이 관여하였을 개연성이 높다고 본다.

한편 한성기 백제는 실질적인 영역 내의 지방 지배 과정에서 국가 전략과 관계된 철기 생산을 엄격하게 통제하였던 것으로 생각된다. 이는 한성기 백제 취락 내에서도 위계와 생산과의 상관성이 매우 높게 나타나기 때문이다. 가령 용인 고림동유적의 B9호 주거지에서 슬래그, 노벽편, 송풍관, 원반형토제품 등 철기 생산 관련 자료들이 출토되었으며, 포천 자작리유적의 3호 구상유구에서도 슬래그가 출토되었는데, 두 취락의 특징이 모두 2등급의 거점 취락이라는 공통점이 있다. 물론 3등급 취락에 해당되는

---

98) 또한 같은 관점에서 보면 진천 석장리 철기와 삼룡리·산수리 토기도 백제 중앙에서 관여했을 개연성이 있지만, 이에 대한 비판(권오영 2005: 4-6)도 있기 때문에 향후 검토가 필요하다.

미사리유적에서도 철기 공방이 운영된 흔적이 확인되지만, 이 취락이 왕성의 위성 취락임을 고려하면, 대부분의 철기 생산은 중앙 또는 지방의 지배층에게 독점되었을 가능성이 높다.

거점 취락에서의 철기 공방 운영은 용인 고림동 B9호 주거지의 규모와 출토 유물로 보아 2등급 취락에서 비교적 상위 계층에서 담당하였는데, 구체적으로는 백제 중앙과 직접적으로 접촉할 수 있는 계층보다는 차 상위 계층으로 생각된다. 또한 2등급 취락에서 생산된 철기는 광역적인 유통망을 가지고 있을 정도로 조업 규모가 크지 않았을 것이라 추정되는데, 아마도 2등급 취락이 관할하는 하위 취락에 유통되었을 것으로 생각된다. 이외에도 철기와는 달리 토기 생산은 보다 낮은 위계의 취락에서 담당하게 되지만, 이 역시 취락의 상위 계층에 의해 독점된 양상을 볼 수 있다.

따라서 앞에서 살펴본 바와 같이 백제 중앙은 실질적인 영역 안에서의 철기 생산과 같은 국가의 전략 산업을 엄격하게 통제하고 이를 왕성 및 지방의 거점 취락에서 담당케 함으로써 지방 지배를 실현시켜 나갔던 것으로 보인다. 또한 토기 생산은 정치적인 목적뿐만 아니라 경제적인 요인들이 개재할 가능성이 높기 때문에 반드시 지방 지배의 수단으로 보기는 어렵다. 다만 專業的인 대규모의 토기 생산은 거점 취락의 경제적 뒷받침 없이는 불가능하기 때문에 정치적인 고려가 반영될 개연성이 있다고 판단된다.

마지막으로 검토되어야 할 것은 백제 국가의 형성 이후에 백제의 실질적인 지배 영역 안의 지역정치체들의 위상 변화이다. 원삼국시대 이래로 존재해 있던 지역정치체들을 백제 중앙이 지방으로 편제하는 과정에서 협조에 우호적인 지역정치체들은 그대로 존속시켰을 가능성이 높지만, 그렇지 않은 경우에는 강제적으로 세력을 해체하거나 또는 이를 견제할 목적으로 새로운 지방 거점들을 육성했을 가능성이 있다. 그 사례로 박순발(2007)의 연구에서는 거점 단위의 지배가 이루어졌던 외곽 지역에서 원주 법천리, 천안 용원리, 공주 수촌리 등 소국 단계의 중심지가 아니었던 곳에서 지방 거점이 백제 중앙의 정치적 지원 하에 새롭게 출현한 양상을 볼 수 있다고 한다.

한편 중부지방의 경우에는 취락을 통해서 지역정치체의 위상 변화를 관찰할 수 있는 유적은 많지 않지만, 2, 3등급으로 분류된 취락들 대부분이 원삼국시대 후기에 조성되어 한성백제기까지 장기 지속을 보여주면서 그 위계가 격상된 사례가 있다. 가령 용인 고림동유적을 비롯하여 포천 자작리, 광주 장지동유적이 대표적인 사례이며, 무덤 자료에서는 오산 수청동 분묘군이 이에 해당된다. 굳이 재지적인 지방 세력을 해체한 흔적이 확인되지 않은 것은 국가 사회의 유지를 위해서는 반드시 잉여 자원의 지속적인 수취가 필요하고 이를 위해서는 지방의 기층 사회가 경제적으로 안정되어야 하기 때문일 것으로 생각된다. 따라서 공공재 성격의 저장 전문시설이 3등급 취락에서만 확인되는 것도 같은 맥락으로 보이는데, 대체로 백제의 실질적인 영역 내에서는 기존 정치체의 해체가 최소화되었던 것으로 생각된다.

3. 한성백제 병행기 한예정치체의 동향

한강 하류에서 백제 국가의 형성과 함께 주변 한예정치체의 초기 국가로의 성장은 좌절되었다. 그 양상은 단적으로 적석분구묘의 소멸이라는 현상과 결부되지만, 『三國史記』에 기록된 바와 같이 백제에게는 여전히 위협적인 존재이었다. 따라서 이 장에서는 백제의 국가 형성 이후 주변 한예정치체의 동향에 대해서 살펴보고자 한다. 이 시기에 해당되는 무덤 자료는 현재 알려진 것이 없기 때문에 검토 자료는 주로 취락을 대상으로 한다. 그러나 경기 북부 및 영서지역의 편년이 정치하지 않아 연구자에 따라 각각의 취락을 원삼국시대로 보는 견해가 있는 반면, 한성 백제기와 병행기로 파악하는 견해도 있다. 여기에서는 대다수의 연구자들이 한성 백제

사진 8 파주 주월리유적 전경

기와 병행기로 파악한 취락만을 대상으로 검토하기로 하는데, 경기 북부
의 파주 주월리유적과 영서지역의 가평 항사리, 홍천 하화계리, 화천 원천
리, 정선 예미리, 영월 팔괴리, 외룡리, 단양 수양개 등이 대상이 된다. 또
한 검토 내용은 백제 취락과의 비교를 통해서 이 취락들에 반영된 한예정
치체의 동향을 살펴보는데 있다.

　　먼저 한예정치체 취락들의 장기지속적인 양상을 살펴보면 크게 두 가
지로 분류할 수 있는데, 하나는 원삼국시대 후기에 조성된 취락이 한성기
까지 지속된 경우이다. 파주 주월리, 가평 항사리, 화천 원천리, 단양 수양
개유적 등이다. 다른 하나는 한성기에 새로이 조성된 취락으로 홍천 하화
계리, 정선 예미리, 영월 팔괴리, 외룡리 등이다. 이 가운데 전자의 경우는
보고서가 발간되지 않은 유적이 많아 세부 편년이 어렵고 따라서 단절 없
이 취락이 지속되었는지는 분명치 않지만, 한성기에 한예정치체의 거점으
로 할 만한 취락들이 포함되어 있음이 주목된다. 가령 파주 주월리 취락은

일부만이 조사되었지만, 小札, 三角板 등의 갑옷편들과 함께 철모, 철부, 철촉 철겸 등의 철제 무기가 집중적으로 출토되어 일반 농경 취락과는 다른 방어 성격의 거점으로 파악된다. 특히 주월리 취락을 육계토성으로 보는 견해가 있어 정치적 거점으로 파악하는 데에는 무리가 없다. 이 유적의 연대와 관련해서는 다양한 견해가 있으나, 대체로 3세기에서 4세기에 걸친 유적으로 보는 견해가 유력하다.

파주 주월리유적과 관련하여 흥미로운 사실은 주변에 분포하고 있는 적석분구묘의 존재이다. 이 지역에 분포하고 있는 적석분구묘들은 2기가 분포한 연천 우정리 적석분구묘를 제외하면 독립적으로 1기씩 분포하고 있는데, 임진강과 한탄강을 따라 전체 7개 지점에 분포한다(그림 45). 특히

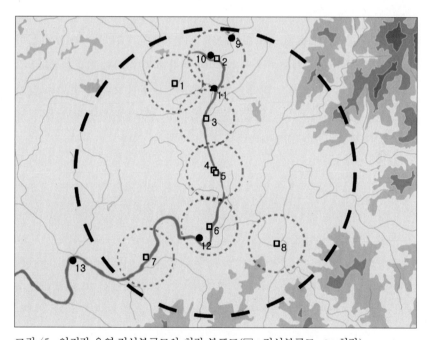

그림 45　임진강 유역 적석분구묘와 취락 분포도(□ : 적석분구묘, ● : 취락)
1 횡산리 적석분구묘, 2 삼곶리 적석분구묘, 3 삼거리 적석분구묘, 4 우정리 적석분구묘 1,
5 우정리 적석분구묘 2, 6 동이리 적석분구묘, 7 학곡리 적석분구묘, 8 전곡리 적석분구묘,
9 연천 합수리, 10 연천 삼곶리, 11 연천 강내리, 12 연천 동이리, 13 파주 주월리

적석분구묘 분포권 중심에는 우정리 적석분구묘가 위치하고 있어 이 지역이 중심 거점이었을 가능성이 높다. 적석분구묘 간의 거리는 대체로 일정한데, 4km 내외이다. 현재 군사분계선 때문에 북쪽의 임진강을 따라 적석분구묘가 더 분포하고 있는지는 알 수 없지만, 전체 7개 지점을 아우르는 범위가 직선 거리로 14~16km 내외이다. 이는 邑落 또는 國의 범위로 보는 견해를 참조한다면, 현재 임진강 유역에서 관찰되는 적석분구묘의 분포 정형은 읍락 또는 국의 규모를 반영한다고 할 수 있다.

이러한 적석분구묘 가운데 조사가 이루어진 것은 연천 삼곶리와 파주 학곡리 적석분구묘 유적이다. 조사 결과에 따르면 연대는 2세기 후반 가량으로 편년되는데, 늦게 편년하여도 3세기 중반을 내려가지 않을 것으로 판단된다. 따라서 적석분구묘와 파주 주월리 취락과는 일부 중복될 수 있겠지만, 시차가 있는 것으로 보인다. 이러한 양상을 고려해 볼 때, 비록 임진강 유역의 정치체가 백제 국가의 형성과 함께 큰 타격을 입은 것은 사실이지만, 여전히 정치적 거점이라고 할 만한 취락이 유지되고 있다는 점이 주목된다. 다만 주월리 거점 취락은 적석분구묘 분포권 외부에 위치해 있기 때문에 거점이 다소 이동되었을 가능성이 있고, 이러한 측면에서 읍락 사회의 주도 세력이 교체되었을 가능성도 배제할 수 없다.

한편 화천 원천리 취락과 위라리 적석분구묘도 임진강 유역의 양상과 유사하다. 먼저 최근 조사가 진행 중인 원천리 취락에서는 원삼국시대에서 한성백제 병행기까지의 주거지 116기가 확인되었는데, 출토 유물 가운데 백제 중앙의 공방에서 제작된 흑색마연토기와 金銅耳飾, 그리고 耳璫이 포함되어 일반적인 취락과는 위계 차이가 있다. 아직 보고서가 발간되지 않아 자세한 사항은 알 수 없지만, 북한강 상류 지역의 거점 취락으로 보아도 무리가 없다. 이러한 거점 취락 주변에는 화천 위라리 적석분구묘가 5km 상류 지점에 위치해 있는데, 발굴조사가 이루어지지 않아 그 조성 연대는 알 수 없다. 다만 적석분구묘의 일반적인 조성 연대를 고려해 볼 때, 적석분구묘의 소멸 이후에도 화천 지역에 유력한 정치적 거점이 유지되었을 가능성이 높다.

이와 같이 남북 내륙 교역망의 장악을 통하여 성장하였던 한예정치체들은 백제 국가의 형성과 교역망의 재편을 계기로 쇠퇴하였지만, 일정 기간 동안은 정치적 거점을 유지하였던 것으로 생각된다. 존속 시점은 분명치 않지만, 주월리유적의 연대와 원천리유적에서 출토된 흑색마연토기의 연대로 추정하면 한성 Ⅰ기인 4세기 중반 이후로 내려가지 않을 것으로 판단된다.

이 시기의 상황과 관련하여 한 가지 흥미로운 점은 남한강 본류 가운데 섬강이 합류되는 중류 지역에는 적석분구묘가 분포하고 있지 않다는 점이다. 이 지역은 남한강의 북서-남동 수로와 섬강과 청미천의 북동-남서 수로의 교차점에 해당되어 교역의 중요 거점[99]인 것만은 틀림없는데, 이 지역에 원주 법천리 고분군이 위치하고 있다. 박순발에 의하면 법천리 고분군이 위치한 법천리 지역은 당시 한성백제의 對 예계지역 진출과 관련한 교두보적 역할을 담당하고 있었을 가능성과 무관하지 않으며, 이 지역의 이러한 전략적 위치가 바로 법천리 1·2호분 출토 위신재의 위상으로 나타난 것으로 이해하고 있다(박순발 2001: 227). 법천리 지역이 어느 시기부터 백제의 영향권 안에 들어와 있었는지 분명치 않지만, 대체로 한성 Ⅰ기인 4세기 중반 무렵에는 백제 중앙에서 법천리 지역의 재지 수장층에게 고급 위신재를 사여함으로써 간접 지배한 것으로 파악되고 있다(박순발 2001: 226).

그런데 이러한 전략적 요충지와 관련하여 주목되는 유적들이 남한강 서쪽의 백제 관련 관방 유적들로 이천 설봉산성과 설성산성, 그리고 망이산성이 남한강 서쪽 지류 끝단에 남북선상으로 위치하고 있다. 가령 망이

---

99) 이 지역은 강원도, 경기도, 충청북도 등 3도의 접경지역으로 고려, 조선시대에는 興元(原)倉이라는 曹倉이 물류집산지가 되어 원주와 개성, 한양 간의 창구 역할을 하는 등 교역과 이동의 중심지로 기능했다고 한다(윤형원 2002).

산성은 법천리 지역에 이르는 청미천 상류의 원천과 합류되는 지점의 배후 고지에 위치하고 있으며[100], 설봉산성 역시 여주 지역의 남한강에 이르는 복하천 상류의 신둔천과 합류되는 지점의 배후 고지에 위치한다. 이와는 달리 설성산성은 복하천과 함께 여주 방향의 남한강으로 흘러가는 양화천 사이의 고지에 위치하고 있지만, 양쪽의 하천을 이용하여 남한강 방면의 진출이 용이한 지리적 이점을 가지고 있다. 『三國史記』 초기 백제 대말갈의 전투기사에 의하면 여주 지역은 말갈과의 접전이 빈번했던 곳으로 이를 염두에 둔 백제 나름의 관방 체계가 구축되어 있었을 것으로 추정되는데, 바로 이천 설봉, 설성, 망이산성은 지리적으로 남한강 서쪽 배후에 남북으로 연결되어 있으면서[101], 수계를 따라 빠른 시간 내에 남한강에 접근할 수 있기 때문에 對 말갈 관방 체계의 일부로 파악된다.[102]

여주와 법천리를 잇는 남한강변에서는 아직까지 적석분구묘가 확인되지 않은 점에서 비추어 볼 때, 원삼국시대에 비교적 큰 정치체가 형성되어 있지 않은 것으로 보인다. 따라서 고급 위신재의 사여를 통한 이 지역정치체에 대한 회유가 보다 용이하였는데, 이천 설봉, 설성, 망이산성의 군사력을 통한 배후 지원도 백제 중앙과 법천리 수장층의 결속을 강화하는데 일조했던 것으로 보인다.

그런데 백제가 말갈 지역으로의 진출을 위해 법천리 지역을 교두보화했다는 주장이 있지만(박순발 2001: 227), 이보다는 1차적으로 남한강 하류의 양평 지역(문호리, 양수리, 금남리) 정치체와 상류의 제천 지역(양평리, 도화리) 정치체에 대한 효과적인 통제를 목적으로 법천리 지역에 대한 간접 지배를 추진하였을 개연성이 높다. 이는 『三國史記』 백제본기의 대 말갈

---

100) 죽주산성은 청미천과 죽산천이 합류되는 지점의 배후 고지에 위치하고 있으며, 여기에서도 백제토기가 출토되었다.
101) 이 산성들은 대개 남북 방향의 지세를 가지고 있는 고지에 위치하고 있는 것이 특징이다.
102) 참고로 안성천과 아산만 일대의 백제 산성들은 5~8km 가량의 일정한 간격을 유지하면서 안성천 북안을 따라 동서 축선으로 연결되어 있다(백종오 1998).

전투기사에서 그 배경의 일단을 파악할 수 있는데, 백제와 말갈과의 접전은 일방적으로 말갈의 지속적인 공격(15회)과 백제의 방어 준비(多婁王 29년, 肖古王 45년)로 일관되고 있으며, 백제의 공격이란 肖古王 49년에 北部의 眞果에게 명하여 말갈의 石門城을 습격케 한 단 1회만이 확인되기 때문이다(송만영 2000: 149). 또한 남한강 본류 동쪽 지역에 대한 고고학 조사에서 백제와 관련된 유적이 확인되지 않은 점도 이를 입증한다. 영월 외룡리와 청룡포 등지에서 백제계 토기가 출토되었다고 하여 백제가 수계를 이용하여 남한강 상류 지역까지 진출했다고 보기도 하지만(문안식 2005: 18), 이 유적들에서 출토된 토기들이 백제계 토기인지의 여부는 검토해 볼 여지가 있다. 필자 역시 외룡리 주거지에서 출토된 토기들을 백제의 자비용기류로 파악하였지만(송만영 2005), 심발형토기와 장동옹과 같은 자비용기들이 백제토기이기 보다는 당시 남한지역의 공통적인 자비용기인 점, 그리고 최근 조사된 정선 아우라지유적의 신라 주거지에서 출토된 것과 유사한 형태의 토기편들이 확인되고 있는 점으로 미루어 백제계 토기로 보기에는 어려움이 있다. 따라서 문헌과 고고학 자료로 볼 때, 남한강 동쪽 지역으로의 백제 진출은 현실적으로 불가능했던 것으로 보인다.

따라서 4세기 중반 이후 백제의 법천리 지역에 대한 관심은 백제 국가의 형성 이후에도 영서지역 한예 정치체가 백제에게 부담을 느낄 정도의 세력으로 잔존하고 있음을 보여주는데, 이러한 상황은 임진강 유역, 북한강 상류 지역에서도 동일하게 관찰된다. 이와 같은 측면에서 볼 때, 백제의 한예정치체에 대한 대응 방식은 결국 마한 지역정체체의 편제 전략과 크게 다르지 않다. 가령 남한강 유역의 법천리 지역에는 새로운 정치적 거점을 마련함으로써 주변의 위협적인 한예정치체에 대한 통제를 강화하였지만, 비교적 우호적인 한예정치체에 대해서는 위세품으로 회유하는 전략을 동시에 구사하였던 것으로 생각된다. 화천 원천리 거점 취락에서 출토된 흑색마연토기는 가락동 2호분에서 출토된 직구유견호와 매우 닮아 있는데, 이러한 위세품이 상당히 먼거리를 이동하여 화천 지역에 등장하는 것은 바로 백제 중앙의 대 한예정치체 대응 전략의 일환이라 생각된다.

　이상에서 살펴본 바와 같이 경기 북부 및 영서지역의 한예정치체는 백제 국가의 형성 이후에도 백제에게 위협이 될 정도의 세력으로 잔존하고 있었음을 알 수 있었다. 그러나 한예정치체가 좀 더 크고 차원이 다른 정치체, 즉 초기 국가로 성장하는데 한계가 있었던 반면에 백제는 광역의 지역적 통합을 이루고 그 내부를 지방으로 편제하기 위하여 사회의 구성 단위들을 조직적으로 계층화하는 등의 다양한 전략을 구사하였다.

VI.
맺음말

지금까지 중부지방의 취락을 검토함으로써 정치체의 형성 및 성장 과정에 대해서 살펴보았다. 이 책의 시간적 범위는 청동기시대부터 한성백제기이며, 공간적 범위는 주로 중부지방을 대상으로 하였지만, 필요한 경우에는 남부지방의 자료를 함께 검토하였다. 지금까지 검토한 내용을 논의 순서에 따라 정리하면 다음과 같다.

먼저 제Ⅱ장에서는 크게 청동기시대~초기철기시대, 원삼국시대~한성백제기로 구분하여 취락 편년에 대해서 살펴보았다. 여기에서는 시대에 따라 자료 수준이 다르기 때문에 편년 기준과 방법은 달리하였지만, 편년 단위는 취락이었다.

우선 청동기시대는 5분기설에 따라 조기, 초기, 전기, 중기, 후기로 나누었으며, 각 시기는 자료의 해상도에 따라 다시 세분하였다. 우선 조기는 안재호(2010)가 처음 제안되었던 개념 규정과 같이 신석기시대에서 청동기시대로의 과도기 성격으로 이해하였다. 또한 그 이후의 가락동유형과 미사리유형을 초기로 파악하였는데, 임진강과 남한강을 연결하는 라인을 중심으로 분포권에 차이가 있음을 확인하였다.

청동기시대 전기는 공렬토기의 출현으로 흔암리식 토기가 새로이 등장하는 단계로 파악하였다. 그렇지만 초기에 형성된 분포권이 지속되면서 경기 남부와 아산만 지역을 중심으로 전기 백석동유형이, 그리고 영서지

역을 중심으로 조동리유형이 분포권을 달리하는 것으로 이해하고 각각 2
~3기로 세분하였다. 그렇지만 세분된 분기의 병행 관계에 대해서는 살펴
보지 못했다. 중기는 전기에 이어 중기 백석동유형과 천전리유형이 분포
권을 달리하는 것으로 파악하였으며, 절대연대에서 기원전 10세기 후반을
상한으로 송국리유형과 병행하는 단계로 이해하였다. 중부지방에서 송국
리유형과 관련된 유물, 유구복합체에 대한 필자의 인식은 문화접변론으로
금강 중하류 지역에서 발생한 송국리유형이 중기 전반의 늦은 단계인 기
원전 8세기 초 무렵에 경기 남부에 확산된 것으로 이해하였다. 최근 송국
리유형 형성과 관련된 학계의 논의는 다소 줄어들었지만, 새로운 관점에
서 논의되기를 기대한다.

초기철기시대는 한국식동검 문화의 출현을 기준으로 설정된 시대 개념
이지만, 최근 이 시기보다 연대가 올라가는 원형점토대토기의 출현으로
개념 규정에 혼선이 생겼다. 이 단계는 기존에 청동기시대 후기로 편년되
었던 것인데, 이 책에서는 편의상 점토대토기 단계를 초기철기시대로 치
환하여 검토하였다. 기왕에 여러 연구자들이 출토 유물을 중심으로 세부
편년안을 마련하였지만, 연구자마다 견해 차이가 있고, 더욱이 이 편년안
을 취락에 대입하기에는 한계가 있었다. 그렇지만 초기철기시대의 취락을
구체적으로 편년하지 않은 이유는 자료상의 한계가 있지만, 통시대적인
관점에서 정치체의 성장 과정을 규명하는데, 굳이 시기를 세분하지 않더
라고 그 경향을 파악할 수 있었기 때문이다. 그럼에도 불구하고 이 책에서
는 청동기시대 후기와 초기철기시대에 대한 필자의 구체적인 개념을 제시
하지 못했다. 이 부분은 향후 필자의 연구 과제로 삼고자 한다.

원삼국시대~한성백제기의 편년은 주거 유형을 편년 기준으로 취락을
편년하였다. 원삼국시대의 주거 유형은 돌출된 출입 시설과 관계 없이 주
거지의 평면 형태를 기준으로 분류하였는데, 원삼국시대 초기 장방형의
평면 형태가 육각형으로의 변화를 전제로 하였다. 취락은 주거 유형을 기
준으로 전기(기원전 1세기~1세기 후반, 말), 중기(2세기), 후기(3세기 초~3세기

중후반), 한성백제기(3세기 중후반~475년)로 세부 편년하였다.

다음 제Ⅲ장에서는 Ⅱ장의 취락 편년을 토대로 각 시대별 취락의 형성 과정과 구조에 대해서 살펴보았는데, 이를 위해 우선 각 시대별 주거 유형과 취락 입지의 변화에 대해서 검토하였다. 먼저 청동기시대 취락은 住居複合群 이상의 취락 규모와 취락의 장기 지속성, 그리고 취락민들의 삶 공간을 배치하는 종적 경관의 정형화 등이 본격적인 定住性 聚落을 구별하는 관건인데 전기 후반에 이러한 정주성 취락이 출현하게 되며, 점차적으로 규모가 확대되어 중기 무렵에는 대형 취락이 출현하였다. 이와는 달리 초기철기시대에는 高地와 구릉을 중심으로 중·소형 취락들이 등장하게 되는데, 기존에는 이러한 취락들이 초기 점토대토기 집단과 관련된 것으로 보았다. 그러나 이러한 취락들의 연대가 비교적 늦게 편년되고 있는 점, 그리고 고지형 취락들이 대부분 제천 의례와 관계되기 때문에 청동기시대 중기 취락의 연장선상에서 이해되어야 할 필요가 있다.

원삼국시대 전기에는 중·소형 취락으로 출발하고 있지만, 중기 이후부터는 중·대형 취락들이 출현하기 시작한다. 원삼국시대 취락은 일반적으로 거주, 수공업 작업, 생산, 저장, 폐기, 매장 혹은 제의 등의 기능적 공간으로 구성되어 있다. 그러나 주거지와 더불어 취락을 구성하는 굴립주건물지, 소형유구 등이 혼재되어 취락 내에서 뚜렷하게 기능에 따라 구역화 된 양상은 보이지 않았다. 또한 토기, 철기 등 수공업 생산과 관련된 자료들은 대부분 주거지 내부에서 확인되지만, 일부 소형 유구에서 철기 제작 관련 유물들이 확인되어 일부 전용 공방이 운영되었을 가능성이 있다. 다만 최근에 조사가 이루어진 연천 강내리와 삼곶리, 합수리 취락의 양상을 고려해 볼 때, 동일한 취락 공동체 내에서 철기를 집중적으로 생산하였던 취락이 있는가 하면, 그렇지 않은 취락도 존재하기 때문에 취락 공동체 내에서 생산의 분업화가 이루어졌을 가능성도 있다.

제Ⅳ장에서는 지역 단위 집단 또는 사회의 복합도 수준을 검토하기 위하여 시대별 취락의 계층화 양상에 대해서 살펴보았다. 청동기시대에는 취락 내 유력한 세대 또는 세대복합체는 비교적 좋은 지점을 선점할 특권을 가지고 있었다. 이들의 우월적 입지에 대한 선호도는 시기에 따라 큰 차이는 없었지만, 취락의 입지에 따라 차이가 있었나. 가령 취락이 구릉 정상부에 입지할 경우에는 정상부에, 그리고 구릉에 입지할 경우에는 능선부에, 산사면에 입지한 취락의 경우에는 조망이 탁월한 상부가 선호되었다. 그리고 평지성 취락의 경우에는 중심부가 선호되었다. 취락 내부의 계층화 수준은 취락의 규모에 따라 차이가 있었는데, 하남 미사리 취락의 사례로 보았을 때, 전기의 2단계에서 중기의 3단계로 보다 중층화 하는 경향을 보여주었다. 또한 중·대형 취락에서의 계층별 기능은 유적마다 차이가 있겠지만, 최상층의 경우에는 전체 취락을 통제하기 위하여 제의를 주관하고 농업생산물의 보관, 분배, 교역 등을 담당하였을 개연성이 높으며, 이보다 하위의 계층에서는 토기, 옥기 등의 제작을 전담하지만, 당시의 생산 체제로 보았을 때, 專業的인 계층은 아니고 농경과 같은 생산 활동에도 참여하였을 것으로 생각된다. 그리고 취락 구성원 대다수인 하위 계층은 주로 농경을 담당하였다.

기존에 학계에서 인식하고 있는 청동기시대 취락은 村 - 小村 또는 中心 聚落 - 周邊 聚落과 같이 2단계의 중층 구조이었다. 그러나 청동기시대 중기 이후 평택 소하동, 화천 용암리, 춘천 천전리, 보령 관창리, 진주 대평리유적과 같이 중기 이후에 중·대형 취락이 출현하면서 위계와 기능을 달리하는 취락들이 3단계의 중층 구조를 이루면서 일정한 연계망을 구성했던 것으로 보인다. 가장 상위의 위계를 가진 취락은 보다 하위의 위계를 가진 취락에 비해 대규모 노동력이 투여된 공공시설물의 존재, 광역의 취락민을 결속시키는 제의 공간과 공공의 농업생산물을 보관하는 창고의 존재에서 구별되었다.

점토대토기 단계의 취락은 규모로 볼 때, 중·소형 취락이 일반적인 형태이다. 중·소형 취락을 이루는 주거군 간의 위계 차이는 분명치 않았지만, 출토 유물로 볼 때, 취락 내부의 주거지 간에는 계층 차이가 있음이 확인되었다. 이는 정점에 있는 상위의 주거지 1기와 다수의 하위 주거지 등

2단계로 계층화 되어 있음을 알 수 있었는데, 정점에 있는 상위 주거지는 규모가 가장 크면서, 취락의 중심 또는 경관이 좋은 능선의 최상단부에 위치하고 있다. 특히 이러한 상위의 주거지에서는 위세품이라고 할 만한 검파두식, 석검, 석창 등이 집중적으로 출토되었다. 한편 강릉 방동리 취락과 같이 고지형의 취락을 중심으로 이와 연결된 구릉형 취락들이 결집된 양상을 보이는데, 그 이상의 취락 간의 계층 차이는 확인할 수 없었다.

원삼국시대 전기 취락에서는 계층적인 양상을 파악할 수 없을 정도로 매우 단층적인 구조이었으나, 중기 이후로 사회의 복합도가 급속도로 높아졌다. 특히 중·대형 취락의 출현과 함께 하남 미사리 취락과 같은 읍락 중심촌, 그리고 풍납동 3중 환호취락과 같은 국읍 중심촌이 출현하였는데, 이 단계에 비로소 중부지방에서 국의 존재를 구체적으로 확인할 수 있는 자료라 판단되었다.

다음으로 청동기시대 이래로 지역 단위 공동체의 사회 복합도를 토대로 정치체의 성장 과정에 대해서 살펴보았다. 기존의 문헌과 고고학 연구에 따르면 초기 국가 형성 이전의 모습을 그릴 때, 청동기시대에는 촌락, 초기철기시대에는 기초정치체인 읍락이 출현하고 원삼국시대에는 지역정치체가 출현한다고 보았다. 그러나 중부지방의 취락을 통해서 살펴본 결과, 각 시대별 정치체들이 사회의 복합도 내지 통합도에 있어서 점진적인 양상을 확인할 수 없었다. 이는 남한지역의 원시 농경 사회가 점진적인 단계를 거쳐 국가 단계에 이르듯, 취락의 계층화 수준, 지역공동체의 광역화 수준도 반드시 점진적인 단계를 거쳐야 한다는 선입견에 재고를 요한다. 가령 청동기시대 중기보다 점토대토기 단계에 계층화가 더욱 심화되어야 한다는 선입견, 그리고 청동기시대보다 점토대토기 단계에 통합도가 높은 광역의 지역공동체가 출현해야 한다는 선입견과 같은 것인데, 사실 이를 뒷받침할 수 있는 고고학 자료는 많지 않다. 오히려 취락 자료에서는 대형 취락이 해체되는 현상, 그리고 유력 개인을 위한 거대 묘역이 소멸하는 과정을 확인할 수 있었다.

청동기시대 중기 사회는 지역적 네트워크가 가능한 15km 내외의 공간적 범위 안에 대형 취락을 중심으로 중소형 취락이 결집된 읍락 사회이다. 또한 읍락의 공간적 범위가 7km 내외이며 취락 간의 사회 복합노가 매우 높은 것으로 파악되었다. 그러나 점토대토기 단계에 이르러 촌락 사회로 오히려 사회의 복합도가 감소된 양상을 보여준다. 이는 초기 점토대토기 집단의 이주와 관련되기보다는 생계에 있어 농경에 대한 지나친 의존도가 키운 중기 지석묘 사회의 불안전성에 원인이 있다. 중부지방에서의 대형 취락의 해체 시점은 지역마다 차이가 있어 서울, 경기지역에서는 대형 취락이 출현하는 중기 전반까지 취락이 집중되다가 중기 중반부터 해체되는 양상을 보이고 있는 반면, 영서지역에서는 중기 후반 이래로 대형 취락들이 해체되어 갔다. 즉 대형 취락의 형성 시점이 붕괴의 출발점이 되고 있는 것이다.

원삼국시대에 이르러 취락 입지가 수계 중심의 저지형으로 전환되면서 농경을 위주로 한 생계 방식이 다시 복원되고 사회 복합도가 급속도로 증가되었다. 특히 중기를 기점으로 중대형 취락들이 다시 출현하였는데, 늦어도 2세기 후반에는 최소 15km 범위의 지역정치체가 출현하였다.

마지막으로 제Ⅴ장에서는 중부지방에서 원삼국시대 후기 이래의 지역정치체의 성장 과정과 한성기 백제 중앙의 지방 지배를 취락을 통해 살펴보았다. 원삼국시대 후기에 중부지방에서 매우 강성해진 지역정치체는 문헌에 보이는 한예정치체로 파악되는데, 한강 하류에 정착한 백제국을 비롯하여 경기 북부 지역과 북한강, 남한강 중상류 지역의 여러 지역정치체가 이에 해당된다. 백제국은 늦어도 2세기 후반을 상한으로 늦어도 2세기 말, 3세기 초에 한강 하류에 환호취락을 조성하였으며, 그 이후에 풍납토성을 축성했던 것으로 보인다. 한편 경기 북부와 영서지역 정치체는 적석분구묘 집단으로 대표되는데, 구체적으로는 임진강 유역의 파주, 연천 지역, 그리고 북한강과 남한강이 합수되는 양평 지역, 남한강 상류의 단양, 제천 지역, 그리고 북한강 상류의 춘천, 화천 지역이 이들의 거점 지역으로 주목된다. 기존에는 이러한 적석분구묘의 분포 양상을 한성기 백제의 외연으로 이해하였으나, 이러한 거점이 남북 일직선상으로 연결되어 있고 그 연장선 상에는 帶方과 辰韓, 그리고 멀리는 倭가 위치해 있는 점에 주목하여 중요 정치체들의 거점과 교역망을 반영한 것으로 파악하였다. 그리고 이러한 교역망의 형성이 桓靈之末 이후 한예정치체가 강성하게 한 배경이 되었을 것으로 생각되는데, 그 중심에는 臣濆沽國이 있었던 것으로 추측된다.

그러나 기리영전투 직후 경기 북부와 영서지역에 분포하고 있는 적석 분구묘는 차츰 소멸하는 현상을 보여준다. 위와 같이 3세기 중반의 기리영 전투는 신분고국을 포함하여 경기 북부 및 영서지역 정치체의 쇠퇴와 함께 내륙 수계 교역망의 폐쇄에 원인이 된 반면, 백제국의 국가 진입과 더불어 서해 연안을 새로운 교역망으로 열어놓았던 것으로 이해된다.

다음으로 한성백제기 주거지에 대한 검토 결과, 타원형 및 방형계 주거지 → 돌출된 출입 시설이 없는 육각형 주거지 → '凸' 자형 육각형 주거지 → '呂' 자형 육각형 주거지 순으로 위계 차이가 확인되었다. 특히 위계가 높은 주거지일수록 규모가 크고, 기와, 철정 및 꺾쇠, 아궁이장식과 같은 각종 건축 부재가 사용되었으며, 위세품이 집중되는 양상을 확인할 수 있었다. 따라서 한성기 백제 취락에서 육각형 주거지의 존재는 상위 계층의 존재로 귀착되기 때문에 개별 취락에서의 육각형 주거지의 존재 양상은 그 위계를 결정하는 관건이라 할 수 있다. 한편, 한성기 백제 취락은 왕성을 최 정점으로 하여 5단계로 중층 구조를 이루고 있음이 확인되었다. 각 등급의 취락에 따라 기능 차이가 있었는데, 2등급 취락은 지방의 거점 취락으로 백제 중앙이 수취체제를 통해 국가의 경제적 기반을 마련하는 통로 역할을 하였을 뿐 아니라 아래로는 중앙과 타 지역에서 들어오는 물자를 재분배하는 역할을 하였을 것으로 추정되었다. 3등급 취락은 읍락의 중심촌으로 수공업 생산과 함께 식량 생산을 담당하였으며, 공공재 성격의 수확물과 기물을 관리하였다. 그 외의 4등급과 5등급 취락은 기본적으로 기능상의 차이가 없어 주로 식량 생산을 담당하였다.

위의 분석을 통해서 한성백제기의 취락은 백제 중앙의 왕성인 풍납토성과 몽촌토성을 정점으로 2~5등급의 취락이 지방 거점, 읍락 중심촌, 촌, 소촌에 대응됨을 알 수 있었다. 또한 지방 거점과 읍락 중심촌이 수계를 따라 연결망을 형성하고 있으며, 읍락은 하천 충적대지의 읍락 중심촌을 중심으로 구릉상의 촌, 소촌이 결집된 형태이다. 읍락 중심촌의 취락 구조는 계층화된 10여기의 주거지들이 결집된 주거군 3~4개가 복합된 형태로 주거 구역 외에도 독립적인 저장 시설과 토기 생산 시설, 경작지, 무덤군을 포함하고 있다.

4세기 이후 경기 북부 및 영서지역의 한예정치체는 백제 국가의 형성 이후에도 백제에게 위협이 될 정도의 세력으로 잔존하고 있었다. 그러나 한예정치체가 좀 더 크고 차원이 다른 정치체, 즉 초기 국가로 성장하는데 한계가 있었던 반면에 백제는 광역의 지역적 통합을 이루고 그 내부를 지방으로 편제하기 위하여 사회의 구성 단위들을 조직적으로 계층화하는 등의 다양한 전략을 구사하였다. 한성기 백제의 실질적인 영역은 풍납토성을 중심으로 북계와 동계는 40km, 그리고 남계와는 60km 가량으로 전체 범위는 직경 100km의 범위이다. 이 안에서 백제는 위세품과 육각형 주거지를 매개로 하여 지방의 하부 조직까지 편제하였으며, 그 외곽의 실질적인 지방 편제가 어려운 지역정치체의 수장층에게는 중국 도자기 이외에도 금동관과 신발 등 백제 중앙의 공방에서 제작된 최고의 착장용 위세품들을 사여함으로써 지방 거점들을 육성해 나갔다. 또한 안성천 이남~차령산맥 지역은 본래 백제의 실질적인 영역 외곽에 해당되지만, 철기 생산 및 물류 거점에 한하여 백제 중앙이 직접적으로 관여함으로써 지방 편제를 위한 국가 재정을 지속적으로 확보하였던 것으로 생각된다.

참고문헌

국문 논저

강현숙, 2001, 「한강유역 1-3세기대 묘제에 대한 일고찰-적석묘를 중심으로-」 『동아시아 1・3세기의 주거와 고분』, 국립문화재연구소.

高旻廷, 2004, 『南江流域 無文土器文化의 變遷』, 경북대학교 대학원 석사학위 논문.

_____, 2011, 「2. 청동기시대」 『진주 평거 3-1지구 유적』, 경남발전연구원 역사문화센터.

孔敏奎, 2005, 「中部地域 無文土器文化 前期 環濠聚落의 檢討」 『研究論文集』창간호, 中央文化財研究院.

_____, 2010, 「금강 중류역 청동기시대 전기 취락의 검토」 『청동기시대 주거지의 편년과 취락구조의 (재)검토』한국청동기학회 취락분과 제3회 워크샵 발표요지, 한국청동기학회.

국립진주박물관, 2002, 『청동기시대의 大坪・大坪人』.

宮里 修, 2005, 「無文土器時代의 聚落 構成-中西部地域의 驛三洞 類型-」 『韓國考古學報』56, 韓國考古學會.

權五榮, 1988, 「4세기 백제의 지방통제방식 일례」 『한국사론』18, 서울대학교 국사학과.

_____, 1996a, 「三韓의 國에 대한 研究」 서울대학교 대학원 박사학위 논문.

_____, 1996b, 「渼沙里聚落과 夢村土城의 비교를 통해 본 漢城期 百濟社會의 斷面」 『한국고대사논총』8, 한국고대사회연구소.

_____, 2001, 「백제국(伯濟國)에서 백제(百濟)로의 전환」 『역사와 현실』40, 한국역사연구회.

_____, 2005, 「백제의 생산기술과 유통체계 이해를 위하여」 『백제의 생산기술과 유통체계』 발표요지, 경기도박물관 · 한신대학교 학술원.

_____, 2006, 「"계층 사회와 지배자의 출현" 개별 발표에 대한 종합토론 요지문」 『계층 사회와 지배자의 출현』 한국고고학회 창립 30주년 기념 한국고고학전국대회 발표요지, 한국고고학회.

_____, 2009, 「원삼국기 한강유역 정치체의 존재양태와 백제국가의 통합양상」 『고고학』 8-2, 서울경기고고학회.

權鶴洙, 1994, 「역사시대 마을고고학의 성과와 과제」 『마을의 考古學』 제18회 한국고고학전국대회 발표요지, 한국고고학회.

경기문화재연구원 · 경기도박물관, 2009, 『경기 발굴 10년의 발자취』.

金奎正, 2010, 「호남지역 청동기시대 전기취락 검토」 『청동기시대 주거지의 편년과 취락구조의 (재)검토』 한국청동기학회 취락분과 제3회 워크샵 발표요지, 한국청동기학회.

김권구, 2005, 『청동기시대 영남지역의 농경사회』 (학연문화사).

金權中, 2005, 「北漢江流域 青銅器時代 住居址 研究-龍岩里 · 泉田里 遺蹟을 中心으로-」 단국대학교 대학원 석사학위 논문.

_____, 2008, 「江原 嶺西地域 青銅器時代 住居址와 聚落 構造의 變遷」 『한일취락의 연구-생산유적과 취락유적』 한일취락연구회 제4회 공동연구회 발표요지, 한일취락연구회.

_____, 2010, 「청동기시대 중부지방의 시 · 공간적 정체성」 『중부지방 고고학의 시 · 공간적 정체성(Ⅰ)』 2010년 중부고고학회 정기학술대회 발표요지, 중부고고학회.

_____, 2012, 「강원 영서지역 청동기시대 조기-전기문화의 편년」 『청동기시대 광역편년을 위한 조기~전기문화 펴년』 제6회 한국청동기학회 학술대회 발표요지, 한국청동기학회.

金吉植, 1994, 「扶餘 松菊里 遺蹟 調査 概要와 成果」 『마을의 考古學』 제18회 韓國考古學全國大會 發表要旨, 한국고고학회.

金羅英, 2007, 「嶺南地域 三韓時代 住居址의 變遷과 地域性」 『嶺南考古學』 43, 嶺南考古學會.

金武重, 1994, 『중부지방 백제토기 형성과정 연구-하남 미사리유적을 중심으로』, 숭실대학교 대학원 석사학위 논문.

_____, 2004a, 「考古資料를 통해 본 百濟와 樂浪의 交涉」『湖西考古學』11, 호서고고학
회.

_____, 2004b, 「華城 旗安里 製鐵遺蹟 出土 樂浪系土器에 대하여」『百濟研究』40, 충남
대학교 백제연구소.

_____, 2004c, 「百濟 漢城期 地域土器 編年」『고고학』3-1, 서울경기고고학회.

_____, 2006, 「江原地域 原三國時代 土器 編年」『江原地域의 鐵器文化』강원고고학회
2006년 추계 학술대회 발표요지, 강원고고학회.

金民玖·朴正宰, 2011, 「江原 嶺東地域 青銅器時代 벼農事와 農耕集約化」『한국고고
학보』79, 한국고고학회.

김범철, 2005a, 「錦江下流域 松菊里型 聚落의 形成과 稻集約化-聚落體系와 土壤分布
의 空間的 相關關係에 대한 GIS 分析을 중심으로-」『송국리문화를 통해 본 농
경사회의 문화체계』고려대학교 고고환경연구소.

_____, 2005b, 「錦江 中·下流域 青銅器時代 中期 聚落分布類型 研究」『韓國考古學
報』57, 한국고고학회.

_____, 2006, 「錦江 中·下流域 松菊里型 聚落에 대한 家口考古學的 接近 - 多次元尺
度法을 이용한 家口간 貧富差/位階 分析을 중심으로 -」『韓國上古史學報』51,
한국상고사학회.

金炳坤, 2002, 「臨津江流域 積石塚의 諸問題」『臨津江流域의 古代社會』인하대학교박
물관.

金炳燮, 2009, 「남한지역 조·전기 무문토기 편년 및 북한지역과의 병행관계」『한국청
동기학보』4, 한국청동기학회.

김성남, 2004, 「백제 한성양식토기의 형성과 변천에 대하여」『고고학』3-1, 서울경기고
고학회.

김성남·허진아, 2008, 「무덤을 통한 '마한' 사회의 전개과정 작업가설」『호서지역 읍
락사회의 변천』제17회 호서고고학회 학술대회 발표요지, 호서고고학회.

金承玉, 1998, 「漢城百濟의 形成過程과 對外關係-스타일과 영역문제를 중심으로-」『百
濟史上의 戰爭』忠南大學校 百濟研究所.

_____, 2001, 「錦江流域 松菊里型 墓制의 研究」『韓國考古學報』45, 韓國考古學會.

_____, 2004a, 「龍潭댐 無文土器時代 文化의 社會組織과 變遷過程」『湖南考古學報』 19, 호남고고학회.

_____, 2004b, 「全北地域 1~7世紀 聚落의 分布와 性格」『韓國上古史學報』44, 한국상고사학회.

_____, 2006, 「청동기시대 주거지의 편년과 사회변천」『한국고고학보』60, 한국고고학회.

金英熙, 1998, 「中國東北地域 新石器時代 早, 前期의 聚落址 分析-서료하유역을 중심으로-」『科技考古研究』4, 아주대학교박물관.

金元龍, 1986, 『韓國考古學槪說』第三版(一志社).

김일규, 2009, 「가평 대성리유적의 원삼국시대 후기 취락」『加平 大成里遺蹟』경기문화재연구원.

金壯錫, 2001, 「흔암리 유형 재고: 기원과 연대」『영남고고학』28, 영남고고학회.

_____, 2002a, 「이주와 전파의 고고학적 구분: 시험적 모델의 제시」『한국상고사학보』38, 한국상고사학회.

_____, 2002b, 「남한지역 후기 신석기-전기청동기 전환: 자료의 재검토를 통한 가설의 제시」『한국고고학보』48, 한국고고학회.

_____, 2003, 「충청지역 송국리유형 형성과정」『한국고고학보』51, 한국고고학회.

_____, 2006, 「충청지역의 선송국리 물질문화와 송국리유형」『한국상고사학보』51, 한국상고사학회.

_____, 2007, 「한국청동기시대와 취락연구」『호서지역 청동기시대 취락의 변천』제15회 호서고고학회 학술대회 발표요지, 호서고고학회.

_____, 2008a, 「무문토기시대 조기설정론 재고」『한국고고학보』69, 한국고고학회.

_____, 2008b, 「송국리단계 저장시설의 사회경제적 의미」『한국고고학보』67, 한국고고학회.

_____, 2009, 「호서와 서부호남지역 초기철기-원삼국시대 편년에 대하여」『호남고고학보』33, 호남고고학회.

김재윤, 2007, 「단결-끄로우노브까문화의 기원-토기 비교를 자료로-」『국가 형성에 대한 고고학적 접근』제31회 한국고고학전국대회 발표요지, 한국고고학회.

金載昊, 2005, 『保寧 寬倉里 住居遺蹟 研究』동아대학교 대학원 박사학위 논문.

金智賢, 2009, 「중서부지역 역삼동·흔암리유형의 취사용토기 연구」『한국청동기학보』4, 한국청동기학회.

_____, 2010, 「청동기시대 전기의 대부토기에 대한 검토-대부토기의 기원을 중심으로」『고고학』9-2, 중부고고학회.

김한식, 2006, 「경기지역 역삼동유형의 정립과정」『고고학』5-1, 서울경기고고학회.

김현식, 2008, 「남한 청동기시대 조기-전기의 文化史的 意味」『考古廣場』2, 釜山考古學研究會.

羅健柱, 2005, 「中西部地方 松菊里類型 形成過程에 대한 研究」『錦江考古』2, 忠淸文化財研究院.

_____, 2009, 「송국리유형 형성과정에 대한 검토」『고고학』8-1, 서울경기고고학회.

_____, 2010, 「아산만지역 청동기시대 취락의 구조와 변천」『한국청동기학보』7, 한국청동기학회.

盧爀眞, 2004, 「中島式土器의 由來에 대한 一考」『湖南考古學報』19, 호남고고학회.

문안식, 2005, 「한성시대 백제의 북계와 동계의 변천」『백제의 변경』2005년도 백제연구 국내학술회의 발표요지, 충남대학교 백제연구소.

박경신, 2007, 「시루를 통해 본 유적의 연대 추정」『華城 石隅里 먹실遺蹟』기전문화재연구원.

_____, 2011, 「전환기 중부지방 원삼국시대 취락의 편년과 전개 양상」『국가형성기 한성백제의 고고학적 검토-한성백제 중심지와 주변의 고고학적 편년을 중심으로-』제1회 한국상고사학회 워크숍 발표요지, 한국상고사학회.

박성희, 2002, 「하중도유적의 전환기적 성격에 대하여」『강원고고학회 제1회 학술발표회』, 강원고고학회.

朴性姬, 2006, 「靑銅器時代 聚落類型에 대한 考察-中西部地域 遺蹟을 中心으로-」『韓國上古史學報』54, 韓國上古史學會.

朴淳發, 1989, 「漢江流域 原三國時代의 土器의 樣相과 變遷」『韓國考古學報』23, 한국고고학회.

_____, 1992, 「백제토기의 형성과정-한강유역을 중심으로-」『백제연구』23, 충남대학교 백제연구소.

_____, 1993, 「漢江流域의 靑銅器·初期鐵器文化」『한강유역사』(民音社).

_____, 1994, 「漢城百濟 成立期 諸墓制 編年檢討」『先史와 古代』6, 韓國古代學會.

_____, 1996, 「漢城百濟 基層文化의 性格」『百濟研究』26, 충남대학교 백제연구소.

_____, 1997, 「漢江流域의 基層文化와 百濟의 成長過程」『韓國考古學報』36, 한국고고
학회.

_____, 1998, 『百濟 國家의 形成研究』서울대학교 대학원 박사학위 논문.

_____, 1999, 「欣岩里類型 形成過程 再檢討」『湖西考古學』창간호, 湖西考古學會.

_____, 2001, 『漢城百濟의 誕生』(서경).

_____, 2002a, 「村落의 形成과 發展」『강좌 한국고대사』제7권(촌락과 도시), 가락국사
적개발연구원.

_____, 2002b, 「大形古墳 出現과 百濟의 國家 形成」『동아시아 大形古墳의 出現과 社
會變動』문화재연구 국제학술대회 발표논문 제11집, 국립문화재연구소.

_____, 2004, 「遼寧 粘土帶土器文化의 韓半島 定着 過程」『錦江考古』창간호, 충청문
화재연구원.

_____, 2005, 「漢城期 백제 연구와 考古資料」『漢城百濟 考古學資料集 上』, 기전문화
재연구원.

_____, 2007, 「묘제의 변천으로 본 한성기 백제의 지방 편제 과정」『한국고대사연구』
48, 한국고대사학회.

_____, 2009, 「硬質無文土器의 變遷과 江陵 草堂洞遺蹟의 時間的 位置」『강릉 초당동
유적』한국문화재조사연구기관협회.

박신명, 2012, 「경기 남부지역의 주거와 취락을 통해 본 마한 백제」『오산천 황구지천
유역 발굴조사의 최신 성과와 마한 백제, 공동학술자료집』중앙문화재연구원
한신대학교박물관.

박양진, 2000, 「西紀 1~3세기의 聚落과 社會的 階層化의 初步的 論議」『東아시아 1~3
世紀의 考古學』국립문화재연구소.

박영구, 2007, 「嶺東地域 青銅器時代 聚落構造의 變遷」『古文化』69, 한국대학박물관협회.

_____, 2008, 「영동지역 무문토기문화의 전개양상」『강원고고학보』11, 강원고고학회.

_____, 2009, 「남부동해안지역 무문토기문화 전개양상」『영남고고학』51, 영남고고학회.

_____, 2010, 「嶺東地域 粘土帶土器文化의 展開樣相」『한국청동기학보』7, 한국청동
기학회.

박중국, 2011, 「원삼국기~백제 한성기 중부지역 呂자형 주거지의 변천과 지역성」 『고고학』 10-1, 중부고고학회.

朴辰一, 2006, 「서울·경기지방 점토대토기문화 試論」 『고고학』 5-1, 서울경기고고학회.

_____, 2007, 「점토대토기, 그리고 청동기시대와 초기철기시대」 『한국 청동기시대의 시기구분』 한국청동기학회 제1회 학술대회 발표요지, 한국청동기학회.

裵德煥, 2000, 「嶺南地方 靑銅器時代 環濠聚落硏究」 동아대학교 대학원 석사학위 논문.

裵眞晟, 2010, 「무문토기의 계통과 전개」 『考古學誌』 16, 국립중앙박물관.

백종오, 1998, 「경기남부지역의 백제산성 I-안성천·아산만일대를 중심으로」 『연보』 2, 경기도박물관.

서길덕, 2006, 『원형점토대토기의 변천과정 연구-서울·경기지역을 중심으로』 세종대학교 대학원 석사학위 논문.

_____, 2008, 「고찰」 『수원 이목동 유적』 기전문화재연구원.

서길덕·박지희, 2011, 「서울·경기지역 청동기~초기철기시대 유적의 최근 조사성과」 『제1회 한국고고학 연합대회』 발표자료집, 한국고고학회.

서현주, 2010, 「영종도의 원삼국문화」 『영종도의 고고학』 인천학 학술대회 발표요지, 인천대학교 인천학연구원.

손준호, 2007, 「마제석촉의 변천과 형식별 기능 검토」 『한국고고학보』 62, 한국고고학회.

_____, 2009, 「청동기시대의 전쟁」 『갈등과 전쟁의 고고학』 제33회 한국고고학전국대회 발표요지, 한국고고학회.

宋滿榮, 1995, 「中期 無文土器時代 文化의 編年과 性格」 숭실대학교 대학원 석사학위 논문.

_____, 1996, 「火災住居址를 통해 본 中期 無文土器時代 社會의 性格」 『古文化』 49, 한국대학박물관협회.

_____, 1997, 「中西部地方 無文土器文化의 展開」 『崇實史學』 10, 숭실사학회.

_____, 1999, 「中部地方 原三國 文化의 編年的 基礎」 『韓國考古學報』 41, 한국고고학회.

_____, 2000, 「中部地方 原三國時代~漢城百濟時代 戰爭 樣相의 變化」 『韓國考古學報』 43, 한국고고학회.

_____, 2001a, 「南韓地方 農耕文化形成期 聚落의 構造와 變化」 『한국 농경문화의 형성』 제25회 한국고고학전국대회 발표요지, 한국고고학회.

_____, 2001b, 「포천 자작리유적 발굴조사 개요」『한국고고학의 새로운 발견』제44회 전국역사학대회 고고학부 발표자료집, 한국고고학회.

_____, 2003, 「中部地方 原三國 文化의 展開 過程과 韓濊 政治體의 動向」『講座 韓國古代史』제10권(고대사 연구의 변경), 가락국사적개발연구원.

_____, 2005, 「漢江 中上流域의 漢城百濟 遺蹟」『漢城百濟 考古學資料集 上』기전문화재연구원.

_____, 2006, 「남한지방 청동기시대 취락구조의 변화와 계층화」『계층사회와 지배자의 출현』한국고고학회 창립 30주년 기념 한국고고학전국대회 발표요지, 한국고고학회.

_____, 2007, 「남한지방 청동기시대 전기의 상한과 하한에 대한 토론 요지」『한국 청동기시대의 시기구분』한국청동기학회 제1회 학술대회 발표요지, 한국청동기학회.

_____, 2009, 「강릉 경포호 원삼국시대 주거지의 특징과 편년」『강릉 초당동 유적』한국문화재조사연구기관협회.

_____, 2010a, 「중부지방 청동기시대 중기 편년의 재검토」『중앙고고연구』7, 중앙문화재연구원.

_____, 2010b, 「六角形 住居址와 漢城期 百濟 聚落」『韓國考古學報』74, 韓國考古學會.

_____, 2010c, 「中部地方 原三國時代 住居址와 聚落」『馬韓·百濟 사람들의 주거와 삶』국립공주박물관·중앙문화재연구원.

_____, 2012, 「강원 영서, 영동지역 청동기시대 편년 병행 관계」『숭실사학』29, 숭실사학회.

수보티나 아나스타샤, 2005, 『鐵器時代 韓國과 러시아 沿海州의 土器文化 比較研究-硬質無文土器를 中心으로-』서울대학교 대학원 석사학위 논문.

食文化探究會, 2006, 「취사형태의 고고학적 연구」『계층 사회와 지배자의 출현』제30회 한국고고학전국대회 발표요지, 한국고고학회.

_____, 2008, 「부뚜막취사의 실험고고학적 검토」『양식의 고고학』제32회 한국고고학전국대회 발표요지, 한국고고학회.

_____, 2009, 「삼국시대의 취사형태 복원을 위한 기초연구-시루와 장란형토기를 이용한 취사실험-」『야외고고학』6, 한국문화재조사기관협회.

申鐘國, 2002, 『百濟土器의 形成과 變遷過程에 대한 研究-漢城期 百濟 住居遺蹟 出土 土器를 中心으로-』성균관대학교 대학원 석사학위 논문.

신종국 · 전동현, 2009, 「백제 한성지역의 경관 변화에 대한 초보적 검토」『정치적 공간으로서의 한강 I 』2009년도 서울경기고고학회 춘계학술대회 발표요지, 서울경기고고학회.

申熙權, 2001, 『한강유역 1-3세기 주거지 연구』서울대학교 대학원 석사학위 논문.

_____, 2002, 「風納土城 築造年代 試論」『韓國上古史學報』37, 한국상고사학회.

_____, 2011, 「원삼국시대 중부지방의 시 · 공간적 정체성(II)」『중부지방 고고학의 시 · 공간적 정체성(II)』2011년 중부고고학회 정기학술대회 발표 요지, 중부고고학회.

沈載淵, 1996, 『江原 嶺東 · 嶺西地域의 鐵器文化研究』한림대학교 대학원 석사학위 논문.

_____, 1999, 「江原 地域 鐵器文化의 性格」『百濟研究』30, 충남대학교 백제연구소.

_____, 2007, 「강원도 중도식토기 문화에 보이는 동북지방 요소」『국가 형성에 대한 고고학적 접근』제31회 한국고고학전국대회 발표요지, 한국고고학회.

_____, 2009, 「漢城百濟期의 嶺東 · 嶺西」『정치적 공간으로서의 한강 I 』2009년도 서울경기고고학회 춘계학술대회 발표요지, 서울경기고고학회.

安德任, 1985, 『漢江流域 初期鐵器時代 文化-집터와 土器를 中心으로-』한양대학교 대학원 석사학위 논문.

안승모, 2006, 「동아시아 정주취락과 농경 출현의 상관관계」『한국신석기연구』11, 한국신석기학회.

安在晧, 1990, 「南韓 前期無文土器의 編年」경북대학교 대학원 석사학위 논문.

_____, 1992, 「松菊里類型의 檢討」『嶺南考古學』11, 영남고고학회.

_____, 1996, 「無文土器時代 聚落의 變遷」『碩晤尹容鎭教授 停年退任紀念論叢』.

_____, 2000, 「韓國 農耕社會의 成立」『韓國考古學報』43, 한국고고학회.

_____, 2004, 「中西部地域 無文土器時代 中期聚落의 一樣相」『韓國上古史學報』43, 한국상고사학회.

_____, 2006, 『靑銅器時代 聚落研究』부산대학교 대학원 박사학위 논문.

_____, 2010, 「韓半島 靑銅器時代의 時期區分」『한반도 청동기시대의 쟁점』청동기시

대 마을풍경 특별전 학술심포지엄, 국립중앙박물관.

_____, 2011, 「屬性配列法에 따른 東南海岸圈 無文土器 文樣의 編年」『韓國上古史學報』73, 韓國上古史學會.

오규진·허의행, 2006, 「청동기시대 주거지 복원 및 실험」『야외고고학』창간호, 한국문화재조사연구기관협회.

오세연, 1995, 「중부지방 원삼국시대 문화에 대한 연구 -주거양상을 중심으로-」『한국상고사학보』19, 한국상고사학회.

오승열, 2007, 「환호-중부지방을 중심으로」『화성 동학산유적』기전문화재연구원.

俞炳一, 2000, 「울산 茶雲洞遺蹟의 靑銅器時代 住居址樣相」『울산연구』2, 울산대학교박물관.

劉銀植, 2003, 『豆滿江流域 初期鐵器文化 硏究』숭실대학교 대학원 석사학위 논문.

_____, 2006, 「두만강유역 초기철기문화와 중부지방 원삼국 문화」『숭실사학』제19집, 숭실사학회.

_____, 2010, 「동북계토기로 본 강원지역 중도식무문토기의 편년과 계통」『중도식무문토기의 전개와 성격』제7회 매산기념강좌 발표요지, 숭실대학교.

尹善泰, 2001, 「馬韓의 辰王과 臣·沽國」『百濟硏究』34, 충남대학교 백제연구소.

尹龍九, 1999, 「三韓의 對中交涉과 그 性格-曹魏의 東夷經略과 관련하여-」『國史館論叢』85, 國史編纂委員會.

윤형원, 2002, 『법천리 II』국립중앙박물관.

李建壹, 2011, 「湖西地域 百濟住居址의 地上化過程에 관하여」『湖西考古學』24, 湖西考古學會.

李白圭, 1974, 「京畿道 出土 無文土器 磨製石器-土器編年을 中心으로-」『考古學』3, 韓國考古學會.

李丙勳, 2011, 「原三國~漢城百濟期 中部地方 외줄구들의 變遷過程」숭실대학교 대학원 석사학위 논문.

李相吉, 1991, 『漢江流域 鐵器時代 土器編年-中島式土器를 中心으로-』경북대학교 대학원 석사학위 논문.

_____, 2000, 「靑銅器時代 儀禮에 관한 考古學的 硏究」대구효성가톨릭대학교 대학원 박사학위 논문.

이상엽, 2006, 「중부지역 환호유적에 대한 일검토-안성 반제리유적 환호를 중심으로-」 『고고학』5-1, 서울경기고고학회.

李盛周, 1991 「原三國時代 土器의 類型・系譜・編年・生産體制」『韓國古代史論叢』2, 駕洛國史蹟開發研究院.

_____, 1996, 「青銅器時代 東아시아 世界體系와 韓半島의 文化變動」『韓國上古史學報』23, 한국상고사학회.

_____, 1998, 「韓國의 環濠聚落」『環濠聚落과 農耕社會의 形成』제3회 합동고고학대회 발표요지, 구주고고학회・영남고고학회.

_____, 2000a, 「世界史的 見地에서 본 蔚山의 환호」『울산연구』2, 울산대학교박물관.

_____, 2000b, 「墳丘墓의 認識」『韓國上古史學報』32, 한국상고사학회.

_____, 2010, 「原三國時代의 無文土器 傳統」『중도식무문토기의 전개와 성격』제7회 매산기념강좌 발표요지, 숭실대학교.

이수진, 2008, 「출토유물과 연대」『光明 所下洞 遺蹟』한국고고환경연구소.

이숙임, 2003, 『강원지역 점토대토기문화 연구』한림대학교 대학원 석사학위 논문.

이승연・이상해, 2007, 「철기시대 凸字形・呂字形 및 한성백제기 六角形 住居址의 평면과 구조 형식에 관한 연구」『건축역사연구』53, 한국건축역사학회.

李暎澈, 2005, 「榮山江流域의 原三國時代 土器相」『원삼국시대 문화의 지역성과 변동』제29회 한국고고학전국대회 발표요지, 한국고고학회.

李在賢, 1995, 『利川 孝養山遺蹟 발굴조사보고서』호암미술관.

_____, 2002, 『金海大淸遺蹟』부산대학교박물관.

이진민, 2008, 「서울・경기지역 전기 무문토기 문화의 시공간적 전개」『전통과 변화-서울경기 무문토기문화의 흐름』2008년도 서울경기고고학회 추계학술대회 발표요지, 서울경기고고학회.

李昌熙, 2010, 「점토대토기의 실연대-세형동검문화의 성립과 철기의 출현연대」『문화재』43-3, 국립문화재연구소.

_____, 2011, 「放射性炭素年代測定法의 原理와 活用(II)-考古學的 活用과 適用事例-」 『韓國考古學報』81, 韓國考古學會.

李淸圭, 1988, 「南韓地方 無文土器文化의 展開와 孔列土器文化의 位置」『한국상고사학보』창간호, 한국상고사학회.

_____, 2001,「원삼국시대 전기의 경주와 주변지역간의 교류 - 토기와 청동기를 중심으로」『국가형성기 경주와 주변지역』제25회 한국상고사학회 학술발표요지, 한국상고사학회.

_____, 2007,「초기철기시대」『한국고고학강의』한국고고학회, (사회평론).

李淸圭·朴姿姸, 2000,「斯盧國 형성 전후의 경주」『古文化』55, 한국대학박물관협회.

이한상, 2007,「위세품으로 본 고대국가의 형성」『국가 형성에 대한 고고학적 접근』제31회 한국고고학전국대회 발표요지, 한국고고학회.

李賢惠, 1997,「3세기 馬韓과 伯濟國」『百濟의 中央과 地方』충남대학교 백제연구소.

李亨源, 2002,『한국 청동기시대 전기 중부지역 무문토기 편년 연구』충남대학교 대학원 석사학위 논문.

_____, 2005,「송국리유형과 수석리유형의 접촉양상」『호서고고학』12, 호서고고학회.

_____, 2006a,「천천리 취락의 편년적 위치 및 변천」『華城 泉川里 靑銅器時代 聚落』한신대학교박물관.

_____, 2006b,「「남한지방 청동기시대 취락구조의 변화와 계층화」에 대하여」『계층사회와 지배자의 출현』한국고고학회 창립 30주년 기념 한국고고학전국대회 발표요지, 한국고고학회.

_____, 2007a,「盤松里 靑銅器時代 聚落의 構造와 性格」『華城 盤松里 靑銅器時代 聚落』한신대학교박물관.

_____, 2007b,「호서지역 가락동 유형의 취락구조와 성격」『호서지역 청동기시대 취락의 변천』제15회 호서고고학회 학술대회 발표요지, 호서고고학회.

_____, 2007c,「南韓地域 靑銅器時代 前期의 上限과 下限」『韓國靑銅器學報』1, 한국청동기학회.

_____, 2009,『韓國 靑銅器時代의 聚落構造와 社會組織』충남대학교 대학원 박사학위 논문.

_____, 2010a,「中部地方 粘土帶土器文化의 時空間的 正體性」『중부지방 고고학의 시·공간적 정체성』2010년 중부고고학회 정기학술대회 발표요지, 중부고고학회.

_____, 2010b,「경기지역 청동기·초기철기문화의 최근 조사성과와 연구쟁점」『대학박물관과 지역문화의 협력』(사)한국대학박물관협회 제62회 춘계학술발표회 발표요지, 한국대학박물관협회.

_____, 2011, 「中部地域 粘土帶土器文化의 時間性과 空間性」『호서고고학』24, 호서고
고학회.

李弘鐘, 1991, 「中島式土器의 成立過程」『韓國上古史學報』6, 한국상고사학회.

_____, 1993, 「부뚜막施設의 登場과 地域相」『영남고고학』12, 영남고고학회.

_____, 1994, 「後期無文土器社會의 集團과 住居形態」『마을의 考古學』제18회 한국고
고학전국대회 발표요지, 한국고고학회.

_____, 2005, 「寬倉里聚落의 景觀」『송국리문화를 통해 본 농경사회의 문화체계』고려
대학교 고고환경연구소.

_____, 2006, 「무문토기와 야요이 토기의 실연대」『한국고고학보』60, 한국고고학회.

李和種, 2005, 「江原地域 圓形粘土帶土器文化의 特徵과 編年」『江原考古學報』7·8, 江
原考古學會.

이후석, 2007, 「가수동 유적 신라 취락과 유물」『烏山 佳水洞 遺蹟』기전문화재연구원.

이후석·이혁희, 2012, 「화성 길성리토성의 구조와 성격」『오산천 황구지천 유역 발굴
조사의 최신 성과와 마한 백제, 공동학술자료집』중앙문화재연구원 한신대학
교박물관.

李熙濬, 1983, 「形式學的 방법의 문제점과 순서배열법(seriation)의 검토」『한국고고학
보』14·15, 한국고고학회.

_____, 2000a, 「삼한 소국 형성 과정에 대한 고고학적 접근의 틀」『韓國考古學報』43,
한국고고학회.

_____, 2000b, 「대구 지역 古代 政治體의 형성과 변천」『嶺南考古學』26, 영남고고학회.

林潤美, 1990, 「韓國 先史時代 爐址 硏究」『崇實史學』6, 崇實史學會.

임상택, 2006, 「빗살무늬토기문화 취락 구조 변동 연구」『호남고고학보』23, 호남고고
학회.

_____, 2010, 「신석기시대 서해중부지역 상대편년과 취락구조의 특징」『한국상고사
학보』70, 한국상고사학회.

林永珍, 1995, 『百濟漢城時代古墳硏究』서울대학교 대학원 박사학위 논문.

庄田愼矢, 2007, 『南韓 青銅器時代의 生産活動과 社會』충남대학교 대학원 박사학위 논문.

_____, 2009, 「원형점토대토기시기 취락구조론(Ⅰ)-중부지역-」『한일 취락 연구의
새로운 시각을 찾아서』제5회 공동연구회 발표요지, 한일취락연구회.

田崎博之, 2005,「燒成失敗品을 통해 본 無文土器의 生産形態」『송국리문화를 통해 본 농경사회의 문화체계』고려대학교 고고환경연구소.

정상석, 2006,「부뚜막부 쪽구들 구조분석과 조사방법에 대한 일고찰」『야외고고학』창간호, 한국문화재조사연구기관협회.

鄭然雨, 2000,『北漢江流域 支石墓 研究』한림대학교 대학원 석사학위 논문.

鄭元喆, 2007,「강원 영서지역 청동기시대의 편년 연구-주거지 출토 무문토기를 중심으로」『한국상고사학보』56, 한국상고사학회.

_____, 2010,「강원지역 전기 무문토기의 전개 양상」『전기 무문토기의 지역양식 설정』2010년 한국청동기학회 토기분과 워크숍 발표요지, 한국청동기학회.

_____, 2012,「中部地域 突帶文土器의 編年 研究」『韓國靑銅器學報』11, 韓國靑銅器學會.

鄭一, 2006,「全南地域 四柱式住居址의 構造的인 變遷 및 展開過程」『韓國上古史學報』54, 韓國上古史學會.

鄭仁盛, 1998,「낙동강 유역권의 細形銅劍 文化」『영남고고학』22, 영남고고학회.

_____, 2004a,「樂浪土城 出土 土器」『韓國古代史研究』34, 한국고대사학회.

_____, 2004b,「樂浪土城 출토 토기의 編年的 位置-'滑石混入土器'를 중심으로-」『百濟研究』40, 충남대학교 백제연구소.

_____, 2008,「'瓦質土器 樂浪影響說'의 검토」『영남고고학』47, 영남고고학회.

_____, 2009,「가평 대성리유적 출토의 외래계 유물-서북한계 유물을 중심으로-」『加平 大成里遺蹟』경기문화재연구원.

_____, 2010,「동북아시아에서 타날문 단경호의 확산」『중도식무문토기의 전개와 성격』제7회 매산기념강좌 발표요지, 숭실대학교.

_____, 2011,「중심과 주변의 관점에서 본 辰·弁韓과 瓦質土器의 성립」『고고학에서의 중심과 주변』제20회 영남고고학회 학술발표회 발표요지, 영남고고학회.

_____, 2012,「漢江 下流域의 漢式系土器」『중부지역 원삼국시대 외래계 유물과 낙랑』제9회 매산기념강좌 자료집. 숭실대학교.

鄭漢德, 1999,「欣岩里類型 形成過程 再檢討에 대한 토론」『호서고고학』창간호, 호서고고학회.

中村大介, 2008,「靑銅器時代와 初期鐵器時代의 編年과 年代」『한국고고학보』68, 한국고고학회.

_____, 2009, 「粘土帶土器文化와 原三國文化의 土器副葬 變化 및 國際關係」『호서고고학』21, 호서고고학회.

지현병, 1995, 「강원 영동지방의 초기철기시대-집자리유적을 중심으로-」제13회 한국상고사학회 학술발표회 발표요지, 한국상고사학회.

_____, 1999, 『영동지역의 철기시대 연구-주거지를 중심으로-』단국대학교 대학원 박사학위 논문.

_____, 2001, 「강원지역 1~3세기대의 주거구조」『동아시아 1~3세기의 주거와 고분』국립문화재연구소.

진수정, 2011, 「백제토기」『烏山 內三美洞 遺蹟』경기문화재연구원.

車胤煥, 2011, 「原三國後期~百濟初期 漢江 中・下流域의 墓制와 地域集團 硏究」용인대학교 석사학위 논문.

천선행, 2007, 「조기 설정과 시간적 범위」『한국 청동기시대의 시기구분』한국청동기학회 제1회 학술대회 발표요지, 한국청동기학회.

최몽룡・권오영, 1985, 「考古學的 資料를 통해 본 百濟初期의 領域考察」『千寬宇先生 還曆紀念 韓國史學論叢』.

崔秉鉉, 1994, 「묘제를 통해 본 4-5세기 한국고대사회-한강이남지방을 중심으로-」『한국고대사논총』6, 한국고대사회연구소.

_____, 1998, 「原三國土器의 系統과 性格」『한국고고학보』38, 한국고고학회.

_____, 2002, 「周溝墓・墳丘墓 管見-최완규교수의 〈전북지방의 주구묘〉 토론에 붙여」『東아시아의 周溝墓』호남고고학회.

최성애, 2002, 『풍남토성 토기의 제작유형과 변화에 대한 일고찰』한양대학교 대학원 석사학위 논문.

최종규, 2002, 「주거지의 특징과 유적의 성격」『합천영창리무문시대집락』경남고고학연구소.

崔鍾澤, 1994, 「渼沙里遺蹟의 住居樣相과 變遷」『마을의 考古學』제18회 한국고고학전국대회 발표요지, 한국고고학회.

_____, 2002a, 「미사리 백제 취락의 구조와 성격」『호서고고학』6・7, 호서고고학회.

_____, 2002b, 「몽촌토성 내 고구려유적 재고」『한국사학회』12, 고려사학회.

_____, 2003, 「高句麗 土器의 編年에 대하여」『고구려고고학의 제문제』제27회 한국고

고학전국대회 발표요지, 한국고고학회.

_____, 2007, 「남한지역 고구려 토기의 성격」『경기도의 고구려 문화유산』경기도박물관.

崔憲燮, 1998, 「韓半島 中·南部 地域 先史聚落의 立地類型」경남대학교 대학원 석사학위 논문.

河仁秀, 2000, 「南江流域 無文土器時代의 墓制」『진주남강유적과 고대일본』인제대학교 가야문화연구소.

하진호·김명희, 2001, 「蔚山 川上里 環濠聚落에 대하여」『제14회 조사연구회』영남문화재연구원.

한지선, 2003, 『토기를 통해서 본 백제 고대국가 형성과정 연구』중앙대학교 대학원 석사학위 논문.

_____, 2004, 「백제토기 성립기 양상에 대한 재검토」제51회 백제연구 공개강좌 발표요지, 충남대학교 백제연구소.

_____, 2009, 「한강을 통한 백제 정치적 영역확장」『정치적 공간으로서의 한강 I』2009년도 서울경기고고학회 춘계학술대회 발표요지, 서울경기고고학회.

허의행, 2007, 「호서지역 역삼동, 흔암리유형 취락의 변천」『호서고고학』17, 호서고고학회.

玄大煥, 2010, 「湖西地域 靑銅器時代 後期 方形住居地의 展開」『한국청동기학보』7, 한국청동기학회.

洪周希, 2008, 『한강유역 청동기시대 취락의 입지형과 주거양식과의 관계에 대한 연구』한양대학교 대학원 석사학위 논문.

_____, 2009, 「북한강유역 청동기시대 취락의 전개와 석기제작시스템의 확립」『한국청동기학보』5, 한국청동기학회.

홍지윤·오준혁·김규홍, 2008, 「원삼국시대 주거지 축조과정과 상대편년 수립을 위한 기초적 연구-남양주 장현유적 사례를 중심으로-」『야외고고학』4, 한국문화재조사연구기관협회.

국문 보고문

嘉耕考古學研究所, 2012, 「평택 세교지구 도시개발사업지역 1, 2지역 문화유적 발굴조사 약식 보고서」.

강릉대학교박물관, 1996, 「주문진-인구간 7번국도 확장공사구간내(지경리) 문화유적 발굴조사 결과 약보고」.

_____, 1997a, 『橫城 屯內 住居址』.

_____, 1997b, 『江陵 冬德里 住居址』.

_____, 1998, 『江陵 橋項里 住居址』.

_____, 2001, 『襄陽 池里 住居址』.

강아리, 2012, 「화성 청계리 취락의 구조와 성격」 『오산천·황구지천 유역 발굴조사의 최신 성과와 마한·백제』중앙문화재연구원·한신대학교박물관 공동학술대회 자료집.

江原考古文化研究院, 2010a, 『高城 猪津里 聚落 I 』.

_____, 2010b, 『江陵 鏺川洞 遺蹟』.

강원대학교박물관, 1984, 『屯內』.

강원문화재연구소, 2005, 『下化溪里·哲亭里·驛內里 遺蹟』.

_____, 2006, 『寧越 八槐里 遺蹟』.

_____, 2007a, 『旌善 禮美里 遺蹟』.

_____, 2007b, 「춘천 소양5교-국도 56호선간 도로 확·포장공사 구간내 유적 발굴조사 약보고서」.

_____, 2007c, 「원주 가현동 유적-국군 원주병원 문화재발굴조사 약보고서」.

_____, 2007d, 「洪川 哲亭里 II 遺蹟」4차 지도위원회의 자료.

_____, 2007e, 『高城 松峴里 遺蹟』.

_____, 2007f, 『高城 草島里 遺蹟』.

_____, 2007g, 『江陵地域 文化遺蹟 試·發掘調查 報告書 II 』.

_____, 2007h, 『江陵 芳洞里 遺蹟』.

_____, 2008a, 「춘천~동홍천간 고속도로 건설공사 문화유적(성산리) 발굴조사 약보고서」.

_____, 2008b, 『洪川 外三浦里 遺蹟』.

_____, 2008c, 『춘천 율문리 335-4번지 유적』.

_____, 2008d, 『橫城 屯內遺蹟』.

_____, 2008e, 『寧越 文山里 遺蹟』.

_____, 2008f, 「국도 7호선(간성-현내간) 도로공사구간 내 유적 발굴조사 약
　　보고서」.

_____, 2008g, 『泉田里』.

겨레문화유산연구원, 2012, 『화성 장외리 산26, 산3-1번지 유적』.

경기대박물관, 2006, 『華城 甘杯山 遺蹟』.

경기도박물관, 1999, 『파주 주월리유적』.

_____, 2004, 『抱川 自作里遺蹟 Ⅰ』.

_____, 2006, 『파주 육계토성』.

_____, 2012, 『소근산성』.

경기문화재연구원, 2007, 『華城 東鶴山 遺蹟』.

_____, 2008, 『烏山 佳長洞 遺蹟』.

_____, 2009a, 『汶山 堂洞里 遺蹟』.

_____, 2009b, 『加平 大成里遺蹟』.

_____, 2009c, 『金浦 陽谷遺蹟』.

_____, 2009d, 『龍仁 麻北洞 聚落遺蹟』.

_____, 2010a, 『廣州 墻枝洞 聚落遺蹟』.

_____, 2010b, 『華城 花山洞 遺蹟』.

_____, 2010c, 『龍仁 靈德洞 遺蹟』.

_____, 2010d, 『龍仁 新葛洞 周溝土壙墓』.

_____, 2011a, 『龍仁 書川洞遺蹟』.

_____, 2011b, 『烏山 內三美洞 遺蹟』.

경남고고학연구소, 2003, 『사천 이금동 유적』.

경남문화재연구원, 2004, 『울산 산업로 배면도로 연암 I.C. 개설구간내 울산 연암동 환
　　호유적』.

고려대학교 고고환경연구소, 2007, 『牙山 葛梅里(Ⅲ地域) 遺蹟』.

高麗大學校 埋藏文化財硏究所, 1996, 『館山里遺蹟(Ⅰ)』.

_____, 2002,『麻田里 遺蹟』-A地區-.

_____, 2004,『麻田里 遺蹟』-C地區-.

고려대학교박물관, 1994,『渼沙里』제5권.

고려문화재연구원, 2008,「청평-현리간 도로건설공사 예정구간 문화재 발굴조사(B지
　　　　구) 약보고서」.

_____, 2009a,「안양 관양지구 문화재 발굴조사 4차 지도위원회의 자료」.

_____, 2009b,『富川 如月洞 遺蹟』.

_____, 2009c,『仁川 永宗島 遺蹟』.

_____, 2009d,「김포 양촌택지개발지구 내 문화재 시·발굴조사(2단계 2-4
　　　　지점 발굴조사」제4차 지도위원회의 자료.

_____, 2009e,「김포 양촌택지개발지구 내 문화재 시·발굴조사(2단계 2-1
　　　　지점(A,B,C구역) 발굴조사) 제6차 지도위원회의 자료.

_____, 2009f,『富川 如月洞 遺蹟』.

_____, 2009g,『安山 新吉洞 遺蹟』.

_____, 2009h,『城南 東板橋 遺蹟(Ⅰ)』.

_____, 2010,『烏山 內三美洞 遺蹟』.

_____, 2012a,『김포 한강 신도시 유적Ⅰ』.

_____, 2012b,『安養 冠陽洞 遺蹟』.

孔智賢, 1999,「진주 대평리 옥방 2, 3지구 선사유적」『남강선사문화세미나요지』.

구자린, 2009,「용인 고림동 원삼국~백제취락」『갈등과 전쟁의 고고학』제33회 한국고
　　　　고학전국대회 발표요지, 한국고고학회.

국립문화재연구소, 2001,『風納土城 Ⅰ』.

_____, 2004,『서울올림픽미술관건립부지 발굴조사보고서』.

國立博物館, 1967,『韓國支石墓研究』.

國立中央博物館, 1980,『中島』Ⅰ.

_____, 1992,『韓國의 靑銅器文化』(汎友社).

_____, 1993,『韓國의 先·原史土器』.

_____, 1998,『驪州 淵陽里遺蹟』.

_____, 2002,『法泉里Ⅱ』.

국립중원문화재연구소, 2009,『忠州 塔坪里 遺蹟(中原京 추정지) 시굴조사보고서』.

국방문화재연구원, 2010a,「파주운정(2) 택지개발지구내 유적(10지점) 발굴조사 약보고서」.

_____, 2010b,「파주운정(2) 택지개발지구내 유적(2지점) 발굴조사 약보고서」. 기전문화재연구원, 2003a,『龍仁 舊葛里 遺蹟』.

_____, 2003b,『대덕골 遺蹟』.

_____, 2004,『수원 율전동유적』.

_____, 2005a,『龍仁 麻北里 百濟 土壙墓』.

_____, 2005b,『龍仁 寶亭里 소실遺蹟』.

_____, 2006,「용인 삼막곡~연수원간 도로개설구간내 유적 발굴조사 약보고서」.

_____, 2007a,『華城 發安里 마을遺蹟』.

_____, 2007b,『華城 石隅里 먹실遺蹟』.

_____, 2007c,『烏山 佳水洞 遺蹟』.

金權中, 2006,「春川 擧頭2地區遺蹟」『계층 사회와 지배자의 출현』한국고고학회 창립 30주년 기념 한국고고학전국대회 발표요지, 한국고고학회.

金元龍, 1966,「水石里先史時代聚落住居址調査報告」『美術資料』11, 국립중앙박물관.

김용, 2010,「화성 쌍송리 환호취락」『移住의 고고학』제34회 한국고고학전국대회 발표 요지, 한국고고학회.

김현준·안영표, 2008,「이천 이치리 피엘디덕평 이차유한회사 물류창고 부지내 유적 발굴조사」『2008년도 서울·경기지역 문화유적 조사성과』2008년도 서울·경기지역 유적조사발표회 발표요지, 서울경기고고학회.

박천택, 2010,「광주 역동 e-편한세상 아파트신축부지내 유적(가·마지점) 문화재 발굴조사」『移住의 고고학』제34회 한국고고학전국대회 발표 요지.

白弘基, 1991,「명주군 안인리 주거지 발굴조사 약보고」15회 한국고고학전국대회 발표요지.

부산대학교박물관, 1995,『蔚山檢丹里마을遺蹟』.

서경문화재연구원, 2010a,「오산 가장2 일반산업단지 조성부지내 유적 발굴조사」2차 지도위원회의 자료.

_____, 2010b,「오산 가장2 일반산업단지 조성부지내 유적 발굴조사」3차 지

도위원회의 자료.

서울대학교박물관, 1987, 『夢村土城-동북지구발굴보고』.

_____, 1988, 『夢村土城-동남지구발굴조사보고』.

_____, 1994, 『渼沙里』제4권.

_____, 1996, 『議政府 民樂洞遺蹟』.

_____, 2000, 『華城 堂下里 Ⅰ遺蹟』.

_____, 2002, 『華城 古琴山遺蹟』.

_____, 2004, 『馬霞里 古墳群』.

_____, 2005, 『화성 마하리 백제 집터』.

_____, 2006, 『용유도 남북동·을왕동Ⅰ유적』.

성균관대학교박물관, 2008, 『경기도 양평군 양수리 상석정마을 발굴조사 보고서(철기
　　　　시대 전기편)』.

세종대학교박물관, 2008, 『남양주 지금동』.

소재윤, 2008, 「2008년 풍납토성 197번지일대 5차 발굴조사」『2008년도 서울·경기
　　　　지역 문화유적 조사성과』2008년도 서울·경기지역 유적조사 발표요지, 서울
　　　　경기고고학회.

숭실대학교박물관, 1994, 『渼沙里』제3권.

_____, 2004, 『華城 旺林里 遺蹟』.

_____, 2010, 『水原 西屯洞 遺蹟』.

심재연 외, 2008, 「동해 망상동유적」『樣式의 考古學』제32회 한국고고학전국대회 발표
　　　　요지」, 한국고고학회.

예맥문화재연구원, 2008, 『高城 三浦里遺蹟』.

_____, 2009a, 『春川 君子里遺蹟』.

_____, 2009b, 『高城 鐵桶里遺蹟』.

_____, 2010a, 「주문진-속초고속국도 4, 5공구 내 유적발굴조사 3차 지도위
　　　　원회의 자료」.

_____, 2010b, 「동해시립박물관 건립부지내 유적 발굴조사 2차 지도위원회
　　　　의 자료」.

_____, 2011, 『春川 玄岩里遺蹟』.

용인대학교박물관, 2009, 「용인시 고림동 원삼국시대 취락유적 발굴조사」 지도위원회의 자료.

유병록, 2000, 「대구 東川洞 마을유적 조사성과」 『21세기 한국고고학의 방향』 제24회 韓國考古學全國大會 發表要旨, 한국고고학회.

육군사관학교 화랑대연구소, 2006, 『연천 청산-백의간 도로 확·포장 공사구간 내 유적 발굴조사 보고서』.

이미선, 2009, 「華城 馬霞里 百濟 住居址」 『烏山 陽山洞 新羅 遺蹟』 한신대박물관.

장기경·박세원, 2009, 「파주 운정(2) 택지개발지구내(10지점) 유적」 『2009년도 중부지역 문화유적 조사 성과』 강원고고학회·서울경기고고학회 합동 유적조사 발표요지.

정상석, 2003, 「華城 發安里 마을遺蹟」 『고구려고고학의 제문제』 제27회 한국고고학전국대회 발표요지.

중부고고학연구소, 2011, 「화성 향남읍 요리 270-7번지 내 유적 발굴조사 약식보고서」.

中央文化財研究院, 2005, 『龍仁 倉里·貢稅里·文村里遺蹟』.

_____, 2008a, 「여주 생태공원조성부지내 문화재 발굴조사 2차 지도위원회의 자료」.

_____, 2008b, 『安城 道基洞遺蹟』.

_____, 2010a, 『南楊州 長峴里遺蹟』.

_____, 2011, 『仁川 中山洞遺蹟』.

_____, 2012, 『始興 牧甘洞·烏南洞 遺蹟』.

中原文化財研究院, 2007a, 『安城 盤諸里遺蹟』.

_____, 2007b, 『楊平 三星里遺蹟』.

昌原大學校博物館, 1998, 『昌原의 先史·古代 聚落』.

충남대학교박물관, 1995, 『屯山』.

_____, 1996, 『天安長山里遺蹟』.

충북대학교박물관, 1998, 『선사유적 발굴도록』.

_____, 2001, 『忠州 早洞里 先史遺蹟(Ⅰ)』.

충청문화재연구원, 2011, 「당진 성산리 유적 추가 법면구간 및 성산리 유적(3-1지점) 약보고서」.

토지박물관, 2006, 『용인 죽전지구 문화유적 조사보고서-2, 3, 4, 5지점』.

한강문화재연구원, 2009, 「김포 양촌 택지개발지구 내 문화재 발굴조사 제12차 지도위원회의(1-11지점 시굴·2-9지점 발굴)」.

_____, 2011, 「4대강(북한강)살리기 사업 춘천 중도동 하중도 B지구 문화재 발굴조사」학술자문회의 자료.

_____, 2012a, 『인천 중산동 유적』

_____, 2012b, 『인천 운북동유적』.

韓國考古環境硏究所, 2008, 『光明 所下洞 遺蹟』.

_____, 2011, 『仁川 雲南洞 貝塚』.

한국문화유산연구원, 2009, 「양주신도시(옥정지구) 택지개발사업부지내 문화유적 시굴조사 2차 지도위원회의 자료」.

_____, 2010, 「화성시 향남읍 270-4번지내 문화유적 발굴조사 약보고서」.

한국문화유산원, 2008, 「용인 마북동 442번지 일원 근린생활시설부지내 유적 발굴조사 2차 지도위원회의 자료」.

韓國文化財保護財團, 2000a, 『淸州 龍岩遺蹟(Ⅰ)』.

_____, 2000b, 『淸原 梧倉遺蹟(Ⅳ)』.

_____, 2007, 『仁川 不老洞遺蹟』.

_____, 2009, 『金浦 鶴雲里 遺蹟』.

_____, 2010, 『龍仁 寶亭洞·新葛洞 遺蹟』.

翰林大學校博物館, 1996, 『漆田洞 粘土帶土器 遺蹟 發掘報告書』.

_____, 1998, 『영월 외룡리 주거지 지석묘 발굴 보고서』.

_____, 2002, 『춘천 삼천동 순환도로구간 문화유적 발굴조사 보고서』.

_____, 2003, 『동해고속도로 확장·신설구간(송림리) 문화유적 발굴조사 보고서』.

한백문화재연구원, 2011, 『오산 외삼미동 유적』.

한신대학교박물관, 1998, 『龍仁 水枝 百濟 住居址』.

_____, 2004a, 『風納土城 Ⅳ』.

_____, 2004b, 『華城 堂下里 Ⅱ遺蹟』.

_____, 2006, 『華城 泉川里 靑銅器時代 聚落』.

_____, 2007,『華城 盤松里 靑銅器時代 聚落』.

_____, 2009a,『風納土城 X』.

_____, 2009b,『烏山 陽山洞 新羅 遺蹟』부록 2. 華城 馬霞里 百濟 住居址.

_____, 2009c,「용인 고림동유적 발굴조사」2차 지도위원회의 자료.

_____, 2011,『華城 旺林里 노리재골Ⅱ 百濟遺蹟』.

한얼문화유산연구원, 2010a,『華城 桐化里 遺蹟』.

_____, 2010b,「서울 서초 우면2지구국민임대주택부지내 유적 문화재 발굴(시굴)조사」6차 지도위원회 자료.

_____, 2011,「광주시 역동 e-편한세상아파트 신축부지내 유적 문화재 발굴조사 약보고서」.

한울문화재연구원, 2010,「연천 군남 홍수조절지 건설사업부지내 유적(H,취우당지) 시 · 발굴조사 약보고서」.

_____, 2011,『부천범박동유적』.

호암미술관, 1995,『利川 孝養山遺蹟 발굴보사보고서』.

_____, 1998,『華城 馬霞里 古墳群』.

홍은경 · 문수균, 2008,「암사동 백제주거지 발굴조사」『2008년도 서울 · 경기지역 문화유적 조사성과』2008년도 서울 · 경기지역 유적조사 발표요지, 서울경기고고학회.

일문

宮本一夫, 2010,「時代區分と日韓考古學」『季刊 考古學』113(雄山閣).

武末純一, 2005,『韓國無文土器 · 原三國時代の集落構造研究』-平成14 · 16年度科學研究費補

助金〈基盤研究(C)(2)〉研究成果報告書-.

____, 2007,『百濟集落の研究』平成 17 · 18年度科學研究費補助金〈基礎研究(C)〉研究成果報告書.

都出比呂志, 1989,『日本農耕社會の成立過程』(岩波書店).

庄田愼矢, 2005,「玉作から分業を考える」『考古學研究』50-4.

李亨源, 2002,「韓半島における青銅器時代の集落について」『考古學論攷』25.

鄭仁盛, 2003a,『樂浪文化の考古學的研究』東京大學 大學院 人文社會系研究科 博士學位 論文.

_____, 2003b,「樂浪圓筒形土器の性格」『東京大學考古學研究室研究紀要』18.

鄭澄元, 1991,「初期農耕遺蹟の立地環境」『韓日交涉の考古學』彌生時代編.

中村大介, 2006,『彌生文化形成過程の研究』大阪大學 大學院 博士學位 論文.

찾아보기